## Helfen Sie uns, die Arbeit des TYPOlight-Projekts zu unterstützen

Wie bei fast allen Open Source-Projekten hängt auch die erfolgreiche Weiterentwicklung des Web Content Management-Systems TYPOlight von der finanziellen Unterstützung durch Dritte ab. Daher führen wir vom Erlös des *offiziellen TYPOlight-Handbuchs* € 1,- an das TYPOlight-Projekt ab. Indem Sie als Käufer dieses Buches diese Spende online bestätigen, leisten Sie einen wichtigen Beitrag zu Bestand und Weiterentwicklung der Software.

Um die Spende zu bestätigen, wählen Sie unter *http://www.addison-wesley.de/oslib* aus der Liste der angezeigten Bücher per Mausklick *Das offizielle TYPOlight-Handbuch* aus. Im dann erscheinenden Formularfeld geben Sie bitte den nachfolgenden Code ein und klicken dann auf den »Spenden«-Button, um die Spende abzuschließen. Am erhöhten Zählerstand können Sie ablesen, dass Ihre Spende registriert worden ist.

**Y39P–UPGK–SAKY**

Ab einem bestimmten Spendenstand werden wir den Gesamtbetrag an das TYPOlight-Projekt überweisen und dies unter *http://blog.addison-wesley.de* mit einer kurzen Meldung dokumentieren. Schauen Sie einfach öfter herein, um zu sehen, was sich tut!

Ihr Addison-Wesley-Team

D1718086

# Das offizielle TYPOlight-Handbuch

Leo Feyer

# Das offizielle TYPOlight-Handbuch

Der Leitfaden für Anwender,
Administratoren und Entwickler

 ADDISON-WESLEY

An imprint of Pearson Education

München • Boston • San Francisco • Harlow, England
Don Mills, Ontario • Sydney • Mexico City
Madrid • Amsterdam

Bibliografische Information der Deutschen Nationalbibliothek
Die Deutsche Nationalbibliothek verzeichnet diese Publikation in der Deutschen Nationalbibliografie;
detaillierte bibliografische Daten sind im Internet über http://dnb.d-nb.de abrufbar.

Umwelthinweis:
Dieses Produkt wurde auf chlorfrei gebleichtem Papier gedruckt.
Um Rohstoffe zu sparen, haben wir auf Folienverpackung verzichtet.

10  9  8  7  6  5  4  3  2  1

12  11  10

ISBN 978-3-8273-2913-4

© 2010 by Addison-Wesley Verlag,
ein Imprint der Pearson Education Deutschland GmbH
Martin-Kollar-Straße 10–12, D-81829 München/Germany
Alle Rechte vorbehalten
Einbandgestaltung: Marco Lindenbeck, webwo GmbH (mlindenbeck@webwo.de)
Lektorat: Boris Karnikowski, bkarnikowski@pearson.de
Korrektorat: Petra Kienle, Fürstenfeldbruck
Herstellung: Monika Weiher, mweiher@pearson.de
Satz: Reemers Publishing Services GmbH, Krefeld (www.reemers.de)
Druck: Kösel GmbH & Co KG, Altusried/Krugzell (www.KoeselBuch.de)
Printed in Germany

# Inhaltsübersicht

# Inhaltsverzeichnis

# 1. Einleitung

Herzlich willkommen und Glückwunsch zu Ihrer Entscheidung für TYPOlight.

Obwohl der Markt für Content Management Systeme angeblich übersättigt ist, konnte sich TYPOlight innerhalb weniger Monate etablieren und ist seit der ersten Veröffentlichung im Jahre 2006 entgegen aller Prognosen stetig gewachsen. Schon nach drei Jahren war das CMS über 180.000 Mal heruntergeladen worden.

Inzwischen arbeiten mehr als 130 Entwickler und Übersetzer an dem Projekt und haben – Stand Sommer 2009 – über 30 Übersetzungen und knapp 240 Erweiterungen geschaffen, die den TYPOlight-Core um weitere Funktionalität ergänzen.

Bereits im Jahre 2008 wurden mit der Schaffung eines einheitlichen Logos, der Bildung des TYPOlight-Teams und der Einführung der jährlichen Usertreffen wichtige Grundsteine gelegt, um diesem Wachstum und dem steigenden Interesse an dem Projekt Rechnung zu tragen. Im laufenden Jahr 2009 haben wir weitere wichtige Schritte beschlossen und teilweise auch schon gemacht.

Das zentrale Thema auf dem diesjährigen Usertreffen und eigentlich auch das Motto des Jahres war »Dokumentation und Support«. Das Vorliegen eines aktuellen Handbuchs und ein effektiver Support sind bei einem Projekt wie TYPOlight genauso wichtig wie die Entwicklung der Applikation selbst. Durch die schnelle Expansion sind diese Bereiche jedoch zwangsweise vernachlässigt worden.

Inzwischen wurde die erste Gegenmaßnahme, die Einführung der Community-Plattformen, erfolgreich umgesetzt. Die Betreuung der Mitglieder und die Moderation der Beiträge wird von einem Team freiwilliger Helfer übernommen, so dass die neuen Foren trotz steigender Beitragszahl ohne Anfrage-Assistenten auskommen.

Weil sich TYPOlight mehr und mehr auch im professionellen Umfeld etabliert, wurde auf dem Usertreffen auch über eine professionelle Support-Alternative zum Community-Support diskutiert, die speziell die Bedürfnisse kommerzieller Anwender berücksichtigt. Ein entsprechendes System ist derzeit in Planung.

Die zweite Gegenmaßnahme, der erneute Relaunch der Projektwebseite, wird bis zum Erscheinen dieses Buches ebenfalls abgeschlossen sein. Das Ziel dabei ist, die bisher verstreute Dokumentation zu zentralisieren und sowohl das Benutzer- als auch das Entwicklerhandbuch auf den neuesten Stand zu bringen.

Besonders schön finde ich, dass dank des unermüdlichen Engagements der Community zukünftig neben diesem Buch drei weitere Titel zum Thema TYPOlight verfügbar sein werden. Zum Zeitpunkt der Drucklegung dieses Buches arbeitet Harry Boldt an einem Video-Training, das voraussichtlich im November 2009 erscheinen wird, Thomas Weitzel schreibt an einem Buch zum Thema »Mit TYPOlight Webseiten erfolgreich gestalten«, das für Februar 2010 geplant ist, und Nina Gerling wird ihr »TYPOlight-Handbuch für Redakteure« überarbeiten und voraussichtlich im April 2010 veröffentlichen.

Alle drei Autoren sind seit den Anfängen von TYPOlight in der Kerncommunity aktiv, haben schon viel Erfahrung mit dem CMS gesammelt und diese auch in Form von unzähligen Antworten im Forum und Workshops auf den Usertreffen weitergegeben. Ich freue mich, dass dieses Wissen nun in Büchern bzw. auf DVD festgehalten wird und die TYPOlight-Dokumentation erweitert.

# 1.1 Entstehungsgeschichte

TYPOlight ist nicht an einem Stück entstanden, sondern vielmehr die Essenz verschiedener Teilprojekte, an denen ich zuvor gearbeitet hatte. Die ersten Gehversuche in Richtung CMS unternahm ich 2002, als es für meine damalige Band ein System zur Pflege der Webseite zu entwickeln galt. Es bestand prinzipiell nur aus einem Rich Text Editor mit entsprechender Prüfung der Zugriffsberechtigungen.

Dieser Ansatz stellte sich jedoch relativ schnell als zu kompliziert heraus, weil der vom Rich Text Editor produzierte Quellcode so unübersichtlich und fehlerhaft war, dass man jede größere Änderung manuell nachbearbeiten musste. Damit war das Prinzip »Jeder kann seine Seite selbst ändern« gescheitert, denn von HTML-Code hatten meine Mitmusiker natürlich keine Ahnung. Damals waren die Rich Text Editoren lange nicht so weit entwickelt wie heute.

2003 kam mir die Idee, einzelne Inhaltselemente für jeden Inhaltstyp anzubieten und auf diese Weise weitestgehend unabhängig von einem Rich Text Editor zu werden. Dieses Konzept werden Sie übrigens auch in TYPOlight wiederfinden. Das damals neu erstellte System trug den Namen »Content Coach« und enthielt eine Frontend Editing Engine, eine Benutzerverwaltung und einen Dateimanager.

In der zweiten Hälfte des Jahres 2004 gründete ich meine heutige Firma *iNet Robots*[1], die neben Webhosting und Schnittstellen für eCommerce-Systeme auch die Verwaltung von Webseiten mit dem CMS »Content Coach« angeboten hat. Da ich zu dieser Zeit nur nebenberuflich in dem Bereich Hosting und Programmierung tätig war und deshalb nicht viele Kunden hatte, gab es lediglich knapp zehn Webseiten, die jemals mit »Content Coach« betrieben wurden. Die Kunden sind mir übrigens bis heute treu geblieben, die Webseiten laufen aber inzwischen alle mit TYPOlight. :-)

---

[1]    http://www.inetrobots.com

Ende 2004 gewannen MVC-Frameworks verstärkt an Popularität und Projekte wie *Ruby on Rails*[2] oder *CakePHP*[3] waren auf einmal in aller Munde. Das MVC-Konzept war genau wie die Ajax-Technologie[4] eigentlich nichts Neues, trotzdem entwickelte sich ein richtiger Hype darum, der auch an mir nicht spurlos vorüberging. Ich beschloss also, ein eigenes MVC-Framework zu schreiben, das auf PHP 5 und Ajax basieren und als eigenes Open Source-Projekt veröffentlicht werden sollte.

Gesundheitliche Gründe zwangen mich zu dieser Zeit, mein Leben und meine berufliche Zukunft neu zu ordnen, und so festigte sich Mitte 2005 der Entschluss, meine nebenerwerbliche Tätigkeit weiter auszubauen. Weil »Content Coach« zu dieser Zeit mit seinem einfachen Frontend Editing-Konzept nicht mehr wirklich konkurrenzfähig war, habe ich mich sehr ausführlich mit allen möglichen Open Source Content Management Systemen befasst, um eine geeignete Applikation für meine bestehenden und zukünftigen Kunden zu finden.

Ich landete schließlich bei *TYPO3*[5], was mich aufgrund seiner Leistungsfähigkeit und der Tatsache, dass »mein« Konzept der Inhaltselemente enthalten war, sofort begeisterte. Wild entschlossen kaufte ich mir zwei Bücher als Urlaubslektüre, um mich mit dem System vertraut zu machen. Je mehr ich aber über das System las und je länger ich mich danach damit beschäftigte, desto weniger konnte ich mir vorstellen, dass meine Partner jemals damit zurechtkämen, die als reine Webdesigner keine Ahnung vom Programmieren hatten. Von den Kunden ganz zu schweigen, die bisher die wirklich einfache Bedienung von »Content Coach« gewohnt waren.

Es kristallisierte sich also immer mehr heraus, dass es das richtige Content Management System für meine Bedürfnisse nicht gab. Was es aber durchaus gab, war ein fast vollendetes MVC-Framework, ein einfaches, aber bewährtes Frontend Editing CMS sowie eine Menge guter Ideen. Und noch etwas anderes, das so gut wie alle am Markt vorhandenen Systeme – wenn überhaupt – nur stiefmütterlich behandelten: die Anforderungen der Barrierefreiheit. Ich sah darin eine Marktlücke und beschloss, diese Nische mit einem eigenen CMS zu besetzen.

Nachdem ich alle vorhandenen Systeme und Ideen in einen Topf geworfen und ein paar Mal kräftig umgerührt hatte, erblickte TYPOlight am 28. Februar 2006 das Licht der Welt. Die Resonanz war schon im ersten Jahr überwältigend und obwohl ich eigentlich gedacht hatte, dass das System hauptsächlich wegen der Barrierefreiheit nachgefragt würde, waren es überwiegend Nutzer von *phpwcms*[6] und *Joomla!*[7], die in TYPOlight die Features fanden, die sie bisher vermisst hatten.

---

2   http://rubyonrails.com
3   http://www.cakephp.org
4   http://de.wikipedia.org/wiki/Ajax_(Programmierung)
5   http://typo3.org
6   http://www.phpwcms.de
7   http://www.joomla.org

Um den Anforderungen dieser neuen Zielgruppe gerecht zu werden, habe ich TYPOlight noch einmal grundlegend überarbeitet und an die diversen Wünsche angepasst, bis schließlich am 24. November 2006, neun Monate nach der Erstveröffentlichung, die bis heute aktuelle Version 2 auf den Markt kam.

## 1.2 Über mich

Mein Name ist Leo Feyer, ich bin 32 Jahre alt und wohne in München.

Ich bin Inhaber der Firma iNet Robots Ltd. & Co. KG, die inzwischen neben Hosting und Programmierung auch etliche TYPOlight-Zusatzdienste wie z.B. Frontend-Templates oder den Live Update-Service anbietet. Obwohl TYPOlight von mir als Privatperson initiiert war und eigentlich nichts mit der Firma zu tun hatte, macht es inzwischen auch einen festen Teil meiner geschäftlichen Tätigkeit aus.

Ich beschäftige mich seit über neun Jahren mit Webseiten und Webtechnologien und bin seit Oktober 2006 hauptberuflich im Bereich Webhosting und Softwareentwicklung tätig. Im Rahmen meines BWL-Studiums mit Schwerpunkt Informatik und neue Medien habe ich das Programmieren mit *Java*[8] gelernt und war von dessen Möglichkeiten auf Anhieb begeistert.

Bis dato hatte ich hauptsächlich mit PHP 4 gearbeitet, das objektorientiertes Programmieren nur sehr rudimentär unterstützte. Aus diesem Grund war für mich klar, dass TYPOlight in PHP 5 geschrieben werden musste. PHP 5 kann zwar auch noch lange nicht all das, was mit Java möglich ist, aber es war ein großer Schritt in die richtige Richtung. Inzwischen ist die Entwicklung von PHP 5.3 bzw. PHP 6 bereits in vollem Gange und der Abstand wird mit jeder neuen Version kleiner.

Meine Freizeit verbringe ich gerne mit Musik. Vor allem während des Studiums war ich in diversen Bands als Sänger und Gitarrist aktiv und hatte bereits die Ehre, mit Showgrößen wie Peter Kraus oder den Original Bill Haley's Comets gemeinsam auf der Bühne stehen zu dürfen. Durch TYPOlight und die Selbstständigkeit hat sich mein Kontingent an freier Zeit leider erheblich vermindert, daher liegen meine öffentlichen musikalischen Aktivitäten momentan auf Eis.

Wer ein Open Source-Projekt übernimmt, hat eben immer etwas zu tun. :-)

## 1.3 Zielgruppe

TYPOlight ist ein Programm für Webmaster, die damit interaktive Webseiten erstellen und verwalten möchten. TYPOlight ist aber auch ein Tool für Entwickler, die eigene Module auf der Basis eines durchdachten Systems erstellen möchten. Und TYPOlight ist genauso eine Software für Anwender, die die Inhalte ihrer Internetpräsenz selbstständig erstellen und verwalten möchten.

---

8   http://de.wikipedia.org/wiki/Java_(Programmiersprache)

TYPOlight ist also im Prinzip ein Tool für jedermann, obgleich nicht jedermann in der Lage sein wird, es umfassend zu nutzen. Dazu ein kleines Beispiel:

Wenn Sie ein Anwender sind und nur eine vage Vorstellung von HTML und CSS haben, können Sie TYPOlight dazu verwenden, Ihre Webseite zu strukturieren und mit Inhalten zu befüllen. Es dürfte Ihnen aber schwer fallen, ein eigenes Seitenlayout zu entwickeln, da das in TYPOlight nur mittels CSS möglich ist. Sie müssen also wahrscheinlich ein fertiges Template kaufen oder jemanden mit der Erstellung eines individuellen Templates beauftragen. Dasselbe gilt für den Fall, dass Sie TYPOlight um eigene Funktionalität erweitern möchten.

Wenn Sie hingegen ein Webmaster sind und sich mit HTML und CSS auskennen, können Sie eigene Seitenlayouts mit TYPOlight realisieren und sind daher nicht auf fertige Templates angewiesen. Je nach Ihrem individuellen Kenntnisstand können Sie eventuell auch kleinere Anpassungen selbst vornehmen und müssen nur dann auf externe Hilfe zurückgreifen, wenn Sie individuelle Module benötigen.

Wenn Sie ein (Web-)Entwickler sind und sich mit HTML und CSS genauso auskennen wie mit PHP und JavaScript, stehen Ihnen alle Möglichkeiten von TYPOlight offen. Sie können sowohl eigene Seitenlayouts erstellen als auch eigene Erweiterungen programmieren und so alle Stärken des Systems ausnutzen.

Sie sehen also, dass TYPOlight jede Anwendergruppe bei ihren individuellen Aufgaben optimal unterstützen kann. Allerdings kann es einen Anwender nicht zu einem Webmaster machen und einen Designer nicht zu einem Programmierer.

## 1.4  Aufbau dieses Buchs

Das Buch ist in drei Kategorien unterteilt: TYPOlight für Anwender, TYPOlight für Administratoren und TYPOlight für Entwickler. Da die Abgrenzung dieser Kategorien in der Praxis wohl recht uneinheitlich ausfällt, weil beispielsweise die Bearbeitung eines Stylesheets für den einen in die Zuständigkeit eines Anwenders, für den anderen aber ganz klar in die Zuständigkeit des Administrators fällt, lassen Sie mich kurz erklären, wie ich diese Kategorien definiere.

Ein Anwender ist jemand, der innerhalb eines Teams an einer Webseite arbeitet. Er hat eine bestimmte Aufgabe wie z.B. das Schreiben von Artikeln zugewiesen bekommen und kann diese mit TYPOlight erledigen. Charakteristisch für einen Anwender ist, dass er keinen Vollzugriff auf das System hat.

Ein Administrator kann im Gegensatz zu einem Anwender auf alle Systembereiche zugreifen und z.B. neue Benutzer einrichten. Klassischerweise hat er das System installiert und verfügt daher auch über die Zugangsdaten zum FTP-Server und zur Datenbank. Kleinere Anpassungen gehören ebenfalls zu seinem Aufgabenbereich.

Ein Entwickler ist ein Programmierer, der TYPOlight an seine Bedürfnisse anpassen kann und eventuell eigene Erweiterungen schreiben möchte. Er administriert das System nicht nur, sondern ändert bei Bedarf dessen Quellcode oder fügt mittels eigener Module neue Funktionalität hinzu.

Als TYPOlight-Einsteiger empfehle ich Ihnen, die einzelnen Kapitel der Reihe nach zu lesen, da sie aufeinander aufbauen und eine steigende Lernkurve abbilden.

## 1.4.1 TYPOlight für Anwender

In Kapitel 2 erfahren Sie, wie TYPOlight installiert wird. Sie lernen unter anderem, wie Sie den Open Source-Webserver *XAMPP*[9] unter Windows und unter Mac OS X einrichten, wie Sie eine lokale Installation auf den Live-Server umziehen oder warum es auf manchen Servern Probleme mit dem Dateizugriff gibt.

*Bestimmt ist Ihnen aufgefallen, dass dieses Kapitel eigentlich in die Kategorie »TYPOlight für Administratoren« gehört, womit Sie auch völlig Recht haben. Da es sich aber etabliert hat, dass Software-Handbücher mit dem Kapitel »Installation« beginnen, habe ich hier eine kleine Ausnahme von der Regel gemacht.*

Kapitel 3 macht Sie mit dem Administrationsbereich vertraut, dem sogenannten Backend. Sie lernen, wie Sie Datensätze auflisten und bearbeiten und wie Sie den Überblick über verschiedene Versionen behalten. Außerdem stelle ich Ihnen das Task-Center vor, mit dem Sie Arbeitsabläufe organisieren können.

Kapitel 4 ist das wichtigste Kapitel zum Verständnis des Grundprinzips von TYPOlight. Sie erfahren, wie Seiten als zentrale Elemente konfiguriert und strukturiert werden, wie Sie Seitenlayouts und Stylesheets organisieren und wie Sie aus den einzelnen Elementen schließlich eine fertige Webseite zusammensetzen.

In Kapitel 5 lernen Sie die verschiedenen Inhaltselemente kennen und erfahren, wie diese in Form von Artikeln organisiert werden. Neben den »normalen« HTML-Inhalten kann TYPOlight auch dynamische Flash-Inhalte verwalten, die mittels ActionScript in einen Flash-Film geladen werden.

In Kapitel 6 stelle ich Ihnen den Dateimanager vor, mit dem Sie eigene Dateien von Ihrem lokalen Rechner auf den Server übertragen und dort in hierarchischen Ordnerstrukturen verwalten können. Außerdem zeige ich Ihnen, wie Sie sogenannte Meta-Informationen zu bestimmten Dateien speichern können.

Kapitel 7 macht Sie mit dem Formulargenerator vertraut, mit dem Sie Formulare erstellen und deren Daten beispielsweise per E-Mail verschicken können. Auch das Übertragen von Dateien mit Hilfe eines Formulars ist möglich.

---

9    http://www.apachefriends.org/de/xampp.html

In Kapitel 8 lernen Sie die verschiedenen Frontend-Module kennen, die Sie auf Ihren Seiten einbinden können, um bestimmte Funktionalität bereitzustellen. Dazu gehören z.B. Navigationsmenüs oder Formulare zur Benutzerregistrierung.

Die Kapitel 9 bis 13 behandeln die fünf Core-Erweiterungen, die standardmäßig mit jeder TYPOlight-Installation ausgeliefert werden. Dazu gehören Nachrichten/Blog, Kalender/Events, Newsletter, FAQ und Glossar.

In Kapitel 14 geht es um die sogenannten Third-Party-Erweiterungen, die von dritten Programmierern geschrieben und veröffentlicht werden. Zum Zeitpunkt der Entstehung dieses Buches gibt es knapp 240 optionale Module, mit denen Sie TYPOlight um fast jede erdenkliche Funktionalität erweitern können.

## 1.4.2 TYPOlight für Administratoren

Kapitel 15 behandelt speziell für Administratoren relevante Themen wie die Organisation von Benutzern und Benutzergruppen oder die Wartung des Systems. Sie lernen, wie Benutzerrechte zugewiesen und der Zugriff auf bestimmte Seiten und Ressourcen eingeschränkt werden kann.

In Kapitel 16 erfahren Sie, wie Sie eigene Seitenlayouts erstellen. Von der Anpassung der Templates über die Erweiterung des CSS-Frameworks bis hin zur Einbindung externer Layouts werden alle relevanten Themen behandelt.

## 1.4.3 TYPOlight für Entwickler

Kapitel 17 widmet sich ganz dem Thema »TYPOlight anpassen«. Sie lernen nicht nur das Prinzip der Data Container Arrays kennen, in denen Meta-Informationen für Tabellen definiert werden, sondern Sie erfahren auch, wie Sie TYPOlight an Ihre eigenen Bedürfnisse anpassen und Änderungen dauerhaft speichern können.

In Kapitel 18 erfahren Sie, wie Sie eigene Erweiterungen schnell und effektiv mit Hilfe des Extension-Creator erstellen und sie anschließend im Extension Repository veröffentlichen. Eine ausführliche Anleitung führt Sie Schritt für Schritt durch das Entwickler-Interface des Extension Repository.

Kapitel 19 bietet Ihnen einen Einblick in das Innere von TYPOlight. Sie lernen das TYPOlight PHP-Framework kennen und erfahren unter anderem, wie Sie damit auf Dateien zugreifen, Datenbankabfragen tätigen oder Formular-Widgets nutzen können, sowie welche Sicherheitsmechanismen darin enthalten sind.

## 1.5 Support

Sollten Sie während oder nach der Lektüre dieses Buchs Fragen haben, sind Sie herzlich dazu eingeladen, diese im TYPOlight-Forum[10] zu stellen. Die Community ist sehr aktiv und nach den Kommentaren der Mitglieder zu urteilen auch überdurchschnittlich freundlich. Damit das auch in Zukunft so bleibt, beachten Sie bitte beim Erstellen von Beiträgen die Forumregeln und die Regeln der Netiquette[11].

---

10  http://www.typolight-community.de
11  http://de.wikipedia.org/wiki/Netiquette

# Teil I

## TYPOlight für Anwender

# 2. Installation

Die Installation von TYPOlight dauert dank des
Installtools nur wenige Minuten, sofern der Server richtig konfiguriert und die TYPOlight-Sys-
temvoraussetzungen erfüllt sind. In der Praxis
hat sich jedoch gezeigt, dass es gerade bei der
Serverkonfiguration immer wieder zu Missverständnissen und Problemen kommt.

Aus diesem Grund werde ich Ihnen in diesem
Kapitel alle wichtigen Installationsvarianten vorstellen, ausführliche Hinweise zum Umzug einer
Installation von der lokalen Umgebung auf den
Webserver geben sowie das richtige Aktualisie-
ren einer bestehenden Installation erklären. Am Ende des Kapitels finden Sie außerdem die
häufigsten Fehlermeldungen im Zusammenhang mit der Installation von TYPOlight erläu-
tert.

## 2.1 Systemvoraussetzungen

TYPOlight ist eine webbasierte Software und kann daher nur auf einem Webserver (z.B.
Apache oder Microsoft IIS) installiert werden. Der Webserver sollte die Skriptsprache PHP
interpretieren können und über eine Datenbank (z.B. MySQL) verfügen.

### 2.1.1 PHP 5

TYPOlight ist in der Programmiersprache PHP geschrieben, die sich mittlerweile zur meist
genutzten Programmiersprache für Internetsoftware etabliert hat. Aus diesem Grund können auch fast alle Server mit PHP-Skripten umgehen. Sie sollten aber Folgendes beachten:
TYPOlight benötigt mindestens PHP 5.2!

### 2.1.2 MySQL-Datenbank

Um die Inhalte und die Konfiguration Ihrer Webseite zu speichern, verwendet TYPOlight eine
Datenbank. Die am weitesten verbreitete Datenbank heißt MySQL und ist bei den großen
Providern in der Regel ab den mittleren Paketen enthalten.

Auch bei der Datenbank hat TYPOlight eine Mindestanforderung, nämlich die MySQL-Version 4.1. Ältere Versionen unterstützen keine Unterabfragen (Subqueries), die in TYPOlight jedoch mehrfach verwendet werden. Ich empfehle Ihnen, auch bei der Datenbank stets eine aktuelle Version zu verwenden. Genau wie TYPOlight werden PHP und MySQL ebenfalls ständig weiterentwickelt und verbessert. Ältere Versionen enthalten immer ein paar Fehler und unter Umständen auch die eine oder andere Sicherheitslücke, die Ihren Server zu einem potenziellen Ziel für Hacker macht.

## 2.2 Eine lokale Testumgebung einrichten

Die einfachste Möglichkeit, auf dem lokalen Rechner einen Webserver einzurichten, ist die Installation der Open-Source-Entwicklungsumgebung *XAMPP* von Kai Seidler und Kay Vogelgesang. Ich werde Ihnen nachfolgend die Einrichtung unter Windows und unter Mac OS X erläutern. Die dazu benötigten Dateien finden Sie entweder auf der Buch-CD oder auf der *XAMPP*-Projektwebseite[1].

**Auf der Buch-CD finden Sie das jeweils letzte stabile *XAMPP*-Release für Windows bzw. Mac OS X. Die neuesten Versionen beinhalten bereits PHP 5.3 und MySQL 5.1, jedoch sind noch nicht alle Komponenten (z.B. *phpMyAdmin*) dazu kompatibel. Die Versionen auf der CD reichen allemal aus, um TYPOlight uneingeschränkt zu testen, und lassen sich ohne größere manuelle Anpassungen installieren.**

### 2.2.1 XAMPP für Windows

Laden Sie sich die Datei `xampp-win32-1.6.6a.exe` von der Buch-CD oder der *XAMPP*-Projektwebseite herunter und entpacken Sie sie mit einem Doppelklick in ein Verzeichnis Ihrer Wahl. Es wird automatisch ein Unterverzeichnis namens `xampp` angelegt, das alle benötigten Dateien enthält (Abbildung 2.1).

Wechseln Sie dann in das Installationsverzeichnis und doppelklicken Sie dort auf die Datei `setup_xampp.bat`. Es öffnet sich ein Kommandozeilenfenster, in dem Sie die automatische *XAMPP*-Installation verfolgen können. Warten Sie ab, bis der Vorgang beendet ist und Sie aufgefordert werden, den Dialog durch Drücken einer beliebigen Taste zu beenden (Abbildung 2.2).

Die Installation von *XAMPP* unter Windows ist damit abgeschlossen.

---

1    http://www.apachefriends.org/

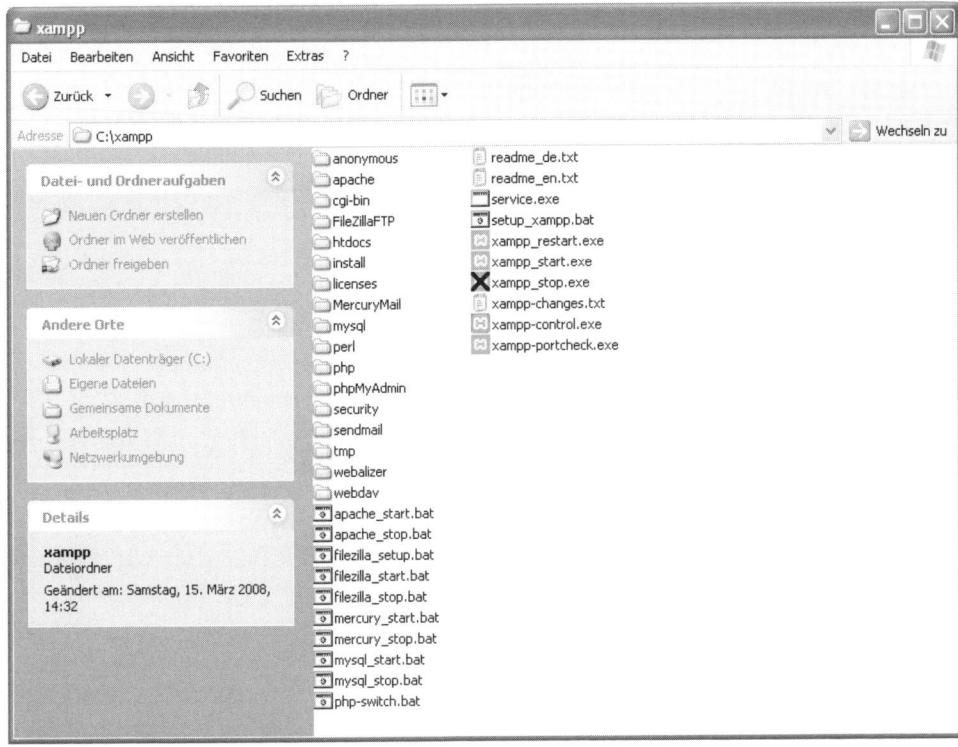

Abbildung 2.1: **XAMPP-Installationsverzeichnis unter Windows**

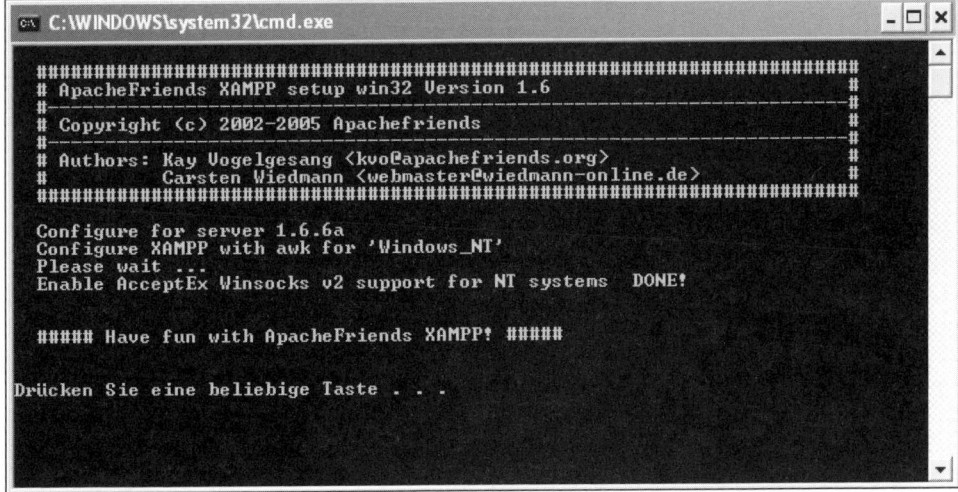

Abbildung 2.2: **XAMPP-Setup-Dialog unter Windows**

Das Aktivieren der verschiedenen Dienste funktioniert über das Control-Panel, das Sie mit einem Doppelklick auf die Datei `xampp-control.exe` aufrufen können (Abbildung 2.3). Für die weitere Einrichtung von *XAMPP* benötigen Sie vorerst nur den Apache- und den MySQL-Dienst.

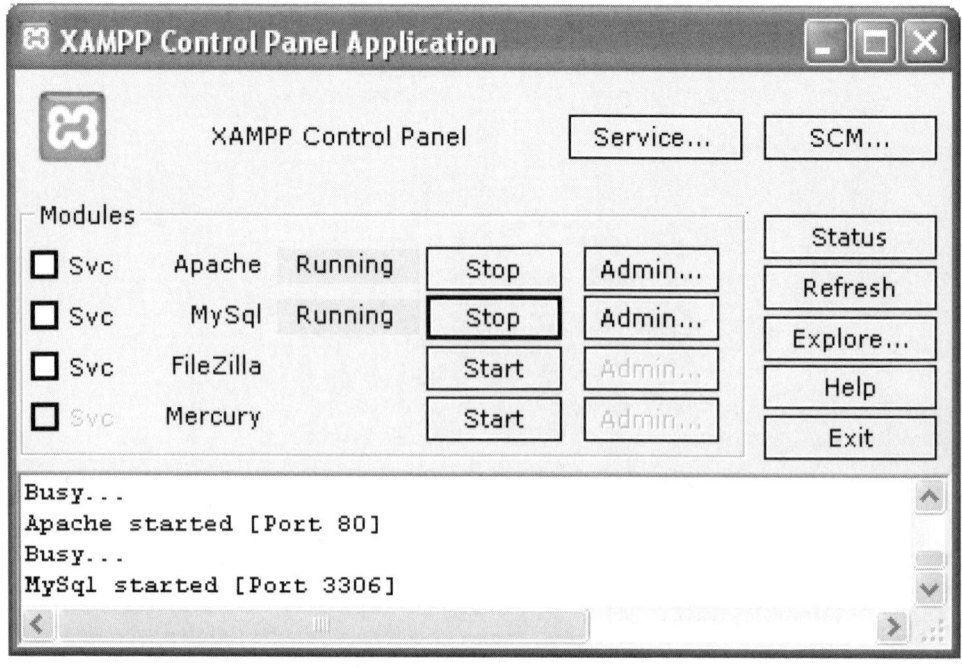

Abbildung 2.3: **XAMPP-Control-Panel unter Windows**

Öffnen Sie Ihren Internetbrowser und geben Sie die Adresse `http://localhost/` ein. Nachdem Sie Deutsch als Sprache ausgewählt haben, gelangen Sie zur *XAMPP*-Startseite. Mit einem Klick auf den Link SICHERHEITSCHECK im Menü auf der linken Seite rufen Sie die Unterseite *XAMPP Sicherheit* auf (Abbildung 2.4).

Die monierten Sicherheitslücken sollten Sie bis auf den deaktivierten *Safe Mode* alle beheben. Dazu enthält *XAMPP* ein kleines Tool, das Sie in Ihrem Browser aufrufen können. Klicken Sie auf den Link `http://localhost/security/xamppsecurity.php` und versehen Sie den MySQL-Benutzer und das *XAMPP*-Verzeichnis mit einem Passwort.

Danach müssen Sie den Server neu starten, was Sie über das *XAMPP*-Control-Panel bequem erledigen können. Beim erneuten Laden der Seite werden Sie nach dem Benutzernamen und dem Passwort gefragt, die Sie gerade vergeben haben. Wo vorher noch der Status UNSICHER stand, sollte jetzt ein grünes SICHER stehen. Der *Safe Mode* soll ausgeschaltet bleiben und darf daher weiterhin den Status UNSICHER haben.

Damit ist die Einrichtung von *XAMPP* unter Windows abgeschlossen.

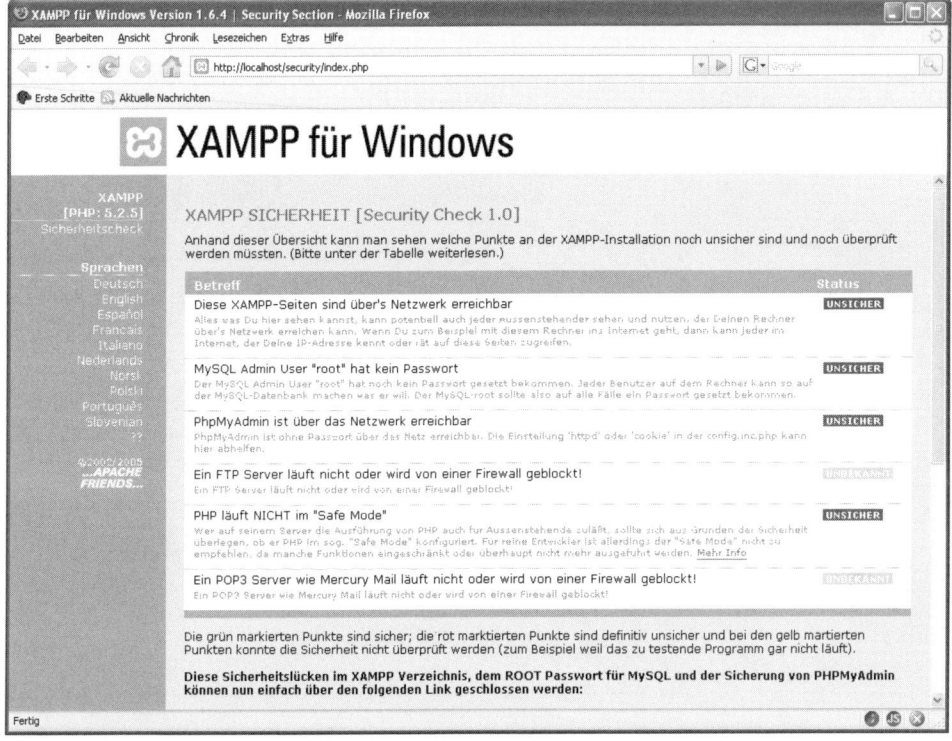

Abbildung 2.4: **XAMPP-Sicherheitscheck unter Windows**

*Falls sich der Apache-Dienst nicht starten lässt, ist der Port Nr. 80 auf Ihrem Rechner wahr-scheinlich schon durch einen anderen Dienst belegt, z.B. durch Skype. Um dieses Problem zu beheben, können Sie entweder die* Skype-Einstellungen *anpassen (empfohlen) oder zuerst* XAMPP *und dann* Skype *starten.*

## 2.2.2 XAMPP für Mac OS X

Laden Sie sich die Datei `xampp-macosx-0.7.4.dmg` von der Buch-CD oder der *XAMPP*-Projektwebseite herunter und öffnen Sie sie mittels Doppelklick. Es öffnet sich ein Image, das die Datei `XAMPP for MacOS X.pkg` enthält. Ein Doppelklick auf diese Datei startet den Installationsdialog (Abbildung 2.5).

Um die Installation fortsetzen zu können, müssen Sie Ihr Administratorpasswort eingeben. Bestätigen Sie danach die Auswahl des Zielvolumens mit einem Klick. Die Installationsroutine installiert die Dateien automatisch in das Verzeichnis `/Applications/xampp` (Abbildung 2.6).

Wenn das Verzeichnis `/Applications/xampp` schon existiert, werden die darin enthaltenen Dateien ohne Vorwarnung durch das Installationsprogramm überschrieben.

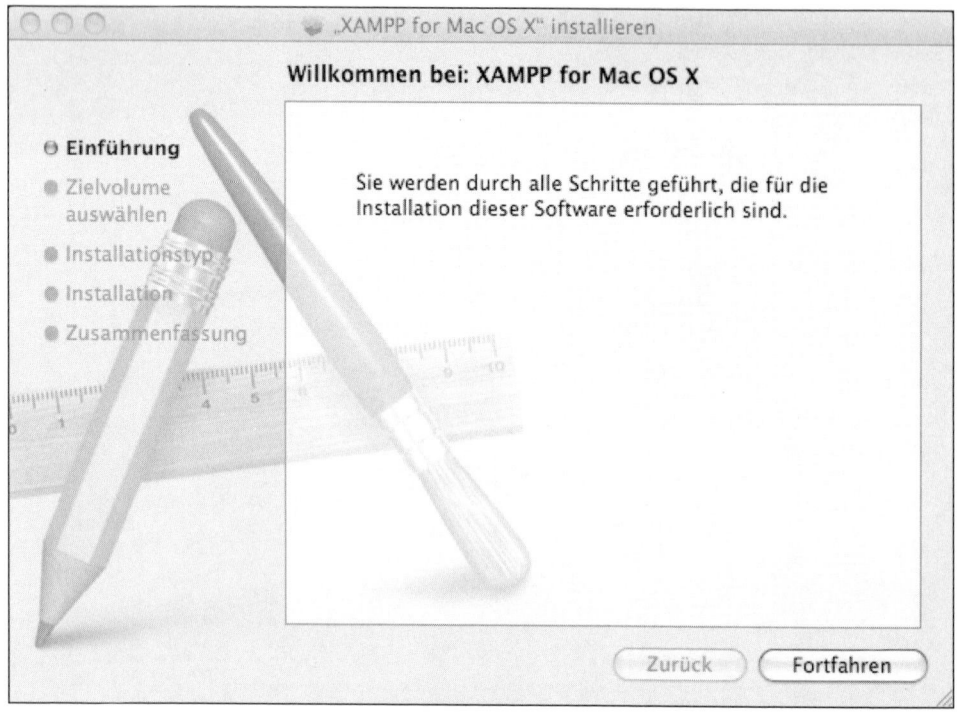

Abbildung 2.5: **XAMPP-Installationsdialog unter Mac OS X**

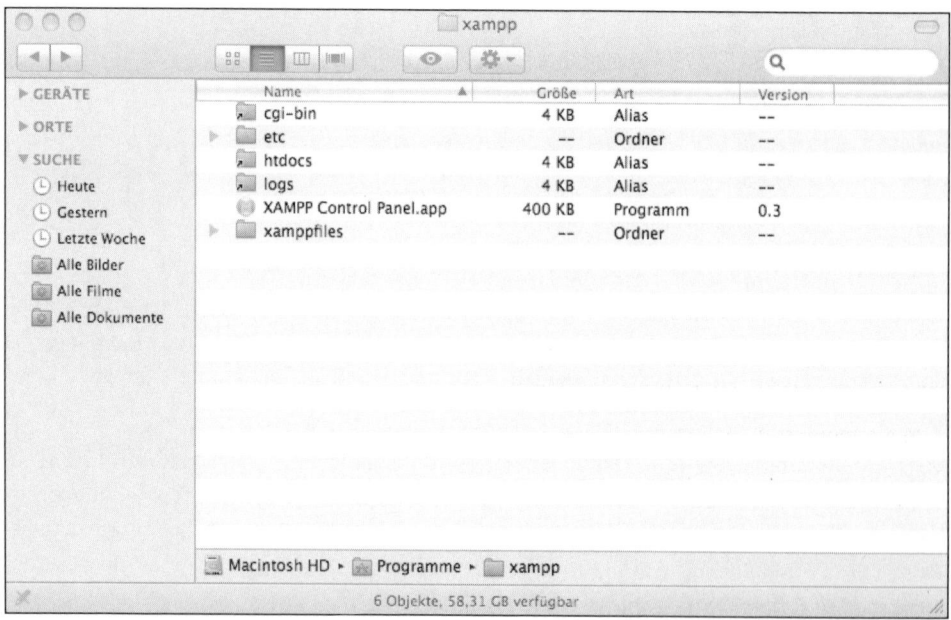

Abbildung 2.6: **XAMPP-Installationsverzeichnis unter Mac OS X**

Die Installation von *XAMPP* unter Mac OS X ist damit abgeschlossen.

Das Aktivieren der verschiedenen Dienste funktioniert über das *XAMPP*-Control-Panel, das Sie mit einem Doppelklick auf die Datei XAMPP Control Panel.app aufrufen können (Abbildung 2.7). Geben Sie wieder Ihr Administratorpasswort ein und klicken Sie dann auf ALLE KOMPONENTEN STARTEN.

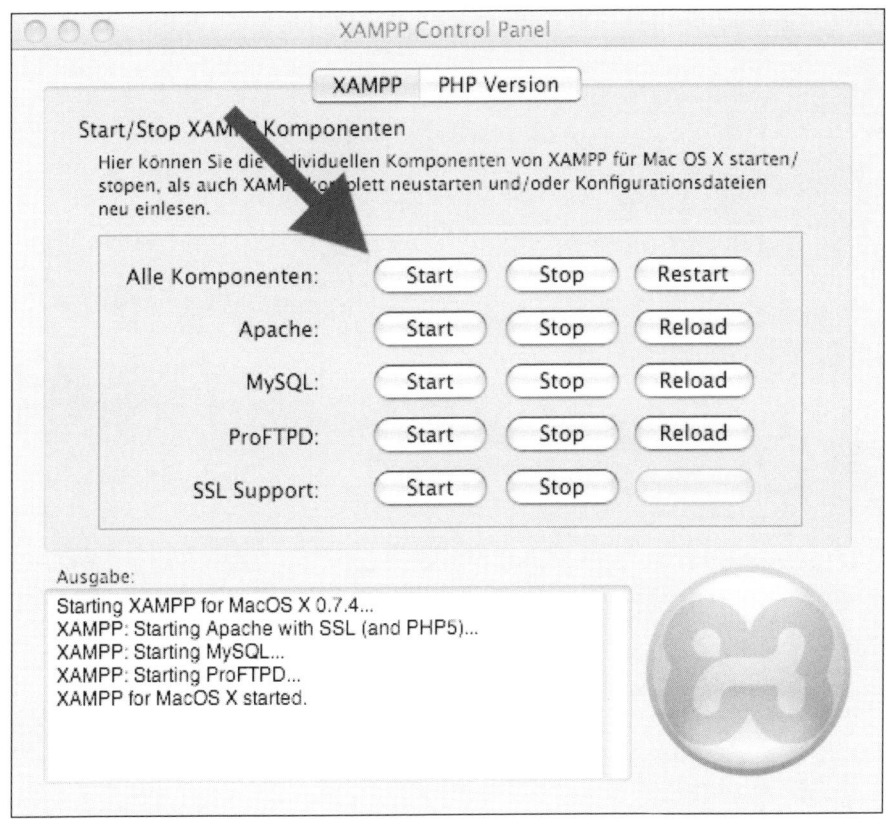

Abbildung 2.7: **XAMPP-Control-Panel unter Mac OS X**

Öffnen Sie Ihren Internetbrowser und geben Sie die Adresse http://localhost/ ein. Nachdem Sie Deutsch als Sprache ausgewählt haben, gelangen Sie zur *XAMPP*-Startseite. Mit einem Klick auf den Link SICHERHEITSCHECK im Menü auf der linken Seite rufen Sie die Unterseite *XAMPP Sicherheit* auf (Abbildung 2.8).

Um die monierten Sicherheitslücken zu beheben, enthält *XAMPP* ein Kommandozeilentool, das Sie mit dem Dienstprogramm *Terminal* aufrufen können. Öffnen Sie dazu den Ordner PROGRAMME → DIENSTPROGRAMME und klicken Sie dort auf das *Terminal*-Icon. Geben Sie im Terminalfenster den Befehl sudo /Applications/xampp/xamppfiles/mampp security ein. Das Programm muss mit Administratorrechten ausgeführt werden, daher werden Sie wieder nach dem Administratorpasswort gefragt. Folgen Sie den Anweisungen des Tools, bis alle Passwörter gesetzt sind (Abbildung 2.9).

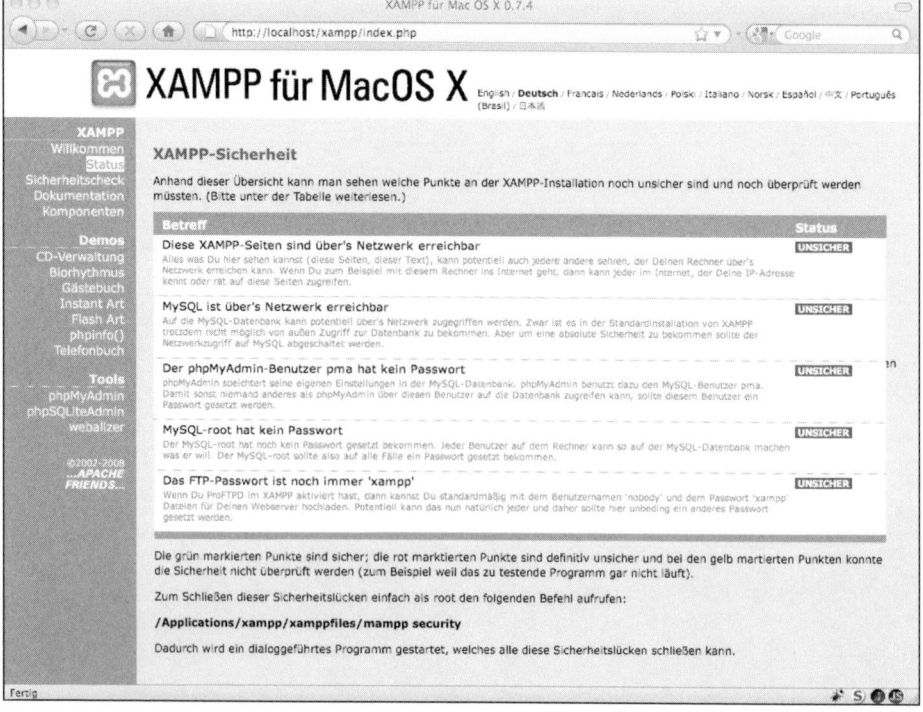

Abbildung 2.8: **XAMPP-Sicherheitscheck unter Mac OS X**

```
● ○ ○                    Terminal — mysqld — 79×30
HQS:Applications leofeyer$ sudo /Applications/xampp/xamppfiles/mampp security
XAMPP: Schneller Sicherheits-Check...
XAMPP: Die XAMPP-Seiten sind NICHT mit einem Passwort geschuetzt.
XAMPP: Moechtest Du ein Passwort setzen? [ja] ja
XAMPP: Passwort:
XAMPP: Passwort (Wiederholung):
XAMPP: Passwort-Abfrage aktiviert. Als Benutzernamen bitte 'xampp' benutzen!
XAMPP: MySQL ist ueber's Netzwerk erreichbar.
XAMPP: Normalerweise wird dies nicht benoetigt. Soll ich es abschalten? [ja] ja
XAMPP: Abgeschaltet!
XAMPP: Stoppe MySQL...
XAMPP: Starte MySQL...
XAMPP: MySQL hat kein root-Passwort gesetzt!!!
XAMPP: Moechtest Du ein Passwort setzten? [ja] ja
XAMPP: Schreib Dir das Passwort unbedingt auf!!!
XAMPP: Passwort:
XAMPP: Passwort (Wiederholung):
XAMPP: MySQL root-Passwort wird gaendert.
XAMPP: Passe root-Passwort-Einstellungen im phpMyAdmin an.
XAMPP: phpMyAdmin already set right!
XAMPP: ProFTPD hat ein neues FTP-Passwort. Super!
XAMPP: Moechtest Du trotzdem das Passwort aendern? [nein] ja
XAMPP: Passwort:
XAMPP: Passwort (Wiederholung):
XAMPP: Aktualisiere ProFTPD...
XAMPP: Fertig.
HQS:Applications leofeyer$
```

Abbildung 2.9: **XAMPP-Passworteingabe im Terminal**

Beim erneuten Laden der Seite werden Sie nach dem Passwort gefragt, das Sie gerade vergeben haben. Der Benutzername wurde automatisch auf *xampp* gesetzt. Wo vorher noch Status UNSICHER stand, sollte jetzt ein grünes SICHER stehen.

Als Letztes sollten Sie noch den Benutzeraccount anpassen, unter dem der Apache-Dienst läuft, so dass TYPOlight Dateien anlegen und bearbeiten darf. Öffnen Sie dazu die Datei `/Applications/xampp/etc/httpd.conf`, suchen Sie folgende Zeilen

```
User daemon
Group daemon
```

und ersetzen Sie diese durch den Benutzer und die Gruppe, denen die *XAMPP*-Dateien gehören. In der Regel ist das der Benutzername, mit dem Sie sich an Ihrem Mac anmelden, und die Gruppe `admin` oder `wheel`. Auf meinem Mac ist es z.B.

```
User leofeyer
Group admin
```

Beachten Sie, dass Ihre Änderungen erst nach einem Neustart des Apache-Dienstes wirksam werden, den Sie bequem über das Control-Panel durchführen können. Danach ist die Einrichtung von *XAMPP* unter Mac OS X abgeschlossen.

# 2.3 Den Live-Server einrichten

In diesem Abschnitt werde ich Ihnen erklären, was es bei der Einrichtung des Live-Servers zu beachten gilt. Dabei geht es nicht um die Konfiguration des Servers an sich, die in aller Regel von einem Serveradministrator übernommen wird und auf die Sie außer bei einem Root-Server ohnehin keinen Zugriff haben. Es geht vielmehr darum, wie Sie Ihren Server auf die Systemvoraussetzungen von TYPOlight prüfen und PHP 5 aktivieren können.

## 2.3.1 PHP 5 aktivieren

Glücklicherweise ist PHP 5 inzwischen etabliert und fast überall verfügbar.

### Umschalten der PHP-Version in der Verwaltungsoberfläche

Viele Anbieter bieten ihren Kunden die Möglichkeit, zwischen PHP 4 und PHP 5 in der Verwaltungsoberfläche (z.B. Confixx, Plesk oder CPanel) umzuschalten. Wenn Sie Ihre Webseite bei einem solchen Provider hosten, können Sie den Rest dieses Abschnitts getrost überspringen.

### Umschalten der PHP-Version mittels .htaccess-Datei

Mit einer `.htaccess`-Datei können Sie die Konfiguration des Apache-Servers für ein bestimmtes Verzeichnis und alle darin enthaltenen Ordner und Dateien anpassen. Der bekannteste Anwendungsfall im Zusammenhang mit .htaccess-Dateien ist wohl das Schützen eines Verzeichnisses mit einem Benutzernamen und einem Passwort. In einer .htaccess-Datei können Sie aber je nach Berechtigung noch wesentlich mehr festlegen als nur den Dateizugriff, unter anderem auch die Art und Weise, wie der Server Dateien mit der Endung .php behandeln soll.

Klären Sie zunächst ab, ob das Umschalten der PHP-Version mittels .htaccess-Datei auf dem Server unterstützt wird. Ist dies der Fall, erstellen Sie eine solche Datei in dem Verzeichnis, in das Sie TYPOlight installieren möchten, und öffnen Sie diese mit einem Texteditor (z.B. *Notepad++*[2]). Fügen Sie *eine* der folgenden Zeilen ein:

```
AddHandler x-httpd-php5 .php

AddHandler php5-cgi .php

AddHandler php-cgi2 .php

AddHandler php-fastcgi5 .php

AddType x-mapp-php5 .php

AddType application/x-httpd-php5 .php

Action php /cgi-php5/php
```

Welche dieser Zeilen auf Ihrem Server funktioniert, können Sie nur durch Ausprobieren herausfinden. Eventuell bietet Ihr Provider auch eine FAQ-Seite oder eine Knowledge Base, in der die richtige Anweisung genannt wird. Im Zweifel sollte Ihnen der Support weiterhelfen können.

## 2.3.2 Das TYPOlight-Systemdiagnose-Tool

Ist PHP 5 erst einmal aktiviert, steht der Installation von TYPOlight nichts mehr im Wege. Um ganz sicher zu gehen, dass TYPOlight auf Ihrem Server läuft, können Sie sich vorab das Systemdiagnose-Tool[3] herunterladen und in das Verzeichnis kopieren, in das Sie TYPOlight installieren möchten.

Rufen Sie die Datei typolight-check.php anschließend in Ihrem Browser auf. Die Ausgabe sollte so ähnlich wie in Abbildung 2.10 aussehen.

Im ersten Schritt prüft das Systemdiagnose-Tool die PHP-Konfiguration Ihres Servers. Im zweiten Schritt legt es einen Ordner und eine Datei an und prüft deren Besitzer und Zugriffsrechte. Wird PHP als Modul betrieben, gehören automatisch erstellte Ressourcen meist einem anderen Benutzer als die Dateien und Ordner, die Sie mit Ihrem FTP-Programm auf den Server übertragen. In diesem Fall können Sie z.B. keine Dateien mit dem TYPOlight-Dateimanager umbenennen, die Sie zuvor per FTP auf den Server übertragen haben.

---

2   http://notepad-plus.sourceforge.net/de/site.htm
3   http://www.typolight.org/den-live-server-konfigurieren.html#system-check-tool

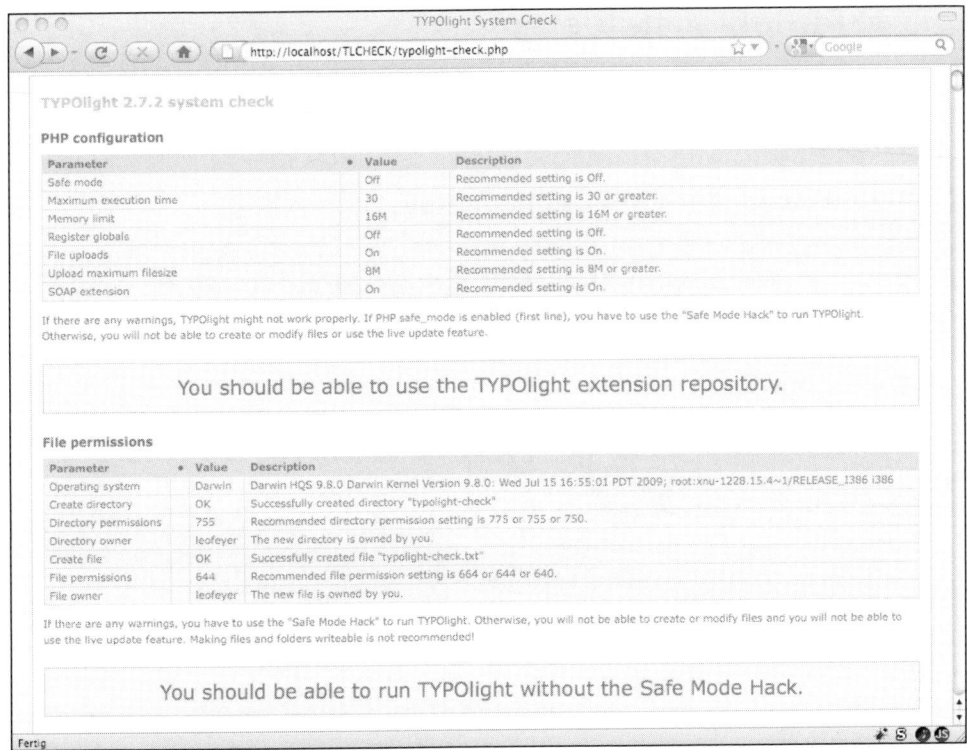

Abbildung 2.10: **Das TYPOlight-Systemdiagnose-Tool**

Natürlich bietet TYPOlight für dieses Problem eine Lösung. Stellt das Systemdiagnose-Tool bei der Überprüfung einen Rechtekonflikt fest, weist es Sie darauf hin, dass Sie TYPOlight nicht ohne den sogenannten *Safe Mode Hack* betreiben können. Was genau es damit auf sich hat, erfahren Sie im Abschnitt 2.4.3, *Der Safe Mode Hack*.

*Das Systemdiagnose-Tool prüft im dritten Schritt Ihre Installation auf Vollständigkeit und kenn-zeichnet fehlende Dateien sowie Dateien mit ungewöhnlichen Zugriffsrechten. Wenn Sie das Tool vor der eigentlichen Installation ausführen, können Sie diese Hinweise natürlich ignorieren.*

## 2.4 TYPOlight installieren

Nachdem Sie alle Voraussetzungen geprüft und Ihren (lokalen oder entfernten) Webserver eingerichtet haben, können Sie nun mit der Installation beginnen.

### 2.4.1 Download eines TYPOlight-Archivs

Laden Sie sich zunächst das aktuelle TYPOlight-Archiv von der TYPOlight-Webseite[4] herunter und entpacken Sie es auf Ihrem Rechner. Wählen Sie das `.zip`-Format für eine Installation auf einem lokalen Testserver oder das `.tar.gz`-Format für eine Installation auf einem (Unix)Live-Server. Verschieben Sie die Dateien dann in das `htdocs`-Verzeichnis Ihrer XAMPP-Installation bzw. übertragen Sie die Dateien mit einem FTP-Programm in das `htdocs`-Verzeichnis Ihres Servers. Je nach Serverkonfiguration kann das Verzeichnis auch `httpdocs`, `html` oder `public_html` heißen. Fragen Sie im Zweifel bei Ihrem Provider nach.

*Wenn Sie Zugriff auf die Kommandozeile Ihres Servers haben (z. B. über SSH), können Sie das TYPOlight-Archiv mittels des Unix-Befehls* `wget` *direkt auf Ihren Server laden und dort entpacken. In diesem Fall sparen Sie sich den Upload der Dateien per FTP.*

Nach dem Verschieben bzw. Übertragen der Dateien sollte das TYPOlight-Verzeichnis ungefähr so aussehen wie in Abbildung 2.11.

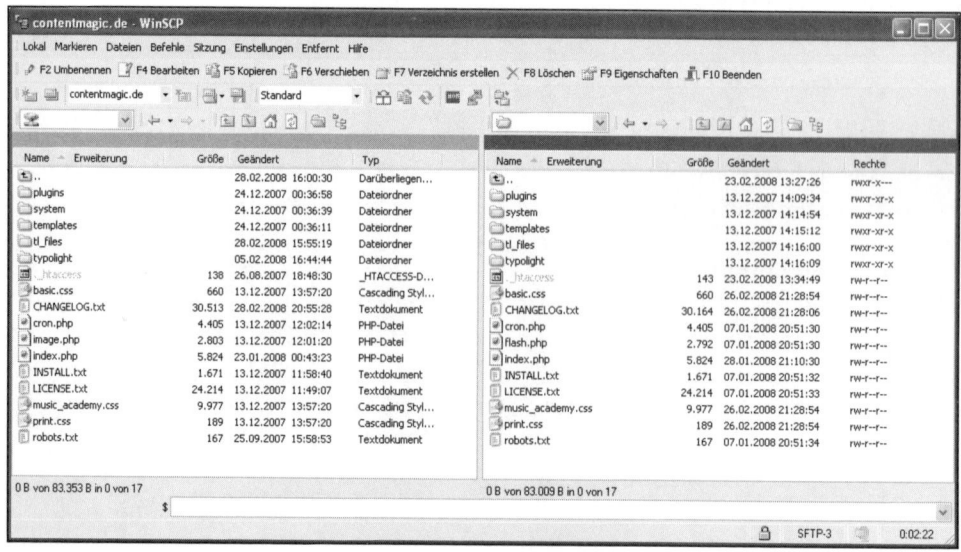

Abbildung 2.11: **Das TYPOlight-Wurzelverzeichnis**

---

4    http://www.typolight.org/herunterladen.html

## 2.4.2 Das TYPOlight-Installtool

Rufen Sie in Ihrem Internetbrowser die URL Ihrer TYPOlight-Installation auf und hängen Sie /typolight/install.php hinten dran, um das Installtool zu starten. Die komplette URL sieht wahrscheinlich in etwa so aus:

» http://www.domain.de/typolight/install.php

» http://www.domain.de/typolight-2.6.0/typolight/install.php

» http://www.domain.de/pfad/zu/tl/typolight/install.php

Das Standardpasswort lautet *typolight*. Bei Ihrer ersten Anmeldung werden Sie dazu aufge-fordert, es zu ändern. Andernfalls können Sie die Installation nicht fortsetzen.

◁ +ypokurs

*Das Installtool ist gegen Brute-Force-Attacken[5] geschützt und wird automatisch gesperrt, wenn mehr als drei Mal hintereinander ein falsches Passwort eingegeben wurde. Um die Sperre wie-der aufzuheben, öffnen Sie die Datei* system/config/localconfig.php *und setzen Sie den Eintrag* $GLOBALS['TL_CONFIG']['installCount'] *auf 0.*

### Einen Encryption-Key erstellen

Der Encryption-Key wird benötigt, um Daten verschlüsselt speichern zu können. Sind die Daten einmal verschlüsselt, können sie nur noch mit diesem Key wieder entschlüsselt wer-den. Falls Sie also ein TYPOlight-Modul verwenden, das die Verschlüsselung nutzt, sollten Sie sich den Encryption-Key gut merken.

Bei einer neuen Installation können Sie das Feld einfach leer lassen und auf die Schaltflä-che GENERATE OR SAVE KEY klicken. TYPOlight erstellt dann automatisch einen neuen Encryp-tion-Key.

### Datenbankverbindung herstellen

Das TYPOlight-Installtool kann selbst keine neuen Datenbanken erstellen, da das bei den meisten Shared-Hosting-Paketen sowieso nur über die Verwaltungssoftware (z.B. *Confixx*, *Plesk* oder *Cpanel*) möglich ist. Rufen Sie also die Verwaltungsoberfläche Ihres Servers auf und legen Sie dort eine neue Datenbank an. Geben Sie danach die Anmeldeinformationen für die Datenbank im TYPOlight-Installtool ein (Abbildung 2.12).

---

5   http://de.wikipedia.org/wiki/Brute-Force-Methode

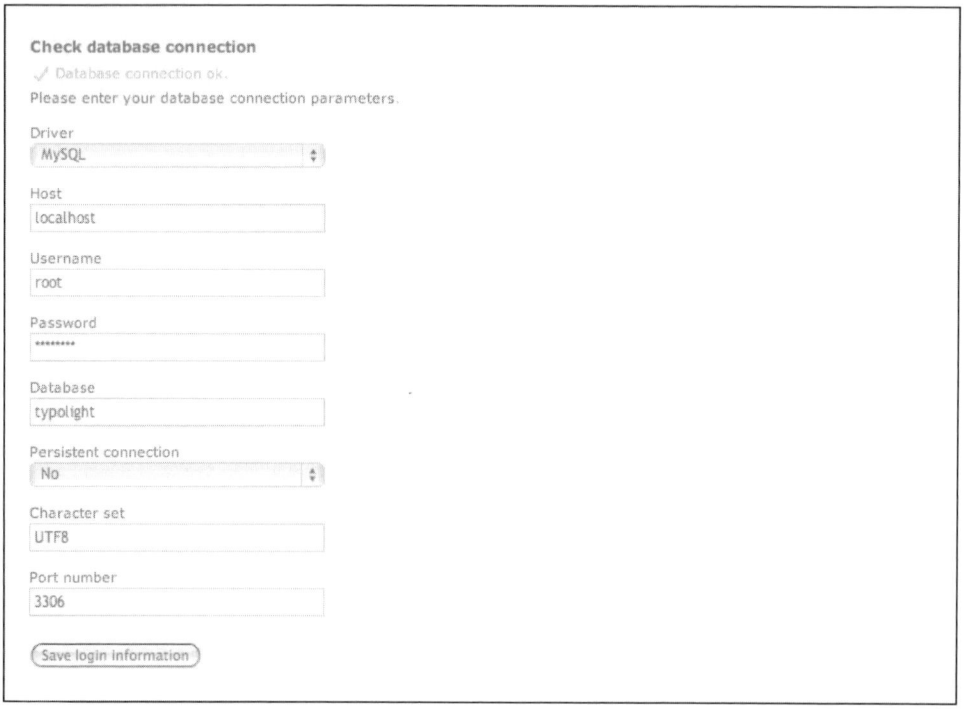

Abbildung 2.12: **Datenbankinformationen im Installtool eingeben**

HOST: die Domain oder IP-Adresse des Datenbankservers

USERNAME: der Benutzername für Ihre Datenbank

PASSWORD: das Passwort für Ihre Datenbank

DATABASE: der Name Ihrer Datenbank

CHARACTER SET: der Zeichensatz, den Sie in Ihren Tabellen verwenden möchten

PORT NUMBER: die Portnummer des Datenbankservers

Beachten Sie, dass der Zeichensatz *UTF-8*, den TYPOlight standardmäßig verwendet, in MySQL als *UTF8* geschrieben wird.

## Update database tables

Nachdem Sie die Datenbankzugangsdaten gespeichert haben, baut das Installtool eine Verbindung zu ihr auf und vergleicht die darin enthaltenen Tabellen mit den Vorgaben der aktuellen TYPOlight-Version. Ist eine Aktualisierung Ihrer Datenbank notwendig, präsentiert Ihnen das Installtool automatisch eine Liste mit durchzuführenden Änderungen, die Sie bestätigen oder ablehnen können (Abbildung 2.13).

```
Update database tables
⊖ The database is not up to date!
Please note that this update assistant has only been tested with MySQL and MySQLi databases. If you are using a different
database (e.g. Oracle), you might have to install/update your database manually. In this case, please go to folder
system/modules and search all its subfolders for files called dca/database.sql.

Create new tables
☑ CREATE TABLE `tl_faq_category` (
    `id` int(10) unsigned NOT NULL auto_increment,
    `tstamp` int(10) unsigned NOT NULL default '0',
    `title` varchar(255) NOT NULL default '',
    `headline` varchar(255) NOT NULL default '',
    `jumpTo` int(10) NOT NULL default '0',
    PRIMARY KEY (`id`)
  ) ENGINE=MyISAM DEFAULT CHARSET=utf8;

Add new columns
☑ ALTER TABLE `tl_layout` ADD `urchinId` varchar(32) NOT NULL default '';
☑ ALTER TABLE `tl_module` ADD `navigationTpl` varchar(64) NOT NULL default '';
☑ ALTER TABLE `tl_module` ADD `faq_categories` varchar(255) NOT NULL default '';
☑ ALTER TABLE `tl_page` ADD `createSitemap` char(1) NOT NULL default '';
☑ ALTER TABLE `tl_page` ADD `sitemapName` varchar(32) NOT NULL default '';
☑ ALTER TABLE `tl_page` ADD `sitemapBase` varchar(255) NOT NULL default '';
☑ ALTER TABLE `tl_calendar` ADD `feedBase` varchar(255) NOT NULL default '';
☑ ALTER TABLE `tl_news_archive` ADD `feedBase` varchar(255) NOT NULL default '';
☑ ALTER TABLE `tl_newsletter` ADD `senderName` varchar(128) NOT NULL default '';
☑ ALTER TABLE `tl_newsletter` ADD `addFile` char(1) NOT NULL default '';
☑ ALTER TABLE `tl_newsletter` ADD `files` blob NULL;

Change existing columns
☑ ALTER TABLE `tl_news` CHANGE `text` `text` mediumtext NULL;

( Update database )
```

Abbildung 2.13: **Datenbankänderungen bestätigen**

In der Regel sollten Sie die angebotenen Änderungen übernehmen, damit Ihre Tabellen immer auf dem neuesten Stand sind und TYPOlight später nicht versucht, auf fehlende Felder zuzugreifen. Bei einer neuen Installation ist die Liste der Änderungen für gewöhnlich sehr lang, da erst einmal alle Tabellen neu angelegt werden müssen.

ACHTUNG

**Prüfen Sie eventuell vorgeschlagene Löschaufträge besonders sorgfältig, denn TYPOlight kennt nur seine eigenen Tabellen. Wenn sich auf Ihrem Server mehrere Anwendungen eine Datenbank teilen, bietet Ihnen das Installtool an, die vermeintlich nicht benötigten Tabellen der anderen Programme »aufzuräumen«.**

## Import a template

An dieser Stelle können Sie die noch leeren TYPOlight-Tabellen mit Daten füllen und eine komplett vorkonfigurierte Seite (Template) importieren. Diesem Buch liegt ein exklusives Template bei, auf das ich in den folgenden Kapiteln immer wieder Bezug nehmen werde. Ich empfehle Ihnen daher, das Template webconsulting_de.sql zu importieren, damit Sie die folgenden Beispiele besser nachvollziehen können.

Nach dem Import der *WebConsulting*-Beispielseite können Sie sich im TYPOlight-Backend mit dem Benutzernamen *k.jones* und dem Passwort *kevinjones* anmelden.

### Create an admin user

Wenn Sie auf den Import eines Templates verzichtet haben, weil Sie beispielsweise eine neue Webseite mit TYPOlight erstellen möchten, müssen Sie einen Administrator-Benutzer anlegen, mit dem Sie sich später im TYPOlight-Backend anmelden können.

USERNAME: der Benutzername der Administrators

NAME: der Vor- und Nachname des Administrators

E-MAIL ADDRESS: die E-Mail-Adresse des Administrators

PASSWORD: das Passwort des Administrators

Nachdem Sie den Administrator-Benutzer erstellt haben, ist die Installation von TYPOlight abgeschlossen. Der Link am rechten unteren Rand des Installtools bringt Sie direkt zur Administrationsoberfläche, dem sogenannten Backend.

## 2.4.3 Der Safe Mode Hack

Eventuell haben Sie beim Aufruf des Installtools statt der Passwortabfrage den Hinweis erhalten, dass die lokale Konfigurationsdatei nicht beschreibbar ist und die Installation deshalb nicht fortgesetzt werden kann (Abbildung 2.14).

Wie schon bei der Vorstellung des TYPOlight Systemdiagnose-Tools erwähnt, läuft PHP als Apache-Modul in der Regel unter dem Benutzer wwwrun, www-data oder nobody. Dateien, die Sie per FTP auf den Server übertragen, werden hingegen unter Ihrem Benutzernamen (z.B. web4 oder ab5678) abgelegt. Die Folge ist, dass der Server dem PHP-Skript TYPOlight den Zugriff auf Ihre Dateien verwehrt.

Nur Sie selbst haben standardmäßig Zugriff auf Ihre Dateien, was auf einem Server mit mehreren Benutzern auch durchaus sinnvoll ist. Schließlich wollen Sie ja nicht, dass Ihr Server-

---

6   http://www.inetrobots.com/shop

Nachbar mal eben Ihre vertraulichen Dateien durchliest. Trotzdem möchten Sie TYPOlight den Zugriff auf Ihre Dateien erlauben, damit Sie die lokale Konfiguration speichern oder Ihre Bilder und Dokumente mit dem integrierten Dateimanager verwalten können, ohne jedes Mal Ihr FTP-Programm starten zu müssen.

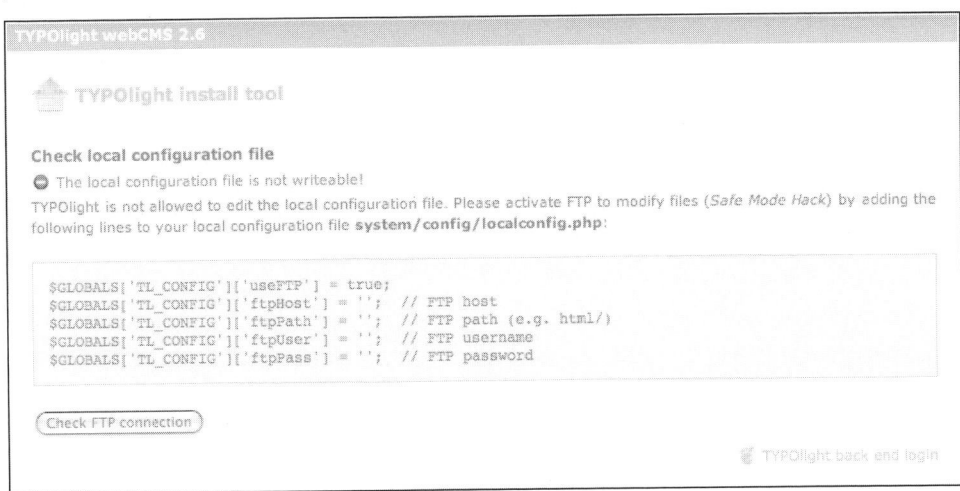

Abbildung 2.14: **Die lokale Konfigurationsdatei ist nicht beschreibbar.**

Um das zu ermöglichen, gibt es die Option FTP FÜR DEN DATEIZUGRIFF VERWENDEN, die sich eigentlich hinter dem Begriff *Safe Mode Hack* verbirgt. Ist diese Option aktiv, öffnet TYPOlight automatisch eine FTP-Verbindung und legt neue Dateien und Ordner unter Ihrem Benutzernamen an. Ich gebe zu, dass die Bezeichnung *Safe Mode Hack* in diesem Zusammenhang nicht ganz optimal gewählt ist, da sie die Vermutung nahe legt, man bräuchte diese Option nur, wenn der PHP safe_mode aktiv ist.

Um den *Safe Mode Hack* zu aktivieren, öffnen Sie die lokale Konfigurationsdatei system/config/localconfig.php und fügen Sie folgende Zeilen ein:

Listing 2.1: **FTP-Zugangsdaten in der lokalen Konfigurationsdatei speichern**

```
$GLOBALS['TL_CONFIG']['useFTP'] = true;
$GLOBALS['TL_CONFIG']['ftpHost'] = '';   // FTP host
$GLOBALS['TL_CONFIG']['ftpPath'] = '';   // FTP path (e.g. html/)
$GLOBALS['TL_CONFIG']['ftpUser'] = '';   // FTP username
$GLOBALS['TL_CONFIG']['ftpPass'] = '';   // FTP password
```

Ergänzen Sie die fehlenden Angaben mit den Einstellungen Ihres FTP-Servers. Achten Sie besonders darauf, den richtigen ftpPath einzugeben. Dabei handelt es sich um den relativen Pfad zum TYPOlight-Verzeichnis, ausgehend vom Wurzelverzeichnis des FTP-Servers. Hier sind ein paar typische Beispiele:

» html/

» public_html/

» htdocs/

- » `html/typolight/`
- » `httpdocs/tl/`
- » `public_html/pfad/zu/typolight/`

Nachdem Sie die Zugangsdaten gespeichert haben, können Sie die FTP-Verbindung überprüfen. Klicken Sie dazu auf CHECK FTP CONNECTION.

# 2.5 TYPOlight aktualisieren

Wie die meisten Open-Source-Projekte wird auch TYPOlight ständig weiterentwickelt. Mit jedem Update werden Komponenten aktualisiert, Fehler behoben, neue Funktionen hinzugefügt oder die Performance verbessert. Ich empfehle daher unbedingt, immer eine aktuelle Version zu verwenden.

## 2.5.1 Der TYPOlight Update-Zyklus

Der Update-Zyklus von TYPOlight unterscheidet sich in einigen Punkten von dem, was vor allem deutsche Nutzer von anderen Projekten gewohnt sind. Zum besseren Verständnis möchte ich Ihnen zunächst die verwendete Terminologie erläutern.

### Major Release

Bei einem Major Release handelt es sich um eine komplett neue Version der Software, bei der viele grundlegende Dinge geändert wurden und mit der bereits bestehende Seiten unter Umständen nicht mehr funktionieren. Die aktuelle Major-Version von TYPOlight zum Zeitpunkt der Entstehung dieses Kapitels ist die Version 2.

### Minor Release

Bei einem Minor Release handelt es sich um eine Art Meilenstein auf dem Weg der Entwicklung, bei dem neue Funktionen hinzugefügt wurden. Kleinere Anpassungen bestehender Seiten können daher notwendig sein. Die aktuelle Minor-Version von TYPOlight zum Zeitpunkt der Entstehung dieses Kapitels ist die Version 2.7.

### Maintenance Release

Bei einem Maintenance Release handelt es sich um ein Wartungsrelease, dessen primärer Zweck die Behebung von Fehlern ist. Die aktuelle Maintenance-Version von TYPOlight zum Zeitpunkt der Entstehung dieses Kapitels ist die Version 2.7.5.

Im Februar 2009 hat es eine Änderung im Release-Zyklus gegeben, insofern dass neue Funktionen zukünftig nur noch im Rahmen von Minor-Releases hinzugefügt werden. Der Hauptgrund dafür ist, dass es vor der Veröffentlichung einer Minor-Version eine Beta- bzw. Release-Candidate-Phase gibt. Weitere Informationen dazu finden Sie auf der Projektwebseite[7].

## 2.5.2 Manuelle Aktualisierung

Die Aktualisierung einer TYPOlight-Installation lässt sich relativ unkompliziert und schnell durchführen. Ein unerlässliches Hilfsmittel dafür ist ein FTP-Programm, mit dem Sie Ihren Server mit Ihrem lokalen Rechner synchronisieren können.

Wenn Sie Windows benutzen, empfehle ich Ihnen das kostenlose Open-Source-FTP-Programm *WinSCP*[8], das meiner Meinung nach zu den besten FTP-Programmen überhaupt gehört. Leider gibt es *WinSCP* noch nicht für den Mac, daher müssen Mac-Benutzer auf die kostenpflichtige Alternative *Yummy FTP*[9] zurückgreifen.

*Bis zu einem gewissen Grad lässt sich die Synchronisation auf dem Mac auch mit der Open-Source-Software* Cyberduck[10] *durchführen. Die Voransicht der zu aktualisierenden Dateien ist bei Cyberduck aber relativ unübersichtlich und bietet nur wenig Kontrolle über den Synchronisationsvorgang.*

### Backup erstellen

Laden Sie sich zunächst das aktuelle TYPOlight-Archiv herunter und entpacken Sie es auf Ihrem lokalen Rechner. Öffnen Sie dann Ihr FTP-Programm und verbinden Sie sich mit Ihrem FTP-Server. Erstellen Sie vor der Aktualisierung unbedingt ein Backup folgender Dateien und Ordner:

» `system/config/dcaconfig.php`

» `system/config/localconfig.php`

» `templates/*`

» `tl_files/*`

### Dateien synchronisieren

Starten Sie die Synchronisation mit einem Klick auf die Schaltfläche Synchronisieren oder geben Sie in *WinSCP* die Tastenkombination `Strg`+`S` ein. Es öffnet sich ein Fenster mit Einstellungen für den Synchronisationsvorgang (Abbildung 2.15).

---

7   http://www.typolight.org/blog-leser/items/aenderungen-im-typolight-releasezyklus.html
8   http://winscp.net/
9   http://www.yummysoftware.com/
10  http://cyberduck.ch/

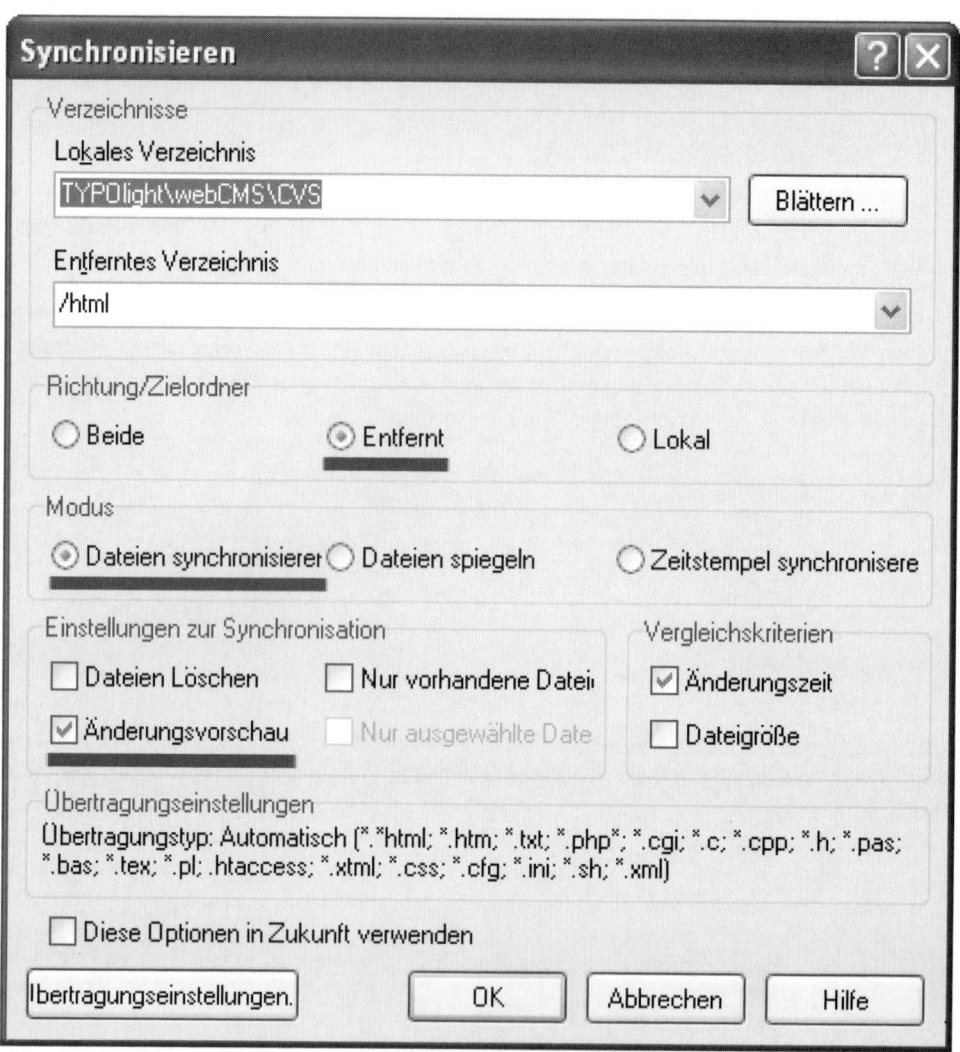

Abbildung 2.15: **Synchronisieren des Servers mit dem lokalen Rechner**

Achten Sie darauf, dass folgende Optionen ausgewählt sind:

RICHTUNG/ZIELORDNER: Entfernt

MODUS: Dateien synchronisieren

EINSTELLUNGEN ZUR SYNCHRONISATION: Änderungsvorschau

Bestätigen Sie Ihre Auswahl mit OK. Das FTP-Programm vergleicht nun die Dateien auf dem Server mit den Dateien auf Ihren lokalen Rechner und schlägt Ihnen dann eine Reihe von Änderungen vor, die Sie sorgfältig prüfen sollten (Abbildung 2.16).

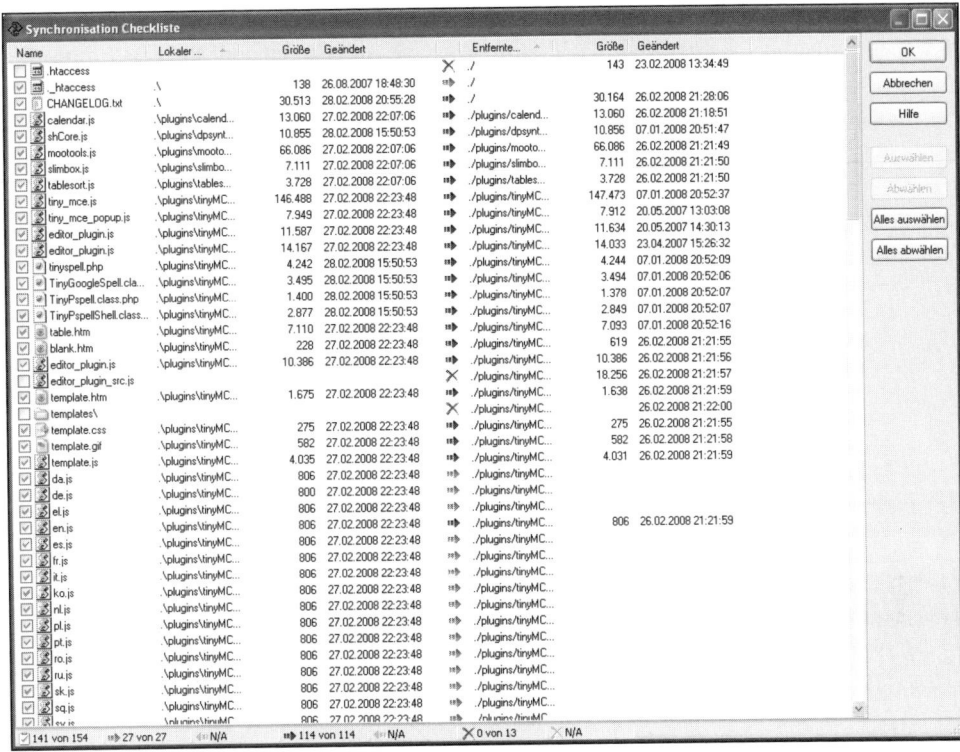

Abbildung 2.16: **Vorschau der Synchronisation mit WinSCP**

Achten Sie vor allem darauf, dass die lokale Konfigurationsdatei auf Ihrem Server nicht durch die leere Konfigurationsdatei aus dem TYPOlight-Archiv überschrieben wird. Natürlich haben Sie für diesen Fall vorher ein Backup gemacht. :-)

## Datenbanktabellen aktualisieren

Öffnen Sie das TYPOlight-Installtool und überprüfen Sie, ob nach der Aktualisierung irgendwelche Änderungen an Ihrer Datenbank notwendig sind. Führen Sie gegebenenfalls die vorgeschlagenen Änderungen durch und schließen Sie dann das Installtool.

Ihre TYPOlight-Installation ist jetzt auf dem neuesten Stand.

## 2.5.3 Der Live Update-Service

Wenn Sie nicht nur eine TYPOlight-Webseite betreiben, sondern z.B. im Kundenauftrag gleich 50 Webseiten betreuen, kann der Aktualisierungsprozess selbst bei kleinen und überschaubaren Updates schnell zum Zeitfresser werden. Damit Sie diese Zeit für sinnvollere Dinge verwenden können, gibt es den TYPOlight Live Update-Service.

Der Live Update-Service ermöglicht es Ihnen, Ihre Installation mit wenigen Klicks zu aktualisieren, ohne dass Sie dafür ein TYPOlight-Archiv herunterladen oder Ihr FTP-Programm starten müssten. Die Dateien werden von einem zentralen Updateserver direkt auf Ihren Server übertragen und dort installiert. Bevor TYPOlight die bestehenden Dateien aktualisiert, legt es auf Wunsch ein Backup der alten Dateien an, so dass Sie das Live Update jederzeit rückgängig machen können (Abbildung 2.17).

Abbildung 2.17: **TYPOlight mittels Live Update aktualisieren**

Der Live Update-Service ist ein kostenpflichtiger Zusatzservice, der für den Betrieb von TYPOlight nicht zwingend notwendig ist. Die Bereitstellung erfolgt über meine Firma iNet Robots Ltd. & Co. KG[11], die neben dem TYPOlight Live Update-Service auch Templates und individuell programmierte Erweiterungen anbietet.

# 2.6 Eine lokale Installation auf den Server umziehen

Der Umzug einer lokalen Installation auf einen Live-Server läuft fast genauso ab wie eine Neuinstallation. Sie benötigen dazu lediglich ein FTP-Programm.

## 2.6.1 Dateien auf den Server übertragen

Öffnen Sie Ihr FTP-Programm und stellen Sie eine Verbindung zu Ihrem Server her. Kopieren Sie alle Dateien aus dem lokalen TYPOlight-Verzeichnis auf den Server, so dass auf dem Server ein exaktes Abbild Ihrer lokalen Installation entsteht.

## 2.6.2 Eine Datenbankexportdatei erstellen

Einen Datenbankexport oder auch MySQL-Dump erstellen Sie am besten mit einem Datenbankadministrationstool wie beispielsweise *phpMyAdmin*[12]. Profis können eine solche Exportdatei natürlich auch über die Kommandozeile erstellen. *phpMyAdmin* ist in der XAMPP-Entwicklungsumgebung bereits enthalten und kann über die lokale URL `http://localhost/phpmyadmin/` aufgerufen werden.

---

11  `http://www.inetrobots.com/liveupdate.html`
12  `http://www.phpmyadmin.net`

Melden Sie sich mit Ihren Datenbankzugangsdaten an und wählen Sie aus der Übersicht auf der linken Seite die Datenbank aus, die Sie exportieren möchten. Klicken Sie dann im Menü rechts oben auf EXPORTIEREN. Passen Sie die Exporteinstellungen gemäß Abbildung 2.18 an und bestätigen Sie mit OK. Speichern Sie die anschließend zum Download angebotene .sql-Datei auf Ihrem lokalen Rechner.

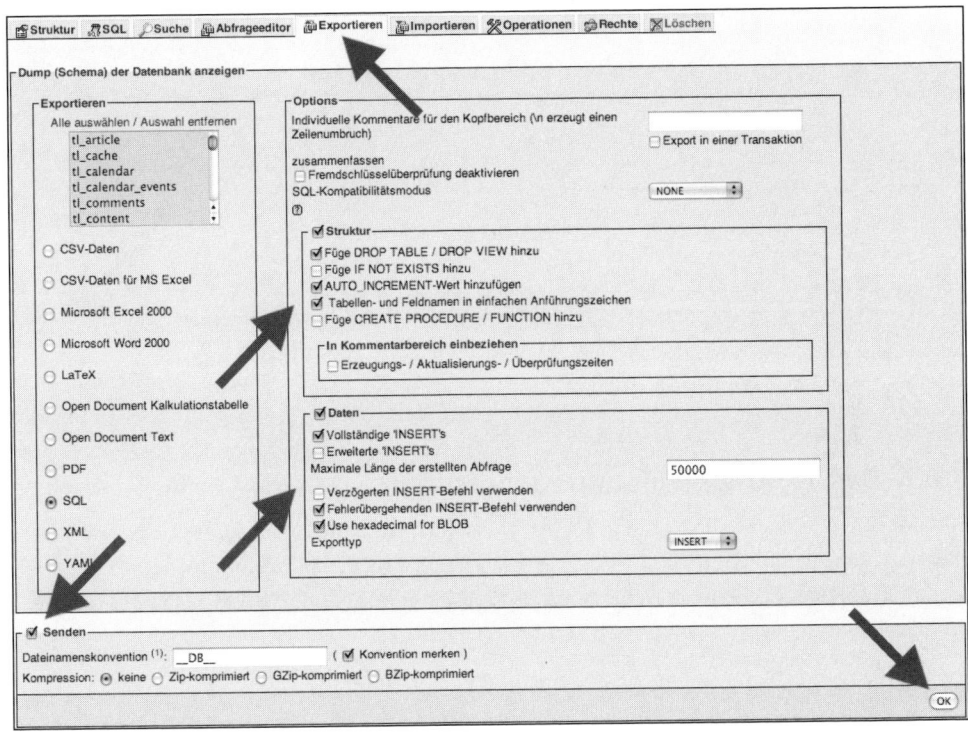

Abbildung 2.18: **MySQL-Exporteinstellungen**

## 2.6.3 Die Datenbankexportdatei importieren

Rufen Sie das Datenbankadministrationstool Ihres Servers (z.B. *phpMyAdmin*) in Ihrem Browser auf und melden Sie sich mit Ihrem Datenbankbenutzernamen und Passwort an. Wenn Sie noch keine Datenbank für TYPOlight erstellt haben, müssen Sie das gegebenenfalls über die Administrationsoberfläche Ihres Servers (z.B. *Plesk*) nachholen.

Wählen Sie anschließend die noch leere Datenbank aus und klicken Sie im Menü rechts oben auf den Link IMPORTIEREN. Wenn Sie nach der zu importierenden Datei gefragt werden, klicken Sie auf die Schaltfläche DURCHSUCHEN und geben Sie die vorher erstellte .sql-Exportdatei auf Ihrem lokalen Rechner an. Nachdem Sie Ihre Auswahl mit OK bestätigt haben, überträgt *phpMyAdmin* die Exportdatei auf den Server und liest deren Inhalt automatisch in die neue Datenbank ein (Abbildung 2.19).

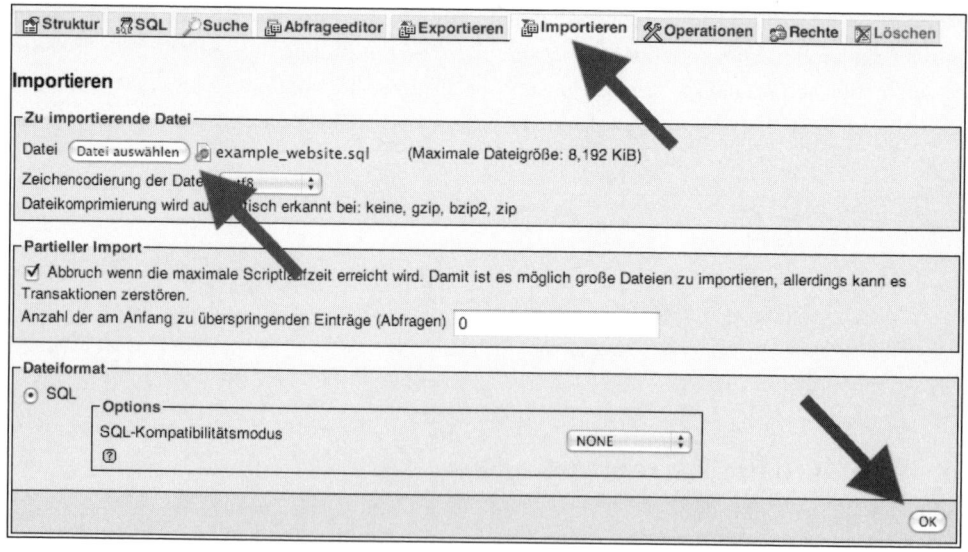

Abbildung 2.19: **MySQL-Importeinstellungen**

### 2.6.4 Das TYPOlight-Installtool aufrufen

Nachdem Sie alle Dateien auf den Server übertragen und die lokale Datenbank importiert haben, rufen Sie als letzten Schritt das TYPOlight-Installtool in Ihrem Internetbrowser auf. Geben Sie dasselbe Passwort ein, das Sie auch für Ihre lokale TYPOlight-Installation verwendet haben.

Seit der Version 2.5.3 erkennt das Installtool, wenn sich der Pfad zu Ihrer TYPOlight-Installation durch den Umzug geändert hat, und passt ihn automatisch an. Sie müssen also nichts weiter tun, als die Zugangsdaten für die Datenbank zu aktualisieren. Sobald diese gespeichert sind, können Sie sich wie gewohnt mit dem Benutzernamen und Passwort Ihrer lokalen TYPOlight-Installation anmelden.

## 2.7 Fehlermeldungen bei der Installation

Zum Schluss dieses Kapitels möchte ich Ihnen noch ein paar typische Fehlermeldungen im Zusammenhang mit der Installation und deren Ursachen vorstellen.

### 2.7.1 Falsche PHP-Version

Die folgenden Fehlermeldungen treten auf, wenn auf Ihrem Server PHP 4 läuft. TYPOlight benötigt mindestens die PHP-Version 5.2.0.

» `Parse error: syntax error, unexpected '{' in typolight/install.php`

» `Parse error: syntax error, unexpected T_STRING, expecting T_FUNCTION or '}'`

Unter Umständen läuft PHP 5 zwar auf Ihrem Server, allerdings eine frühere als die benötigte Version 5.2.0. Dann begegnet Ihnen wahrscheinlich diese Meldung:

» `Undefined index: main`

In allen diesen Fällen hilft nur ein Upgrade auf die aktuelle PHP-Version.

## 2.7.2 Falsche MySQL-Version

Die folgende Fehlermeldung tritt auf, wenn auf Ihrem Server MySQL 4.0 oder eine noch
ältere Version läuft. TYPOlight benötigt mindestens MySQL 4.1.

» `Fatal error: You have an error in your SQL syntax near 'DEFAULT
   CHARSET=utf8'`

## 2.7.3 Fehlerhafte eAccelerator-Version

Die Software eAccelerator dient zur Optimierung und Beschleunigung von PHP-Dateien,
wobei nur die aktuellen Versionen mit PHP 5.2 und neueren PHP-Releases kompatibel sind.
Frühere Versionen enthalten leider einige Bugs, die den Betrieb von PHP 5-Anwendungen in
Verbindung mit dem eAccelerator unmöglich machen. Folgende Fehlermeldungen können
bei fehlerhaften eAccelerator-Versionen auftreten:

» Leere Seite nach Eingabe des Encryption Key

» `Fatal error: Cannot access protected property`

In so einem Fall hilf nur das Deaktivieren oder Aktualisieren des eAccelerator.

## 2.7.4 Fehlende Referer-Adresse

TYPOlight prüft beim Verarbeiten von Formulardaten automatisch, von welcher URL eine
Anfrage abgesendet wurde. Handelt es sich bei dieser Absenderadresse (Referer) nicht um
dieselbe URL, unter der auch TYPOlight läuft, bricht TYPOlight die Verarbeitung ab. Diese
Sicherheitsmaßnahme soll verhindern, dass Hacker Ihre Webseite »fernsteuern« können.
Folgende Fehlermeldung tritt bei einer leeren oder falschen Referer-Adresse auf:

» `Fatal error: The host address does not match the referer host address`

In diesem Fall wird das Senden der Referer-Adresse höchstwahrscheinlich von Ihrem Internetbrowser, der Google-Toolbar oder einem Security-Programm unterbunden. Viele Anonymizer für vermeintlich privates Surfen im Internet unterdrücken das Senden einer Referer-
Adresse, um weniger Spuren im Netz zu hinterlassen.

# 3. Der Administrationsbereich

TYPOlight ist wie viele andere CMS in zwei Bereiche aufgeteilt.

Im Administrationsbereich, dem sogenannten *Backend*, können Sie alle Arbeiten im Zusammenhang mit der Verwaltung Ihrer Webseite erledigen. Typische Backend-Aufgaben sind beispielsweise das Festlegen der Seitenstruktur, das Bearbeiten von Artikeln oder das Anlegen von Nachrichtenbeiträgen.

Den zweiten Bereich bildet die eigentliche Webseite, die Besucher später sehen können, wenn sie Ihre Internetadresse aufrufen. Diesen Bereich, dessen Aussehen und Inhalt Sie im Backend festlegen, nennt man *Frontend*.

## 3.1 Aufruf des Backends

Sie erreichen das Backend Ihrer TYPOlight-Installation, indem Sie /typolight an die URL Ihrer Webseite anhängen. Die vollständige Adresse sieht also in etwa so aus:

» `http://www.domain.de/typolight/`
» `http://www.domain.de/typolight-2.6.0/typolight/`
» `http://www.domain.de/pfad/zu/tl/typolight/`

Geben Sie Ihren Benutzernamen und Ihr Passwort ein und wählen Sie die Sprache, in der Sie das TYPOlight-Backend sehen möchten. Standardmäßig wird die Sprache ausgewählt, die Sie in Ihrem Internetbrowser voreingestellt haben. Bestätigen Sie Ihre Eingaben mit einem Klick auf die Schaltfläche ANMELDEN.

*Die Backend-Anmeldung ist mit einem Zeitverzögerungsmechanismus gegen Brute-Force-Attacken[1] geschützt. Wenn Sie mehr als dreimal hintereinander ein falsches Passwort eingeben, wird Ihr Benutzerkonto automatisch für 5 Minuten gesperrt. Auf diese Weise wird verhindert, dass ein Hacker eine große Anzahl Passwörter nacheinander ausprobiert, bis er das richtige Passwort gefunden hat.*

---

1  `http://de.wikipedia.org/wiki/Brute-Force-Methode`

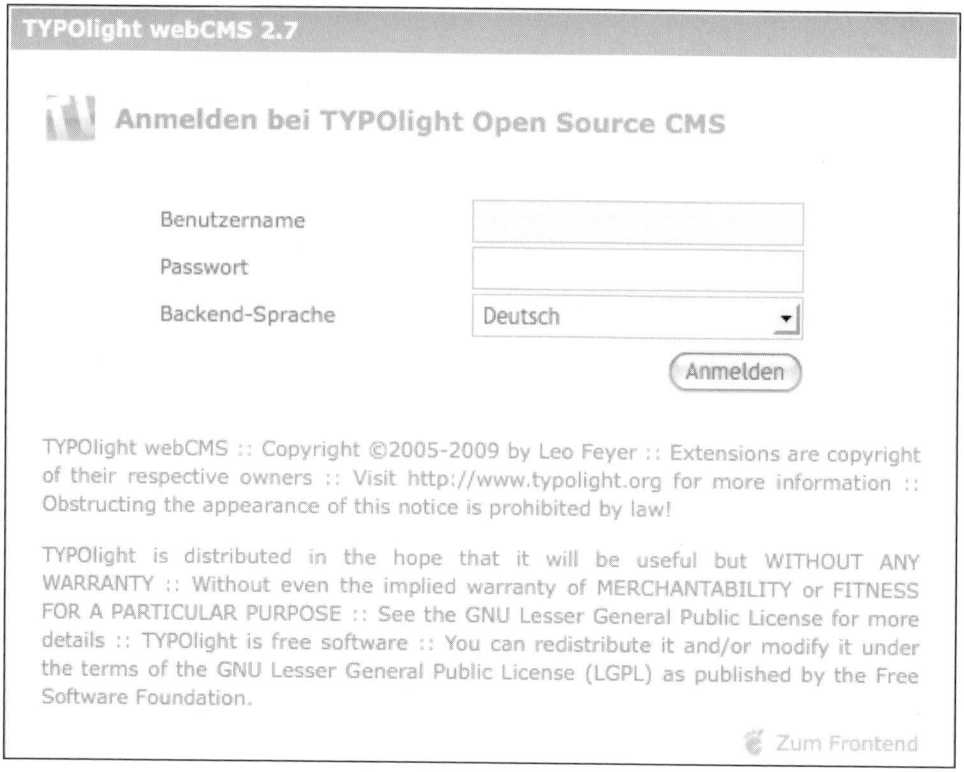

**TYPOlight webCMS 2.7**

**Anmelden bei TYPOlight Open Source CMS**

| | |
|---|---|
| Benutzername | |
| Passwort | |
| Backend-Sprache | Deutsch ▾ |

( Anmelden )

TYPOlight webCMS :: Copyright ©2005-2009 by Leo Feyer :: Extensions are copyright of their respective owners :: Visit http://www.typolight.org for more information :: Obstructing the appearance of this notice is prohibited by law!

TYPOlight is distributed in the hope that it will be useful but WITHOUT ANY WARRANTY :: Without even the implied warranty of MERCHANTABILITY or FITNESS FOR A PARTICULAR PURPOSE :: See the GNU Lesser General Public License for more details :: TYPOlight is free software :: You can redistribute it and/or modify it under the terms of the GNU Lesser General Public License (LGPL) as published by the Free Software Foundation.

Zum Frontend

Abbildung 3.1: **TYPOlight Backend-Anmeldung**

# 3.2 Aufbau des Backends

Das Backend ist in drei Bereiche unterteilt. Oben befindet sich der Infobereich, auf der linken Seite die Navigation und auf der rechten der Arbeitsbereich (Abbildung 3.2).

## 3.2.1 Der Infobereich

Der Infobereich zeigt Ihnen nicht nur die Minor-Release-Version Ihrer Installation, sondern enthält auch vier wichtige Links, die Sie beim Arbeiten mit TYPOlight immer wieder benötigen werden:

BENUTZER: Dieser Link führt zu den persönlichen Einstellungen Ihres Benutzerkontos. Sie können dort z.B. Ihr Passwort ändern oder die Sprache wechseln.

FRONTEND-VORSCHAU: Dieser Link ruft das Frontend der Webseite in einem neuen Fenster auf. Wenn Sie eine bestimmte Seite oder einen Artikel im Backend bearbeiten, werden Sie automatisch auf die entsprechende Seite im Frontend weitergeleitet.

STARTSEITE: Dieser Link führt Sie zurück zur Startseite des Backends.

ABMELDEN: Über diesen Link können Sie sich vom Backend abmelden.

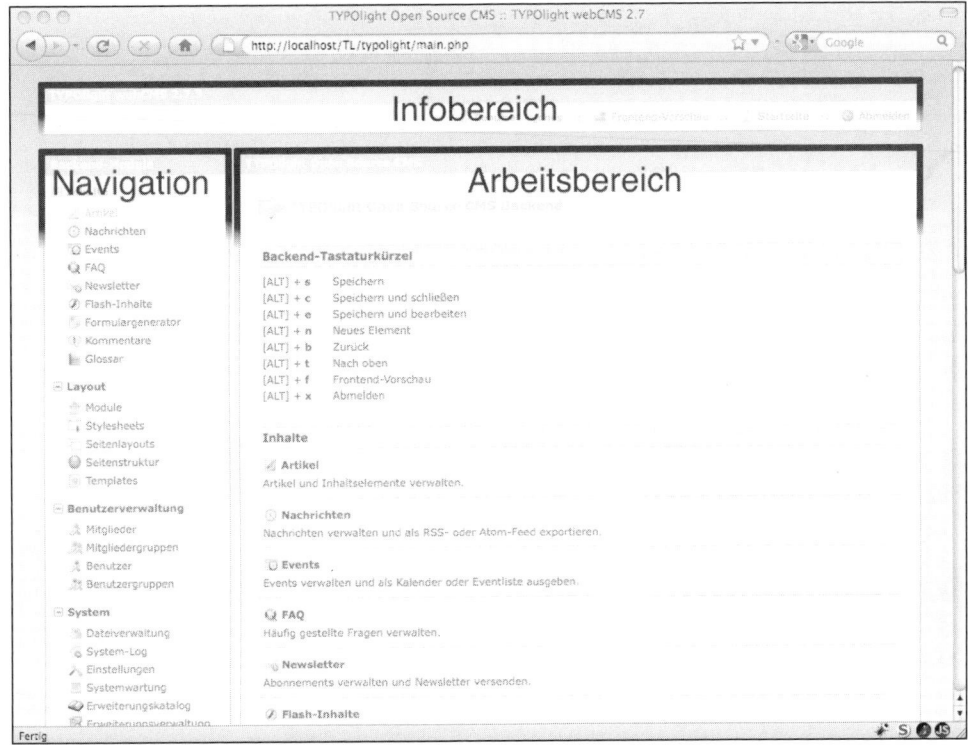

Abbildung 3.2: **Aufteilung des Administrationsbereichs**

## 3.2.2 Der Navigationsbereich

Der Navigationsbereich enthält Links zu den verschiedenen Backendmodulen, von denen jedes eine bestimmte Aufgabe erfüllt. Zur besseren Übersicht sind die Module in Gruppen zusammengefasst, die Sie je nach Bedarf ein- und ausklappen können.

INHALTE: In dieser Gruppe befinden sich alle Module, die irgendeine Art von Inhalt generieren können. Zu den Inhalten zählen in TYPOlight nicht nur Artikel, sondern z.B. auch Nachrichtenbeiträge, Termine, Kommentare oder Formulare.

LAYOUT: In dieser Gruppe befinden sich verschiedene Module, mit denen Sie das Aussehen und die Struktur Ihrer Webseite festlegen können.

BENUTZERVERWALTUNG: In dieser Gruppe befinden sich alle Module, die mit der Verwaltung von Benutzern und Benutzergruppen zu tun haben. TYPOlight unterscheidet zwischen Benutzern (Backend-Benutzer) und Mitgliedern (Frontend-Benutzer).

SYSTEM: In dieser Gruppe befinden sich verschiedene Module zur Konfiguration und Wartung Ihrer TYPOlight-Installation.

BENUTZERFUNKTIONEN: In dieser Gruppe befinden sich hilfreiche Module für den angemeldeten Benutzer. Sie können hier z.B. gelöschte Datensätze wiederherstellen oder Ihr TYPOlight-Passwort ändern.

### 3.2.3 Der Arbeitsbereich

Im Arbeitsbereich führen Sie alle Arbeiten innerhalb von TYPOlight durch. Je nach Modul stehen Ihnen dabei unterschiedliche Funktionen zur Verfügung.

Direkt nach der Anmeldung wird Ihnen auf der Startseite des Backends eine Übersicht der Backend-Tastaturkürzel sowie die Erklärung aller installierten Module präsentiert. Außerdem prüft TYPOlight bei der Anmeldung automatisch, ob Ihre Installation aktuell ist, und empfiehlt Ihnen gegebenenfalls eine Aktualisierung.

*Die beschriebenen Tastaturkürzel funktionieren in dieser Form nur unter Windows. Mac-Nutzer müssen anstatt der* [Alt]*-Taste die* [Ctrl]*-Taste in Verbindung mit dem jeweiligen Kürzel verwenden.*

*Auch die neueren Firefox-Versionen weichen hier vom gewohnten Standard ab. Dort müssen Sie* [Alt]+[Umsch] *in Verbindung mit dem jeweiligen Kürzel verwenden. Dieses »Fehlverhalten« lässt sich aber glücklicherweise korrigieren. Öffnen Sie Firefox und geben Sie in die Adresszeile* about:config *ein. Suchen Sie dann die Einstellungen* ui.key.chromeAccess *und* ui.key.contentAccess *und vertauschen Sie einfach deren Werte (4 und 5).*

## 3.3 Datensätze auflisten

TYPOlight speichert alle Informationen rund um Ihre Webseite in der Datenbank. Dazu zählen sowohl Backend-Daten wie Benutzer, Module, Seiten oder Artikel als auch Frontend-Daten wie Gästebucheinträge oder Kommentare. Alle diese Daten werden in verschiedenen Tabellen gesammelt und können dann im Backend aufgelistet, durchsucht, kopiert, verschoben, gelöscht oder bearbeitet werden.

### 3.3.1 Die verschiedenen Ansichten

Die drei häufigsten Formen von Auflistungen, die ich nachfolgend Ansichten nennen werde, sind die einfache Liste (*List View*), die nach der übergeordneten Tabelle gruppierte Liste (*Parent View*) sowie die Baumansicht (*Tree View*).

### List View

Hierbei handelt es sich um Datensätze einer einzelnen Tabelle, die in einer bestimmten Reihenfolge aufgelistet werden. Die Sortierung ist meistens alphabetisch und die einzelnen Zeilen sind nach Anfangsbuchstaben gruppiert (Abbildung 3.3).

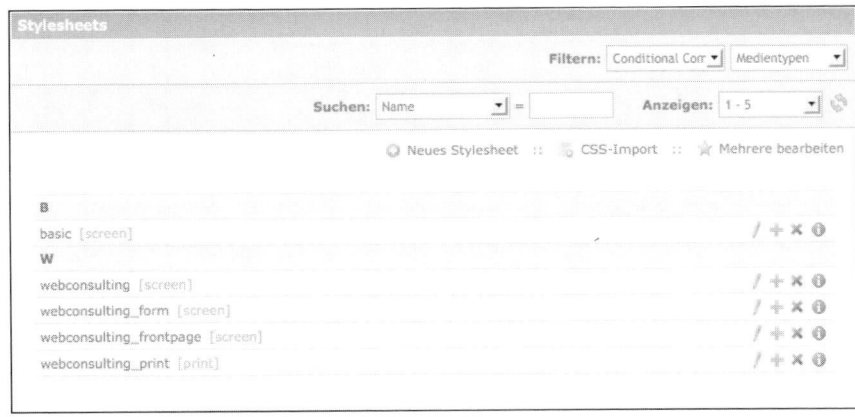

Abbildung 3.3: **Der List View**

## Parent View

Hierbei handelt es sich um Datensätze, die mit den Datensätzen einer zweiten Tabelle in einer Eltern-Kind-Beziehung stehen. Stellen Sie sich zwei Warenkörbe und die darin enthaltenen Produkte vor. In jedem Warenkorb bzw. Elternelement können beliebig viele Produkte bzw. Kindelemente liegen.

In TYPOlight kommen solche Eltern-Kind-Beziehungen sehr häufig vor, sei es bei Artikeln und Inhaltselementen, Archiven und Nachrichtenbeiträgen oder Stylesheets und Formatdefinitionen. Wenn Sie nun den Inhalt eines Warenkorbs auflisten, wollen Sie natürlich nur die Produkte dieses einen Warenkorbs sehen und nicht die Produkte des zweiten. Daher zeigt Ihnen TYPOlight im Parent View auch nur die Datensätze (Kindelemente) des jeweils ausgewählten Elternelements (Abbildung 3.4).

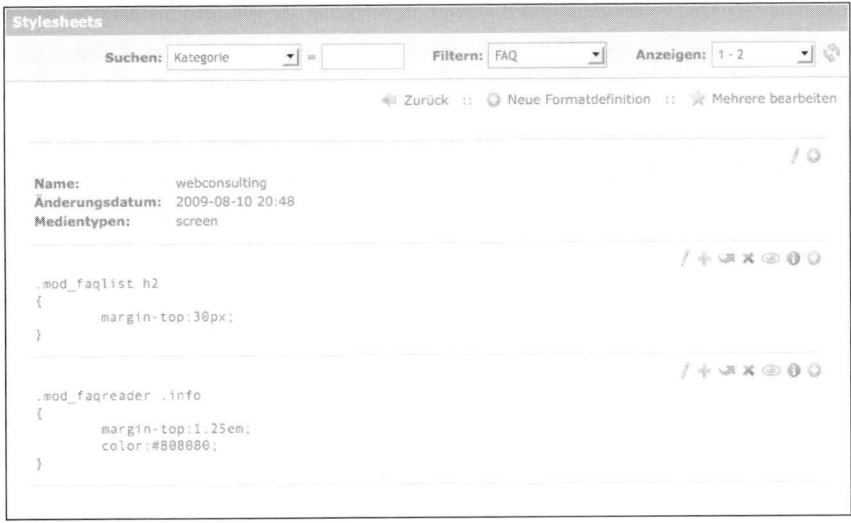

Abbildung 3.4: **Der Parent View**

## Tree View

Hierbei handelt es sich um Datensätze, die in einer hierarchischen Abhängigkeit zueinander stehen und daher in einer Baumstruktur dargestellt werden. Typischerweise ist das bei einem Dateisystem der Fall, in dem es Verzeichnisse und Unterverzeichnisse gibt, deshalb nutzt der TYPOlight-Dateimanager diese Ansicht. Hierarchische Strukturen können aber auch innerhalb einer Tabelle abgebildet werden, wie es z.B. bei der Seitenstruktur Ihrer Webseite der Fall ist (Abbildung 3.5).

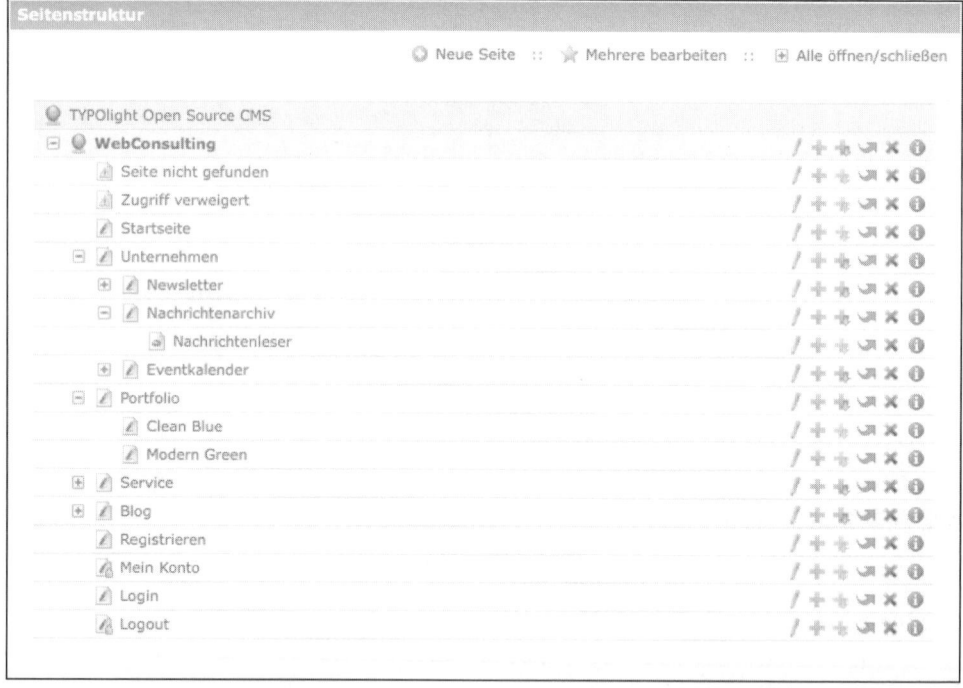

Abbildung 3.5: **Der Tree View**

## 3.3.2 Datensätze sortieren und filtern

Damit Sie auch bei Tabellen mit sehr vielen Datensätzen immer den Überblick behalten, bietet Ihnen TYPOlight verschiedene Möglichkeiten, Auflistungen zu sortieren und durch Filter einzuschränken. Die meisten Auflistungen lassen sich durch gezieltes Filtern so einschränken, dass Ihnen nur die Datensätze angezeigt werden, die Sie auch wirklich für eine bestimmte Aktion benötigen (Abbildung 3.6).

Abbildung 3.6: **Auflistungen filtern und durchsuchen**

FILTERN: Hier können Sie einen oder mehrere Filter setzen und sich so z.B. nur die Mitglieder anzeigen lassen, die männlich sind und Deutsch sprechen.

SORTIEREN: Hier legen Sie fest, nach welchem Feld die Auflistung sortiert wird.

SUCHEN: Hier können Sie ein Feld nach einem bestimmten Wert durchsuchen. Es werden dann nur die Datensätze angezeigt, die den gesuchten Begriff enthalten.

ANZEIGEN: Hier können Sie die Anzahl der Datensätze pro Seite begrenzen. Dieser Filter ist standardmäßig immer aktiv und auf 30 Datensätze eingestellt, da das Auflisten von mehreren Hundert Datensätzen eine ganze Zeit lang dauern kann.

Alle Filter können beliebig miteinander kombiniert werden. Aktive Filter werden gelb hinterlegt, so dass Sie auf einen Blick erkennen können, welche Filter Sie gesetzt haben. Um einen Filter zu deaktivieren, wählen Sie einfach den obersten Eintrag aus dem Drop-Down-Menü bzw. löschen den Suchbegriff aus dem Suchfeld.

## 3.3.3 Die Navigationssymbole

Bestimmt sind Ihnen schon die bunten Icons aufgefallen, die sich in jeder Ansicht rechts neben den einzelnen Datensätzen befinden. Mit diesen Navigationssymbolen können Sie einzelne Datensätze bearbeiten, kopieren, verschieben oder löschen. Je nach Modul kommen unter Umständen noch weitere Funktionen hinzu.

### Standard-Icons

Die Navigationssymbole aus Abbildung 3.7 kommen in fast allen Ansichten vor. Aus Gründen der Übersichtlichkeit sind sie nicht zusätzlich mit einem Text versehen. Wenn Sie aber den Zeiger Ihrer Maus über einem Icon positionieren, wird Ihnen die entsprechende Beschreibung dazu angezeigt.

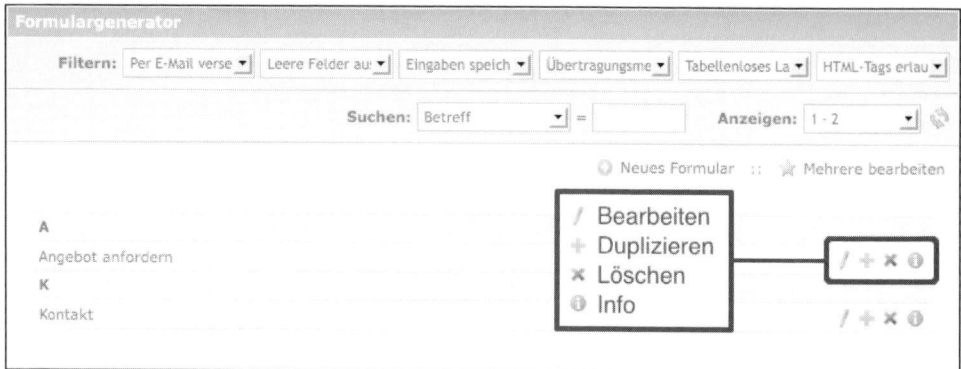

Abbildung 3.7: **Navigationssymbole im List View**

BEARBEITEN: ruft einen bestimmten Datensatz im Bearbeitungsmodus auf.

DUPLIZIEREN: erstellt eine Kopie eines vorhandenen Datensatzes.

LÖSCHEN: löscht einen Datensatz (dieser Vorgang kann widerrufen werden).

INFO: zeigt Informationen zu einem Datensatz.

## Icons im Parent View

Im Parent View (Eltern-Kind-Ansicht) gibt es drei zusätzliche Icons, mit denen Sie die Reihenfolge der Datensätze festlegen können (Abbildung 3.8).

Abbildung 3.8: **Navigationssymbole im Parent View**

Verschieben: verschiebt einen Datensatz an eine andere Position.

Neues Element: erstellt einen neuen Datensatz nach dem aktuellen Datensatz.

Einfügen: fügt einen Datensatz nach dem aktuellen Datensatz ein.

## Icons im Tree View

Im Tree View (Baumansicht) gibt es noch weitere Icons, die aufgrund der hierarchischen Beziehungen der Datensätze untereinander notwendig sind. Sie brauchen beispielsweise eine Möglichkeit, beim Verschieben oder Duplizieren von Datensätzen festzulegen, ob diese nach einem Datensatz in derselben Ebene oder unterhalb eines Datsatzes in einer neuen Ebene eingefügt werden sollen (Abbildung 3.9).

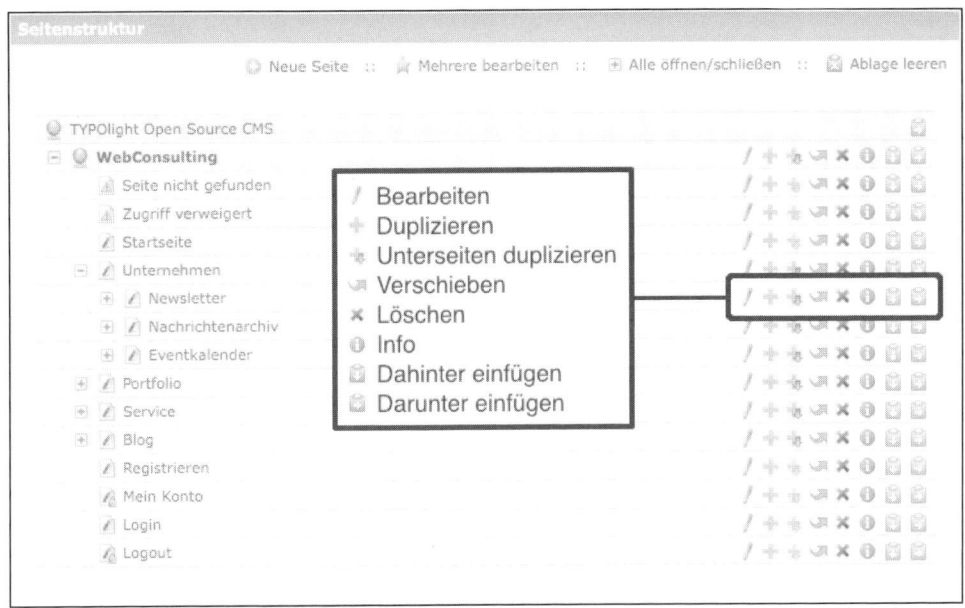

Abbildung 3.9: **Navigationssymbole im Tree View**

Unterseiten duplizieren: dupliziert eine Seite inklusive aller Unterseiten (beim normalen Duplizieren wird nur die einzelne Seite kopiert).

Dahinter einfügen: fügt eine Seite nach der aktuellen Seite ein.

Darunter einfügen: fügt eine Seite unterhalb der aktuellen Seite ein.

## 3.3.4 Das Klemmbrett

Das Klemmbrett ist keine eigene Anwendung, die Sie irgendwo aufrufen und anschauen können. Es ist automatisch im Hintergrund aktiv und merkt sich die Datensätze, die Sie duplizieren oder verschieben möchten. Auf diese Weise ist es möglich, Datensätze auch über die Grenzen eines Elternelements hinaus zu bewegen.

Sie können sich das Klemmbrett wie die Zwischenablage auf Ihrem Rechner vorstellen, in die Sie mit Ctrl + C bestimmte Daten kopieren und mit Ctrl + V an einer anderen Stelle wieder einfügen können. In TYPOlight können Sie so z. B. Inhaltselemente von einem Artikel in einen anderen verschieben (Abbildung 3.10).

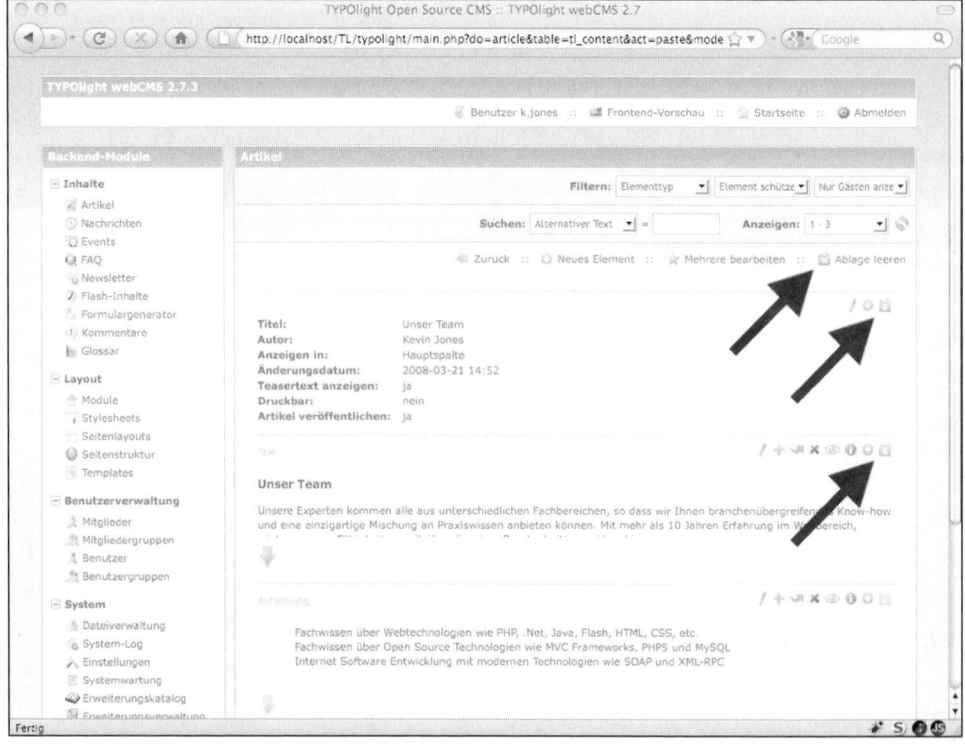

Abbildung 3.10: **Inhaltselemente mittels Klemmbrett verschieben**

## 3.3.5 Gelöschte Datensätze wiederherstellen

Wann immer Sie einen oder mehrere Datensätze löschen, werden diese nicht sofort aus der Datenbank entfernt, sondern in einen virtuellen Papierkorb verschoben. Aus diesem Papierkorb können Sie die Daten jederzeit wieder hervorholen und an der ursprünglichen Stelle wiederherstellen.

Sie finden den Papierkorb im Navigationsbereich in der Gruppe BENUTZERFUNKTIONEN unter dem Punkt RÜCKGÄNGIG. Dort sehen Sie eine Liste aller gelöschten Datensätze, die Sie entweder nach dem Datum der Löschung oder dem Ursprung des Datensatzes sortieren können. Mit einem Klick auf das entsprechende Navigationssymbol können Sie einen Löschvorgang rückgängig machen (Abbildung 3.11).

Abbildung 3.11: **Einen Löschvorgang rückgängig machen**

# 3.4 Datensätze bearbeiten

Das komfortable Bearbeiten von Daten zu ermöglichen, ist eine der Hauptaufgaben eines CMS – zumindest sollte es so sein. Wer aber schon mal vor dem Problem stand, 25 Datensätze auf einmal ändern zu müssen, der weiß, dass viele Systeme in dieser Disziplin nicht so gut abschneiden. Oft bleibt einem nichts anderes übrig, als jeden Datensatz einzeln aufzurufen und zu ändern. Das kostet Zeit und Nerven.

Natürlich würde ich Ihnen das nicht erzählen, wenn TYPOlight hier nicht mit einer gut durchdachten Lösung glänzen könnte. :-) In den folgenden Abschnitten zeige ich Ihnen, wie TYPOlight Sie beim Bearbeiten von Datensätzen unterstützt.

## 3.4.1 Dynamische Eingabemasken

Alle Eingabemasken in TYPOlight sind dynamisch und werden in Abhängigkeit von bestimmten Parametern generiert. Die Eingabemaske für ein Textelement sieht beispielsweise anders aus als die Eingabemaske für ein Bildelement, obwohl beide Elemente in derselben Tabelle gespeichert werden. Es werden Ihnen aber immer nur die Felder angezeigt, die Sie auch tatsächlich für die Bearbeitung benötigen.

Aus diesem Grund kann es passieren, dass TYPOlight automatisch nach dem Ändern einer Auswahl in einem Drop-Down-Menü oder nach dem Anwählen einer Checkbox die Seite (oder Teile davon) neu lädt, damit Ihnen die richtige Eingabemaske angezeigt wird. Dank der Verwendung der Ajax-Technologie sind diese Ladevorgänge so kurz, dass Sie Ihren Arbeitsfluss nicht unterbrechen (Abbildung 3.12).

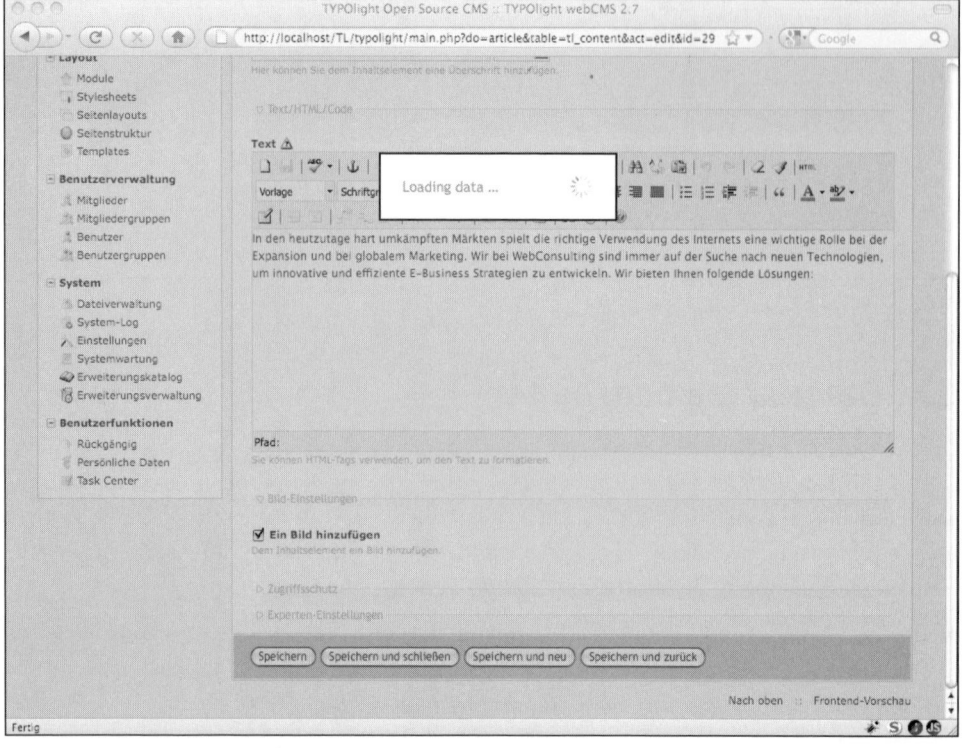

Abbildung 3.12: **Dynamisches Nachladen der Bild-Eingabefelder**

## 3.4.2 Optionen beim Speichern

TYPOlight bietet Ihnen immer mehrere Schaltflächen zum Speichern Ihrer Eingaben an. Jede Schaltfläche bringt Sie nach dem Speichern an einen anderen Ort, je nachdem, was Sie als Nächstes erledigen möchten.

SPEICHERN: Beim Klick auf diese Schaltfläche werden Ihre Eingaben gespeichert und die Eingabemaske wird neu geladen. Sie können den Datensatz weiter bearbeiten.

SPEICHERN UND SCHLIESSEN: Beim Klick auf diese Schaltfläche werden Ihre Eingaben gespeichert und Sie gelangen zurück zur vorherigen Seite.

SPEICHERN UND NEU: Beim Klick auf diese Schaltfläche werden Ihre Eingaben gespeichert und ein neues Element wird erstellt. Sie gelangen direkt zur Bearbeitungsmaske des neuen Datensatzes.

SPEICHERN UND ZURÜCK: Beim Klick auf diese Schaltfläche werden Ihre Eingaben gespeichert und Sie werden auf die übergeordnete Seite weitergeleitet. Diese Schaltfläche steht Ihnen im *Parent View* zur Verfügung und bringt Sie nach der Bearbeitung eines Kindelements zurück zur Übersicht der Elternelemente.

SPEICHERN UND BEARBEITEN: Diese Schaltfläche steht Ihnen beim Erstellen neuer Elemente zur Verfügung und bringt Sie direkt zur Bearbeitungsansicht.

## 3.4.3 Mehrere Datensätze auf einmal bearbeiten

In TYPOlight können Sie sehr komfortabel mehrere Datensätze auf einmal bearbeiten, anstatt jeden Datensatz einzeln aufrufen und ändern zu müssen. Klicken Sie dazu auf den Link MEHRERE BEARBEITEN. Wie Sie sehen, werden die Navigationssymbole automatisch durch Checkboxen ersetzt, mit denen Sie die zu bearbeitenden Datensätze auswählen können (Abbildung 3.13).

Abbildung 3.13: **Mehrere Datensätze auswählen**

Mit einem Klick auf AUSWAHL BEARBEITEN gelangen Sie dann zu einer Seite, auf der alle Eingabefelder aufgelistet sind. Wählen Sie dort die Eingabefelder aus, die Sie bearbeiten möchten, und klicken Sie auf WEITER (Abbildung 3.14).

Abbildung 3.14: **Zu bearbeitende Eingabefelder auswählen**

Sie sehen jetzt die ausgewählten Eingabefelder der selektierten Datensätze und können diese bequem in einem einzigen Arbeitsschritt ändern. Auch bei der Bearbeitung mehrerer Datensätze werden Ihnen natürlich nur die Eingabefelder angezeigt, die Sie auch tatsächlich für Ihr Vorhaben benötigen (Abbildung 3.15).

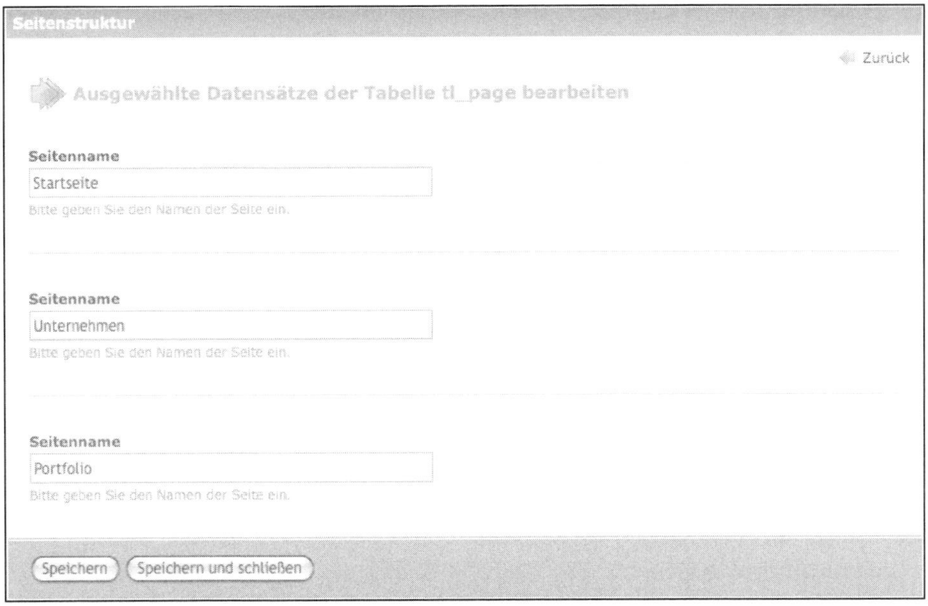

Abbildung 3.15: **Nur die ausgewählten Eingabefelder werden angezeigt.**

## 3.4.4 Verschiedene Versionen eines Datensatzes

TYPOlight legt bei jedem Speichervorgang automatisch eine neue Version des bearbeiteten Datensatzes an, so dass Sie Ihre Änderungen jederzeit rückgängig machen können. Sobald mehr als eine Version vorhanden ist, erscheint oberhalb der Eingabemaske ein Drop-Down-Menü, in dem die verschiedenen Versionen sowie deren Datum und Ersteller aufgelistet sind. Mit einem Klick auf WIEDERHERSTELLEN können Sie eine frühere Version wiederherstellen (Abbildung 3.16).

Abbildung 3.16: **Frühere Versionen eines Datensatzes wiederherstellen**

# 3.5 Das Task-Center

Im Task-Center können Sie Aufgaben erstellen und einem Benutzer zuweisen. Jede Aufgabe hat eine Deadline und einen Bearbeitungsstatus, so dass Sie immer verfolgen können, zu wie viel Prozent sie bereits erledigt ist und ob sie bis zum Tag der Fälligkeit abgeschlossen sein wird. Auf diese Weise werden Sie nicht nur an wichtige Termine erinnert, sondern Sie können auch Arbeitsabläufe (Workflows) organisieren.

Sie finden das Task-Center in der Backend-Navigation unter den Benutzerfunktionen. Mit einem Klick auf den Link TASK CENTER gelangen Sie zu der noch leeren Übersichtsseite, auf der später alle von Ihnen erstellten oder Ihnen zugewiesenen Aufgaben gelistet und je nach Fälligkeit farblich hervorgehoben werden.

## 3.5.1 Aufgaben erstellen

Nehmen wir an, Sie möchten, dass der Benutzer *j.wilson* einen Nachrichtenbeitrag zu den neuen Hosting-Angeboten der Firma WebConsulting schreibt. Damit Sie den Status der Aufgabe jederzeit einsehen können, beschließen Sie, zu diesem Zweck einen neuen Task zu erstellen. Mit einem Klick auf den Link NEUE AUFGABE gelangen Sie zur Eingabemaske für neue Aufgaben (Abbildung 3.17).

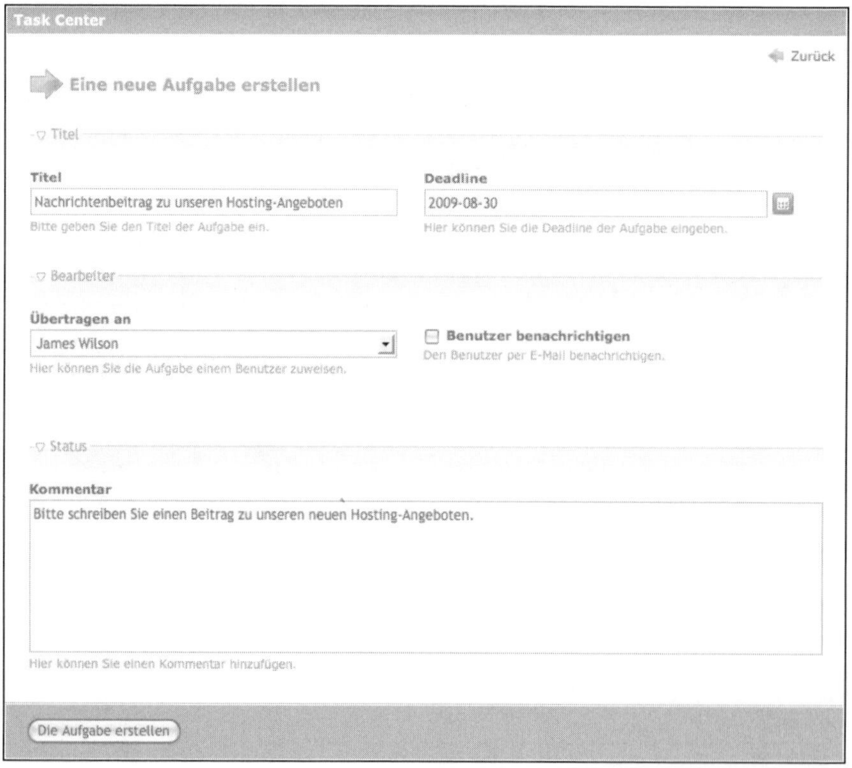

Abbildung 3.17: **Eine neue Aufgabe im Task-Center erstellen**

Tɪᴛᴇʟ: Der Titel einer Aufgabe wird in der Übersicht verwendet.

Dᴇᴀᴅʟɪɴᴇ: Geben Sie hier das Fälligkeitsdatum der Aufgabe ein.

Üʙᴇʀᴛʀᴀɢᴇɴ ᴀɴ: Hier können Sie die Aufgabe einem Benutzer zuweisen.

Bᴇɴᴜᴛᴢᴇʀ ʙᴇɴᴀᴄʜʀɪᴄʜᴛɪɢᴇɴ: Wenn Sie diese Option auswählen, wird der Benutzer über die Erstellung der neuen Aufgabe per E-Mail benachrichtigt.

Kᴏᴍᴍᴇɴᴛᴀʀ: Hier können Sie die Aufgabe näher beschreiben.

## 3.5.2 Aufgaben bearbeiten

Bei seiner nächsten Anmeldung erhält der Benutzer *j.wilson* automatisch einen Hinweis,
dass eine neue Aufgabe für ihn vorliegt (Abbildung 3.18).

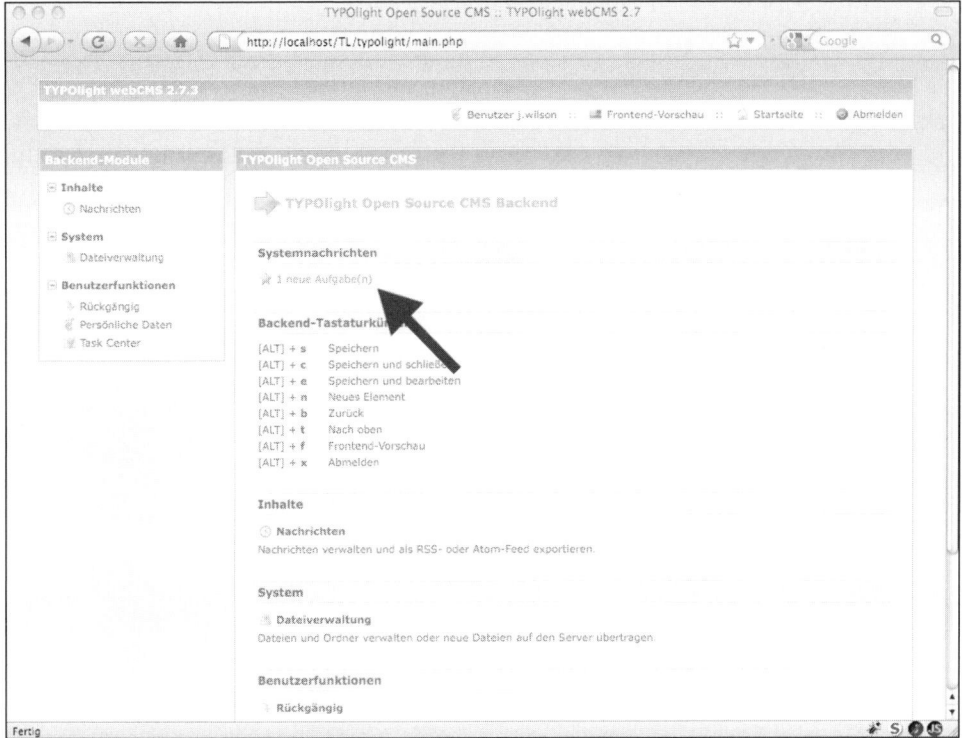

Abbildung 3.18: **Hinweis auf neue Aufgaben**

In der Aufgabenliste auf der Übersichtsseite des Task-Centers kann der Benutzer sehen,
wer ihm die Aufgabe zugewiesen hat und bis wann sie zu erledigen ist. Mit einem Klick auf
das entsprechende Navigationsicon kann die Aufgabe bearbeitet werden (Abbildung 3.19).

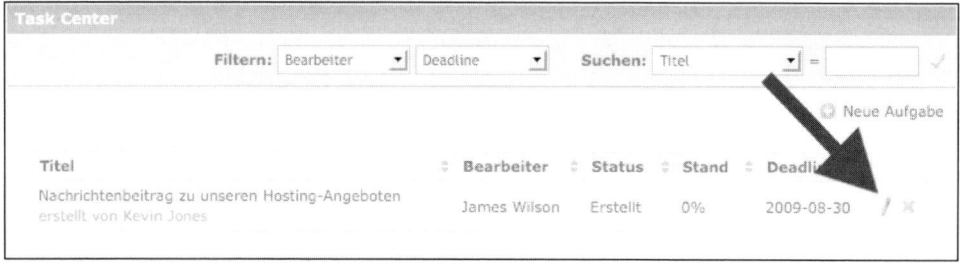

Abbildung 3.19: **Eine Aufgabe bearbeiten**

Bei der Zuweisung der Aufgabe habe ich (in diesem Fall natürlich absichtlich) übersehen, dass der Benutzer *j.wilson* gar nicht für das Nachrichtenarchiv zuständig ist. Demzufolge besteht sein einziger Arbeitsschritt darin, die Aufgabe mit einem entsprechenden Hinweis an den Ersteller zurückzugeben (Abbildung 3.20).

**Task Center**

➡ Zurück

**Die Aufgabe ID 1 bearbeiten**

▽ Titel

**Nachrichtenbeitrag zu unseren Hosting-Angeboten**
Deadline: 2009-08-30

▽ Bearbeiter

**Übertragen an**
| Kevin Jones ▾ |

Hier können Sie die Aufgabe einem Benutzer zuweisen.

☐ **Benutzer benachrichtigen**
Den Benutzer per E-Mail benachrichtigen.

▽ Status

**Status**
| Abgelehnt ▾ |

Hier können Sie den Bearbeitungsstatus auswählen.

**Stand**
| 0% ▾ |

Hier können Sie den Bearbeitungsstand in Prozent festlegen.

**Kommentar**
| Für das Nachrichtenarchiv ist der Benutzer h.lewis zuständig. |

Hier können Sie einen Kommentar hinzufügen.

▷ Bearbeitungshistorie

( Die Aufgabe aktualisieren )

Abbildung 3.20: **Eine Aufgabe ablehnen**

ÜBERTRAGEN AN: Hier können Sie die Aufgabe an einen anderen Benutzer übertragen und so z. B. eine erledigte Aufgabe an den ursprünglichen Ersteller zurückgeben.

BENUTZER BENACHRICHTIGEN: Wenn Sie diese Option auswählen, wird der Benutzer über die Erstellung der neuen Aufgabe per E-Mail benachrichtigt.

STATUS: Hier können Sie den Status der Aufgabe auswählen.

STAND: Hier können Sie den Bearbeitungsstand in Prozent festlegen.

KOMMENTAR: Hier können Sie Ihrer Bearbeitung einen Kommentar hinzufügen.

*Gehörte j.wilson derselben Benutzergruppe wie h.lewis an, hätte er die Aufgabe auch direkt übertragen können, ohne den Umweg über den Ersteller k.jones gehen zu müssen. Da dies aber nicht der Fall ist, muss die Aufgabe erneut zugewiesen werden.*

Nach korrekter Adressierung sieht der Benutzer *h.lewis* die Aufgabe nun in seinem Task-Center und kann sie schlussendlich fertigstellen (Abbildung 3.21).

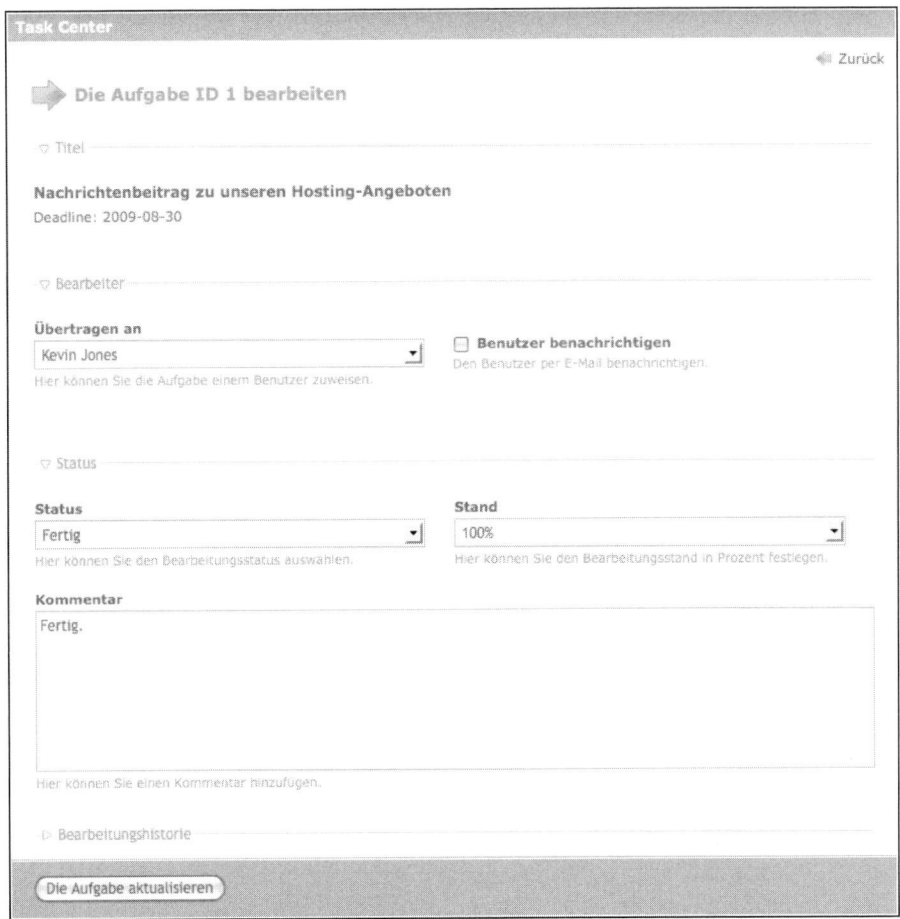

Abbildung 3.21: **Eine Aufgabe fertigstellen**

Die verschiedenen Schritte auf dem Weg von der Erstellung bis zur Fertigstellung einer Aufgabe werden in TYPOlight gespeichert und sind als Bearbeitungshistorie unterhalb der Bearbeitungsmaske einer Aufgabe verfügbar (Abbildung 3.22).

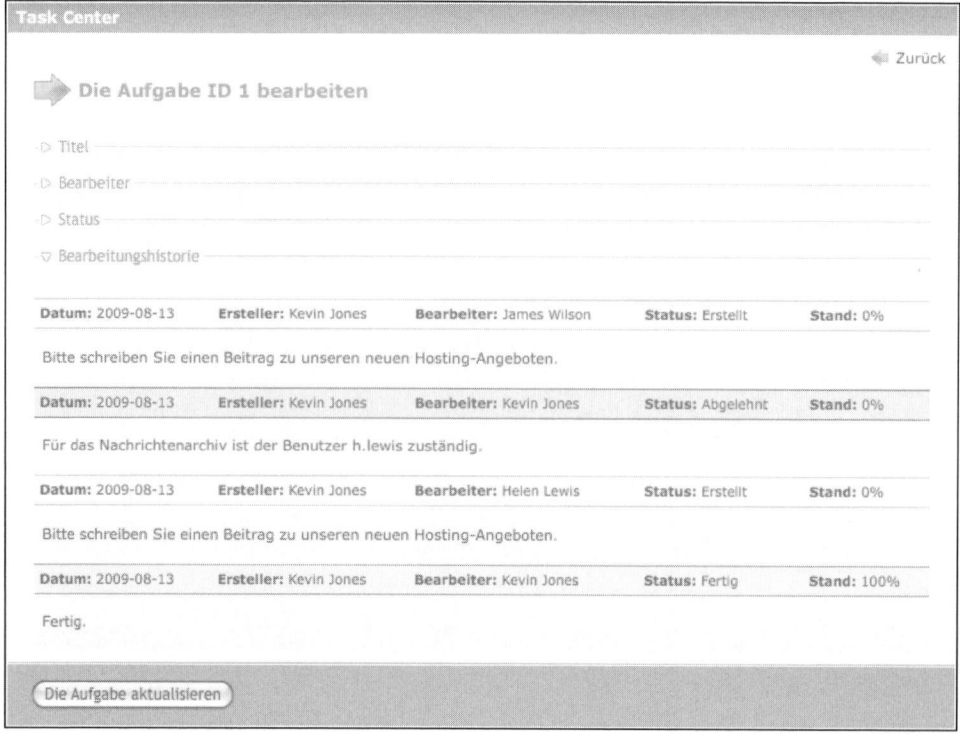

Abbildung 3.22: **Bearbeitungshistorie einer Aufgabe**

# 3.6 Backend-Einstellungen

Das Modul *Backend-Einstellungen* ist prinzipiell ein grafisches Interface zur Bearbeitung der lokalen Konfigurationsdatei (system/config/localconfig.php). Alle Änderungen werden in dieser Datei gespeichert und können dort bei Bedarf auch manuell geändert werden (z.B. um den *Safe Mode Hack* zu aktivieren).

TITEL DER WEBSEITE: Der Titel der Webseite wird bei der Frontendausgabe im title-Tag verwendet, sofern er nicht in der Seitenstruktur überschrieben wurde.

E-MAIL-ADRESSE DES SYSTEMADMINISTRATORS: An diese Adresse werden alle Systemnachrichten geschickt, sofern sie nicht in der Seitenstruktur überschrieben wurde.

Datums- und Zeitformat: Alle Datums- und Zeitformate müssen wie in der PHP-Funktion date()[2] eingegeben werden. TYPOlight verarbeitet ausschließlich numerische Formate, also die Buchstaben j, d, m, n, y, Y, g, G, h, H, i und s.

Zeitzone: Die Zeitzone sollten Sie unbedingt vor dem Erstellen Ihrer Webseite einstellen, da TYPOlight alle Zeitangaben als Unix-Zeitstempel[3] speichert und PHP diese Zeitstempel bei einer Änderung der Zeitzone nicht automatisch anpasst.

Relativer Pfad zum TYPOlight-Verzeichnis: Der relative Pfad zum TYPOlight-Verzeichnis wird benötigt, wenn TYPOlight in einem Unterordner installiert ist. In der Regel wird der relative Pfad beim Aufruf des TYPOlight-Installtools automatisch gesetzt. Sollte das nicht der Fall sein, können Sie ihn hier korrigieren.

Zeichensatz: TYPOlight verwendet den Zeichensatz UTF-8, damit Sonderzeichen wie z.B. Umlaute korrekt dargestellt werden. Wenn Sie einen anderen Zeichensatz verwenden möchten (nicht empfohlen), können Sie ihn hier ändern. Denken Sie in diesem Fall daran, auch den Zeichensatz der Datenbank anzupassen.

Eigene Layoutbereiche: Standardmäßig gibt es in TYPOlight die Layoutbereiche *header*, *left*, *main*, *right* und *footer*. Wenn Sie zusätzlich eigene Layoutbereiche nutzen möchten, können Sie hier eine durch Kommata getrennte Liste eigener Namen eingeben. Was Layoutbereiche sind, erfahren Sie im Abschnitt 4.3.3, *Eigene Layoutbereiche*.

Live Update-URL: Hier können Sie die URL des Live Update-Servers ändern.

Backendmotiv: Hier können Sie das Backend-Theme ändern. Alternative Backend-Themes finden Sie im Extension Repository[4].

Datensätze pro Seite: Im Abschnitt 3.3, *Datensätze auflisten*, haben Sie gelernt, dass TYPOlight die Anzahl der Datensätze pro Seite standardmäßig auf 30 begrenzt. Diesen Wert können Sie hier beliebig anpassen.

Elemente nicht verkürzen: Im *Parent View* stellt TYPOlight die Elemente aus Gründen der Übersichtlichkeit verkürzt dar, wobei einzelne Elemente über ein Navigationsicon bei Bedarf ausgeklappt werden können (Abbildung 3.23). Wählen Sie diese Option, um das Feature komplett abzuschalten.

Neue Zeilen mittels Absätzen erstellen: Hier legen Sie fest, ob der Rich Text Editor neue Zeilen mittels Absatz (<p></p>) oder Zeilenumbruch (<br />) erstellt.

URL-Suffix: Das URL-Suffix ist eine Dateiendung, die an die URL angehängt wird, um statische Dokumente zu simulieren (z.B. .html).

---

2    http://www.php.net/date
3    http://www.php.net/time
4    http://www.typolight.org/erweiterungsliste/tags/theme.html

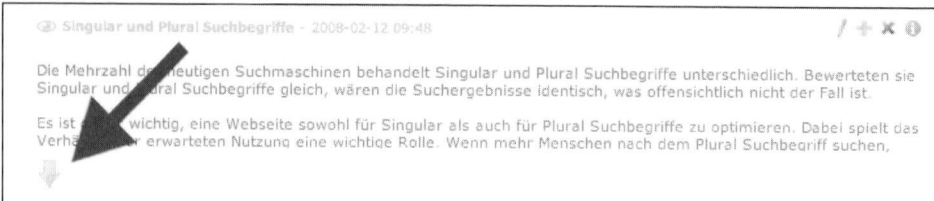

Abbildung 3.23: **Verkürzte Elemente ausklappen**

URLs UMSCHREIBEN: Mit dieser Option können Sie TYPOlight dazu veranlassen, statische URLs ohne die Referenz auf die PHP-Datei `index.php` zu simulieren. Standardmäßig erzeugt TYPOlight URLs im Format `index.php/seite.html`. Wenn Sie auf Ihrem Server das Apache-Modul *mod_rewrite*[5] nutzen dürfen, können Sie in Verbindung mit dieser Option stattdessen URLs im Format `seite.html` verwenden.

KEINE SEITENALIASE VERWENDEN: Speziell Microsoft IIS-Server tun sich mit dem TYPOlight URL-Format ein bisschen schwer, weil sie den URL-Bestandteil `index.php` fälschlicherweise als Ordner interpretieren, den es natürlich gar nicht gibt. In so einem Fall schafft diese Option Abhilfe und veranlasst TYPOlight dazu, normale URLs im Format `index.php?id=12` zu generieren.

GZIP-KOMPRESSION AKTIVIEREN: Wenn Sie diese Option auswählen und das entsprechende Modul auf Ihrem Server installiert ist, werden die TYPOlight-Seiten komprimiert an den Browser geschickt.

ERLAUBTE HTML-TAGS: Standardmäßig erlaubt TYPOlight keine HTML-Tags in Formularen und entfernt diese beim Speichern automatisch. Für Eingabefelder, bei denen die Nutzung von HTML erwünscht ist, können Sie hier eine Liste erlaubter HTML-Tags festlegen.

WARTEZEIT BEI GESPERRTEM KONTO: Im Abschnitt 3.1, *Aufruf des Backends*, haben Sie gelernt, dass die Backend-Anmeldung mit einem Zeitverzögerungsmechanismus gegen Brute-Force-Attacken geschützt ist. Hier können Sie festlegen, wie lange ein Konto gesperrt bleibt, nachdem mehr als dreimal hintereinander ein falsches Passwort eingegeben wurde. Die Eingabe erfolgt in Sekunden.

HASHWERT FÜR VERSCHLÜSSELUNG: Bei diesem Wert handelt es sich um den Encryption-Key, den Sie bei der Installation mit dem TYPOlight-Installtool erstellt haben.

FEHLERMELDUNGEN ANZEIGEN: Diese Option kann sehr hilfreich sein, solange Sie an Ihrer Webseite arbeiten oder neue Module entwickeln. Im Live-Betrieb sollten Sie die Fehleranzeige aber unbedingt deaktivieren, damit keine Informationen über Ihren Server preisgegeben werden. Ihre Besucher sehen im Fehlerfall dann einen neutralen Hinweis anstelle der ausführlichen Fehlermeldung.

---

5   `http://www.modrewrite.de`

D<small>EBUGMODUS</small> <small>AKTIVIEREN</small>: Wenn Sie diese Option auswählen, werden bestimmte Laufzeitinformationen wie z.B. Datenbankabfragen auf dem Bildschirm ausgegeben.

R<small>EFERER</small>-P<small>RÜFUNG</small> <small>DEAKTIVIEREN</small>: Wie schon im Abschnitt 2.7, *Fehlermeldungen bei der Installation*, erwähnt, prüft TYPOlight beim Verarbeiten von Formulardaten automatisch, von welcher URL eine Anfrage abgesendet wurde. Handelt es sich bei dieser Absenderadresse nicht um dieselbe URL, unter der auch TYPOlight läuft, bricht TYPOlight die Verarbeitung aus Sicherheitsgründen ab. Sie können dieses Feature hier deaktivieren, wovon ich Ihnen aber dringend abrate, da sonst Hacker oder Spammer Ihre TYPOlight-Installation »fernsteuern« können.

IP-P<small>RÜFUNG</small> <small>DEAKTIVIEREN</small>: Aus Sicherheitsgründen werden Sessions in TYPOlight an die IP-Adresse des Benutzers gebunden. Unter Umständen werden dadurch jedoch Benutzer mit wechselnden IP-Adressen ausgesperrt, daher kann die IP-Prüfung hier deaktiviert werden (nicht empfohlen).

E<small>RLAUBTE</small> U<small>PLOAD</small>-D<small>ATEITYPEN</small>: Hier können Sie festlegen, welche Dateitypen auf Ihren Server übertragen werden dürfen (Upload).

E<small>RLAUBTE</small> D<small>OWNLOAD</small>-D<small>ATEITYPEN</small>: Hier können Sie festlegen, welche Dateitypen von Ihrem Server heruntergeladen werden dürfen (Download).

E<small>DITIERBARE</small> D<small>ATEIEN</small>: Der TYPOlight-Dateimanager verfügt über einen Editor, mit dem Sie Dateien direkt auf dem Server bearbeiten können. Hier legen Sie fest, für welche Dateitypen das möglich sein soll.

U<small>NTERSTÜTZTE</small> B<small>ILDFORMATE</small>: Hier legen Sie fest, welche Dateitypen TYPOlight als Bilder interpretieren und mit der *GD Library*[6] verarbeiten soll.

M<small>AXIMALE</small> F<small>RONTEND</small>-B<small>REITE</small>: Hier können Sie festlegen, wie breit Bilder und andere Medien im Frontend maximal sein dürfen. Bei einer Überschreitung dieses Werts wird das entsprechende Bild automatisch verkleinert.

JPG-Q<small>UALITÄT</small>: TYPOlight erstellt automatisch Thumbnails Ihrer Bilder mit Hilfe der *GD Library*[7]. Bei JPEG-Bildern haben Sie die Möglichkeit, die Qualität dieser Thumbnails in Prozent vorzugeben.

F<small>ILES</small>-V<small>ERZEICHNIS</small>: Hier legen Sie fest, in welchem Ordner von Benutzern hochgeladene Dateien verwaltet werden. Das Standardverzeichnis ist `tl_files`.

S<small>IMULTANE</small> D<small>ATEI</small>-U<small>PLOADS</small>: Mit dem TYPOlight-Dateimanager können Sie mehrere Dateien auf einmal auf den Server übertragen. Hier können Sie festlegen, wie viele Upload-Felder im Backend angezeigt werden.

---

6   http://de.wikipedia.org/wiki/GD_Library
7   http://www.php.net/gd

MAXIMALE UPLOAD-DATEIGRÖSSE: Hier können Sie festlegen, wie groß eine mit dem Dateimanager auf Ihren Server übertragene Datei maximal sein darf. Die Eingabe erfolgt in Bytes (1 MB = 1024 KB = 1024000 Bytes).

MAXIMALE BILDBREITE: Beim Upload von Bildern prüft der Dateimanager automatisch deren Breite und vergleicht diese Werte mit Ihren hier festgelegten Vorgaben. Überschreitet ein Bild die maximale Breite, wird es automatisch verkleinert.

MAXIMALE BILDHÖHE: Beim Upload von Bildern prüft der Dateimanager automatisch deren Höhe und vergleicht diese Werte mit Ihren hier festgelegten Vorgaben. Überschreitet ein Bild die maximale Höhe, wird es automatisch verkleinert.

SUCHE AKTIVIEREN: Wenn Sie diese Option auswählen, indiziert TYPOlight Ihre fertigen Seiten und erstellt daraus einen Suchindex. Mit dem Frontend-Modul Suchmaschine können Sie diesen Index dann durchsuchen.

GESCHÜTZTE SEITEN INDIZIEREN: Wählen Sie diese Option, um auch geschützte Seiten für die Suche zu indizieren. Nutzen Sie dieses Feature mit Bedacht und achten Sie darauf, personalisierte Seiten grundsätzlich von der Suche auszuschließen.

E-MAILS VIA SMTP VERSENDEN: Standardmäßig verwendet TYPOlight die PHP-Funktion mail() für den Versand von E-Mails. Alternativ können Sie hier die Zugangsdaten für einen SMTP-Server eingeben.

DATEIEN VIA FTP BEARBEITEN: Hinter dieser Option verbirgt sich der *Safe Mode Hack*, den Sie im Abschnitt 2.4.3, *Der Safe Mode Hack*, kennengelernt haben.

INAKTIVE ERWEITERUNGEN: Hier können Sie nicht benötigte Backend-Module deaktivieren, um ein bisschen Performance zu gewinnen. Inaktive Module werden beim Ladevorgang des Systems nicht berücksichtigt.

SPEICHERZEIT FÜR UNDO-SCHRITTE: Im Abschnitt 3.3.5, *Gelöschte Datensätze wiederherstellen*, haben Sie gelernt, dass gelöschte Datensätze in einen virtuellen Papierkorb verschoben werden. Hier können Sie festlegen, wie lange die Daten in diesem Papierkorb gespeichert werden. Die Eingabe erfolgt in Sekunden.

SPEICHERZEIT FÜR VERSIONEN: Im Abschnitt 3.4.4, *Verschiedene Versionen eines Datensatzes*, haben Sie gelernt, dass TYPOlight bei jedem Speichervorgang eine neue Version eines Datensatzes anlegt. Hier können Sie festlegen, wie lange diese Versionen in der Datenbank gespeichert werden. Die Eingabe erfolgt in Sekunden.

SPEICHERZEIT FÜR LOG-EINTRÄGE: Hier können Sie festlegen, wie lange Einträge im TYPOlight System-Log gespeichert werden. Die Eingabe erfolgt in Sekunden.

VERFALLSZEIT EINER SESSION: Hier können Sie festlegen, nach wie viel Sekunden Inaktivität eine Benutzersitzung verfällt. Ist eine Sitzung abgelaufen, muss sich der Benutzer erneut am Backend bzw. Frontend anmelden.

STANDARDBESITZER: Hier können Sie vorgeben, welchem Benutzer standardmäßig die Seiten gehören, für die keine Zugriffsrechte definiert wurden. Weitere Informationen dazu finden Sie im Abschnitt 4.4, *Seiten verwalten.*

STANDARDGRUPPE: Hier können Sie festlegen, welcher Gruppe standardmäßig die Seiten gehören, für die keine Zugriffsrechte definiert wurden. Weitere Informationen dazu finden Sie im Abschnitt 4.4, *Seiten verwalten.*

STANDARDZUGRIFFSRECHTE: Hier können Sie festlegen, welche Zugriffsrechte standardmäßig für die Seiten gelten, für die keine speziellen Zugriffsrechte definiert wurden. Weitere Informationen dazu finden Sie im Abschnitt 4.4, *Seiten verwalten.*

EXTENSION REPOSITORY-URL: die URL der WSDL-Datei des Extension Repository.

FALLBACK-SPRACHEN: Hier legen Sie fest, in welchen Sprachen außer der aktiven Backend-Sprache Erweiterungen angezeigt werden sollen. Dadurch werden z.B. auch englische Module sichtbar, für die es keine deutsche Übersetzung gibt.

ERWEITERUNGEN PRO SEITE: Hier legen Sie die Anzahl der Erweiterungen pro Seite fest.

# 4. Die Seitenstruktur

Um TYPOlight effektiv einsetzen zu können, ist es wichtig, dass Sie sein Grundprinzip verstehen. Das Zusammenspiel von Seiten, Artikeln, Inhaltselementen, Modulen und Benutzern ist nicht immer einfach, dafür aber durchwegs logisch und lange nicht so kompliziert, wie es bei einigen Mitbewerbern der Fall ist. Das **light** im Namen TYPOlight steht nämlich nicht für ein abgespecktes CMS mit wenig Features, sondern für ein leicht zu verstehendes und einfach zu bedienendes CMS, bei dem auf unnötigen Schnickschnack und komplizierte Abstraktionsebenen verzichtet wurde.

## 4.1 Seiten als zentrale Elemente

TYPOlight gehört zur Gruppe der seitenbasierten Content Management Systeme, d.h., die Seitenstruktur ist das zentrale Element Ihrer Webseite. Sie können die einzelnen Seiten über deren ID bzw. Namen (Alias) im Frontend aufrufen und so die Inhalte ansehen, die sich auf der jeweiligen Seite befinden.

Stellen Sie sich eine Seite wie eine Sendung im Fernsehen vor, für die Redakteure verschiedene Beiträge (Inhalte) erstellen. Am Ende entscheidet ein Chefredakteur, welche dieser Beiträge auch tatsächlich im Rahmen der Sendung ausgestrahlt (veröffentlicht) werden. Die anderen Beiträge sind zwar erstellt worden, finden aber nie den Weg in Ihr Wohnzimmer.

Genauso funktioniert es auch in TYPOlight. Sie können beliebig viele Inhalte im Backend erstellen, die aber niemals auf Ihrer Webseite erscheinen werden, wenn Sie sie nicht mit einer Seite (Sendung) verknüpfen.

### 4.1.1 Hierarchische Anordnung

Seiten können beliebig ineinander verschachtelt werden. Das Navigationsmodul erstellt aus dieser hierarchischen Struktur im Frontend dann automatisch ein Navigationsmenü mit Hauptseiten und untergeordneten Seiten. Benutzen Sie die grauen Icons mit dem Plus- bzw. Minuszeichen links neben den Seitennamen, um Unterseiten aus- oder einzuklappen (Abbildung 4.1).

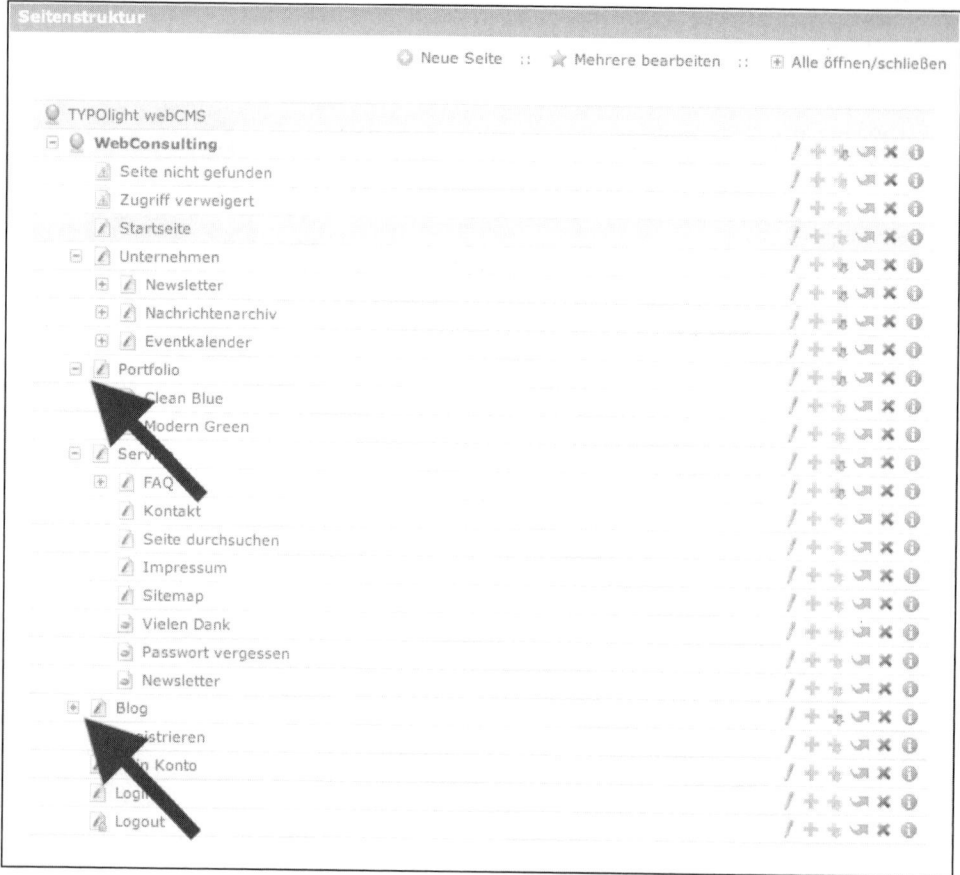

Abbildung 4.1: **Seitenstruktur der WebConsulting-Seite**

## 4.1.2 Bestandteile einer Seite

Eine Seite als zentrales Element muss nicht nur wissen, welche Artikel mit ihr verknüpft sind. Sie muss beispielsweise auch wissen, welches Layout sie zur Darstellung im Frontend verwenden soll, ob sie im Cache zwischengespeichert werden kann oder welche Benutzer überhaupt auf sie zugreifen dürfen (Abbildung 4.2).

In den folgenden Kapiteln werde ich Ihnen erklären, wie Sie die einzelnen Bestandteile konfigurieren und schließlich in der Seitenstruktur zusammensetzen können.

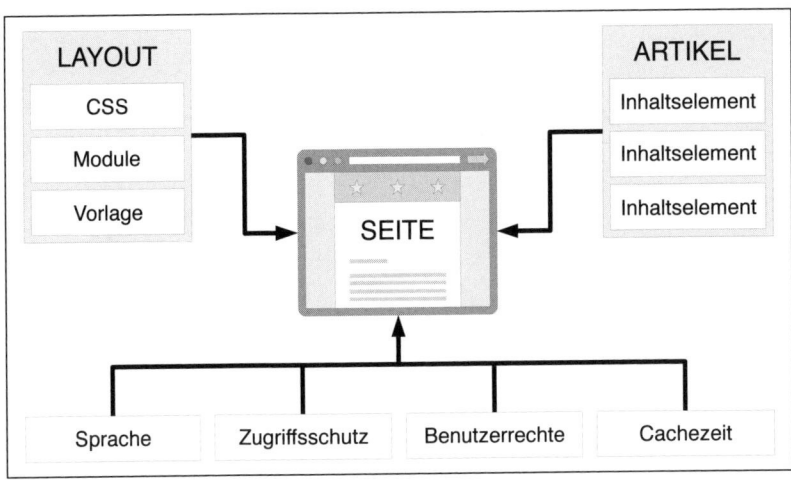

Abbildung 4.2: **Bestandteile einer Seite**

## 4.2  Stylesheets verwalten

Da die Formatierung einer barrierefreien Webseite ausschließlich mittels CSS[1] (Cascading Stylesheets) erfolgt, bietet Ihnen TYPOlight für die Verwaltung Ihrer Stylesheets ein komfortables Backend-Modul, mit dem Sie alle Formatdefinitionen in einer Eingabemaske erfassen können. Die Erstellung der eigentlichen CSS-Datei erfolgt dabei automatisch im Hintergrund.

### 4.2.1  Medientypen festlegen

Der Medientyp eines Stylesheets legt fest, für welche Art von Endgerät es gültig ist. Wenn Sie z.B. ein Stylesheet vom Medientyp handheld erstellen, wird es nur dann eingebunden, wenn Sie die Seite mit einem Handheld-PC aufrufen. Rufen Sie die Seite hingegen mit Ihrem Browser auf, wird es automatisch übersprungen.

Die für Webseiten relevanten Medientypen sind screen und print. Stylesheets vom Typ screen werden immer dann eingebunden, wenn die Seite in einem Browser aufgerufen wird, Stylesheets vom Typ print hingegen, wenn die Seite ausgedruckt wird. Die Medientypen eines Stylesheets können Sie ändern, indem Sie auf das Bearbeitungssymbol des Elternelements klicken (Abbildung 4.3).

---

1   http://de.wikipedia.org/wiki/Cascading_Style_Sheets

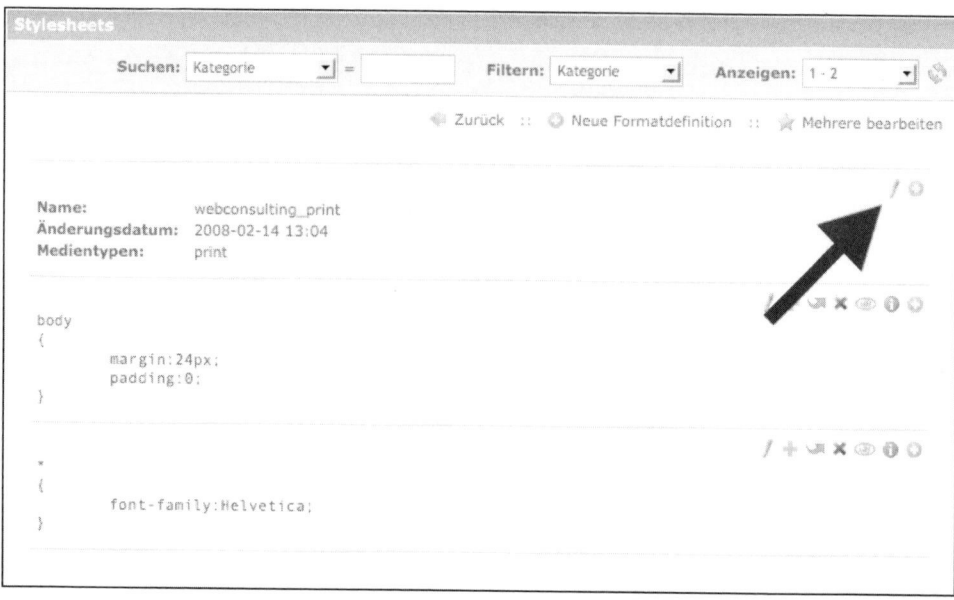

Abbildung 4.3: **Das Elternelement bearbeiten**

In der Eingabemaske des Stylesheets (Elternelement) können Sie per Klick einen oder mehrere Medientypen zuweisen. Da das webconsulting-print.css lediglich für den PDF-Druck und nicht für das Betrachten der Seite in einem Browser gedacht ist, habe ich den Medientyp print ausgewählt.

**Vermeiden Sie beim Anlegen von Stylesheets den Medientyp** all. **Stylesheets mit diesem Medientyp werden überall eingebunden und können z.B. beim PDF-Export eines Artikels in TYPOlight zu Formatierungsproblemen führen.**

## 4.2.2 Conditional Comments

Conditional Comments sind proprietäre Anweisungen, die nur vom Internet Explorer interpretiert werden und unter anderem das Einbinden von spezifischen Stylesheets und anderen Skripten ermöglichen. In einem solchen Stylesheet können Sie beispielsweise Darstellungsfehler gesondert beheben, die vor allem in älteren Versionen des Internet Explorer reichlich vorhanden sind.

Die Bedingung (Condition) eines Conditional Comment ist wie folgt zu lesen:

» if IE: gilt für alle Versionen des Internet Explorers

» if IE 6: gilt nur für die Version 6

» if lt IE 6: gilt für Versionen kleiner 6 (lt = less than)

» if lte IE 6: gilt für Versionen kleiner oder gleich 6 (lte = less than equals)

» if gt IE 6: gilt für Versionen größer 6 (gt = greater than)

» if gte IE 6: gilt für Versionen größer oder gleich 6 (gte = greater than equals)

Nachdem die Sonderbehandlung der Internet-Explorer-Fehler inzwischen zum Arbeitsalltag eines Webdesigners gehört, wurde die Einbindung von Stylesheets mittels Conditional Comments in das Stylesheets-Modul integriert (Abbildung 4.4).

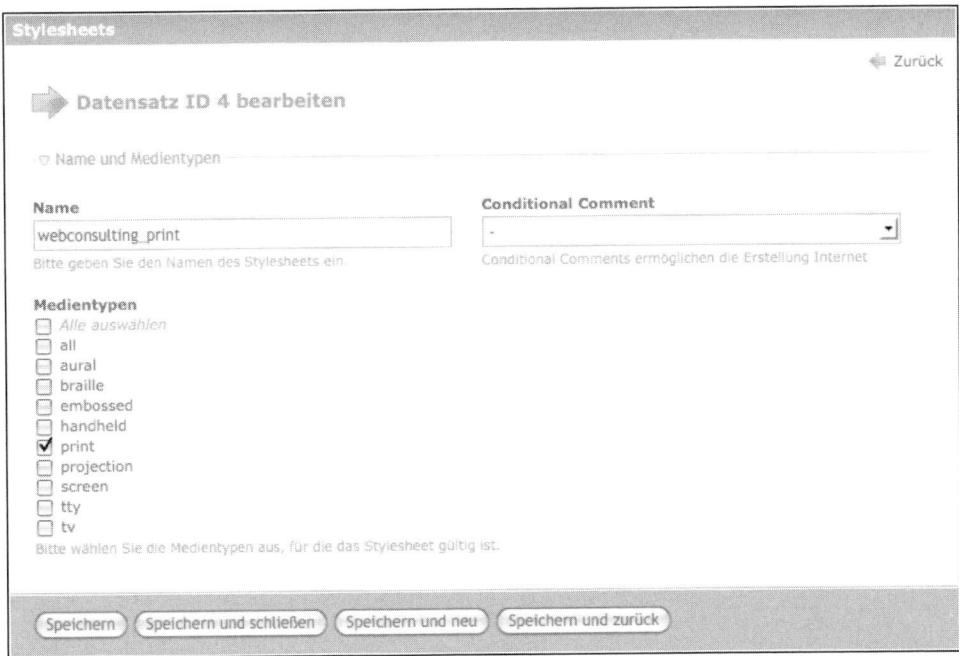

Abbildung 4.4: **Stylesheet mittels Conditional Comment einbinden**

## 4.2.3 Formatdefinitionen anlegen

Um Formatdefinitionen anlegen zu können, müssen Sie zwei Dinge wissen: Wie lauten die Klassennamen der TYPOlight-Elemente (Selektoren) und in welcher Reihenfolge werden die Formatdefinitionen gespeichert?

### Klassennamen der TYPOlight-Elemente

Die Klassennamen (*class attributes*) der TYPOlight-Elemente sind durchgehend logisch aufgebaut. Inhaltselemente beginnen mit dem Präfix ce_ (Content Element), gefolgt von dem Typ des Inhaltselements. Ein Textelement beispielsweise hat die Klasse ce_text, ein Bildelement die Klasse ce_image.

Dasselbe gilt für Module, nur dass diese mit dem Präfix mod_ (Module) beginnen. Das Modul *Navigationsmenü* beispielsweise hat die Klasse mod_navigation, das Modul *Nachrichtenliste* die Klasse mod_newslist. Wenn Sie sich bezüglich der Klasse eines Elements nicht sicher sind, schauen Sie einfach im Quelltext der Webseite nach.

In Ihrem Stylesheet können Sie den Klassennamen eines Elements dann dazu verwenden, ihm ein Format zuzuweisen. Folgende CSS-Anweisung setzt beispielsweise den Außenabstand eines TYPOlight-Textelements auf 24 Pixel:

Listing 4.1: **Den Außenabstand eines Elements mittels CSS festlegen**

```
.ce_text {
   margin:24px;
}
```

In TYPOlight kommen Sie mit dieser Schreibweise allerdings so gar nicht in Berührung, da Sie alle Formate über die Eingabemaske festlegen können (Abbildung 4.5). Lediglich den Teil vor den geschweiften Klammern, den sogenannten Selektor, müssen Sie von Hand in das dafür vorgesehene Feld eingeben.

Abbildung 4.5: **Abstände im Stylesheets-Modul festlegen**

## Reihenfolge der Formatdefinitionen

Die Reihenfolge der Formatdefinitionen spielt bei CSS eine wichtige Rolle, weil jede Anweisung in einer nachfolgenden Formatdefinition überschrieben werden kann. Dieses Feature eignet sich besonders gut, um beispielsweise browserspezifische Eigenarten auszugleichen (Listing 4.2).

Listing 4.2: **Abweichender Außenabstand im Internet Explorer 6**

```
/* Außenabstand für alle Browser */
.mod_search {
   margin:24px;
}

/* Korrektur im Internet Explorer 6 */
* html .mod_search {
   margin:18px;
}
```

Wäre die Reihenfolge der Formatdefinitionen in Listing 4.2 umgekehrt, würde zuerst das spezifische Format für den Internet Explorer geladen und danach wieder durch das allgemein gültige Format für alle Browser überschrieben. Die spezifische Anweisung käme also niemals zur Anwendung.

In TYPOlight können Sie die Reihenfolge der Datensätze über die Navigationsicons VERSCHIEBEN und DANACH EINFÜGEN festlegen (Abbildung 4.6). Seit der Version 2.7.0 ist außerdem das Verschieben der einzelnen Anweisungen mittels Drag & Drop möglich. Klicken Sie dazu einen Datensatz außerhalb der Navigationsicons an und ziehen Sie ihn mit der Maus an die neue Position.

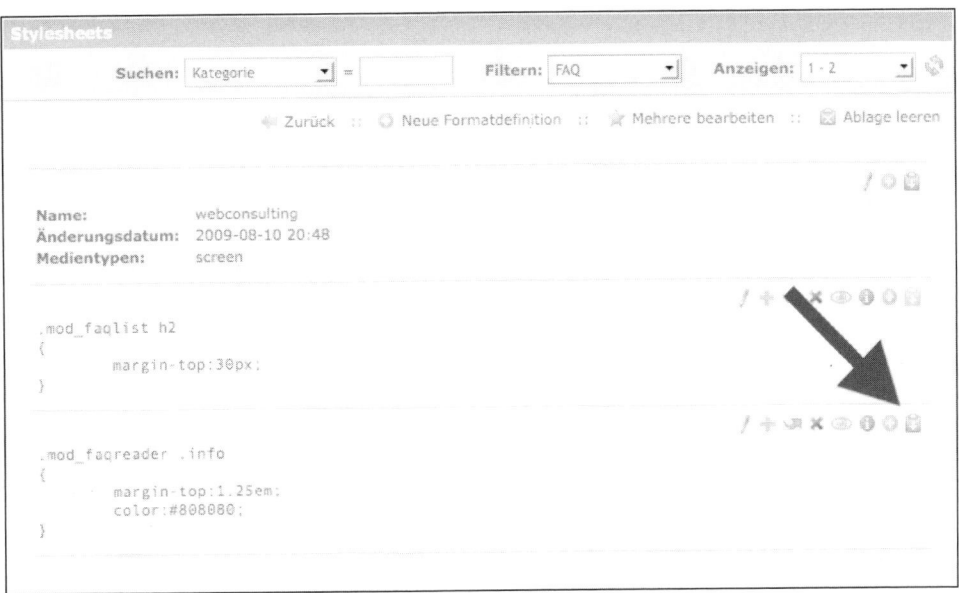

Abbildung 4.6: **Reihenfolge der Formatdefinitionen ändern**

Sie haben in TYPOlight die Möglichkeit, Formatdefinitionen eine Kategorie zuzuweisen, um die Datensätze später nach dieser Kategorie filtern und zusammengehörende Definitionen leichter erkennen zu können. Diese Kategorien dienen seit der Version 2.6.0 nur noch der besseren Übersicht im Backend und werden nicht mehr für die Sortierung im Stylesheet selbst verwendet.

## 4.2.4 Stylesheets importieren

Damit Sie bereits bestehende Stylesheets ebenfalls mit dem TYPOlight-CSS-Editor bearbeiten können, bietet Ihnen das Stylesheets-Modul die Möglichkeit, CSS-Dateien zu importieren. Übertragen Sie dazu Ihre CSS-Datei zuerst mit Ihrem FTP-Programm in den Ordner `tl_files` und klicken Sie dann im Stylesheets-Modul auf den Link CSS IMPORT. Es öffnet sich eine Seite mit einem Dateibrowser, aus dem Sie die zu importierenden Stylesheets auswählen können (Abbildung 4.7).

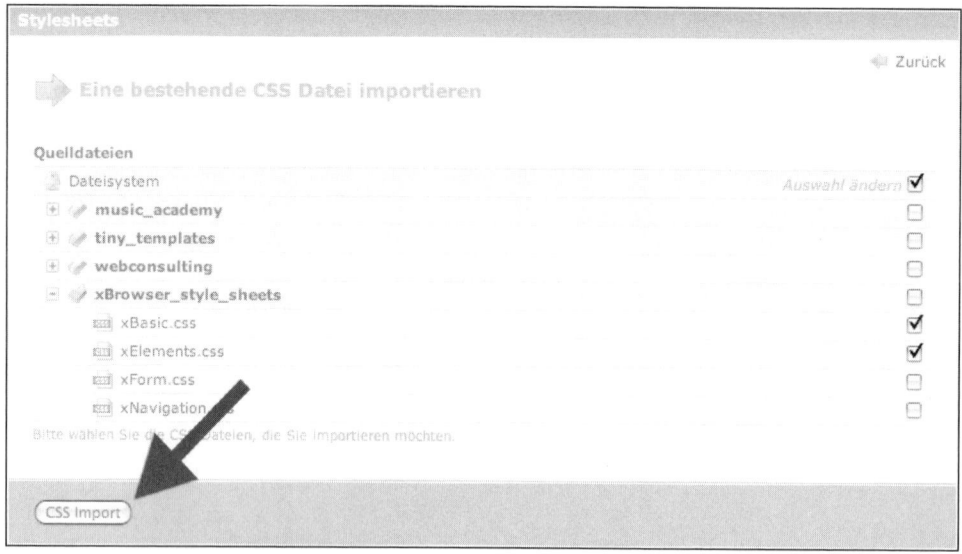

Abbildung 4.7: **Bestehende Stylesheets importieren**

# 4.3 Seitenlayouts verwalten

In einem Seitenlayout werden alle Designbestandteile zusammengefügt, die Sie vorher mit den entsprechenden Backend-Modulen erstellt haben (vgl. Abbildung 4.2).

## 4.3.1 Aufbau des Frontends

Das TYPOlight CSS-Framework generiert anhand eines Seitenlayouts automatisch das Grundgerüst der Webseite, das aus ein bis drei Spalten sowie einer optionalen Kopf- und Fußzeile besteht. Innerhalb dieser Spalten (Layoutbereiche) können Sie die vorher erstellten Frontend-Module in beliebiger Reihenfolge anordnen.

In Abbildung 4.8 sehen Sie das Frontend der *WebConsulting*-Seite. Ich habe die einzelnen Layoutbereiche (Kopfzeile, linke Spalte und Hauptspalte) sowie die darin enthaltenen Module hervorgehoben. Module werden innerhalb ihrer Spalten grundsätzlich untereinander angeordnet. Welche Module es gibt und wie Sie sie konfigurieren können, erkläre ich Ihnen im Kapitel 8, *Die Modulverwaltung*.

## 4.3.2 Seitenlayout konfigurieren

Öffnen Sie das Modul SEITENLAYOUTS und wählen Sie das Layout WebConsulting aus. Ich werde die wichtigen Punkte zusammen mit Ihnen durchgehen.

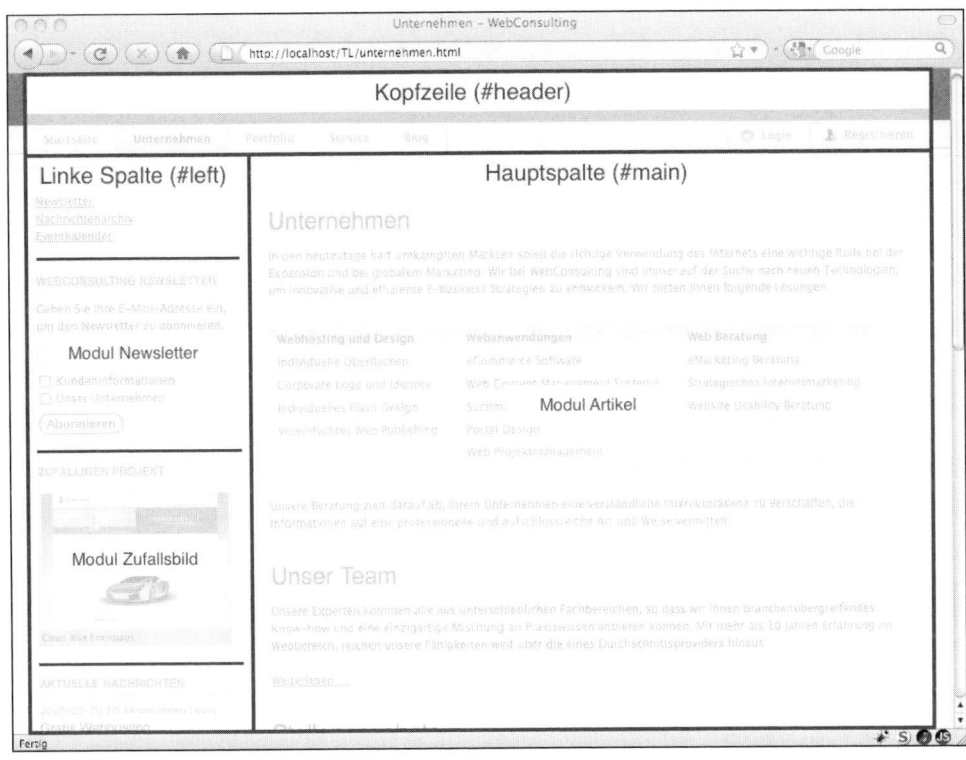

Abbildung 4.8: **Aufbau des Frontends**

STANDARDLAYOUT: Das Standardlayout wird für alle Seiten verwendet, denen kein eigenes Seitenlayout zugewiesen wurde. Ich empfehle Ihnen, grundsätzlich ein Standardlayout zu definieren, da Seiten ohne Layout im Frontend nicht dargestellt werden können. Ihre Besucher sähen dann nur die Meldung »No layout specified«.

KOPFZEILE EINFÜGEN: Hier legen Sie fest, ob das Layout eine Kopfzeile haben soll.

FUSSZEILE EINFÜGEN: Geben Sie hier an, ob das Layout eine Fußzeile haben soll.

SPALTEN: Hier können Sie die Anzahl der Spalten Ihres Seitenlayouts festlegen. TYPOlight unterstützt standardmäßig Layouts mit bis zu drei Spalten.

STYLESHEETS: An dieser Stelle können Sie Ihre Stylesheets einbinden.

NEWSFEEDS: Hier können Sie die Feeds der Nachrichtenarchive einbinden.

KALENDER-FEEDS: Hier können Sie die Feeds der Kalender einbinden.

EINGEBUNDENE MODULE: Hier weisen Sie den einzelnen Layoutbereichen (Spalten) die Frontend-Module zu, die auf der Seite dargestellt werden sollen (Abbildung 4.9). Die Module jedes Layoutbereichs werden in der von Ihnen festgelegten Reihenfolge untereinander angeordnet.

Abbildung 4.9: **Module in das Seitenlayout einbinden**

SEITENTEMPLATE: Das Seitentemplate definiert das HTML-Grundgerüst Ihrer Webseite. Das TYPOlight-CSS-Framework erstellt auf dieser Grundlage und anhand der Werte, die Sie im Seitenlayout vorgeben, automatisch ein CSS-Layout, bestehend aus ein bis drei Spalten sowie einer optionalen Kopf- und Fußzeile.

*Durch Anpassen der Layoutvorlage können Sie fast jeden gewünschten Seitenaufbau in TYPO-light realisieren. Die Möglichkeiten, die sich durch die Verwendung eigener Vorlagen ergeben, sind so umfangreich, dass ich ihnen weiter hinten im Buch ein eigenes Kapitel widme. Zum jetzigen Zeitpunkt reicht es daher, wenn Sie die Standardvorlage* fe_page *kennen. Diese Vorlage ist für das TYPOlight-CSS-Framework optimiert.*

DOKUMENTTYP-DEFINITION: Eine Dokumenttyp-Definition[2] (DTD) ist ein Regelwerk, das zur Beschreibung der Struktur eines Dokuments dient. Die DTD am Anfang einer HTML-Seite legt fest, welche Tags und Attribute auf der Seite verwendet werden (dürfen) und mit welchem Parser das Dokument gelesen werden kann.

MOOTOOLS-TEMPLATE: MooTools[3] ist ein JavaScript-Framework, das unter anderem wegen seines Akkordeon-Effekts[4] bekannt geworden ist. Dieser Effekt ist als Inhaltselement in TYPOlight integriert und muss beim Aufbau der Seite initialisiert werden. Sie können hier verschiedene Vorlagen zur Initialisierung auswählen. Die Vorlage moo_default initialisiert das Standardverhalten des Akkordeons, bei dem es immer ein geöffnetes Element gibt.

---

2   http://de.wikipedia.org/wiki/Dokumenttypdefinition
3   http://mootools.net/
4   http://moofx.mad4milk.net/

Die Vorlage `moo_close_all` bietet Ihnen hingegen auch die Möglichkeit, alle Elemente des Akkordeons zu schließen.

GOOGLE ANALYTICS ID: Wenn Sie eine Google Analytics[5] Id haben, können Sie diese hier eingeben. TYPOlight fügt dann automatisch den benötigten Code in den Quelltext Ihrer Webseite ein, damit Google die Aufrufe Ihrer Webseite auswerten kann.

BODY-KLASSE: Hier können Sie dem Body-Tag der HTML-Seite eine CSS-Klasse zuweisen und so CSS-Anweisungen für ein spezielles Seitenlayout schreiben.

BODY ONLOAD: Einige JavaScripts erfordern einen sogenannten »Body Onload Event«, um das Skript beim Laden der Seite zu initialisieren. Sollten Sie ein solches JavaScript verwenden wollen, können Sie hier den benötigten Code eingeben.

ZUSÄTZLICHE <HEAD>-TAGS: Im HEAD-Bereich Ihrer Webseite werden sogenannte Meta-Informationen wie Seitentitel, Sprache, Zeichensatz oder Suchbegriffe ausgegeben sowie die eingebundenen Stylesheets und JavaScripts verlinkt. Sie können hier beliebige Ergänzungen vornehmen und z.B. noch zusätzliche Stylesheets einfügen.

STATISCHES LAYOUT: Ein statisches Layout hat eine feste Breite und wird im Fenster Ihres Browsers z.B. zentriert dargestellt. Das Gegenteil eines statischen Layouts ist ein sogenanntes »Liquid Layout«, das sich dynamisch an die Breite des Browserfensters anpasst. Wenn Sie die Option STATISCHES LAYOUT nicht auswählen, erstellt das TYPOlight-CSS-Framework automatisch ein »Liquid Layout«.

## 4.3.3 Eigene Layoutbereiche

Wie Sie bereits im Abschnitt 3.6, *Backend-Einstellungen*, gelernt haben, definiert das TYPOlight-CSS-Framework standardmäßig die Layoutbereiche *header*, *left*, *main*, *right* und *footer*, die auf der Webseite der Kopfzeile, der linken Spalte, der Hauptspalte, der rechten Spalte und der Fußzeile entsprechen. Mit diesen fünf Bereichen lassen sich bestimmt 90% aller gängigen Seitenlayouts problemlos umsetzen, so dass Sie in der Regel damit auskommen werden.

Es gibt aber durchaus auch Layouts, die von dieser klassischen Einteilung abweichen. Solche Entwürfe haben beispielsweise einen zusätzlichen Bereich unter der Kopfzeile oder eine zweigeteilte Hauptspalte (Abbildung 4.10).

Um solche »exotischen« Seitenlayouts in TYPOlight zu realisieren, können Sie zusätzliche Layoutbereiche definieren und mittels eines Stylesheets anordnen. In Verbindung mit der Standardvorlage `fe_page` werden diese dann entweder unterhalb der Kopfzeile, innerhalb der Hauptspalte oder oberhalb der Fußzeile eingefügt.

---

5    http://www.google.com/analytics/de-DE/

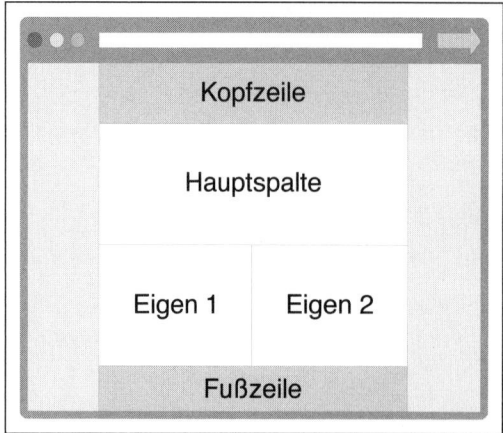

Abbildung 4.10: **Seitenlayout mit eigenen Layoutbereichen**

# 4.4  Seiten verwalten

Durch die hierarchische Seitenstruktur ist es möglich, Eigenschaften einer übergeordneten Seite an ihre Unterseiten zu vererben. Für Ihre Arbeit bedeutet das, dass Sie ein bestimmtes Layout oder eine bestimmte Zugriffsberechtigung nur einmal festlegen müssen und diese Eigenschaften automatisch weitergegeben werden.

Ich nutze dieses Feature beim Erstellen von Webseiten beispielsweise, um eine globale Cachezeit vorzugeben. Dazu lege ich in der Wurzelseite (*Startpunkt einer Webseite*) eine Cachezeit von 30 Sekunden fest und überschreibe diesen Wert dann auf Seiten mit dynamischen Elementen wie dem Suchmodul mit 0. Auf diese Weise stelle ich nicht nur sicher, dass Seiten mit dynamischen Elementen nicht fälschlicherweise im Zwischenspeicher landen, sondern auch, dass ich nur eine einzige Seite bearbeiten muss, wenn ich die Cachezeit einmal ändern möchte.

## 4.4.1  Reguläre Seite

Reguläre Seiten sind Seiten, auf denen Inhalte dargestellt werden. Die meisten Seiten der *WebConsulting*-Beispielwebseite sind reguläre Seiten, auf denen ein Artikel oder Modul zu sehen ist. Eine reguläre Seite ist vergleichbar mit einer statischen HTML-Datei, die Sie auf Ihren Server laden und in Ihrem Browser aufrufen.

Öffnen Sie das Backend-Modul SEITENSTRUKTUR und wählen Sie die Seite *Startseite* aus. Ich werde Ihnen erklären, wie Sie reguläre Seiten optimal konfigurieren.

SEITENNAME: Der Seitenname wird im Navigationsmenü der Webseite angezeigt.

SEITENALIAS: Der Alias einer Seite ist eine eindeutige und aussagekräftige Referenz, über die Sie eine Seite in Ihrem Browser aufrufen können. Mit einem CMS erstellte Seiten werden in der Regel über eine ID aufgerufen, also z.B. index.php?id=2. Der Alias ermöglicht es, stattdessen die URL `index.php?id=index` zu verwenden. Wenn Sie zusätzlich dazu noch die Option *URLs umschreiben* in den *Backend-Einstellungen* aktivieren, wird daraus die suchmaschinenfreundliche URL `index.html`.

SEITENTITEL: Der Seitentitel wird im Title-Tag (`<title>`) verwendet und taucht häufig auch in den Suchergebnissen von Google und Co. auf. Er sollte nicht mehr als 65 Zeichen enthalten, da viele Suchmaschinen längere Titel einfach abschneiden.

SPRACHE: Hier legen Sie fest, in welcher Sprache die in die Seite eingebundenen Module ausgegeben werden. Die Sprache einer Seite wird nicht an ihre Unterseiten vererbt und muss somit auf jeder Seite angegeben werden.

ROBOTS-TAG: Das Robots-Tag legt fest, wie Suchmaschinen eine Seite behandeln. Es gibt die Optionen *index* (Seite in den Index aufnehmen) und *follow* (den Links auf der Seite folgen) sowie die beiden gegenteiligen Anweisungen *noindex* und *nofollow*. Der Standardfall ist *index,follow*, da wir ja wollen, dass Google unsere Seiten möglichst umfassend in den Suchindex aufnimmt. Bestimmte Seiten wie z.B. das Impressum oder die Registrierungsseite können jedoch mit Hilfe der Anweisung *noindex,follow* von der Indizierung ausgenommen werden.

BESCHREIBUNG DER SEITE: Die Beschreibung wird in den Meta-Informationen einer Seite (`<meta name="description" ... />`) verwendet und wie der Seitentitel auch von allen gängigen Suchmaschinen indiziert. Die empfohlene Länge einer Beschreibung liegt zwischen 150 und 300 Zeichen.

SEITE SCHÜTZEN: Hier können Sie den Zugriff auf eine Seite beschränken. Besucher müssen sich dann zuerst mit ihrem Benutzernamen und ihrem Passwort anmelden, bevor sie die Seite aufrufen können. Andernfalls sähen sie nur eine Fehlerseite. Der Zugriffsschutz gilt automatisch für alle untergeordneten Seiten.

ERLAUBTE MITGLIEDERGRUPPEN: Hier können Sie festlegen, welche Mitgliedergruppen auf eine Seite zugreifen dürfen. Wie man Benutzer und Benutzergruppen verwaltet, erfahren Sie in einem späteren Kapitel.

EIN LAYOUT ZUWEISEN: Hier können Sie einer Seite ein Seitenlayout zuweisen. Das Seitenlayout gilt automatisch für alle untergeordneten Seiten.

CACHEN ERLAUBEN: Hier können Sie festlegen, ob und wie lange eine Seite im Cache zwischengespeichert werden soll. Eine zwischengespeicherte Seite lädt deutlich schneller, da sie nicht erst von TYPOlight generiert werden muss. Ist die Verfallszeit überschritten, wird die Seite automatisch aus dem Cache entfernt und beim nächsten Frontend-Aufruf neu erstellt.

*Aus Sicherheitsgründen werden Seiten nur zwischengespeichert, wenn sie nicht geschützt sind und kein Benutzer im Backend angemeldet ist. Ansonsten bestünde die Gefahr, dass vertrauliche Daten in den Cache geschrieben und versehentlich im Frontend angezeigt würden. Wundern Sie sich also nicht, wenn Ihre passwortgeschützten Seiten trotz zugewiesener Verfallszeit nicht im Cache auftauchen.*

Zᴜɢʀɪꜰꜰsʀᴇᴄʜᴛᴇ ᴢᴜᴡᴇɪsᴇɴ: Hier können Sie festlegen, welche Benutzer im Backend auf eine Seite zugreifen und was sie mit dieser Seite und den darin enthaltenen Artikeln machen dürfen. Jede Seite gehört einem bestimmten Benutzer und einer bestimmten Benutzergruppe, die Sie unter Bᴇsɪᴛᴢᴇʀ und Gʀᴜᴘᴘᴇ festlegen können. Ähnlich dem Unix-Rechtesystem unterscheidet TYPOlight drei Zugriffsebenen:

» Zugriff als Besitzer einer Seite

» Zugriff als Mitglied der Gruppe einer Seite

» Zugriff als sonstiger Backend-Benutzer

Die Seite *Unternehmen* ist beispielsweise mit Zugriffsrechten versehen und gehört dem Benutzer *h.lewis* sowie der Benutzergruppe *Nachrichten* (Abbildung 4.11). Sowohl der Benutzer als auch alle Mitglieder der Benutzergruppe dürfen auf dieser Seite Artikel bearbeiten, aber nur der Besitzer *h.lewis* (und Sie als Administrator natürlich) darf die Seite an sich bearbeiten und z.B. den Seitentitel ändern.

Abbildung 4.11: **Einer Seite Zugriffsrechte zuweisen**

Wie Sie Benutzer und Benutzergruppen einrichten und wie das Rechtesystem genau funktioniert, erfahren Sie im Kapitel 15, *Systemverwaltung*.

Nɪᴄʜᴛ ᴅᴜʀᴄʜsᴜᴄʜᴇɴ: Hier können Sie eine Seite von der Suche ausnehmen.

CSS-Kʟᴀssᴇ: Hier können Sie der Seite eine CSS-Klasse zuweisen, die sowohl im Body-Tag der HTML-Seite, als auch in den Navigationsmodulen verwendet wird. Auf diese Weise können Sie CSS-Anweisungen für eine spezielle Seite oder einen bestimmten Menüpunkt in der Navigation schreiben.

Iᴍ Mᴇɴü ᴠᴇʀsᴛᴇᴄᴋᴇɴ: Wenn Sie diese Option auswählen, wird die Seite nicht im Menü Ihrer Webseite angezeigt. Sie können die Seite trotzdem über einen direkten Link oder in einem TYPOlight-Modul aufrufen.

NUR GÄSTEN ANZEIGEN: Wenn Sie diese Option auswählen, wird der Link zu der Seite automatisch aus dem Navigationsmenü der Webseite ausgeblendet, sobald sich ein Frontend-Benutzer angemeldet hat.

TAB-INDEX: Standardmäßig springen Sie mit der Tabulator-Taste von oben nach unten durch das Navigationsmenü. Sie können jedoch eine individuelle Reihenfolge festlegen, indem Sie jeder Seite eine Zahl zwischen 1 und 32767 zuweisen. Der Tabulator folgt dann aufsteigend Ihrer Sortierung.

TASTATURKÜRZEL: Ein Tastaturkürzel (*Access Key*) ist ein einzelnes Zeichen, das mit einer Seite verknüpft wird. Besucher Ihrer Webseite können dann über die Tastatur navigieren. Dieses Feature wird vor allem für barrierefreie Webseiten gefordert.

VERÖFFENTLICHT: Solange Sie eine Seite nicht veröffentlichen, existiert sie quasi nicht im Frontend und kann auch nicht von Ihren Besuchern aufgerufen werden.

ANZEIGEN AB: Zusätzlich zur manuellen Veröffentlichung bietet TYPOlight auch die Möglichkeit, Seiten automatisch zu einem bestimmten Datum zu aktivieren. Auf diese Weise können Sie z.B. ein zeitlich begrenztes Angebot bewerben.

ANZEIGEN BIS: Hier können Sie eine Seite zu einem bestimmten Datum deaktivieren.

## 4.4.2 Externe Weiterleitung

Dieser Seitentyp leitet Besucher automatisch zu einer externen Seite weiter. Eine externe URL ist eine Seite, die unter einer anderen als der Domain läuft, unter der Sie das TYPOlight-Backend aufrufen.

WEITERLEITUNGSTYP: Hier können Sie angeben, ob es sich um eine temporäre (HTTP 302) oder eine permanente (HTTP 301) Weiterleitung handelt. Der Weiterleitungstyp spielt vor allem bei der Suchmaschinenoptimierung eine Rolle.

LINK-ADRESSE: Hier können Sie die externe URL eingeben. Für die Weiterleitung zu einer anderen Internetseite müssen Sie das Protokoll `http://` verwenden, für die Verlinkung einer E-Mail-Adresse das Protokoll `mailto:`.

IN NEUEM FENSTER ÖFFNEN: Hier können Sie festlegen, ob die externe URL in einem neuen Browserfenster geöffnet werden soll.

## 4.4.3 Interne Weiterleitung

Dieser Seitentyp leitet nicht zu einer externen URL weiter, sondern zu einer anderen Seite aus der Seitenstruktur, die unter derselben Domain erreichbar ist.

WEITERLEITUNGSTYP: Hier können Sie angeben, ob es sich um eine temporäre (HTTP 302) oder eine permanente (HTTP 301) Weiterleitung handelt. Der Weiterleitungstyp spielt vor allem bei der Suchmaschinenoptimierung eine Rolle.

WEITERLEITUNGSSEITE: Hier können Sie die Zielseite festlegen.

### 4.4.4 Startpunkt einer Webseite

TYPOlight unterstützt mehrere Webseiten innerhalb der Seitenstruktur. Diese Webseiten können sich z.B. durch verschiedene Sprachen unterscheiden oder auch völlig unabhängig voneinander unter verschiedenen Domains laufen (Multidomain-Betrieb). Seiten vom Typ *Startpunkt einer Webseite* dienen dazu, diese Webseiten in der Seitenstruktur abzugrenzen, damit z.B. das Navigationsmodul im Frontend weiß, welche Unterseiten zu welcher Webseite gehören.

E-MAIL-ADRESSE DES WEBSEITEN-ADMINISTRATORS: Hier können Sie die in den *Backend-Einstellungen* festgelegte E-Mail-Adresse des Systemadministrators überschreiben. An diese Adresse werden z.B. Benachrichtigungen über gesperrte Konten oder neu registrierte Benutzer geschickt. Wenn Sie mehrere Webseiten innerhalb der Seitenstruktur betreiben, kann es sinnvoll sein, für jede Webseite einen eigenen Administrator festzulegen, der dann nur die Meldungen seiner Webseite erhält.

DATUMSFORMAT: Hier können Sie das in den *Backend-Einstellungen* festgelegte Datumsformat überschreiben. Im Gegensatz zum Backend, das nur numerische Formate unterstützt, können Sie im Frontend auch Textformate verwenden.

ZEITFORMAT: Hier können Sie das in den *Backend-Einstellungen* festgelegte Zeitformat überschreiben. Textformate werden unterstützt.

DATUMS- UND ZEITFORMAT: Hier können Sie das in den *Backend-Einstellungen* festgelegte Datums- und Zeitformat überschreiben. Textformate werden unterstützt.

SPRACHEN-FALLBACK: TYPOlight wählt grundsätzlich einen Startpunkt in der Sprache, die ein Besucher in seinem Internetbrowser voreingestellt hat. Gibt es z.B. nur einen deutschen Startpunkt, bekäme ein englischer Besucher die Fehlermeldung »No pages found«, da ja in seiner Sprache keine Webseite existiert. Um eine bestimmte Sprache als Hauptsprache festzulegen, die immer angezeigt wird, wenn kein passender Startpunkt ermittelt werden kann, gibt es die Option SPRACHEN-FALLBACK.

**Achten Sie darauf, immer einen Startpunkt als Sprachen-Fallback zu definieren, da Ihre Webseite sonst nur von deutschen Besuchern gesehen werden kann! Bedenken Sie auch, dass die Robots der Suchmaschinen, die Ihre Webseite indizieren, höchstwahrscheinlich englisch sprechen und ohne Sprachen-Fallback ebenfalls ausgeschlossen werden. Ihre Seiten würden dann trotz sorgfältiger Optimierung niemals bei Google auftauchen.**

DOMAINNAME: Wenn Sie möchten, dass eine Webseite (genauer gesagt, die Seiten unterhalb einer solchen Seite in der Seitenstruktur) unter einer bestimmten Domain wie z.B. domain.de erreichbar ist, können Sie diese Domain hier eingeben. Ruft ein Besucher dann domain.de in seinem Internetbrowser auf, wird er automatisch zu dem entsprechenden Startpunkt einer Webseite weitergeleitet.

Sprache: Hier können Sie festlegen, für welche Sprachen der Startpunkt gültig sein soll. Sprachen werden über ihr primäres Subtag[6] nach ISO 639-1 erfasst, also z.B. de für Deutsch oder en für Englisch.

Eine XML-Sitemap erstellen: TYPOlight erstellt bei Bedarf automatisch eine XML-Sitemap aus der Seitenstruktur der Webseite, die Google lesen und auswerten kann. Um die Sitemap bei Google anzumelden, benötigen Sie einen Google-Account[7].

Dateiname: Geben Sie hier den Namen der Sitemap-Datei ohne Dateiendung .xml ein. Die Dateiendung wird von TYPOlight beim Speichern automatisch ergänzt.

## 4.4.5 Fehlerseiten

Fehlerseiten werden automatisch aufgerufen, wenn eine reguläre Seite nicht vorhanden ist oder ein Benutzer nicht genug Rechte besitzt, um auf eine Seite zuzugreifen. In TYPOlight gibt es zwei Arten von Fehlerseiten:

» Fehler 403: Der Zugriff auf eine Seite wurde verweigert.

» Fehler 404: Die angeforderte Seite wurde nicht gefunden.

Zu einer anderen Seite weiterleiten: Anstatt einen Hinweis auf der Fehlerseite auszugeben, können Sie Ihre Besucher auch auf eine andere Seite weiterleiten. Kommt ein nicht angemeldeter Besucher z.B. beim Versuch, eine geschützte Seite aufzurufen, auf die Fehler 403-Seite, könnten Sie ihn direkt zur Login-Seite umleiten.

Weiterleitungstyp: Hier können Sie angeben, ob es sich um eine temporäre (HTTP 302) oder eine permanente (HTTP 301) Weiterleitung handelt. Der Weiterleitungstyp spielt vor allem bei der Suchmaschinenoptimierung eine Rolle.

Weiterleitungsseite: Hier können Sie die Zielseite festlegen.

---

6    http://www.sub.uni-goettingen.de/ssgfi/projekt/doku/sprachcode.html
7    https://www.google.com/webmasters/tools/docs/de/about.html

# 5. Die Artikel-verwaltung

Während es im vorherigen Kapitel darum ging, Ihre Webseite zu strukturieren und zu formatieren, beschäftigt sich dieses Kapitel mit dem Anlegen von Inhalten innerhalb dieser Strukturen. TYPOlight kennt verschiedene Inhaltstypen wie z.B. einen Text, ein Bild oder eine Tabelle und stellt für jeden Typ ein sogenanntes Inhaltselement bereit. Die einzelnen Inhaltselemente werden in Artikeln gruppiert.

## 5.1 Artikel

Die Artikelverwaltung ist ein eigenes Modul in TYPOlight, das Sie in der Navigation ganz oben in der Gruppe INHALTE finden. Jeder Artikel ist einer bestimmten Seite und Spalte (Layoutbereich) zugeordnet (Abbildung 5.1). Im Gegensatz zu vielen anderen CMS ist das Einbinden von Artikeln in TYPOlight nicht auf die Hauptspalte beschränkt, so dass Sie Ihre Webseite flexibel gestalten können.

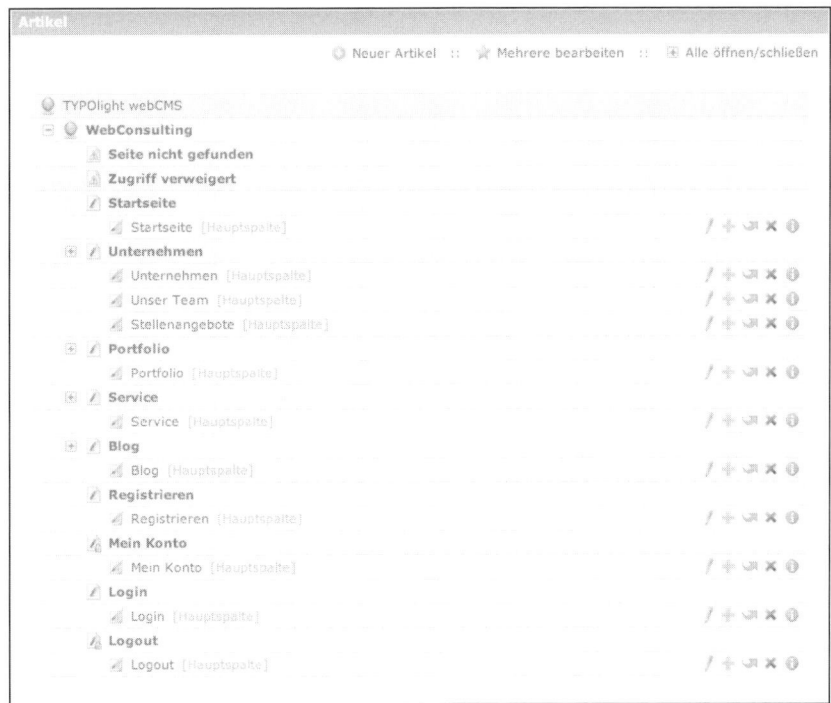

Abbildung 5.1: **Die Artikelverwaltung**

Jede Seite kann beliebig viele Artikel enthalten, die innerhalb ihrer Spalte untereinander in der von Ihnen festgelegten Reihenfolge dargestellt werden. TYPOlight erkennt selbstständig, ob jeweils der ganze Artikel oder nur der Teasertext, gefolgt von einem *Weiterlesen*-Link, angezeigt werden soll. Auf der Unterseite *Unternehmen* können Sie dieses Feature in Aktion sehen (Abbildung 5.2).

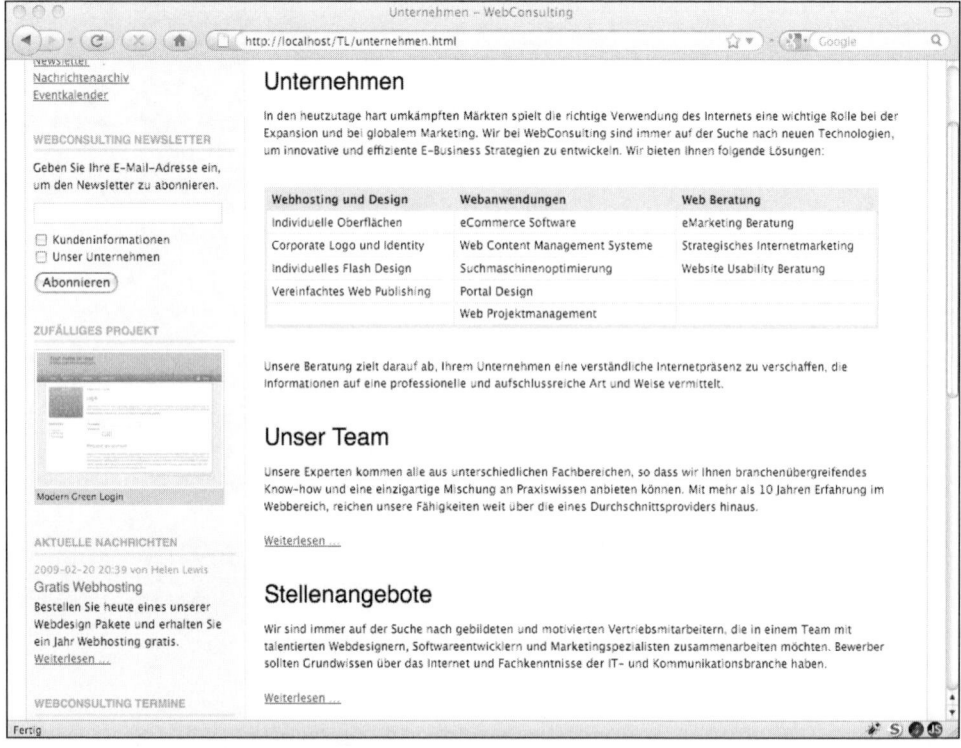

Abbildung 5.2: **Mehrere Artikel mit Teasertext**

Öffnen Sie das Artikelmodul im Backend und wählen Sie den Artikel *Unser Team* aus. Klicken Sie auf das Bearbeiten-Symbol des Elternelements und sehen Sie sich an, welche Einstellungen Sie für Artikel vornehmen können (Abbildung 5.3).

Titel: Der Artikeltitel wird als Überschrift über dem Teasertext angezeigt.

Artikelalias: Der Alias eines Artikels hat dieselbe Funktion wie auch der Alias einer Seite (siehe Abschnitt 4.4, *Seiten verwalten*) und dient dazu, einen bestimmten Artikel ohne seine numerische ID aufrufen zu können.

Autor: Wählen Sie hier den Verfasser des Artikels aus.

Anzeigen in: Hier weisen Sie den Artikel einer Spalte (Layoutbereich) zu.

Suchbegriffe: Die Suchbegriffe eines Artikels erscheinen automatisch in den Meta-Tags (Keywords) der Seite, mit der der Artikel verknüpft ist. Auf diese Weise wird sichergestellt, dass die Keywords einer Seite mit dem Inhalt übereinstimmen.

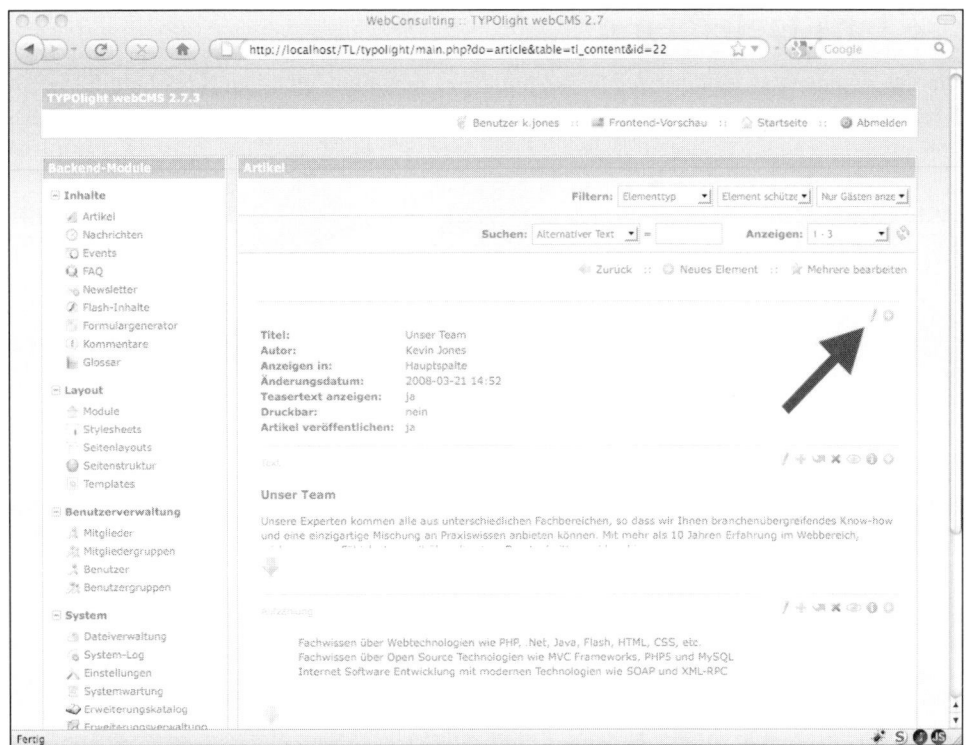

Abbildung 5.3: **Den Artikelheader bearbeiten**

Teasertext anzeigen: Ist diese Option ausgewählt, zeigt TYPOlight automatisch den Teasertext des Artikels an, sobald mehr als ein Artikel vorhanden ist.

Teasertext: Ein Teasertext ist eine kurze Zusammenfassung eines Artikels, die anstatt des eigentlichen Artikels in einer Übersicht angezeigt werden kann. Die Eingabe des Teasertextes erfolgt über den Rich Text Editor.

Druckbar: Artikel können auf Wunsch als PDF exportiert werden. Ist diese Option ausgewählt, erscheint oberhalb des Artikels ein Link *Artikel als PDF drucken*.

CSS-Id/Klasse: Hier können Sie dem Artikel eine CSS-Id und -Klasse zuweisen.

Abstand davor und dahinter: Hier können Sie den oberen und unteren Abstand des Artikels in Pixeln definieren.

Veröffentlicht: Solange Sie einen Artikel nicht veröffentlichen, existiert er quasi nicht im Frontend und kann auch nicht von Ihren Besuchern aufgerufen werden.

Anzeigen ab: Zusätzlich zur manuellen Veröffentlichung bietet TYPOlight auch die Möglichkeit, Artikel automatisch zu einem bestimmten Datum zu aktivieren. Auf diese Weise können Sie z.B. ein zeitlich begrenztes Angebot bewerben.

Anzeigen bis: Hier lässt sich der Artikel zu einem bestimmten Datum deaktivieren.

# 5.2 Inhaltselemente

Um das Anlegen von Inhalten möglichst intuitiv zu gestalten, gibt es in TYPOlight für jeden Inhaltstyp ein Inhaltselement, das genau auf dessen Anforderungen abgestimmt ist. Sie können unbegrenzt viele Inhaltselemente pro Artikel anlegen und den Zugriff auf einzelne Elemente bei Bedarf einschränken (Abbildung 5.4).

Abbildung 5.4: **Den Zugriff auf ein Inhaltselement einschränken**

ELEMENT SCHÜTZEN: Das Inhaltselement ist standardmäßig unsichtbar und wird eingeblendet, sobald sich ein Benutzer im Frontend angemeldet hat.

ERLAUBTE MITGLIEDERGRUPPEN: Hier legen Sie fest, welche Benutzergruppen Zugriff auf das Inhaltselement haben.

NUR GÄSTEN ANZEIGEN: Das Inhaltselement ist standardmäßig sichtbar und wird ausgeblendet, sobald sich ein Benutzer im Frontend angemeldet hat.

## 5.2.1 Überschrift

Das Inhaltselement *Überschrift* fügt dem Artikel eine Überschrift hinzu. Überschriften werden mit den HTML-Tags `<h1>` bis `<h6>` umgesetzt, wobei die Hauptüberschrift das Tag `<h1>` erhält und die untergeordneten Überschriften die Abstufungen `<h2>` bis `<h6>`. Nutzen Sie diese Gewichtungen dazu, Ihre Artikel semantisch zu strukturieren.

Überschriften verwenden die CSS-Klasse `ce_headline`.

*Die meisten Inhaltselemente unterstützen die direkte Eingabe einer Überschrift, so dass Sie das Element* Überschrift *nicht jedes Mal separat verwenden müssen.*

## 5.2.2 Text

Das Inhaltselement *Text* fügt dem Artikel einen formatierten Text hinzu. Die Eingabe erfolgt über einen sogenannten Rich Text Editor, der es Ihnen ähnlich wie in einem Textverarbeitungsprogramm erlaubt, bestimmte Formatierungen auf Knopfdruck zu setzen. TYPOlight verwendet *TinyMCE*[1], einen Open Source Rich Text Editor der schwedischen Firma Moxiecode[2], der sich sehr detailliert an die Erfordernisse der Barrierefreiheit anpassen lässt (Abbildung 5.5).

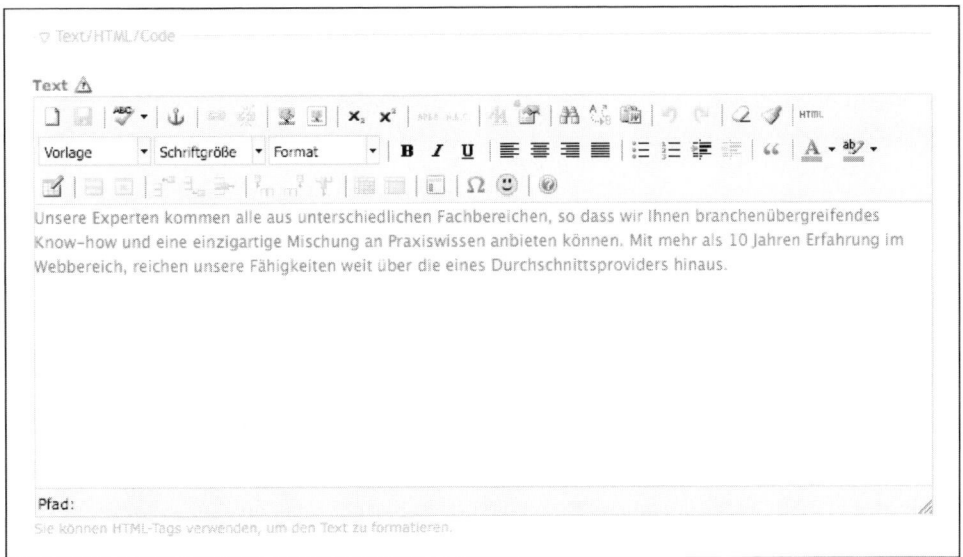

Abbildung 5.5: **Der Rich Text Editor TinyMCE**

Sie können dem Textelement ein Bild hinzufügen, das dann von Ihrem Text umflossen wird. Folgende Optionen stehen Ihnen zur Verfügung (Abbildung 5.6).

QUELLDATEI: Hier wählen Sie das einzufügende Bild aus. Wenn Sie das Bild noch nicht auf den Server übertragen haben, können Sie mit einem Klick auf das kleine Icon neben der Feldüberschrift den Dateimanager in einem Popup-Fenster aufrufen und den Upload nachholen, ohne die Eingabemaske zu verlassen.

ALTERNATIVER TEXT: Eine barrierefreie Webseite sollte für jedes Objekt eine kurze Beschreibung enthalten, die angezeigt wird, wenn das Objekt selbst nicht dargestellt werden kann. Alternative Texte werden außerdem von Suchmaschinen ausgewertet und sind daher ein wichtiges Instrument der Onpage-Optimierung.

---

1  http://tinymce.moxiecode.com
2  http://www.moxiecode.com

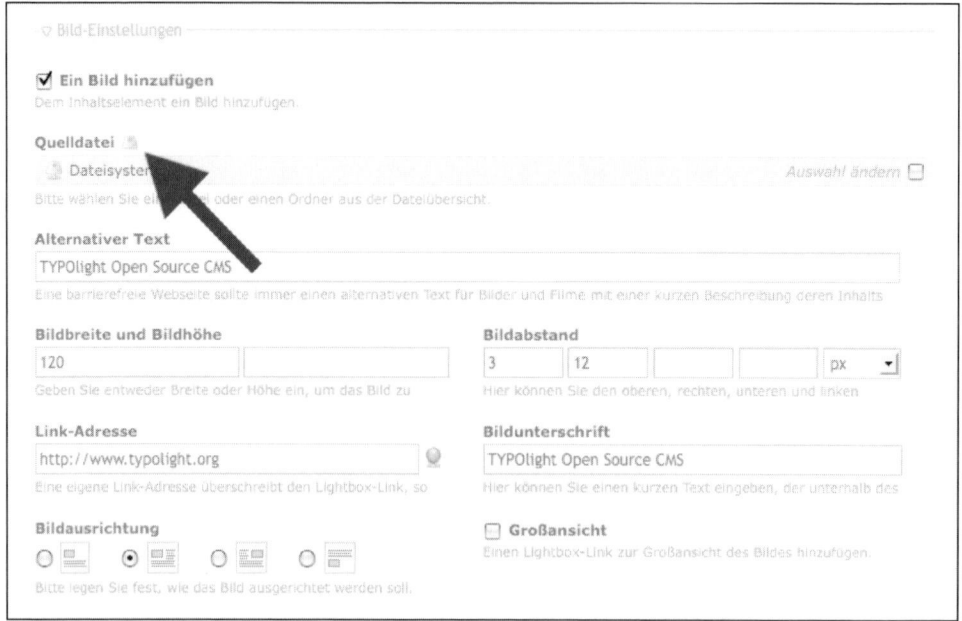

Abbildung 5.6: **Einem Text ein Bild hinzufügen**

Bildbreite und Bildhöhe: TYPOlight verkleinert Bilder automatisch auf das von Ihnen vorgegebene Format. Wenn Sie nur die Breite oder nur die Höhe vorgeben, wird das Bild im Verhältnis auf den gewünschten Wert verkleinert. Geben Sie hingegen beide Parameter vor, wird das Bild ungeachtet des originalen Seitenverhältnisses zugeschnitten (Teile des Bilds können verloren gehen).

Bildabstand: Hier legen Sie den Abstand des Bilds zum Text fest. Die Reihenfolge der Eingabefelder lautet im Uhrzeigersinn »oben, rechts, unten, links«.

Link-Adresse: Bei einem Klick auf ein verlinktes Bild werden Sie direkt zu der angegebenen Zielseite weitergeleitet. Beachten Sie, dass für ein verlinktes Bild keine Lightbox-Großansicht mehr möglich ist.

Bildunterschrift: Hier können Sie eine Bildunterschrift eingeben.

Bildausrichtung: Ein Bild kann entweder ober- bzw. unterhalb des Textes (Bild wird nicht vom Text umflossen) oder links bzw. rechts des Textes (Bild wird vom Text umflossen) ausgerichtet werden.

Grossansicht: Ist diese Option gewählt, wird das Bild beim Anklicken in seiner Originalgröße geöffnet. Diese Option steht bei verlinkten Bildern nicht zur Verfügung.

Textelemente verwenden die CSS-Klasse `ce_text`.

## 5.2.3 HTML

Das Inhaltselement *HTML* fügt dem Artikel beliebigen HTML-Code hinzu. Beachten Sie, dass nicht alle HTML-Tags standardmäßig erlaubt sind. Die Liste der erlaubten Tags finden Sie in den *Backend-Einstellungen*.

HTML-Elemente verwenden die CSS-Klasse `ce_html`.

## 5.2.4 Aufzählung

Das Inhaltselement *Aufzählung* fügt dem Artikel eine nicht verschachtelte Liste hinzu. Sie können zwischen einer numerierten (`<ol>`) und einer unnumerierten (`<ul>`) Aufzählung wählen. Beim Anlegen und Bearbeiten der Listenpunkte unterstützt Sie ein JavaScript-Assistent (Abbildung 5.7).

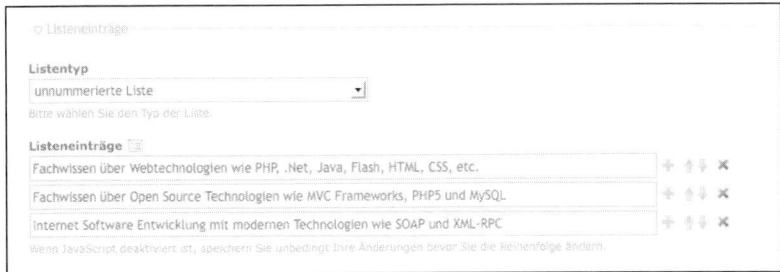

Abbildung 5.7: **JavaScript-Assistent für Auflistungen**

Mit einem Klick auf das Icon neben der Feldbezeichnung LISTENEINTRÄGE öffnen Sie den CSV-Import-Wizard, mit dem Sie Listendaten aus einer CSV-Datei importieren können (Abbildung 5.8). Die CSV-Datei müssen Sie vorher in das Upload-Verzeichnis Ihrer TYPOlight-Installation übertragen haben.

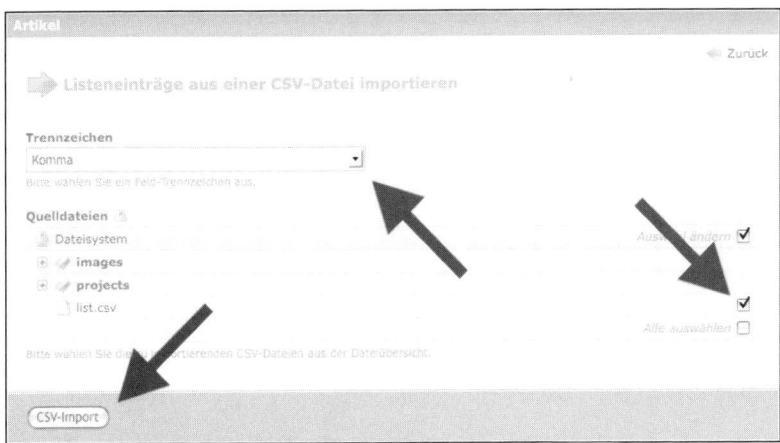

Abbildung 5.8: **Listendaten aus einer CSV-Datei importieren**

Aufzählungen verwenden die CSS-Klasse `ce_list`.

## 5.2.5  Tabelle

Das Inhaltselement *Tabelle* fügt dem Artikel eine Tabelle hinzu. Beim Anlegen der Reihen und Spalten unterstützt Sie ein JavaScript-Assistent. Mit den Navigationsicons können Sie einzelne Zeilen bzw. Spalten bearbeiten (Abbildung 5.9).

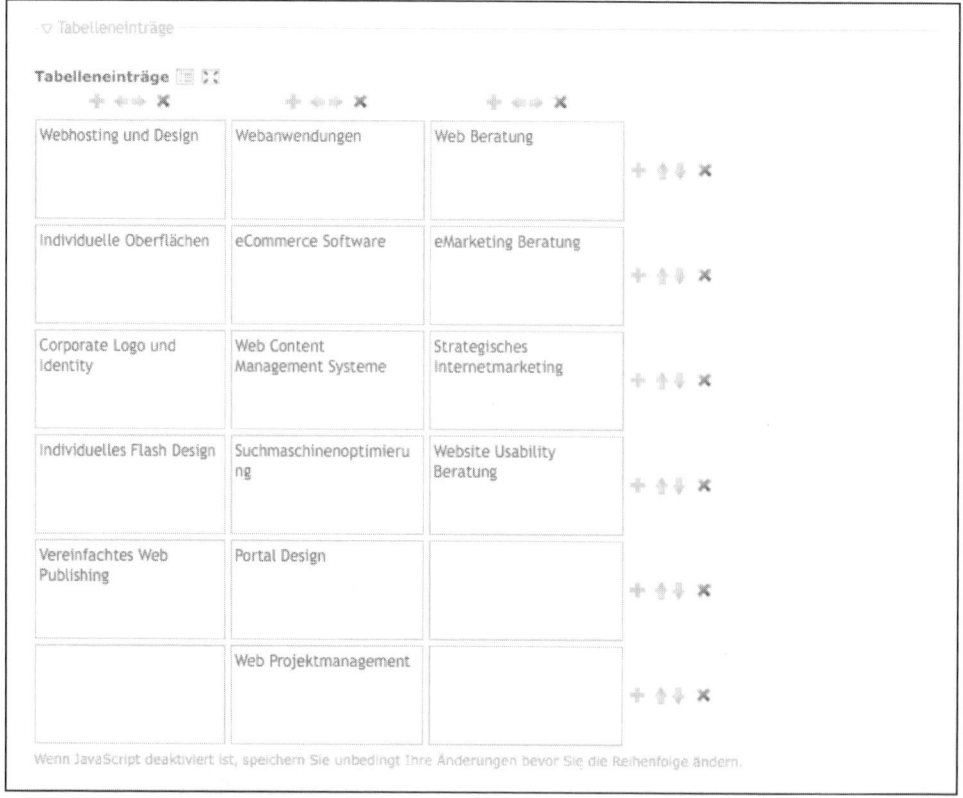

Abbildung 5.9: **JavaScript-Assistent für Tabellen**

ZUSAMMENFASSUNG: Eine barrierefreie Webseite sollte für jede Tabelle eine kurze Zusammenfassung des Inhalts enthalten.

KOPFZEILE HINZUFÜGEN: Wenn Sie diese Option auswählen, wird die erste Reihe der Tabelle als Kopfzeile (<thead>) formatiert.

FUSSZEILE HINZUFÜGEN: Wenn Sie diese Option auswählen, wird die letzte Reihe der Tabelle als Fußzeile (<tfoot>) formatiert.

SORTIERBARE TABELLE: Ermöglicht das Sortieren der Tabelle nach einer bestimmten Spalte. Die Sortierung im Frontend erfolgt per JavaScript.

SORTIERINDEX: Die Nummer der Spalte, nach der standardmäßig sortiert werden soll (beginnend bei 0 für die erste Spalte)

SORTIERREIHENFOLGE: Reihenfolge der Standardsortierung (auf- oder absteigend)

Mit einem Klick auf das Icon neben der Feldbezeichnung TABELLENEINTRÄGE öffnen Sie den CSV-Import-Wizard, mit dem Sie Tabellendaten aus einer CSV-Datei importieren können (Abbildung 5.10). Die CSV-Datei müssen Sie vorher in das Upload-Verzeichnis Ihrer TYPO-light-Installation übertragen haben.

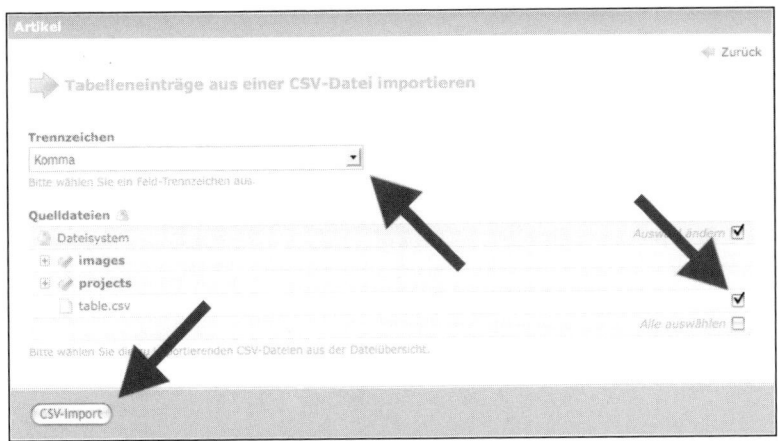

Abbildung 5.10: **Tabellendaten aus einer CSV-Datei importieren**

Tabellen verwenden die CSS-Klasse ce_table.

## 5.2.6 Akkordeon

Der Akkordeon-Effekt ist Teil des MooTools[3] JavaScript-Frameworks und beispielsweise auf der Startseite der *WebConsulting*-Beispielseite zu sehen (Abbildung 5.11).

BETRIEBSART: Innerhalb eines Akkordeonelements können nahezu beliebige Inhalte dargestellt werden. Standardmäßig (Option *Einzelnes Element*) funktioniert das Akkordeonelement wie das Textelement und kann formatierten Text mit einem optionalen Bild enthalten. Es besteht aber auch die Möglichkeit, andere Inhaltselemente durch ein öffnendes und ein schließendes Akkordeonelement zu umschließen und sie so in das Akkordeon zu integrieren. Zu diesem Zweck gibt es die Optionen *Umschlag Anfang* und *Umschlag Ende*.

BEREICHSÜBERSCHRIFT: Jedes Akkordeonelement hat eine immer sichtbare Überschrift, über die es ausgewählt werden kann. HTML-Eingaben sind erlaubt.

CSS-FORMAT: Falls Sie die Überschrift mittels CSS formatieren möchten, können Sie hier eine Formatdefinition erfassen.

---

3   http://mootools.net

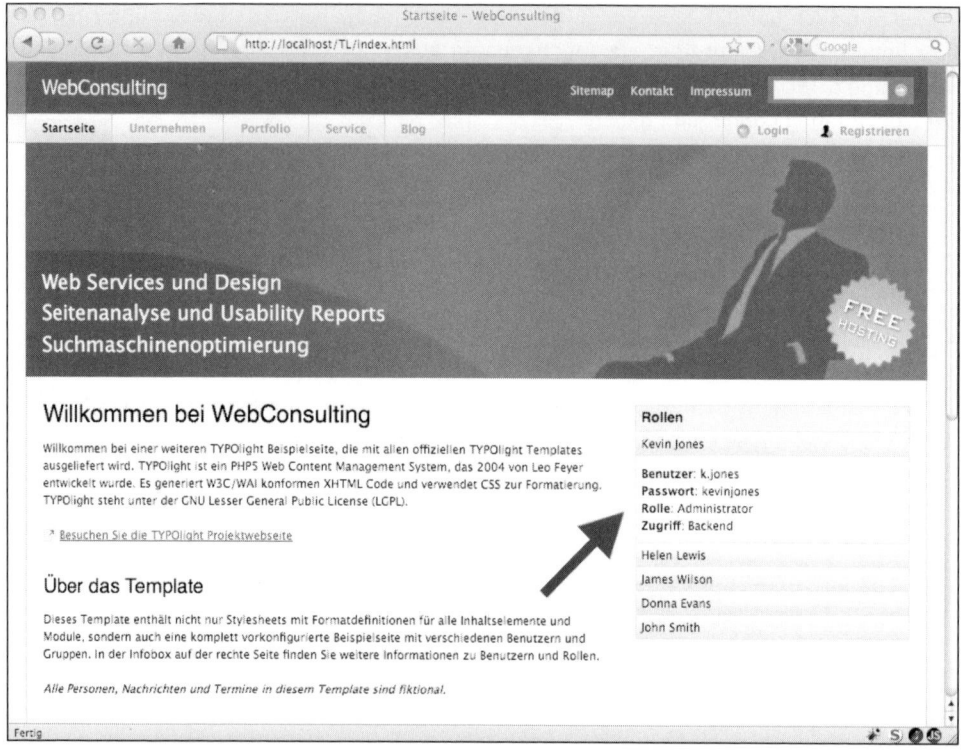

Abbildung 5.11: **Das Inhaltselement Akkordeon im Frontend**

KLASSENNAMEN: Um mehr als ein Akkordeon pro Seite zu betreiben, müssen Sie deren Klassennamen ändern. Standardmäßig werden die Klassen `toggler` für die Akkordeonüberschrift und `accordion` für den eigentlichen Inhalt des Akkordeonelements verwendet. Wenn Sie diese Klassennamen ändern, müssen Sie auch das initialisierende *mootools*-JavaScript entsprechend anpassen.

TEXT: Hier können Sie den Text des Akkordeons eingeben. Die Eingabe erfolgt wie beim Textelement über den Rich Text Editor.

EIN BILD HINZUFÜGEN: Hier können Sie dem Element ein Bild hinzufügen.

Akkordeonelemente verwenden die CSS-Klasse `ce_accordion`.

## 5.2.7 Code

Das Inhaltselement *Code* fügt dem Artikel Programmcode hinzu. Der eingegebene Code wird allerdings nicht ausgeführt, sondern je nach Programmiersprache formatiert und im Frontend dargestellt. Das Inhaltselement ist ausschließlich dafür gedacht, Codebeispiele auf Ihrer Webseite zu veröffentlichen (Abbildung 5.12).

```
01.  <?php
02.
03.  class HelloWorld
04.  {
05.      pulic function __construct()
06.      {
07.          echo "Hello world";
08.      }
09.  }
10.
11.  $h = new HelloWorld();
12.
13.  ?>
```

Abbildung 5.12: **Syntaxhervorhebung mit dem SyntaxHighlighter**

SYNTAXHERVORHEBUNG: Damit der Programmcode leichter von menschlichen Augen erfasst werden kann, bietet TYPOlight eine Syntaxhervorhebung an. Das dafür verwendete Plugin heißt *SyntaxHighlighter*[4] und wurde von Alex Gorbatchev entwickelt.

KONFIGURATION: Hier können Sie die Konfiguration[5] des Plugins anpassen.

CODE: Geben Sie hier den Programmcode ein.

Codeelemente verwenden die CSS-Klasse ce_code.

## 5.2.8 Hyperlink

Das Inhaltselement *Hyperlink* fügt dem Artikel einen Link auf eine externe Webseite oder eine E-Mail-Adresse hinzu (Abbildung 5.13). Sie können Hyperlinks natürlich auch über den Rich Text Editor im Textelement eingeben.

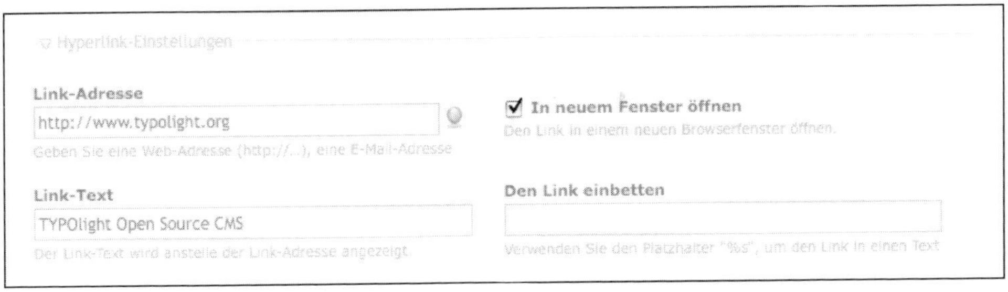

Abbildung 5.13: **Einen Hyperlink anlegen**

LINK-ADRESSE: Geben Sie die Link-Adresse inklusive Netzwerkprotokoll ein. Für Webseiten lautet das Netzwerkprotokoll normalerweise http:// oder https:// und für E-Mail-Adressen mailto:. TYPOlight verschlüsselt E-Mail-Adressen automatisch, so dass sie nicht von Spambots ausgelesen werden können.

NEUES BROWSERFENSTER: Öffnet den Link in einem neuen Browserfenster.

---

4    http://alexgorbatchev.com/wiki/SyntaxHighlighter
5    http://alexgorbatchev.com/wiki/SyntaxHighlighter:Configuration

LINK-TEXT: Der Link-Text wird anstelle der Link-Adresse angezeigt.

DEN LINK EINBETTEN: Um nur bestimmte Wörter eines Satzes in einen Hyperlink zu verwandeln, können Sie den Link in den Satz einbetten. Lautet der Titel des Links beispielsweise *Firmenseite*, können Sie ihn in den Satz *Besuchen Sie unsere %s!* einbetten. Der Platzhalter %s wird bei der Ausgabe durch den Link ersetzt, so dass im Frontend schließlich der Satz *Besuchen Sie unsere Firmenseite!* steht.

Wenn Sie die Option EINEN BILDLINK ERSTELLEN auswählen, können Sie statt eines Textlinks einen Bildlink erstellen (Abbildung 5.14). Alternativ dazu können Sie auch ein Bildelement erstellen und mit einem Link versehen.

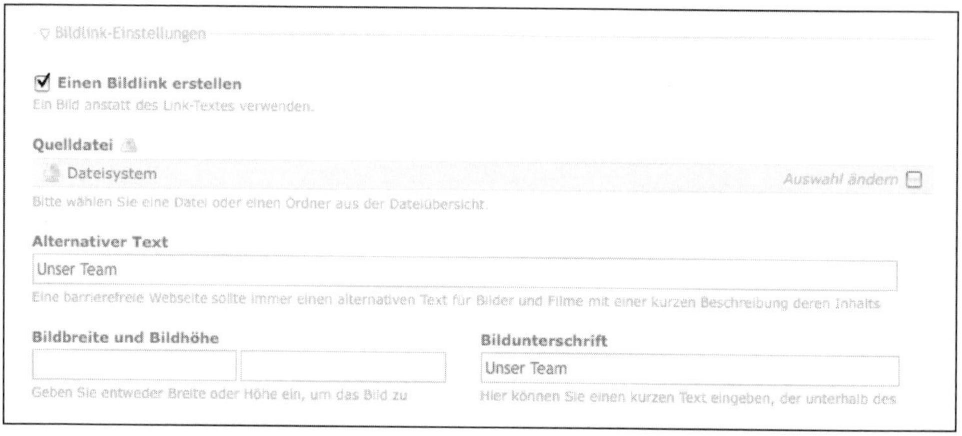

Abbildung 5.14: **Einen Bildlink erstellen**

QUELLDATEI: Geben Sie hier das zu verwendende Bild an.

ALTERNATIVER TEXT: Eine barrierefreie Webseite sollte für jedes Objekt eine kurze Beschreibung enthalten, die angezeigt wird, wenn das Objekt selbst nicht dargestellt werden kann. Alternative Texte werden außerdem von Suchmaschinen ausgewertet und sind daher ein wichtiges Instrument der Onpage-Optimierung.

BILDBREITE UND BILDHÖHE: TYPOlight verkleinert Bilder automatisch auf das von Ihnen vorgegebene Format. Wenn Sie nur die Breite oder nur die Höhe vorgeben, wird das Bild im Verhältnis auf den gewünschten Wert verkleinert. Geben Sie hingegen beide Parameter vor, wird das Bild ungeachtet des originalen Seitenverhältnisses zugeschnitten (Teile des Bilds können verloren gehen).

BILDUNTERSCHRIFT: Hier können Sie eine Bildunterschrift eingeben.

Hyperlink-Elemente verwenden die CSS-Klassen `ce_hyperlink` (umschließendes Element) sowie `hyperlink_txt` (Textlinks) und `hyperlink_img` (Bildlinks).

## 5.2.9  Top-Link

Das Inhaltselement *Top-Link* fügt dem Artikel einen Link hinzu, mit dem Sie an den Anfang der Seite springen können.

LINK-TEXT: Hier können Sie eine Bezeichnung für den Link eingeben. Wenn Sie das Feld leer lassen, wird der Standardtitel *Nach oben* verwendet.

Top-Link-Elemente verwenden die CSS-Klasse `ce_toplink`.

## 5.2.10  Bild

Das Inhaltselement *Bild* fügt dem Artikel ein Bild hinzu (Abbildung 5.15). Ein Bild kann eine Großansicht haben oder auf eine bestimmte URL verweisen (Bildlink).

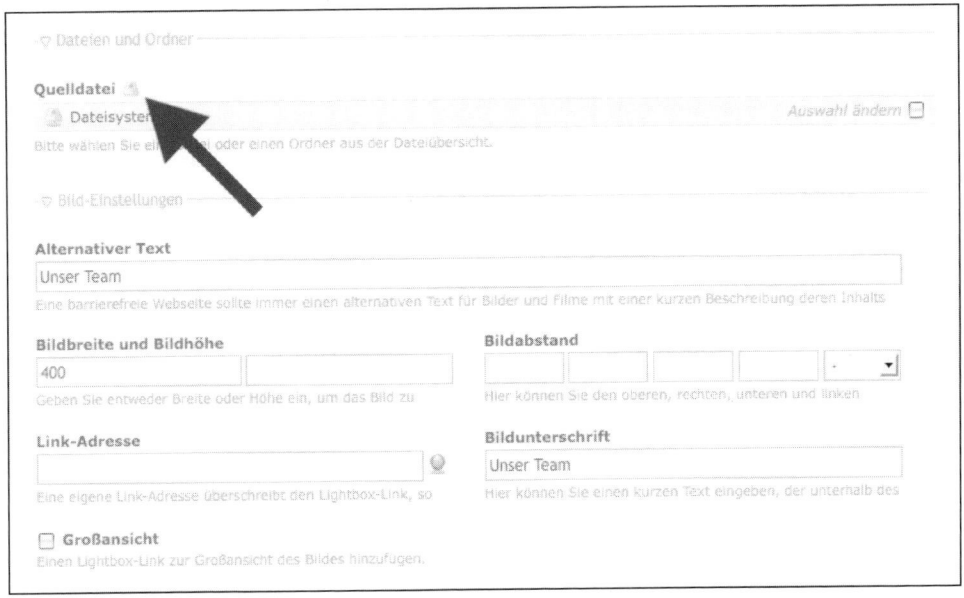

Abbildung 5.15: **Ein Bildelement anlegen**

QUELLDATEI: Hier wählen Sie das einzufügende Bild aus. Wenn Sie das Bild noch nicht auf den Server übertragen haben, können Sie mit einem Klick auf das kleine Icon neben der Feldüberschrift den Dateimanager in einem Popup-Fenster aufrufen und den Upload nachholen, ohne die Eingabemaske zu verlassen.

ALTERNATIVER TEXT: Eine barrierefreie Webseite sollte für jedes Objekt eine kurze Beschreibung enthalten, die angezeigt wird, wenn das Objekt selbst nicht dargestellt werden kann. Alternative Texte werden außerdem von Suchmaschinen ausgewertet und sind daher ein wichtiges Instrument der Onpage-Optimierung.

BILDBREITE UND BILDHÖHE: TYPOlight verkleinert Bilder automatisch auf das von Ihnen vorge-gebene Format. Wenn Sie nur die Breite oder nur die Höhe vorgeben, wird das Bild im Verhältnis auf den gewünschten Wert verkleinert. Geben Sie hingegen beide Parameter vor, wird das Bild ungeachtet des originalen Seitenverhältnisses zugeschnitten (Teile des Bilds können verloren gehen).

BILDABSTAND: Hier können Sie den Abstand des Bilds zum Text festlegen. Die Reihenfolge der Felder lautet im Uhrzeigersinn »oben, rechts, unten, links«.

LINK-ADRESSE: Bei einem Klick auf ein verlinktes Bild werden Sie direkt zu der angegebenen Zielseite weitergeleitet. Beachten Sie, dass für ein verlinktes Bild keine Lightbox-Groß-ansicht mehr möglich ist.

BILDUNTERSCHRIFT: Hier können Sie eine Bildunterschrift eingeben.

GROSSANSICHT: Ist diese Option gewählt, wird das Bild beim Anklicken in seiner Originalgröße geöffnet. Diese Option steht bei verlinkten Bildern nicht zur Verfügung.

Bildelemente verwenden die CSS-Klasse `ce_image`.

## 5.2.11 Bildergalerie

Das Inhaltselement *Bildergalerie* fügt dem Artikel eine Bildergalerie hinzu, also eine Samm-lung mehrerer Vorschaubilder (Thumbnails), die in einer Tabelle aufgelistet und beim An-klicken vergrößert werden (Abbildung 5.16). Bei sehr vielen Bildern kann die Galerie auf mehrere Seiten verteilt werden.

QUELLDATEIEN: Wählen Sie einen oder mehrere Ordner bzw. Dateien, die in der Bildergalerie enthalten sein sollen. Wenn Sie einen Ordner auswählen, übernimmt TYPOlight automa-tisch alle darin enthaltenen Bilder in die Galerie.

BENUTZERVERZEICHNIS VERWENDEN: Wenn diese Option ausgewählt und ein Frontend-Benutzer angemeldet ist, zeigt TYPOlight automatisch die Bilder aus dessen Benutzerverzeichnis an-statt aus dem unter QUELLDATEIEN festgelegten Verzeichnis. Auf diese Weise können Sie mit einem einzigen Inhaltselement jedem Benutzer seine eigene Bildergalerie präsentieren.

BILDBREITE UND BILDHÖHE: TYPOlight verkleinert Bilder automatisch auf das von Ihnen vorge-gebene Format. Wenn Sie nur die Breite oder nur die Höhe vorgeben, wird das Bild im Verhältnis auf den gewünschten Wert verkleinert. Geben Sie hingegen beide Parameter vor, wird das Bild ungeachtet des originalen Seitenverhältnisses zugeschnitten (Teile des Bilds können verloren gehen).

BILDABSTAND: Hier können Sie den Abstand des Bilds zum Text festlegen. Die Reihenfolge der Felder lautet im Uhrzeigersinn »oben, rechts, unten, links«.

VORSCHAUBILDER PRO REIHE: Anzahl der Vorschaubilder pro Reihe

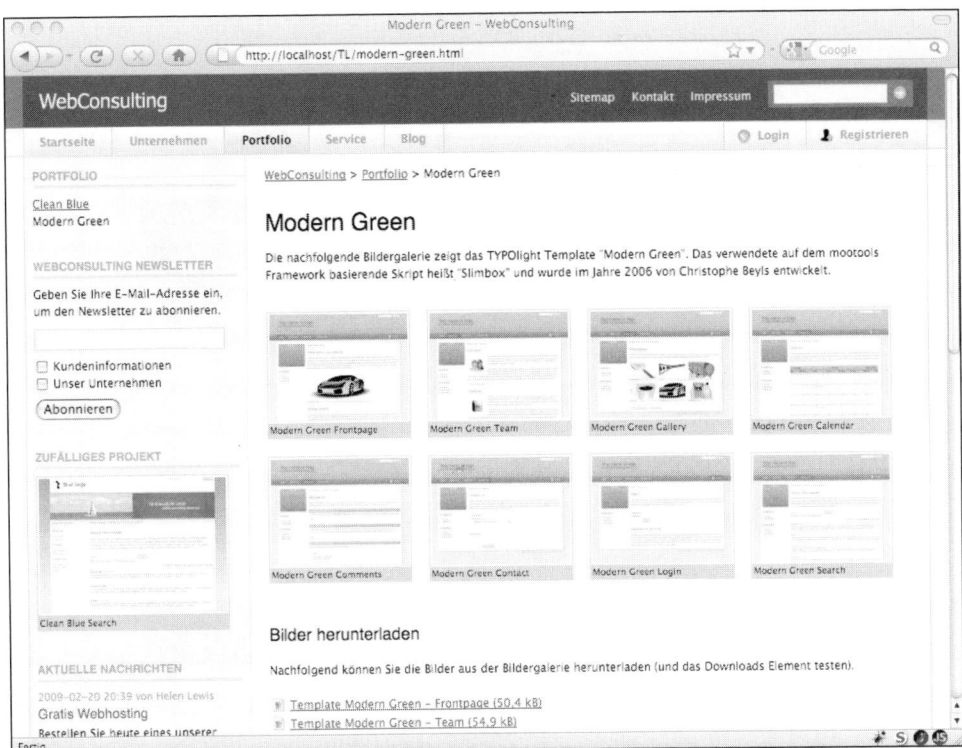

Abbildung 5.16: **Das Inhaltselement Bildergalerie im Frontend**

ELEMENTE PRO SEITE: TYPOlight kann große Bildergalerien automatisch auf mehrere Seiten verteilen, so dass sich die Ladezeit der Galerie verringert. Legen Sie hier fest, wie viele Vorschaubilder maximal pro Seite angezeigt werden sollen.

SORTIEREN NACH: Hier legen Sie die Sortierreihenfolge der Bilder fest. Die Option *Meta-Datei* bietet Ihnen die Möglichkeit, eine individuelle Sortierreihenfolge zu bestimmen. Weitere Informationen dazu finden Sie im Kapitel 6, *Der Dateimanager*.

GROSSANSICHT: Ist diese Option gewählt, wird das Bild beim Anklicken in seiner Originalgröße geöffnet (Standardverhalten von Bildergalerien).

Bildergalerien verwenden die CSS-Klasse ce_gallery.

## 5.2.12 dfGallery

Das Inhaltselement *dfGallery* fügt dem Artikel eine Flash-Bildergalerie namens dfGallery[6] hinzu (Abbildung 5.17). Damit Ihre Besucher diese Bildergalerie ansehen können, benötigen sie den Adobe Flash-Player mindestens in der Version 7 und, um alle Features der dfGallery nutzen zu können, sogar in der Version 9.

---

6   http://www.dezinerfolio.com/dfgallery-2/free-flash-gallery

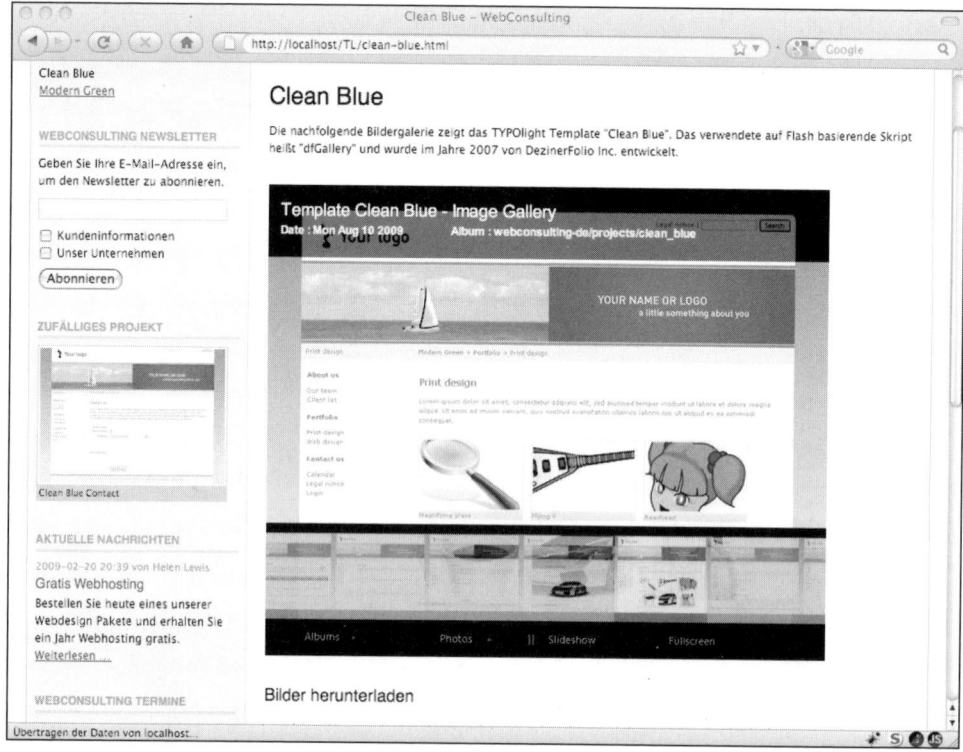

Abbildung 5.17: **Das Inhaltselement dfGallery im Frontend**

QUELLDATEI: Hier können Sie einen Ordner mit Bildern auswählen. Im Gegensatz zur normalen Bildergalerie verarbeitet die dfGallery auch Unterordner und erstellt aus jedem eine separate Galerie.

ALTERNATIVER TEXT: Eine barrierefreie Webseite sollte für jedes Objekt eine kurze Beschreibung enthalten, die angezeigt wird, wenn das Objekt selbst nicht dargestellt werden kann. Alternative Texte werden außerdem von Suchmaschinen ausgewertet und sind daher ein wichtiges Instrument der Onpage-Optimierung.

TITEL: Der Titel wird auf der Übersichtsseite der dfGallery angezeigt.

BREITE UND HÖHE: Geben Sie die Breite und Höhe der Flash-Galerie in Pixeln ein.

DFGALLERY-TEMPLATE: Die dfGallery wird mittels einer PHP-Datei initialisiert, in der Parameter wie das Bilderverzeichnis oder die Bezeichnung der Schaltflächen festgelegt werden. Diese PHP-Datei steht als Template zur Verfügung.

Listing 5.1: **Die Standard-PHP-Vorlage für die dfGallery**

```php
<?php

$dfConfig = array
(
        'global' => array
```

```
        (
                'theme' => 'standard',
                'skin' => 'standard.png'
        ),
        'theme' => array
        (
                'config_theme_music' => '',
                'config_theme_slideshow_pauseAtStart' => true,
                'config_theme_slideshow_interval' => 5,
                'config_theme_use_skin_config' => true
        ),
        'skin' => array
        (
                'config_xml' => ''
        )
);

?>
```

dfGallery-Elemente verwenden die CSS-Klasse `ce_dfGallery`.

## 5.2.13 Download

Das Inhaltselement *Download* fügt dem Artikel einen Downloadlink hinzu (Abbildung 5.18).
Beim Anklicken des Links öffnet sich der »Datei speichern unter«-Dialog und Sie können
die verlinkte Datei auf Ihrem lokalen Rechner speichern.

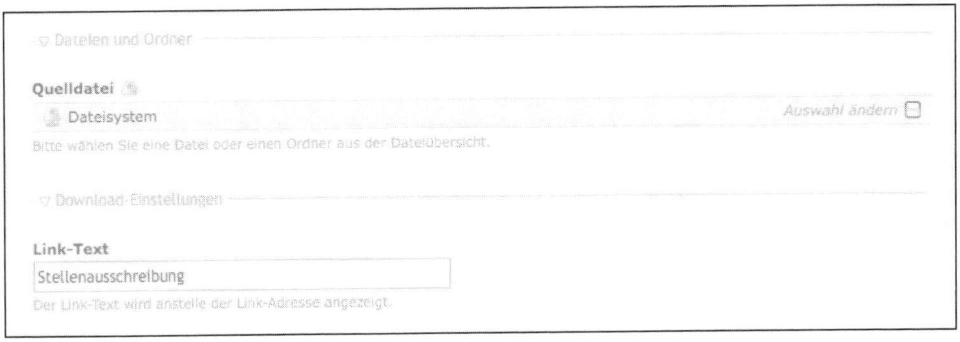

Abbildung 5.18: **Einen Downloadlink anlegen**

Die Besonderheit in TYPOlight ist, dass dieser Downloadlink auch mit geschützten Dateien
funktioniert, auf die Sie nicht direkt über Ihren Browser zugreifen können. Auf diese Weise
können Sie einen geschützten Download-Bereich erstellen. Weitere Informationen dazu erhalten Sie im Kapitel 6, *Der Dateimanager*.

QUELLDATEI: Hier können Sie die Download-Datei auswählen.

LINK-TEXT: Der Link-Text wird anstatt des Dateinamens angezeigt.

*Denken Sie daran, dass nur die Dateitypen heruntergeladen werden können, die Sie in den Backend-Einstellungen unter* Erlaubte Dateiendungen für Downloads *festgelegt haben.*

Download-Elemente verwenden die CSS-Klasse `ce_download`.

## 5.2.14  Downloads

Das Inhaltselement *Downloads* fügt dem Artikel mehrere Downloadlinks hinzu (Abbildung 5.19). Beim Anklicken eines solchen Links öffnet sich der »Datei speichern unter...«-Dialog und Sie können die Datei auf Ihrem lokalen Rechner speichern.

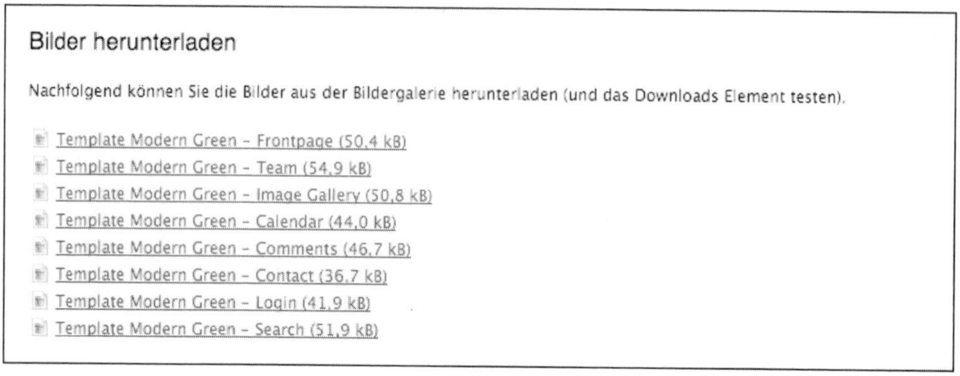

**Bilder herunterladen**

Nachfolgend können Sie die Bilder aus der Bildergalerie herunterladen (und das Downloads Element testen).

- Template Modern Green – Frontpage (50,4 kB)
- Template Modern Green – Team (54,9 kB)
- Template Modern Green – Image Gallery (50,8 kB)
- Template Modern Green – Calendar (44,0 kB)
- Template Modern Green – Comments (46,7 kB)
- Template Modern Green – Contact (36,7 kB)
- Template Modern Green – Login (41,9 kB)
- Template Modern Green – Search (51,9 kB)

Abbildung 5.19: **Das Downloads-Element im Frontend**

Die Besonderheit in TYPOlight ist, dass diese Downloadlinks auch mit geschützten Dateien funktionieren, auf die Sie nicht direkt über Ihren Browser zugreifen können. Auf diese Weise können Sie einen geschützten Download-Bereich erstellen. Weitere Informationen dazu erhalten Sie im Kapitel 6, *Der Dateimanager*.

QUELLDATEIEN: Wählen Sie einen oder mehrere Ordner bzw. Dateien, die in dem Downloads-Element enthalten sein sollen.

BENUTZERVERZEICHNIS VERWENDEN: Wenn diese Option ausgewählt und ein Frontend-Benutzer angemeldet ist, zeigt TYPOlight automatisch die Dateien aus dessen Benutzerverzeichnis anstatt der QUELLDATEIEN. Auf diese Weise können Sie mit einem einzigen Inhaltselement jedem Benutzer seine eigenen Downloads anbieten.

SORTIEREN NACH: Legt die Sortierreihenfolge der Bilder fest. Die Option *Meta-Datei* bietet Ihnen die Möglichkeit, eine individuelle Sortierreihenfolge zu definieren. Weitere Informationen dazu finden Sie im Kapitel 6, *Der Dateimanager*.

*Denken Sie daran, dass nur die Dateitypen heruntergeladen werden können, die Sie in den Backend-Einstellungen unter* Erlaubte Dateiendungen für Downloads *festgelegt haben.*

Downloads-Elemente verwenden die CSS-Klasse `ce_downloads`.

## 5.2.15 Artikel

Das Inhaltselement *Artikel* ermöglicht die mehrfache Einbindung eines Artikels, ohne dass dieser dafür kopiert werden muss. Beachten Sie, dass nur die Inhaltselemente und nicht der Artikel-Header übernommen werden.

BEZOGENER ARTIKEL: Wählen Sie aus dem Drop-Down-Menü den Artikel aus, für den Sie einen Alias erstellen möchten.

Aliaselemente verwenden dieselben CSS-Klassen wie das Originalelement.

## 5.2.16 Inhaltselement

Das Element *Inhaltselement* dient dazu, ein vorhandenes Inhaltselement ein zweites Mal einzufügen, ohne es dafür kopieren zu müssen. Der Vorteil dieser Methode ist, dass Sie eventuelle Änderungen nur in dem originalen Inhaltselement erfassen müssen und diese automatisch in allen Aliasen übernommen werden.

BEZOGENES INHALTSELEMENT: Wählen Sie aus dem Drop-Down-Menü das Inhaltselement aus, für das Sie einen Alias erstellen möchten.

Aliaselemente verwenden dieselben CSS-Klassen wie das Originalelement.

## 5.2.17 Formular

Das Inhaltselement *Formular* fügt dem Artikel ein Formular hinzu. Weitere Informationen zu Formularen finden Sie im Kapitel 7, *Der Formulargenerator*.

FORMULAR: Wählen Sie hier das Formular aus, das Sie einfügen möchten.

Formularelemente verwenden die CSS-Klasse `ce_form`.

## 5.2.18 Modul

Das Inhaltselement *Modul* fügt dem Artikel ein Frontend-Modul hinzu. Wie Sie Module erstellen und konfigurieren, erkläre ich Ihnen im Kapitel 8, *Die Modulverwaltung*.

MODUL: Wählen Sie hier das Modul aus, das Sie einfügen möchten.

Modulelemente haben eigene CSS-Klassen, die mit dem Präfix `mod_` beginnen.

## 5.2.19 Artikelteaser

Das Inhaltselement *Artikelteaser* fügt dem Artikel den Teasertext eines anderen Artikels, gefolgt von einem *Weiterlesen*-Link, hinzu. Beim Anklicken dieses Links werden Sie direkt zu dem verlinkten Artikel weitergeleitet.

ARTIKEL: Wählen Sie aus dem Drop-Down-Menü den Artikel aus, dessen Teasertext Sie auf der Webseite darstellen möchten.

Artikelteaserelemente verwenden die CSS-Klasse `ce_teaser`.

## 5.2.20 Kommentare

Das Inhaltselement *Kommentare* bietet Ihren Besuchern die Möglichkeit, Kommentare abzugeben (Abbildung 5.20). Sie können auch ein Gästebuch damit betreiben.

Abbildung 5.20: **Ein Kommentarelement anlegen**

SORTIERREIHENFOLGE: Hier legen Sie die Reihenfolge der Kommentare fest. Gästebücher zeigen normalerweise den neuesten Eintrag zuerst (absteigende Sortierung), Kommentare hingegen den ältesten (aufsteigende Sortierung).

ELEMENTE PRO SEITE: Hier können Sie die Anzahl der Kommentare pro Seite festlegen. TYPO-light erzeugt bei Bedarf automatisch einen Seitenumbruch.

MODERIEREN: Wenn Sie diese Option wählen, erscheinen Kommentare nicht sofort auf der Webseite, sondern erst, nachdem Sie sie im Backend freigegeben haben.

BBCODE ERLAUBEN: Wenn Sie diese Option wählen, können Ihre Besucher BBCode[7] zur Formatierung ihrer Kommentare verwenden. Folgende Tags werden unterstützt:

» `[b][/b]` Fettschrift

» `[i][/i]` Kursivschrift

» `[u][/u]` Unterstrichen

» `[img][/img]` Bild einfügen

» `[code][/code]` Programmcode einfügen

» `[color=#ff0000][/color]` Farbiger Text

» `[quote][/quote]` Zitat einfügen

---

7   `http://de.wikipedia.org/wiki/BBCode`

» [quote=tim][/quote] Zitat mit Nennung des Urhebers einfügen

» [url][/url] Link einfügen

» [url=http://][/url] Link mit Linktitel einfügen

» [email][/email] E-Mail-Adresse einfügen

» [email=name@domain.com][/email] E-Mail-Adresse mit Titel einfügen

SICHERHEITSFRAGE DEAKTIVIEREN: Standardmäßig müssen Besucher beim Erstellen von Kommentaren eine Sicherheitsfrage beantworten, damit die Kommentarfunktion nicht automatisiert und zu Spam-Zwecken missbraucht werden kann. Falls Sie aber ohnehin nur angemeldeten Benutzern das Kommentieren erlauben möchten, können Sie die Sicherheitsfrage hier deaktivieren.

KOMMENTARTEMPLATE: TYPOlight verwendet für die Darstellung der einzelnen Kommentare sogenannte *Layoutvorlagen* (Templates), die Sie hier auswählen können.

Kommentarelemente verwenden die CSS-Klasse ce_comments.

# 5.3 Insert-Tags

Insert-Tags sind Platzhalter, die bei der Ausgabe einer Seite durch bestimmte Werte ersetzt werden. Mit Insert-Tags können Sie z.B. einen Link auf eine Seite oder einen Artikel erstellen, Umgebungsvariablen einfügen oder Benutzereigenschaften auslesen. Insert-Tags können überall in TYPOlight verwendet werden.

Ein Insert-Tag beginnt immer mit zwei öffnenden geschweiften Klammern, gefolgt von einem Schlüsselwort und zwei schließenden geschweiften Klammern (z.B. {{date}}). Viele Insert-Tags benötigen zusätzlich noch ein Argument, das mit zwei Doppelpunkten hinter das Schlüsselwort geschrieben wird (z.B. {{link::12}}).

## 5.3.1 Links

Mit diesen Insert-Tags können Sie Links auf andere Seiten oder Artikel erstellen. Sie benötigen dazu lediglich die ID oder den Alias der Zielseite.

{{link::ID}}: Dieses Insert-Tag wird durch einen Link auf die mit ID angegebene Seite ersetzt. Statt der numerischen ID können Sie auch den Seitenalias angeben.

{{link::back}}: Dieses Insert-Tag wird durch einen Link auf die zuletzt besuchte Seite ersetzt (kann auch mit den folgenden Insert-Tags verwendet werden).

{{link::login}}: Dieses Insert-Tag wird durch einen Link auf die Login-Seite des angemeldeten Frontend-Benutzers ersetzt.

`{{link_open::ID}}`: Dieses Insert-Tag wird ebenfalls durch einen Link auf die mit ID angegebene Seite ersetzt, allerdings wird nur das öffnende Tag des Links zurückgegeben (z.B. `<a href="index.html">`).

`{{link_url::ID}}`: Dieses Insert-Tag wird durch die URL der mit ID angegebenen Seite ersetzt und kann z.B. im `HREF`-Attribut eines Links verwendet werden.

`{{link_title::ID}}`: Dieses Insert-Tag wird durch den Titel der mit ID angegebenen Seite ersetzt und kann z.B. im `TITLE`-Attribut eines Links verwendet werden.

`{{article::ID}}`: Dieses Insert-Tag wird durch einen Link auf den mit ID angegebenen Artikel ersetzt. Statt der ID eines Artikels können Sie auch dessen Alias angeben.

`{{news::ID}}`: Dieses Insert-Tag wird durch einen Link auf den mit ID angegebenen Nachrichtenbeitrag ersetzt. Statt der ID können Sie auch dessen Alias angeben.

`{{event::ID}}`: Dieses Insert-Tag wird durch einen Link auf das mit ID angegebene Event ersetzt. Statt der ID können Sie auch den Alias des Events angeben.

`{{faq::ID}}`: Dieses Insert-Tag wird durch einen Link auf die mit ID angegebene FAQ ersetzt. Statt der ID können Sie auch den Alias der FAQ angeben.

## 5.3.2 Benutzereigenschaften

Über das Insert-Tag `{{user::eigenschaft}}` können Sie bestimmte Eigenschaften eines angemeldeten Frontend-Benutzers auslesen und ihn so z.B. mit seinem Namen ansprechen. Prinzipiell können Sie alle Feldnamen der Tabelle *tl_member* als Argument übergeben. Die wichtigsten Benutzereigenschaften habe ich Ihnen hier aufgelistet:

`{{user::firstname}}`: Vorname des Benutzers

`{{user::lastname}}`: Nachname des Benutzers

`{{user::company}}`: Firma des Benutzers

`{{user::phone}}`: Telefonnummer des Benutzers

`{{user::mobile}}`: Handynummer des Benutzers

`{{user::fax}}`: Faxnummer des Benutzers

`{{user::email}}`: E-Mail-Adresse des Benutzers

`{{user::website}}`: Webseite des Benutzers

`{{user::street}}`: Straße des Benutzers

`{{user::postal}}`: Postleitzahl des Benutzers

`{{user::city}}`: Stadt des Benutzers

`{{user::country}}`: Land des Benutzers

## 5.3.3 Umgebungsvariablen

Über das Insert-Tag `{{env::variable}}` können Sie bestimmte Umgebungsvariablen wie z.B. den Namen der aktuellen Seite oder den Request-String auslesen.

`{{env::page_id}}`: ID der aktiven Seite

`{{env::page_alias}}`: Alias der aktiven Seite

`{{env::page_name}}`: Name der aktiven Seite

`{{env::page_title}}`: Titel der aktiven Seite

`{{env::page_language}}`: Sprache der aktiven Seite

`{{env::parent_alias}}`: Alias der übergeordneten Seite

`{{env::parent_name}}`: Name der übergeordneten Seite

`{{env::parent_title}}`: Titel der übergeordneten Seite

`{{env::main_alias}}`: Alias der übergeordneten Hauptseite (erste Ebene)

`{{env::main_name}}`: Name der übergeordneten Hauptseite (erste Ebene)

`{{env::main_title}}`: Titel der übergeordneten Hauptseite (erste Ebene)

`{{env::website_title}}`: Titel der Wurzelseite (Startpunkt einer Webseite)

`{{env::url}}`: Domain der Webseite (z.B. `http://www.domain.de`)

`{{env::path}}`: Domain der Webseite inklusive Pfad zum TYPOlight-Verzeichnis

`{{env::request}}`: Request-String (z.B. `news/items/willkommen.html`)

`{{env::referer}}`: URL der zuletzt besuchten Seite

`{{env::ip}}`: IP-Adresse des Benutzers

## 5.3.4 Include-Elemente

Mit diesen Insert-Tags können Sie verschiedene Ressourcen wie z.B. Artikel, Module oder Dateien aus dem `templates`-Verzeichnis einbinden.

`{{insert_article::ID}}`: Dieses Insert-Tag wird durch den mit ID angegebenen Artikel ersetzt. Statt der numerischen ID können Sie auch den Artikelalias verwenden.

`{{insert_content::ID}}`: Dieses Insert-Tag wird durch das mit ID angegebene Inhaltselement ersetzt. Es entspricht somit dem Inhaltselement *Alias*.

`{{insert_module::ID}}`: Dieses Insert-Tag wird durch die Ausgabe des mit ID angegebenen Frontend-Moduls ersetzt.

`{{article_teaser::ID}}`: Dieses Insert-Tag wird durch den Teasertext des mit ID angegebenen Artikels ersetzt.

`{{news_teaser::ID}}`: Dieses Insert-Tag wird durch den Teasertext des mit ID angegebenen Nachrichtenbeitrags ersetzt.

`{{event_teaser::ID}}`: Dieses Insert-Tag wird durch den Teasertext des mit ID angegebenen Events ersetzt.

`{{file::file.php}}`: Dieses Insert-Tag bindet eine beliebige Datei ein. Die Auswahl ist aus Sicherheitsgründen auf das `templates`-Verzeichnis beschränkt. Falls Sie der eingebundenen Datei Argumente übergeben möchten, können Sie diese an den Dateinamen anhängen (z.B. `{{file::file.php?action=list}}`).

## 5.3.5 Verschiedenes

Mit diesen Insert-Tags können Sie verschiedene Aufgaben erledigen, z.B. eine E-Mail-Adresse verschlüsseln oder das Datum der letzten Aktualisierung anzeigen.

`{{date}}`: Dieses Insert-Tag wird durch das aktuelle Datum gemäß des globalen Datumsformats ersetzt.

`{{date::format}}`: Dieses Insert-Tag wird ebenfalls durch das aktuelle Datum ersetzt, allerdings haben Sie hier die Möglichkeit, das Datumsformat[8] festzulegen.

`{{last_update}}`: Dieses Insert-Tag wird durch das Datum der letzten Aktualisierung der Webseite gemäß des globalen Datumsformats ersetzt (gilt für Änderungen an Inhaltselementen, Nachrichtenbeiträgen und Events).

`{{last_update::format}}`: Dieses Insert-Tag wird durch das Datum der letzten Aktualisierung der Webseite gemäß eines individuellen Datumsformats ersetzt.

`{{version}}`: Dieses Insert-Tag wird durch die verwendete TYPOlight-Version ersetzt.

`{{email::name@domain.de}}`: Dieses Insert-Tag wird durch einen klickbaren Link auf die angegebene E-Mail-Adresse ersetzt. TYPOlight verschlüsselt E-Mail-Adressen automatisch, so dass sie nicht von Spambots ausgelesen werden können.

`{{lang::ISO}}`: Dieses Insert-Tag dient dazu, bestimmte Fremdwörter innerhalb eines Textes als fremdsprachige Wörter zu kennzeichnen. Im Gegensatz zu den anderen Insert-Tags benötigt dieses Tag ein öffnendes und ein schließendes Element:

`{{lang::en}}Domain{{lang}}`

Diesen Ausdruck übersetzt TYPOlight in folgenden HTML-Code:

`<span lang="en" xml:lang="en">Domain</span>`

`{{iflng::ISO}}`: Dieses Tag wird komplett entfernt, wenn die Sprache der Seite nicht mit der Tag-Sprache übereinstimmt. Auf diese Weise können Sie sprachspezifische Bezeichnungen erstellen:

---

8    http://www.php.net/date

```
{{iflng::en}}Website{{iflng}}{{iflng::de}}Webseite{{iflng}}
```

{{image}}: Dieses Tag wird durch ein Vorschaubild ersetzt.

```
{{image::tl_files/image.jpg?width=200&rel=lightbox}}
```

Folgende Optionen können als Argument übergeben werden:

» *width*: Breite des Vorschaubilds

» *height*: Höhe des Vorschaubilds

» *alt*: alternativer Text

» *class*: CSS-Klasse

» *rel*: rel-Attribut (z.B. „lightbox")

# 5.4 Flash-Inhalte

Flash-Inhalte sind eine besondere Form von Inhalten, da sie nicht innerhalb eines Artikels auf der Webseite ausgegeben, sondern dynamisch in einem Flash-Film geladen werden. Die Kommunikation zwischen dem Flash-Film und TYPOlight erfolgt dabei über die Flash-Funktion loadVars() und die Datei flash.php.

## 5.4.1 Flash-Film vorbereiten

Zunächst müssen Sie Ihren Flash-Film um eine *ActionScript*-Funktion erweitern, mit deren Hilfe Sie einen bestimmten Flash-Inhalt abfragen und in ein Textfeld laden können. Diese Funktion legen Sie am besten in den Root-Frame Ihres Flash-Films.

Listing 5.2: **Einen Flash-Inhalt mittels ActionScript laden**

```
TextField.prototype._loadArticle = function(flashID) {
   tf = this;

   // HTML-Modus aktivieren
   tf.html = true;
   tf.htmlText = „";

   // LoadVars-Objekt initialisieren
   lv = new LoadVars();
   lv[„flashID"] = flashID;
   lv.sendAndLoad(URL + „flash.php", lv, „POST");

   lv.onLoad = function(success) {
      if (success) {
         tf.htmlText = lv[„content"];
      }
   }
}
```

Als Nächstes müssen Sie ein dynamisches Textfeld anlegen und ihm einen Namen geben. Fügen Sie dann folgende Zeile ActionScript in den Frame ein:

```
myTextBox._loadArticle("myArticle");
```

In diesem Beispiel würde der Flash-Inhalt mit der ID myArticle automatisch in das Textfeld namens myTextBox geladen.

**Dieses Beispiel geht davon aus, dass Sie den Flash-Film über das TYPOlight-Modul _Flash-Film_ einbinden. Dieses Modul übermittelt automatisch den Parameter URL an den Flash-Film, der für die Funktion _loadArticle() benötigt wird. Sollten Sie Ihren Flash-Film manuell einbinden, müssen Sie diesen Wert ergänzen.**

## 5.4.2 Flash-Inhalte anlegen

Nachdem Sie den Flash-Film entsprechend präpariert haben, fehlen jetzt nur noch die Inhalte in TYPOlight. Öffnen Sie das Modul _Flash-Inhalte_ und erstellen Sie einen neuen Inhalt mit der Flash-ID myArticle (Abbildung 5.21).

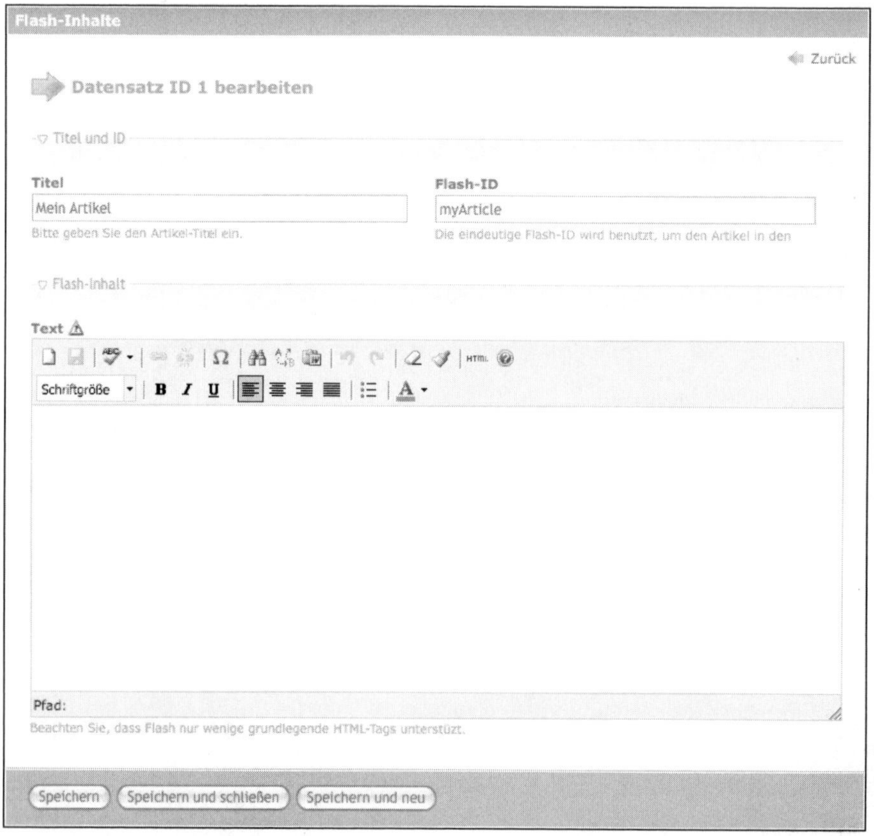

Abbildung 5.21: **Einen Flash-Inhalt in TYPOlight anlegen**

TITEL: Der Titel wird nur für die Sortierung der Inhalte im Backend verwendet.

FLASH-ID: Die Flash-ID muss mit der ID übereinstimmen, die Sie in Ihrem Flash-Film der Funktion _loadArticle() als Argument übergeben.

TEXT: Hier können Sie einen formatierten Text mit Hilfe des Rich Text Editor eingeben. Beachten Sie jedoch, dass Flash nur einen sehr kleinen Teil der verfügbaren HTML-Tags unterstützt, daher werden nicht alle Formatierungen angezeigt.

Speichern Sie anschließend Ihre Eingaben und rufen Sie den Flash-Film im Frontend auf. Wenn Sie alles richtig gemacht haben, sollte der Flash-Inhalt mit der ID myArticle jetzt in Ihrem Flash-Film im Textfeld myTextBox erscheinen.

## 5.4.3 Ein Stylesheet importieren

Flash erlaubt sogar den Import von Stylesheets, wobei CSS-Anweisungen genau wie HTML-Tags nur sehr eingeschränkt unterstützt werden. Um ein Stylesheet in Flash zu importieren, müssen Sie den Root-Frame um eine weitere Funktion ergänzen:

Listing 5.3: **Ein Stylesheet mittels ActionScript importieren**

```
TextField.prototype._addCSS = function(style_sheet) {
    tf= this;
    tf.styleSheet = null;

    // StyleSheet-Objekt initialisieren
    st = new TextField.StyleSheet();
    st.load(URL + style_sheet);

    st.onLoad = function(success) {
        if (success) {
            tf.styleSheet = st;
        }
    }
}
```

Um das Stylesheet dann einem Textfeld zuzuweisen, reicht wie beim Einlesen eines Flash-Inhalts folgende kurze Anweisung:

```
myTextBox._addCSS(„basic.css");
```

# 6. Der Dateimanager

Mit dem Dateimanager können Sie Dateien und Ordner auf Ihrem Server verwalten und Dateien von Ihrem lokalen Rechner auf den Server übertragen. Benutzerressourcen werden standardmäßig im TYPOlight-Ordner tl_files gespeichert, Sie können das Upload-Verzeichnis aber in den *Backend-Einstellungen* ändern.

## 6.1 Dateiverwaltung

Der Dateimanager bildet die Verzeichnisstruktur in einem hierarchischen Baum ab. Jeder Unterordner ist ein eigener Knoten, den Sie über das Plus- bzw. Minussymbol aus- und einklappen können. Innerhalb jedes Unterordners werden die darin enthaltenen Dateien aufgelistet. Handelt es sich dabei um Bilder, wird automatisch eine Voransicht angezeigt. Bei einer großen Menge an Bildern können Sie die Voransicht in Ihrem Benutzerprofil deaktivieren, damit die Seite schneller lädt.

### 6.1.1 Die Navigationssymbole

Die Navigation erfolgt wie überall in TYPOlight über Navigationssymbole. Die Optionen sind dabei für Ordner und Dateien unterschiedlich (Abbildung 6.1).

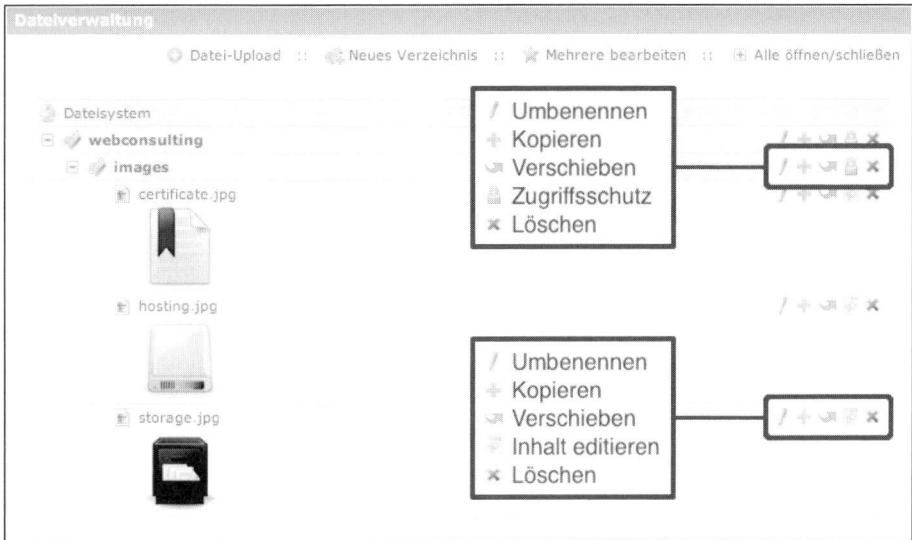

Abbildung 6.1: **Navigationssymbole des Dateimanagers**

Umbenennen: Öffnet eine Eingabemaske zum Umbenennen einer Datei bzw. eines Ordners. TYPOlight ergänzt eventuelle Dateiendungen selbständig.

Kopieren: Kopiert eine Datei bzw. einen Ordner.

Verschieben: Verschiebt eine Datei bzw. einen Ordner.

Zugriffsschutz: Schützt ein Verzeichnis, so dass die darin enthaltenen Dateien nicht mehr über das Internet aufgerufen werden können (Abbildung 6.2).

Abbildung 6.2: **Verzeichnisschutz mittels .htaccess-Datei**

Inhalt editieren: Öffnet eine Eingabemaske zur Bearbeitung des Inhalts einer Datei mit einem Texteditor (Abbildung 6.3). Welche Dateien editiert werden dürfen, legen Sie in den *Backend-Einstellungen* unter *Editierbare Dateien* fest.

Löschen: Löscht eine Datei bzw. einen Ordner.

## 6.1.2 Dateien übertragen

Rufen Sie den Dateimanager auf und klicken Sie auf den Link Datei-Upload, um Dateien auf den Server zu übertragen. Sie können standardmäßig bis zu acht Dateien gleichzeitig verarbeiten (Abbildung 6.4) und bei Bedarf die Anzahl der Eingabefelder in den *Backend-Einstellungen* beliebig anpassen.

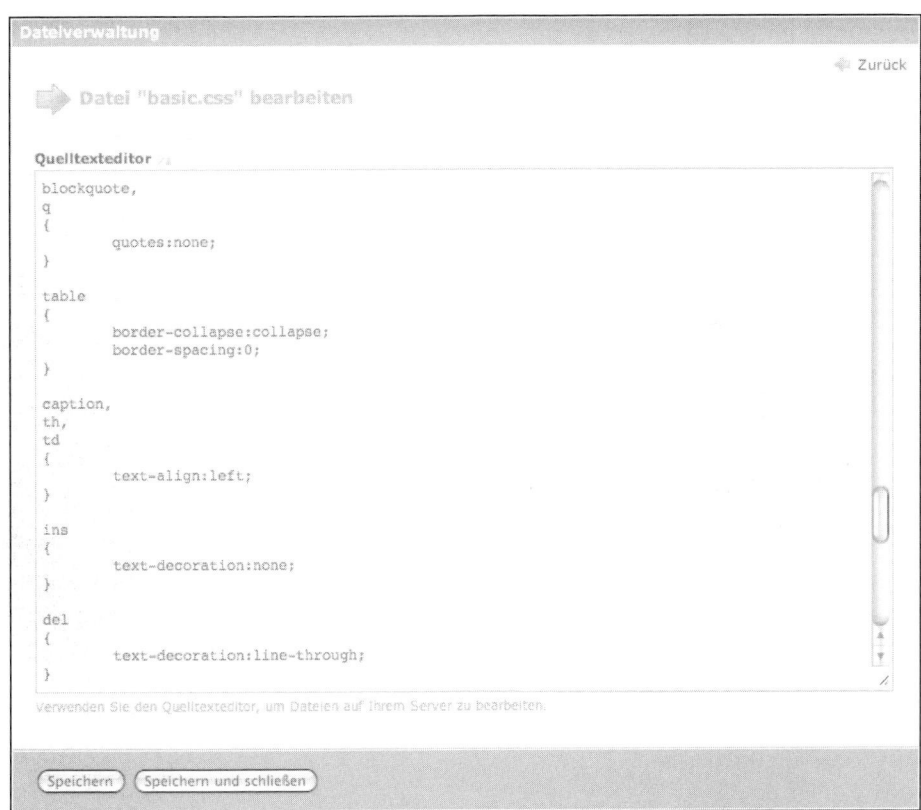

Abbildung 6.3: **Den Inhalt einer Datei mit dem Quelltexteditor bearbeiten**

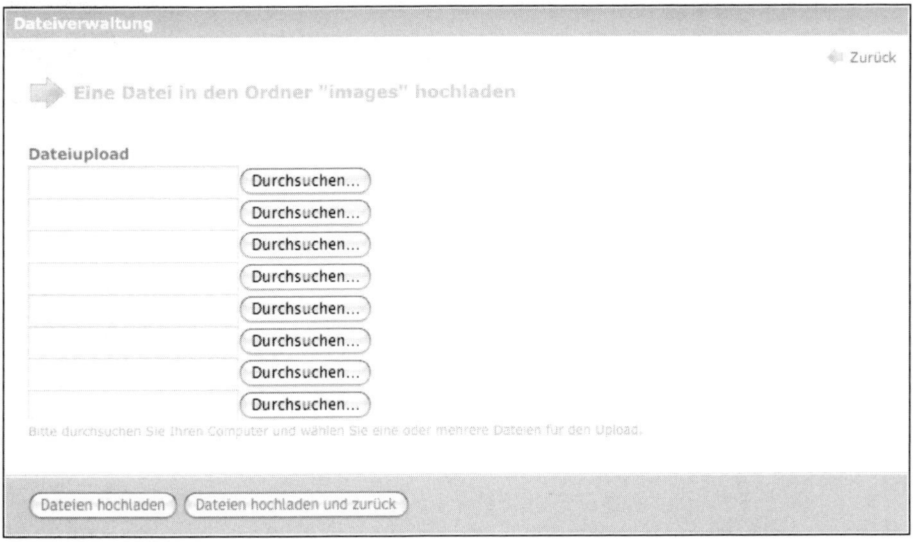

Abbildung 6.4: **Dateien über den Dateimanager hochladen**

Der Dateimanager prüft beim Upload die Größe der zu übertragenden Datei und – falls es sich dabei um ein Bild handelt – auch dessen Abmessungen. Standardmäßig werden Dateien bis zu 2 MB und Bilder bis zu 800x600 Pixel akzeptiert. Ist eine Datei zu groß bzw. ein Bild zu breit oder zu hoch, verweigert TYPOlight den Upload bzw. verkleinert das Bild automatisch auf die maximal zulässigen Abmessungen.

*Denken Sie daran, dass nur die Dateitypen hochgeladen werden können, die Sie in den Backend-Einstellungen unter* Erlaubte Dateiendungen für Uploads *festgelegt haben.*

### 6.1.3 Dateien per FTP übertragen

TYPOlight kann sowohl Dateien verarbeiten, die mit dem Dateimanager auf den Server übertragen wurden, als auch Dateien bzw. Ordner, die Sie mit Ihrem FTP-Programm hochgeladen haben. Sie müssen dafür keine komplizierten Importroutinen ausführen und können die Ressourcen sofort verwenden.

Beim Upload über FTP gibt es allerdings eine kleine Einschränkung: Die Dateinamen sollten keine Sonderzeichen enthalten. Viele Server bzw. FTP-Programme verwenden intern eine andere Zeichenkodierung als TYPOlight, daher kann es beim FTP-Upload von Dateien mit Sonderzeichen im Dateinamen zu Problemen kommen. Folgendermaßen sollten Sie Ihre Dateien also lieber **nicht** benennen:

Listing 6.1: **Suboptimal benannte Dateien**

```
Wies'n-Festzug München (Sonnenstraße).jpg
Hend'l + Maß im Schützenfestzelt.jpg
```

Für das Web ist es generell besser, auf Sonderzeichen in Dateinamen ganz zu verzichten. Dadurch vermeiden Sie eventuelle Kompatibilitätsprobleme sowie unschön kodierte URLs und kryptische Dateinamen. Folgende Bezeichnungen sind optimal:

Listing 6.2: **Gut benannte Dateien**

```
Wiesn-Festzug-Muenchen-Sonnenstrasse.jpg
Hendl-und-Mass-im-Schuetzenfestzelt.jpg
```

*Beim Upload über den Dateimanager überprüft TYPOlight die Dateinamen und passt sie gegebenenfalls automatisch an, so dass Probleme mit falsch kodierten Sonderzeichen in der Bezeichnung von vornherein vermieden werden.*

## 6.2 Meta-Informationen

In TYPOlight können Sie zu jeder Art von Datei sogenannte Meta-Informationen erfassen. Meta-Informationen werden hauptsächlich in Bildergalerien und Downloads ausgewertet, um zu jeder Datei eine kurze Beschreibung oder Bildunterschrift darstellen zu können. TYPOlight unterstützt folgende Meta-Informationen:

» Alternativer Text

» Link

» Beschriftung (Bildunterschrift)

## 6.2.1 Aufbau einer Meta-Datei

Eine Meta-Datei enthält pro Datei eine Zeile, in der der Name der beschriebenen Datei, gefolgt von den jeweiligen Meta-Informationen, steht (Listing 6.3).

Listing 6.3: **Aufbau einer Meta-Datei**

```
bild1.jpg = Alternativer Text
bild2.jpg = Alternativer Text | Link | Beschriftung
bild3.jpg = Alternativer Text || Beschriftung
bild4.jpg = Alternativer Text | Link
```

In den Beschreibungen dürfen keine Zeilenumbrüche enthalten sein. Außerdem sollten Sie darauf achten, Ihre Meta-Dateien als UTF-8 zu kodieren, damit Sonderzeichen im Frontend richtig dargestellt werden. Am besten bearbeiten Sie Meta-Dateien direkt im Backend, dann kümmert sich TYPOlight um die richtige Kodierung.

Wird in einem Inhaltselement oder einem Modul nach einer Meta-Datei sortiert, übernimmt TYPOlight die Reihenfolge, die Sie in der Meta-Datei festgelegt haben. Alle Dateien, für die es keinen Eintrag gibt, werden dabei automatisch übersprungen. Auf diese Weise können Sie eine individuelle Sortierung vorgeben (Abbildung 6.5).

## 6.2.2 Meta-Dateien verwenden

Meta-Dateien müssen meta.txt heißen und immer in demselben Verzeichnis gespeichert werden wie die Dateien, die in ihnen beschrieben sind. Wenn Sie mehrere Unterordner haben, müssen Sie also für jeden eine eigene meta.txt erstellen.

Bei mehrsprachigen Webseiten ist es oft erforderlich, eine separate Meta-Datei pro Sprache zu haben, in der sich die jeweilige Übersetzung der Beschreibungen befindet. Um Meta-Dateien für eine bestimmte Sprache anzulegen, müssen Sie diese z.B. als meta_de.txt für deutsch oder meta_en.txt für englisch speichern.

TYPOlight sucht beim Einlesen von Meta-Dateien immer zuerst nach einer spezifischen Datei in der Sprache der aufgerufenen Seite. Existiert eine solche Datei nicht, wird eine eventuell vorhandene meta.txt als Fallback verwendet.

**Dateiverwaltung**

Zurück

**Datei "meta.txt" bearbeiten**

Quelltexteditor

```
cb_frontpage.jpg = Template Clean Blue - Frontpage || Clean Blue Frontpage
cb_team.jpg = Template Clean Blue - Team || Clean Blue Team
cb_gallery.jpg = Template Clean Blue - Image Gallery || Clean Blue Gallery
cb_calendar.jpg = Template Clean Blue - Calendar || Clean Blue Calendar
cb_comments.jpg = Template Clean Blue - Comments || Clean Blue Comments
cb_contact.jpg = Template Clean Blue - Contact || Clean Blue Contact
cb_login.jpg = Template Clean Blue - Login || Clean Blue Login
cb_search.jpg = Template Clean Blue - Search || Clean Blue Search
```

Verwenden Sie den Quelltexteditor, um Dateien auf Ihrem Server zu bearbeiten.

( Speichern )  ( Speichern und schließen )

Abbildung 6.5: **Individuelle Sortierreihenfolge mittels Meta-Datei**

TIPP

*Unter den Third-Party-Extensions befindet sich eine praktische Erweiterung von Felix Pfeiffer namens* MetaCreator[1], *die Sie beim Anlegen von Meta-Dateien unterstützt.*

## 6.3  Downloads kontrollieren

Mit TYPOlight können Sie ganz einfach den Zugriff auf bestimmte Dateien beschränken und genau festlegen, wer diese herunterladen darf und wer nicht. Auf diese Weise können Sie z.B. einen geschützten Download-Bereich für Mitglieder einrichten.

---

1    http://www.typolight.org/erweiterungsliste/view/MetaCreator.90009.de.html

## 6.3.1 Verzeichnis schützen

Legen Sie als Erstes mit dem Dateimanager einen neuen Ordner im Upload-Verzeichnis Ihrer Installation an und nennen Sie diesen z.B. protected. Klicken Sie dann auf das Navigationsicon ZUGRIFFSSCHUTZ, um den Zugriff auf den Ordner zu verbieten.

Der Zugriffsschutz erfolgt über eine .htaccess-Datei, die TYPOlight automatisch in dem zu schützenden Ordner erstellt. Sie können eine entsprechende .htaccess-Datei natürlich auch mit Ihrem FTP-Programm auf den Server übertragen. Standardmäßig enthält die Datei folgende Anweisungen:

Listing 6.4: **Verzeichnisschutz mittels .htaccess-Datei**

```
order deny,allow
deny from all
```

Dank der .htaccess-Datei kann nun niemand mehr mit seinem Internetbrowser auf die Dateien zugreifen und sie direkt herunterladen. Über die Inhaltselemente *Download* bzw. *Downloads* sind die Dateien aber weiterhin erreichbar.

## 6.3.2 Download-Element schützen

Als Nächstes müssen Sie den Zugriff auf die Download-Elemente beschränken, über die Sie die Dateien nach wie vor herunterladen können. Richten Sie dazu entweder eine geschützte Seite in der Seitenstruktur oder ein geschütztes Inhaltselement ein, das nur noch von angemeldeten Mitgliedern aufgerufen werden kann.

Da der Download dank der .htaccess-Datei ausschließlich über die Inhaltselemente *Download* und *Downloads* möglich ist und Sie den Zugriff auf diese Inhaltselemente eingeschränkt haben, können jetzt nur noch angemeldete Mitglieder Dateien herunterladen. Dieser Schutz lässt sich durch verschiedene Benutzergruppen und unterschiedliche Download-Elemente beliebig weiter verfeinern.

*Unter den Third Party-Extensions befindet sich eine nützliche Erweiterung von Peter Koch namens Dlstats[2], mit der Sie die Downloads auf Ihrer Webseite genau verfolgen können. Wenn Sie die detaillierte Download-Statistik aktivieren, werden auch der Benutzername und der Zeitstempel jedes Downloads gespeichert.*

---

2   http://www.typolight.org/erweiterungsliste/view/dlstats.10000009.de.html

# 7. Der Formular-generator

Mit dem Formulargenerator können Sie Formulare erstellen und deren Daten entweder per E-Mail verschicken oder in die Datenbank schreiben. Übertragene Dateien können als Anhang versendet oder auf dem Server gespeichert werden.

## 7.1 Formulare

Klicken Sie in der Backend-Navigation auf FORMULARGENERATOR und wählen Sie das Formular *Angebot anfordern* aus. Über das Navigationssymbol des Elternelements (Abbildung 7.1) wechseln Sie in den Bearbeitungsmodus und erhalten dort einen Überblick über die Konfigurationsmöglichkeiten eines Formulars.

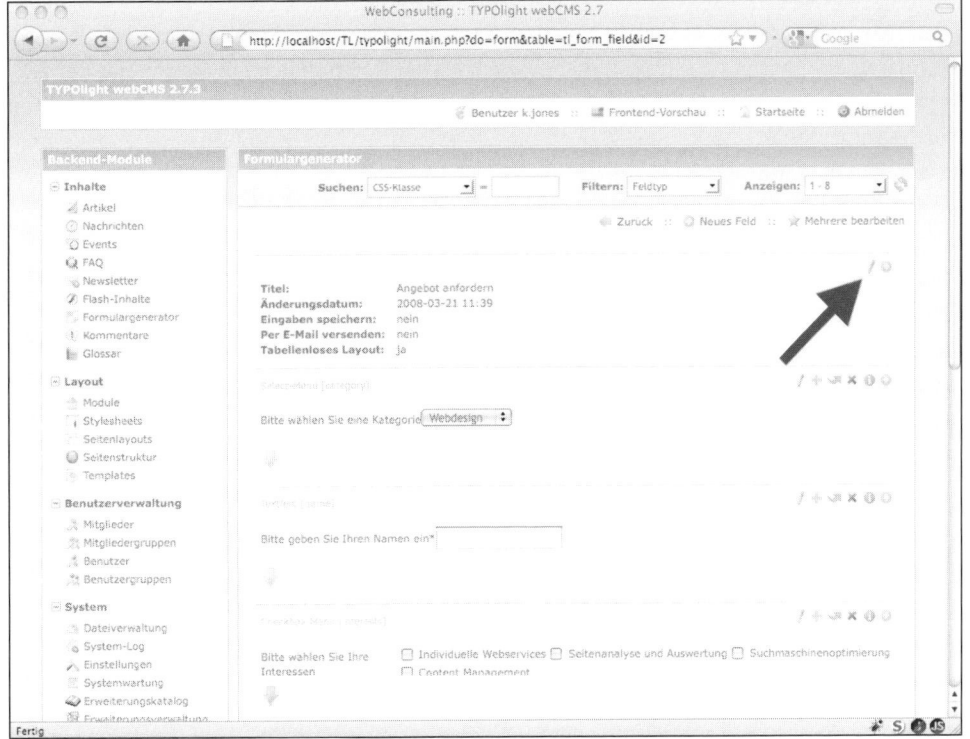

Abbildung 7.1: **Den Formularheader bearbeiten**

Titel: Der Titel eines Formulars wird ausschließlich im Backend verwendet.

Weiterleitungsseite: Hier können Sie festlegen, auf welche Seite ein Besucher nach dem Absenden eines Formulars weitergeleitet wird.

Tabellenloses Layout: Standardmäßig wird ein Formular in einer zweispaltigen Tabelle ausgegeben, in der links die Feldbezeichnungen und rechts die Eingabefelder stehen. Wenn Sie diese Option wählen, wird das Formular ohne Tabelle ausgegeben.

HTML-Tags erlauben: Wenn Sie diese Option auswählen, können Ihre Besucher HTML-Code in den Formularfeldern verwenden. In den *Backend-Einstellungen* unter *Erlaubte HTML-Tags* legen Sie fest, welche HTML-Tags zulässig sind.

Per E-Mail versenden: Wenn Sie diese Option wählen, werden die Formulardaten per E-Mail versendet. Falls Ihr Formular ein Feld für den Datei-Upload enthält, wird die übertragene Datei als Attachment angehängt.

Empfänger-Adresse: Hier können Sie eine oder mehrere durch Kommata getrennte E-Mail-Adressen erfassen, an die die Formulardaten verschickt werden.

Betreff: Damit die E-Mail nicht fälschlicherweise als Spam gewertet wird, sollten Sie einen kurzen Betreff eingeben.

Datenformat: Hier legen Sie fest, in welchem Format die Formulardaten übermittelt werden. Standardmäßig enthält die E-Mail die unbearbeiteten Daten, das heißt die Inhalte der einzelnen Formularfelder werden einfach untereinander aufgelistet. Alternativ dazu können Sie die Formulardaten auch als XML- oder CSV-Datei übermitteln und diese dann mit einem externen Skript weiterverarbeiten.

Eine Besonderheit ist das Datenformat *E-Mail-Format*, bei dem die Formulardaten so formatiert werden, als hätte der Absender eine E-Mail mit seinem E-Mail-Programm geschrieben. Ist dieses Format ausgewählt, verarbeitet der Formulargenerator ausschließlich die Felder *name*, *email*, *subject* und *message* und ignoriert alle anderen Formularfelder. Übertragene Dateien werden als Attachment angehängt.

Leere Felder auslassen: Wenn Sie diese Option auswählen, werden nur ausgefüllte Felder per E-Mail versendet. Felder ohne eine Eingabe werden ignoriert.

Eingaben speichern: Wenn Sie diese Option wählen, werden die Formulardaten in einer bestimmten Tabelle (Zieltabelle) gespeichert. Dazu müssen Sie für jedes Formularfeld ein entsprechendes Feld in der Zieltabelle anlegen und darauf achten, dass die Feldnamen jeweils übereinstimmen.

Übertragungsmethode: Bei einem GET-Request werden die Daten des Formulars an die URL der Seite angehängt, was nur bei wenigen Daten sinnvoll ist. Standardmäßig werden Formulare als POST-Request gesendet.

CSS-Id und -Klasse: Um ein bestimmtes Formular gezielt in einem Stylesheet anzusprechen, können Sie hier eine ID oder CSS-Klasse zuweisen.

FORMULAR-ID: Bestimmte Frontend-Module wie z.B. das Modul *Suchmaschine* verwenden Formulare, um Benutzereingaben entgegenzunehmen. Über die Formular-ID können Sie solche Frontend-Module mit Ihren eigenen Formularen ansteuern.

Formulare verwenden die CSS-Klasse `ce_form` oder `mod_form`, je nachdem, ob sie als Inhaltselement oder als Modul eingebunden werden.

## 7.2 Formularfelder

Ähnlich wie bei Artikeln und Inhaltselementen gibt es auch bei Formularen für jedes Formularfeld ein eigenes Element, das speziell auf die jeweiligen Anforderungen des Eingabefelds ausgerichtet ist. Für jedes Formularfeld müssen Sie wenigstens einen Feldnamen und eine Feldbezeichnung eingeben (Abbildung 7.2).

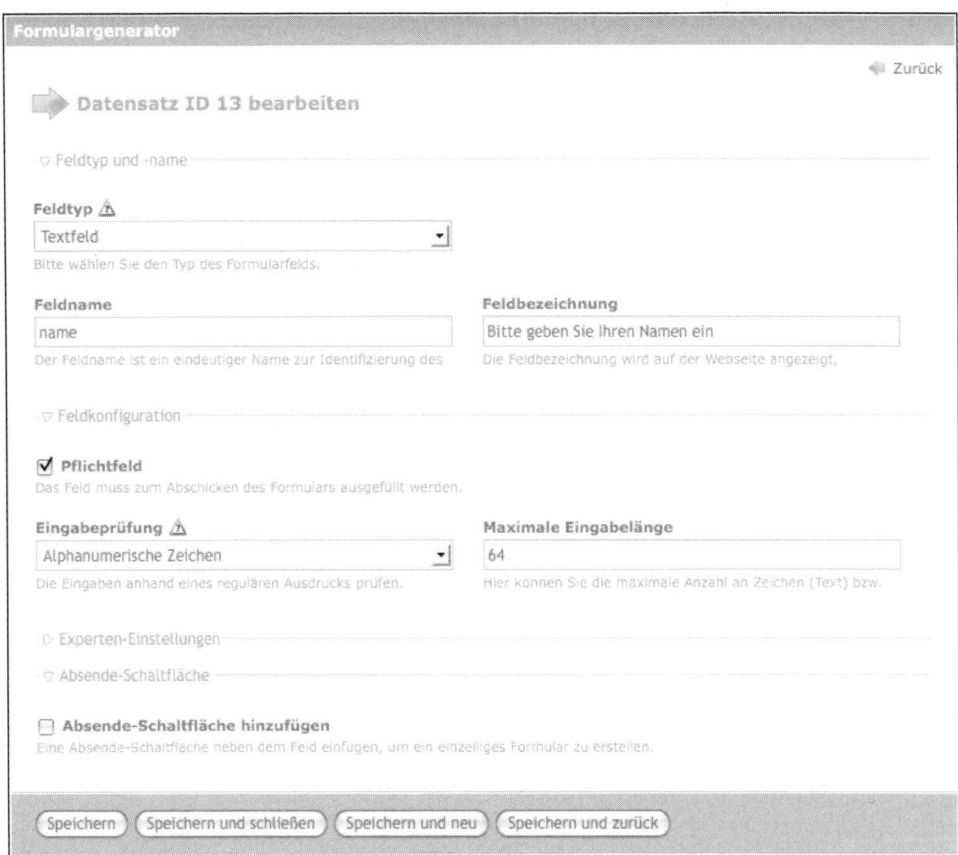

Abbildung 7.2: **Formularfelder bearbeiten**

FELDNAME: Über den Feldnamen wird die Benutzereingabe nach dem Absenden des Formulars referenziert. Falls Sie die Formulardaten in der Datenbank speichern, muss es in der Tabelle ein gleich lautendes Feld geben.

Feldbezeichnung: Die Feldbezeichnung wird im Frontend vor bzw. über dem Formularfeld angezeigt und sollte in der jeweils richtigen Sprache verfasst werden.

Pflichtfeld: Wenn Sie diese Option auswählen, muss das Feld ausgefüllt werden. Bleibt es leer, kann das Formular nicht abgeschickt werden.

## 7.2.1 Überschrift

Das Formularfeld *Überschrift* fügt dem Formular eine beliebige formatierte Überschrift hinzu. Die Eingabe erfolgt über den Rich Text Editor.

Text: Geben Sie hier den formatierten Text der Überschrift ein.

Überschriftfelder verwenden die CSS-Klasse `headline`.

## 7.2.2 Erklärung

Das Formularfeld *Erklärung* fügt dem Formular eine beliebige formatierte Erklärung hinzu. Die Eingabe erfolgt über den Rich Text Editor.

Text: Geben Sie hier den formatierten Text der Erklärung ein.

Erklärungsfelder verwenden die CSS-Klasse `explanation`.

## 7.2.3 HTML

Das Formularfeld *HTML* fügt dem Formular beliebigen HTML-Code hinzu. In den *Backend-Einstellungen* unter *Erlaubte HTML-Tags* können Sie festlegen, welche HTML-Tags verwendet werden dürfen.

HTML: Geben Sie hier Ihren HTML-Code ein.

HTML-Felder verwenden keine vordefinierte CSS-Klasse.

## 7.2.4 Textfeld

Das Formularfeld *Textfeld* fügt dem Formular ein einzeiliges Eingabefeld hinzu. Sie sollten grundsätzlich für jedes Textfeld die Eingabeprüfung aktivieren, um einer missbräuchlichen Verwendung des Formulars vorzubeugen (Abbildung 7.3).

Eingabeprüfung: Hier können Sie ein Suchmuster vorgeben, anhand dessen die Eingaben beim Abschicken des Formulars geprüft werden.

Maximale Eingabelänge: Hier können Sie die maximale Anzahl an Zeichen vorgeben, die in das Textfeld eingegeben werden dürfen.

Standard-Wert: Hier können Sie einen Standardwert erfassen. Bei barrierefreien Webseiten wird es empfohlen, das @-Zeichen für E-Mail-Adressen vorzugeben.

Abbildung 7.3: **Eingabeprüfung aktivieren**

CSS-Klasse: Hier können Sie dem Formularfeld eine CSS-Klasse zuweisen.

Tastaturkürzel: Mit einem Tastaturkürzel kann ein Besucher direkt zu einem bestimmten Eingabefeld springen, indem er die ⎡Alt⎤- bzw. ⎡Strg⎤-Taste in Verbindung mit dem Tastaturkürzel (z.B. einer Zahl) drückt.

Textfelder verwenden die CSS-Klasse `text`.

## 7.2.5 Passwortfeld

Das Formularfeld *Passwortfeld* fügt dem Formular zwei einzeilige Eingabefelder für das Passwort und seine Bestätigung hinzu. Prinzipiell funktionieren Passwortfelder genau wie Textfelder, nur dass die Eingabe verdeckt erfolgt.

Eingabeprüfung: Hier können Sie ein Suchmuster vorgeben, anhand dessen die Eingaben beim Abschicken des Formulars geprüft werden.

Maximale Eingabelänge: Hier können Sie die maximale Anzahl an Zeichen vorgeben, die in das Passwortfeld eingegeben werden dürfen.

Passwortfelder verwenden die CSS-Klassen `text` und `password`, Bestätigungsfelder zusätzlich dazu die Klasse `confirm`.

## 7.2.6 Textarea

Das Formularfeld *Textarea* fügt dem Formular ein mehrzeiliges Eingabefeld für längere Texte hinzu (Abbildung 7.4). Sie sollten auch hier die Eingabeprüfung aktivieren, um einer missbräuchlichen Verwendung des Formulars vorzubeugen.

Abbildung 7.4: **Ein mehrzeiliges Eingabefeld im Frontend**

EINGABEPRÜFUNG: Hier können Sie ein Suchmuster vorgeben, anhand dessen die Benutzereingabe beim Abschicken des Formulars geprüft wird.

REIHEN UND SPALTEN: Hier können Sie festlegen, wie viele Reihen und Spalten das Textarea-Feld haben soll.

WERT: Hier können Sie einen Standardwert für das Textarea-Feld erfassen.

Textarea-Felder verwenden die CSS-Klasse `textarea`.

## 7.2.7 Select-Menü

Das Formularfeld *Select-Menü* fügt dem Formular ein Drop-Down-Menü hinzu, aus dem Sie genau eine Option auswählen können (Abbildung 7.5). Um die Auswahl mehrerer Optionen zu erlauben, können Sie entweder die *Mehrfachauswahl* aktivieren oder ein *Checkbox-Menü* statt des Select-Menüs verwenden.

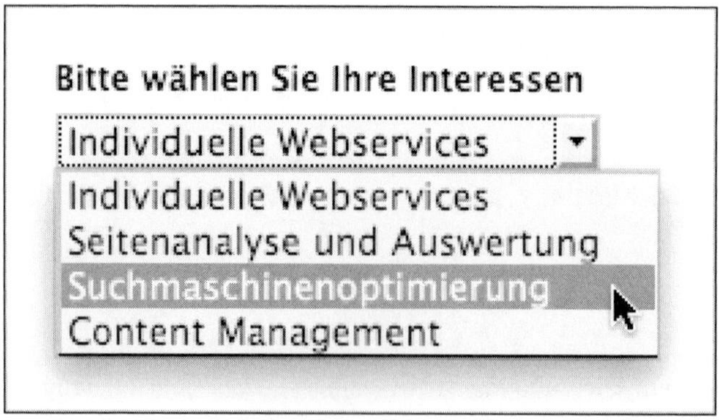

Abbildung 7.5: **Ein Select-Menü im Frontend**

OPTIONEN: Hier können Sie die verschiedenen Auswahlmöglichkeiten erfassen. Beim Anlegen der Optionen unterstützt Sie ein JavaScript-Assistent (Abbildung 7.6). Sie können Optionen gruppieren und jede Gruppe mit einer Überschrift versehen. Um eine Zeile zu einer Gruppenüberschrift zu machen, wählen Sie die Option *Gruppe*.

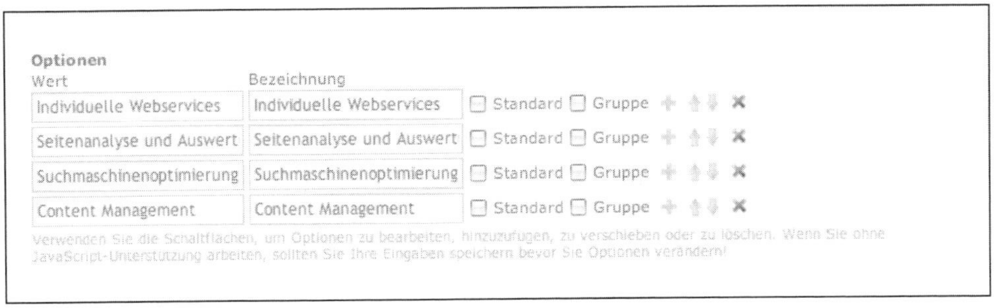

Abbildung 7.6: **JavaScript-Assistent für Optionen**

MEHRFACHAUSWAHL: Hier können Sie die Auswahl mehrerer Optionen erlauben.

LISTENGRÖSSE: Hier können Sie festlegen, wie viele Zeilen das Auswahlfeld bei aktivierter Mehrfachauswahl hoch sein soll.

Select-Menüs verwenden die CSS-Klasse `select` für Felder ohne Mehrfachauswahl und `multiselect` für Felder mit Mehrfachauswahl.

## 7.2.8 Radio-Button-Menü

Das Formularfeld *Radio-Button-Menü* fügt dem Formular eine Liste von Optionen hinzu, aus der Sie genau eine auswählen können (Abbildung 7.7). Um die Auswahl mehrerer Optionen zu erlauben, müssen Sie ein *Checkbox-Menü* verwenden.

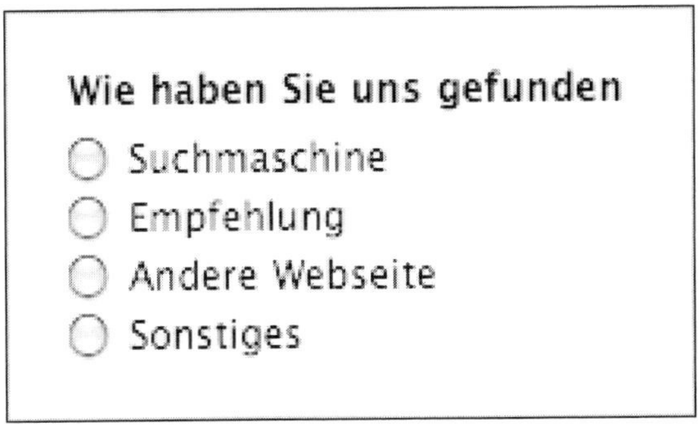

Abbildung 7.7: **Ein Radio-Button-Menü im Frontend**

OPTIONEN: Hier können Sie die verschiedenen Auswahlmöglichkeiten erfassen. Beim Anlegen der Optionen unterstützt Sie ein JavaScript-Assistent.

Radio-Button-Menüs verwenden die CSS-Klassen `radio` und `radio_container`.

## 7.2.9 Checkbox-Menü

Das Formularfeld *Checkbox-Menü* fügt dem Formular eine Liste von Optionen hinzu, aus der Sie beliebig viele Optionen oder auch gar keine auswählen können (Abbildung 7.8). Um die Auswahl genau einer Option zu erlauben, müssen Sie ein *Radio-Button-Menü* oder ein *Select-Menü* verwenden.

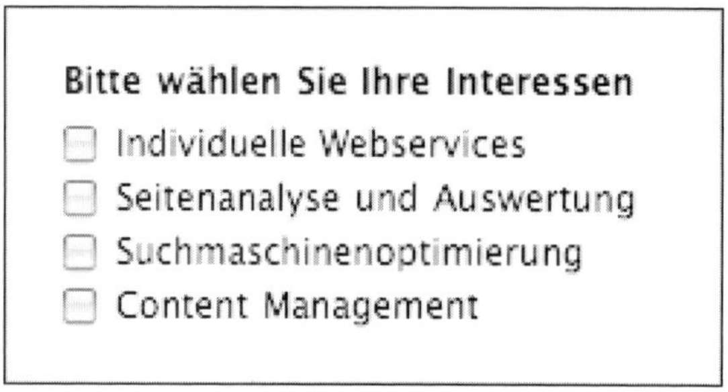

Abbildung 7.8: **Ein Checkbox-Menü im Frontend**

OPTIONEN: Hier können Sie die verschiedenen Auswahlmöglichkeiten erfassen. Beim Anlegen der Optionen unterstützt Sie ein JavaScript-Assistent.

Checkbox-Menüs verwenden die CSS-Klassen `checkbox` und `checkbox_container`.

## 7.2.10 Datei-Upload

Das Formularfeld *Datei-Upload* fügt dem Formular ein Feld hinzu, mit dem Besucher eine Datei von ihrem lokalen Rechner auf den Server übertragen können. Sie können für jedes Upload-Feld individuell festlegen, welche Dateitypen hochgeladen werden dürfen und wo die übertragenen Dateien gespeichert werden (Abbildung 7.9).

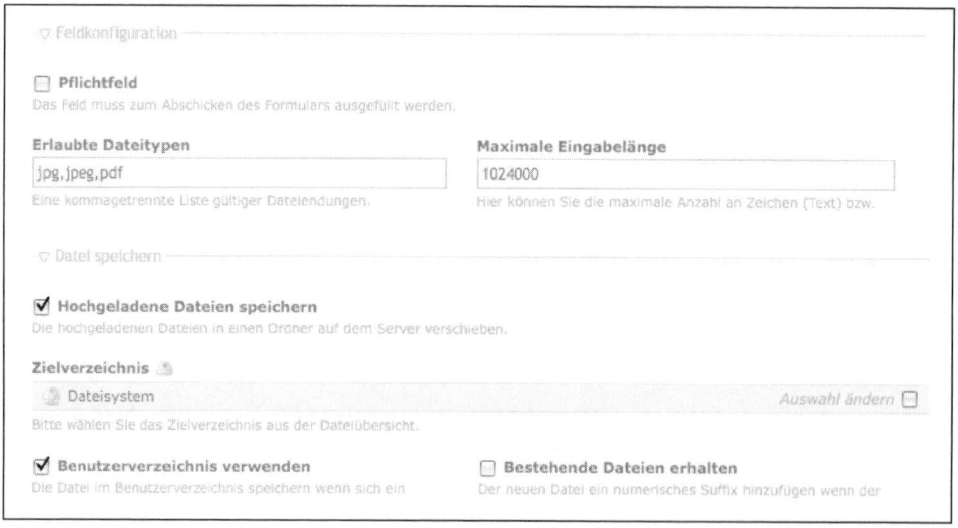

Abbildung 7.9: **Optionen für den Datei-Upload festlegen**

ERLAUBTE DATEITYPEN: Hier können Sie eine durch Kommata getrennte Liste erlaubter Datei-endungen erfassen. Beim Versuch, eine andere Datei hochzuladen, gibt TYPOlight automa-tisch eine Fehlermeldung aus.

MAXIMALE EINGABELÄNGE: Hier legen Sie die maximale Upload-Dateigröße in Bytes fest. Stan-dardmäßig dürfen Dateien bis zu 2 MB hochgeladen werden.

HOCHGELADENE DATEIEN SPEICHERN: Wählen Sie diese Option, um übertragene Dateien in einem Verzeichnis auf dem Server zu speichern.

ZIELVERZEICHNIS: Wählen Sie den Ordner, in dem die übertragenen Dateien gespeichert werden sollen.

BENUTZERVERZEICHNIS VERWENDEN: Wenn Sie diese Option wählen und ein Frontend-Benutzer zum Zeitpunkt des Uploads angemeldet ist, werden die übertragenen Dateien im Heimat-verzeichnis des Benutzers anstatt im Upload-Verzeichnis gespeichert.

BESTEHENDE DATEIEN ERHALTEN: Standardmäßig ersetzt TYPOlight vorhandene Dateien, sobald eine gleichnamige neuere Datei hochgeladen wird. Wenn Sie diese Option wählen, bleiben vorhandene Dateien bestehen und gleichnamige Dateinamen werden mit einem numeri-schen Suffix versehen.

Datei-Upload-Felder verwenden die CSS-Klasse `upload`.

## 7.2.11 Verstecktes Feld

Das Formularfeld *Verstecktes Feld* fügt dem Formular ein verstecktes Feld hinzu. Versteckte Felder können beliebige Werte enthalten, die im Formular nicht sichtbar sind, aber trotz-dem beim Absenden übermittelt werden.

WERT: Hier können Sie den Wert des versteckten Felds eingeben.

Versteckte Felder haben keine CSS-Klasse.

## 7.2.12 Sicherheitsfrage

Das Formularfeld *Sicherheitsfrage* fügt dem Formular ein sogenanntes CAPTCHA[1] hinzu. Die Sicherheitsfrage besteht aus einer einfachen Rechenaufgabe, die ein Besucher beim Abschicken des Formulars lösen muss (Abbildung 7.10). Wird die Sicherheitsfrage nicht oder falsch beantwortet, kann das Formular nicht abgeschickt werden. Auf diese Weise soll verhindert werden, dass Spammer das Formular missbrauchen.

---

1  http://de.wikipedia.org/wiki/Captcha

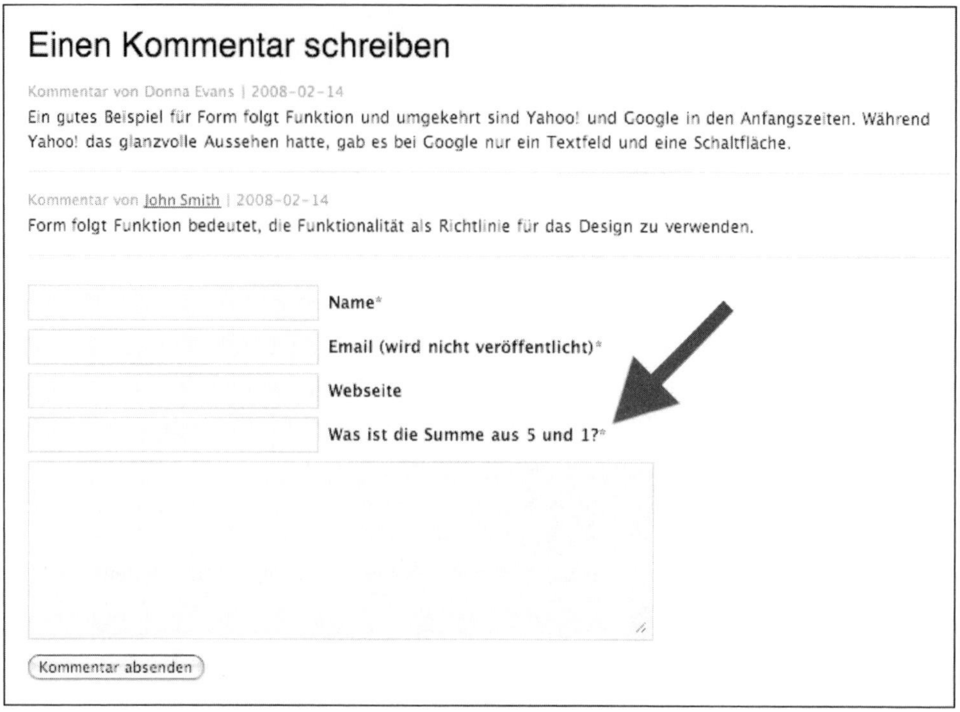

# Einen Kommentar schreiben

Kommentar von Donna Evans | 2008-02-14

Ein gutes Beispiel für Form folgt Funktion und umgekehrt sind Yahoo! und Google in den Anfangszeiten. Während Yahoo! das glanzvolle Aussehen hatte, gab es bei Google nur ein Textfeld und eine Schaltfläche.

Kommentar von John Smith | 2008-02-14

Form folgt Funktion bedeutet, die Funktionalität als Richtlinie für das Design zu verwenden.

Name*

Email (wird nicht veröffentlicht)*

Webseite

Was ist die Summe aus 5 und 1?*

Kommentar absenden

Abbildung 7.10: **Sicherheitsfrage im Kommentarformular**

Sicherheitsfragefelder verwenden die CSS-Klassen `captcha` und `captcha_text`.

## 7.2.13 Absendefeld

Das Formularfeld *Absendefeld* fügt dem Formular eine Schaltfläche hinzu, mit der das Formular abgeschickt werden kann. Ein Absendefeld kann entweder eine Textschaltfläche oder eine Bildschaltfläche sein (Abbildung 7.11).

BEZEICHNUNG DER ABSENDE-SCHALTFLÄCHE: Geben Sie hier den Text der Absende-Schaltfläche bzw. Bildschaltfläche (Mouse-Rollover) ein.

BILDSCHALTFLÄCHE: Wenn Sie diese Option auswählen, wird statt der Textschaltfläche eine Bildschaltfläche erstellt.

QUELLDATEI: Wählen Sie hier das Bild für die Bildschaltfläche aus.

Absendefelder verwenden die CSS-Klassen `submit` und `submit_container`.

Abbildung 7.11: **Eine Bildschaltfläche erstellen**

# 8. Die Modul-verwaltung

Im Abschnitt 4.3.1, *Aufbau des Frontends*, haben Sie gelernt, dass eine Frontend-Seite immer aus verschiedenen Layoutbereichen besteht, in die bestimmte Module eingebunden sind. In der Modulverwaltung können Sie diese Module konfigurieren. Sie finden die Modulverwaltung in der Backend-Navigation unter *Layout* (Abbildung 8.1).

Genau wie bei *Inhaltselementen* können Sie auch bei Modulen den Zugriff auf bestimmte Benutzergruppen beschränken (Abbildung 8.2).

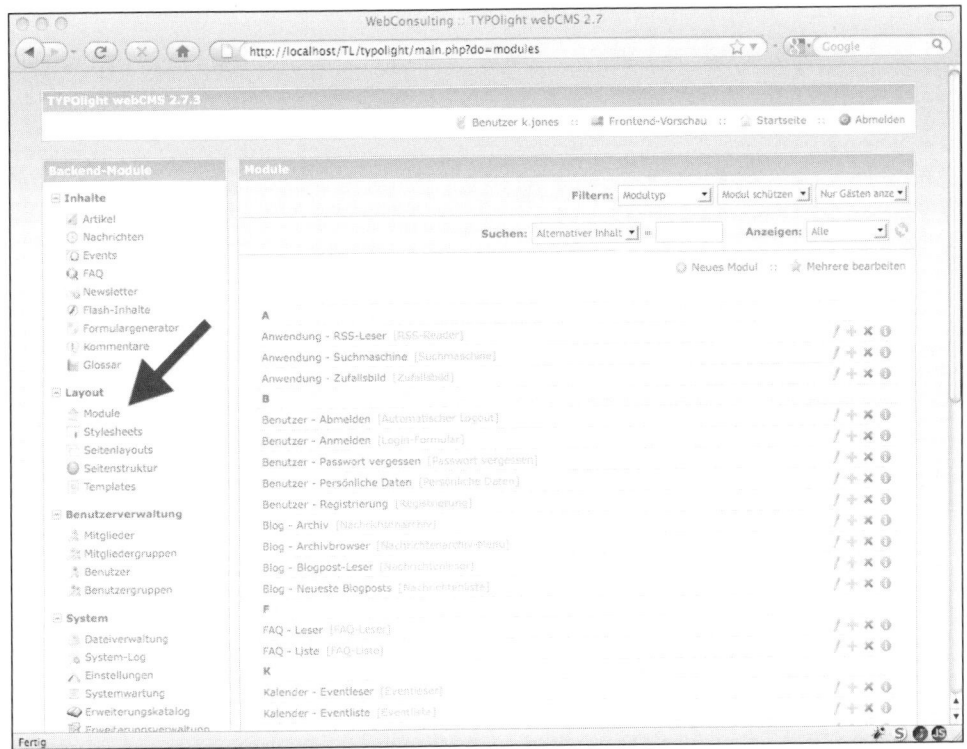

Abbildung 8.1: **Die Modulverwaltung im Backend**

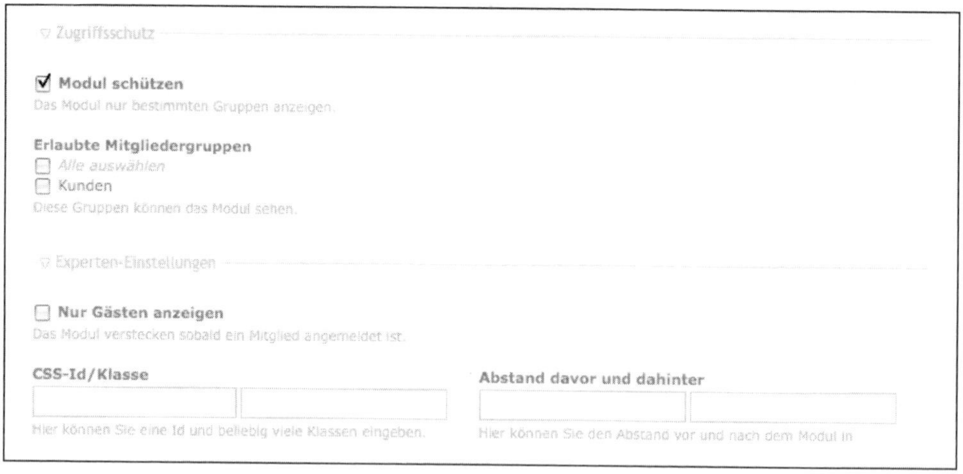

Abbildung 8.2: **Den Zugriff auf ein Modul einschränken**

MODUL SCHÜTZEN: Das Modul ist standardmäßig unsichtbar und wird eingeblendet, sobald sich ein Benutzer im Frontend angemeldet hat.

ERLAUBTE MITGLIEDERGRUPPEN: Hier legen Sie fest, welche Benutzergruppen nach der Anmeldung Zugriff auf das Modul haben.

NUR GÄSTEN ANZEIGEN: Das Modul ist standardmäßig sichtbar und wird ausgeblendet, sobald sich ein Benutzer im Frontend angemeldet hat.

# 8.1 Navigationsmodule

Ein Navigationsmodul erstellt aus der hierarchischen Seitenstruktur ein Frontend-Menü, das entweder den ganzen Seitenbaum oder bestimmte Teile davon abbildet.

TYPOlight verwendet für die Darstellung vieler Frontend-Module sogenannte Layoutvorlagen (Views), die Sie für jedes Navigationsmodul unter *Navigationstemplate* auswählen können. Weitere Informationen zu Templates und wie Sie sie an Ihre Bedürfnisse anpassen können, finden Sie im Abschnitt 16.1, *Templates*.

## 8.1.1 Navigationsmenü

Das Modul *Navigationsmenü* fügt der Webseite ein hierarchisches Navigationsmenü hinzu, das alle veröffentlichten und nicht versteckten Seiten inklusive Unterseiten enthält (Abbildung 8.3). Bei Bedarf können Sie das Modul so konfigurieren, dass nur die Hauptseiten oder nur die Unterseiten ab einer bestimmten Tiefe ausgegeben werden, um so Haupt- und Untermenüs zu erstellen.

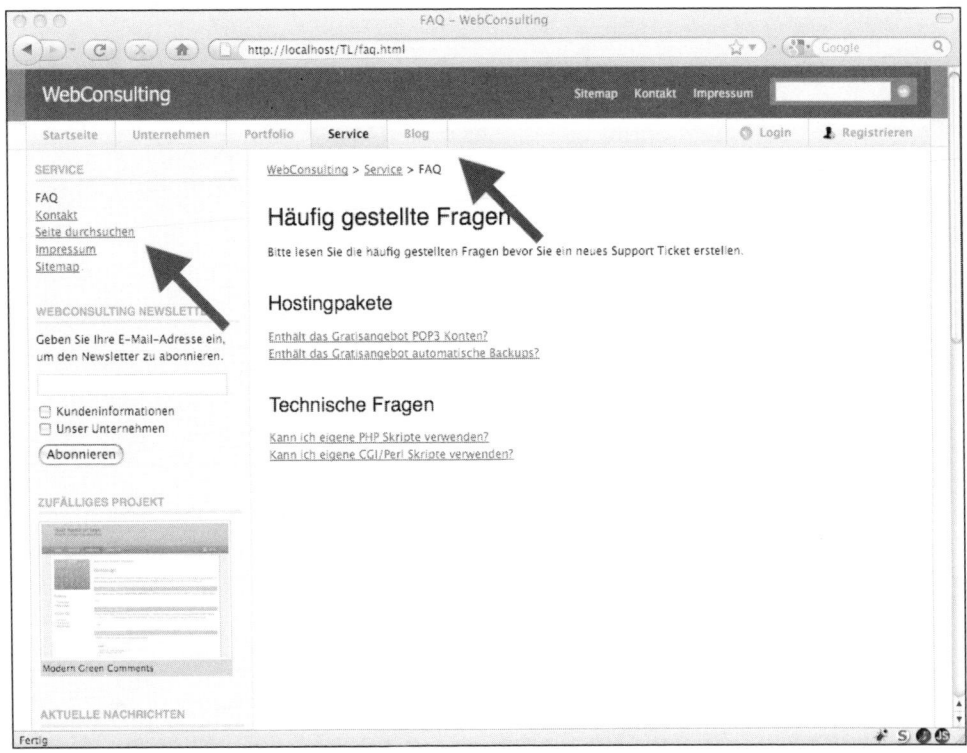

Abbildung 8.3: **Die Navigationsmenüs im Frontend**

STARTLEVEL: Eine hierarchische Struktur hat mehrere verschachtelte Ebenen, wobei in TYPO-light jede dieser Ebenen als Level bezeichnet wird. Standardmäßig beginnt das Navigationsmenü bei der höchsten Ebene und arbeitet sich durch alle Unterebenen bis zur am tiefsten verschachtelten Ebene. Das Startlevel bietet Ihnen die Möglichkeit, das Navigationsmenü beispielsweise von der zweiten Ebene aus starten zu lassen, so dass nur ein Teil des Seitenbaums ausgegeben wird (Untermenü).

STOPLEVEL: Im Gegensatz zum Startlevel, das die Einstiegsebene des Navigationsmenüs vorgibt, bestimmt das Stoplevel die Ausstiegsebene, also die maximale Tiefe der Verschachtelung. Das Hauptmenü der *WebConsulting*-Seite soll beispielsweise nur die Hauptseiten (die erste Ebene der Seitenstruktur) enthalten, daher habe ich die Ausgabe der Unterseiten mittels Stoplevel 1 eingeschränkt (Abbildung 8.4).

Abbildung 8.4: **Konfiguration der Hauptnavigation**

HARD LIMIT: Wenn Sie eine Seite der dritten Ebene aufrufen, wird diese Seite standardmäßig inklusive aller ihr übergeordneten Seiten im Navigationsmenü angezeigt, selbst wenn Sie per Stoplevel nur die erste Ebene erlaubt haben. Der Sinn dahinter ist, dass die aktive Seite immer im Navigationsmenü zu finden sein soll.

Für eine echte Hauptnavigation wie auf der *WebConsulting*-Seite ist dieses Verhalten aber eher kontraproduktiv, da hier tatsächlich nur die Seiten des ersten Levels benötigt und eventuell vorhandene Unterseiten in einem separaten Untermenü ausgegeben werden. Aus diesem Grund gibt es die Option *Hard Limit*, die dafür sorgt, dass niemals Unterseiten jenseits des Stoplevels angezeigt werden.

GESCHÜTZTE SEITEN ANZEIGEN: Wenn Sie diese Option auswählen, werden geschützte Seiten im Navigationsmenü angezeigt. Standardmäßig sind solche Seiten nur sichtbar, wenn ein Frontend-Benutzer angemeldet ist.

EINE REFERENZSEITE FESTLEGEN: In der Regel beginnt ein Navigationsmenü immer bei der Wurzelseite der Seitenstruktur (*Startpunkt einer Webseite*). Um nur einen Teilbaum abzubilden, können Sie hier einen individuellen Startpunkt festlegen.

Navigationsmenüs verwenden die CSS-Klasse mod_navigation.

## 8.1.2 Individuelle Navigation

Das Modul *Individuelle Navigation* fügt der Webseite ein Navigationsmenü aus beliebigen Seiten hinzu, das keine hierarchischen Abhängigkeiten berücksichtigt.

SEITEN: Hier wählen Sie aus, welche Seiten in dem Menü enthalten sein sollen.

Individuelle Menüs verwenden die CSS-Klasse mod_customnav.

### 8.1.3 Navigationspfad

Das Modul *Navigationspfad* fügt der Webseite eine sogenannte *Brotkrumen-Navigation* hinzu, die von der aktiven Seite ausgehend alle übergeordneten Seiten bis zur obersten Ebene darstellt (Abbildung 8.5). Mit Hilfe eines Navigationspfads kann ein Besucher jederzeit erkennen, wo er sich befindet und wie er dort hingelangt ist.

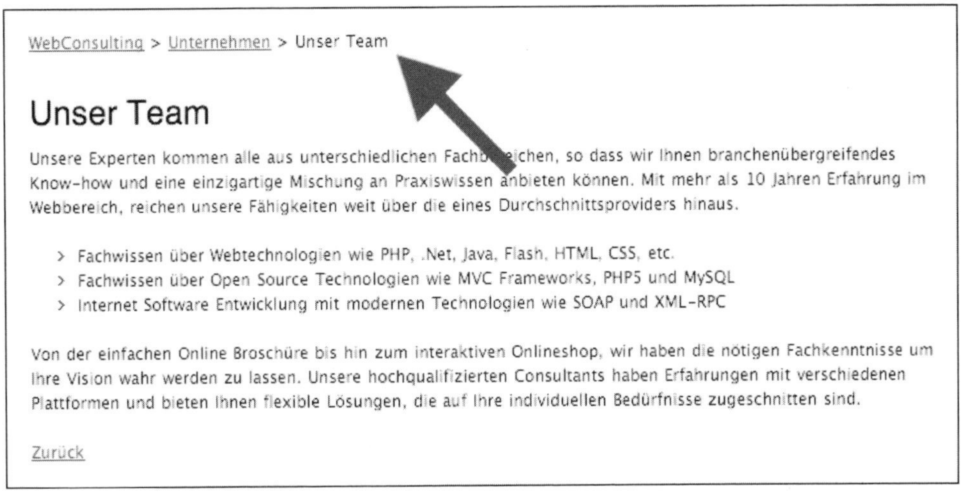

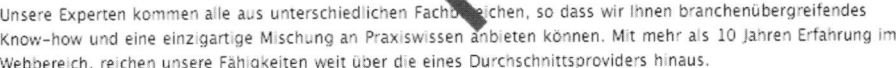

WebConsulting > Unternehmen > Unser Team

# Unser Team

Unsere Experten kommen alle aus unterschiedlichen Fachbereichen, so dass wir Ihnen branchenübergreifendes Know-how und eine einzigartige Mischung an Praxiswissen anbieten können. Mit mehr als 10 Jahren Erfahrung im Webbereich, reichen unsere Fähigkeiten weit über die eines Durchschnittsproviders hinaus.

> Fachwissen über Webtechnologien wie PHP, .Net, Java, Flash, HTML, CSS, etc.
> Fachwissen über Open Source Technologien wie MVC Frameworks, PHP5 und MySQL
> Internet Software Entwicklung mit modernen Technologien wie SOAP und XML-RPC

Von der einfachen Online Broschüre bis hin zum interaktiven Onlineshop, wir haben die nötigen Fachkenntnisse um Ihre Vision wahr werden zu lassen. Unsere hochqualifizierten Consultants haben Erfahrungen mit verschiedenen Plattformen und bieten Ihnen flexible Lösungen, die auf Ihre individuellen Bedürfnisse zugeschnitten sind.

Zurück

Abbildung 8.5: **Der Navigationspfad im Frontend**

Wurzelseite als Startseite: Wenn Sie diese Option auswählen, wird der Startpunkt der Webseite in den Navigationspfad einbezogen.

Versteckte Seiten anzeigen: Wenn Sie diese Option auswählen, werden auch versteckte Seiten im Navigationspfad angezeigt.

Navigationspfade verwenden die CSS-Klasse `mod_breadcrumb`.

### 8.1.4 Quicknavigation

Das Modul *Quicknavigation* fügt der Webseite ein Drop-Down-Menü hinzu, mit dem ein Besucher direkt zu einer bestimmten Seite springen kann (Abbildung 8.6).

Individuelle Bezeichnung: Hier können Sie eine individuelle Bezeichnung für die erste Option der Quicknavigation eingeben.

Stoplevel: Hier legen Sie fest, bis zu welcher Verschachtelungstiefe Unterseiten in der Quicknavigation enthalten sein sollen (siehe *Navigationsmenü*).

Hard Limit: Wenn Sie diese Option auswählen, werden keine Seiten jenseits des Stoplevels angezeigt, selbst wenn diese aktiv sind (siehe *Navigationsmenü*).

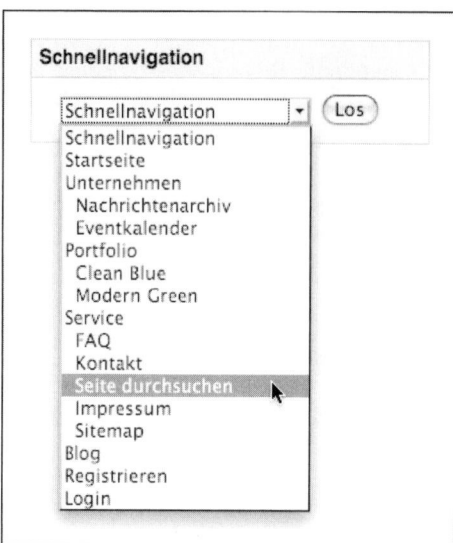

Abbildung 8.6: **Die Quicknavigation im Frontend**

Wᴜʀᴢᴇʟsᴇɪᴛᴇ ᴀʟs Sᴛᴀʀᴛᴘᴜɴᴋᴛ: Wählen Sie diese Option, wenn Sie keinen *Startpunkt einer Webseite* in Ihrer Seitenstruktur definiert, sondern die Seiten direkt im Rootlevel angelegt haben (nicht empfohlen).

Gᴇsᴄʜüᴛᴢᴛᴇ Sᴇɪᴛᴇɴ ᴀɴᴢᴇɪɢᴇɴ: Wenn Sie diese Option auswählen, werden auch geschützte Seiten in der Quicknavigation angezeigt, die sonst nur für angemeldete Frontend-Benutzer verfügbar sind.

Vᴇʀsᴛᴇᴄᴋᴛᴇ Sᴇɪᴛᴇɴ ᴀɴᴢᴇɪɢᴇɴ: Wenn Sie diese Option auswählen, werden auch versteckte Seiten in der Quicknavigation angezeigt.

Rᴇꜰᴇʀᴇɴᴢsᴇɪᴛᴇ: Hier legen Sie die übergeordnete Seite fest, deren Unterseiten in der Quicknavigation enthalten sein sollen.

Quicknavigationen verwenden die CSS-Klasse `mod_quicknav`.

## 8.1.5 Quicklink

Das Modul *Quicklink* fügt der Webseite ein Drop-Down-Menü hinzu, mit dem ein Besucher direkt zu einer bestimmten Seite springen kann. Im Gegensatz zur Quicknavigation bildet das Quicklink-Modul nicht die komplette Seitenstruktur ab, sondern nur ausgewählte Seiten (vgl. Abschnitt 8.1.2, *Individuelle Navigation*).

Iɴᴅɪᴠɪᴅᴜᴇʟʟᴇ Bᴇᴢᴇɪᴄʜɴᴜɴɢ: Hier können Sie eine individuelle Bezeichnung für die erste Option des Quicklink-Moduls eingeben.

Sᴇɪᴛᴇɴ: Hier legen Sie die Seiten des Quicklink-Menüs fest.

Quicklink-Module verwenden die CSS-Klasse `mod_quicklink`.

## 8.1.6 Buchnavigation

Das Modul *Buchnavigation* fügt der Webseite ein Navigationsmenü hinzu, mit dem Sie innerhalb der Seitenstruktur vorwärts, zurück oder eine Ebene nach oben navigieren können (Abbildung 8.7). Die einzelnen Seiten werden dabei wie bei einem Buch quasi umgeblättert, daher der Name der Navigation.

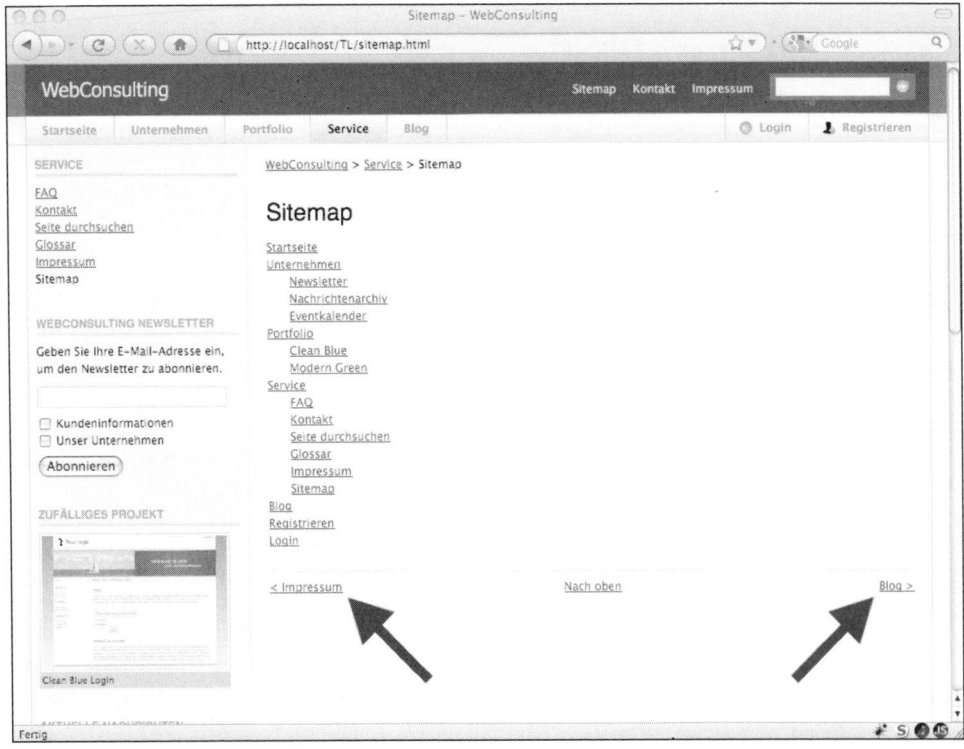

Abbildung 8.7: **Die Buchnavigation im Frontend**

Das Beispielmodul befindet sich auf der Seite *Sitemap*. Wie Sie sehen, gelangen Sie mit der Buchnavigation unabhängig von der Hierarchie der Seitenstruktur immer auf die vorherige (*Impressum*) bzw. nächste Seite (*Blog*). Lediglich der *Nach oben*-Link berücksichtigt die Verschachtelungstiefe und bringt Sie zur übergeordneten Ebene, was in unserem Beispiel die Seite *Service* ist.

REFERENZSEITE: Die Referenzseite legt den Ausgangspunkt für die Buchnavigation fest. Übergeordnete Seiten werden nicht im Navigationsmenü angezeigt.

GESCHÜTZTE SEITEN ANZEIGEN: Wenn Sie diese Option auswählen, werden auch geschützte Seiten in der Buchnavigation angezeigt, die sonst nur für angemeldete Frontend-Benutzer verfügbar sind.

VERSTECKTE SEITEN ANZEIGEN: Bei Auswahl dieser Option werden auch versteckte Seiten in der Buchnavigation angezeigt.

Buchnavigationen verwenden die CSS-Klasse `mod_booknav`.

### 8.1.7 Artikelnavigation

Das Modul *Artikelnavigation* fügt der Webseite ein Navigationsmenü hinzu, mit dem Sie ähnlich wie bei einer *Buchnavigation* die Artikel einer bestimmten Seite vorwärts- und zurückblättern können (Abbildung 8.8).

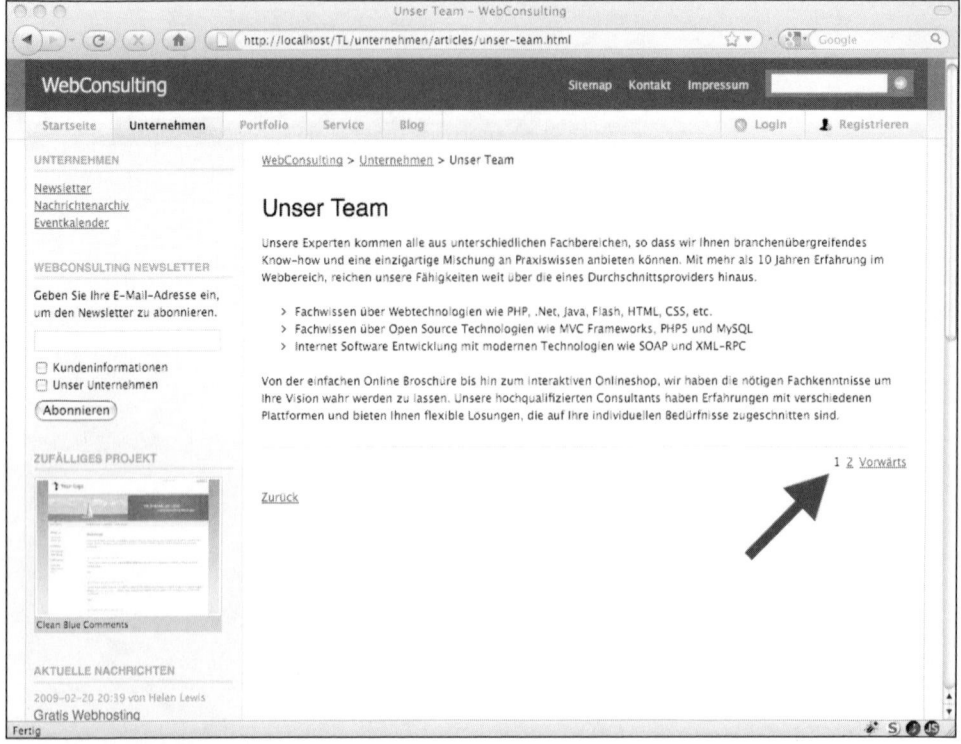

Abbildung 8.8: **Die Artikelnavigation im Frontend**

ERSTES ELEMENT LADEN: Wenn Sie diese Option auswählen, wird automatisch der erste Artikel geladen, wenn kein bestimmter Artikel angefordert wurde.

Artikelnavigationen verwenden die CSS-Klasse `mod_articlenav`.

### 8.1.8 Sitemap

Das Modul *Sitemap* fügt der Webseite eine Übersicht über alle veröffentlichten und nicht versteckten Seiten hinzu (vgl. Abbildung 8.7).

WURZELSEITE ALS STARTSEITE: Wählen Sie diese Option, wenn Sie keinen *Startpunkt einer Webseite* in Ihrer Seitenstruktur definiert, sondern die Seiten direkt im Rootlevel angelegt haben (nicht empfohlen).

GESCHÜTZTE SEITEN ANZEIGEN: Wenn Sie diese Option auswählen, werden geschützte Seiten angezeigt, die sonst nur für angemeldete Benutzer verfügbar sind.

VERSTECKTE SEITEN ANZEIGEN: Bei Auswahl dieser Option werden versteckte Seiten angezeigt, die sonst in der Navigation ausgeblendet werden.

REFERENZSEITE: Hier legen Sie die Startseite der Sitemap fest. Unterseiten werden automatisch übernommen, übergeordnete Seiten werden hingegen nicht angezeigt.

Sitemaps verwenden die CSS-Klasse mod_sitemap.

# 8.2 Benutzermodule

Benutzermodule sind Module, die im Zusammenhang mit der Verwaltung von Benutzern gebraucht werden. Dazu zählt beispielsweise die Registrierung neuer Benutzer oder die An- bzw. Abmeldung bestehender Benutzer.

## 8.2.1 Login-Formular

Das Modul *Login-Formular* fügt der Webseite ein Formular hinzu, mit dem sich registrierte Benutzer authentifizieren können (Abbildung 8.9).

Abbildung 8.9: **Login-Formular ohne angemeldeten Benutzer**

Sobald ein Frontend-Benutzer angemeldet ist, wird statt des Anmeldeformulars automatisch eine Schaltfläche zum Abmelden angezeigt (Abbildung 8.10).

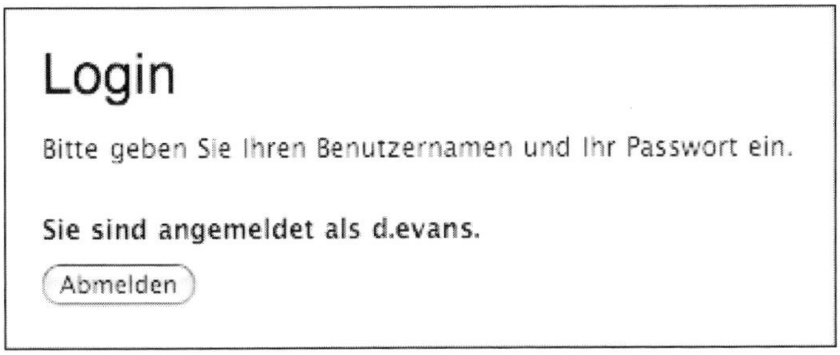

Abbildung 8.10: **Login-Formular bei angemeldetem Benutzer**

Berücksichtigen Sie also bei der CSS-Formatierung beide Zustände und denken Sie auch daran, dass das Modul eventuell eine Fehlermeldung ausgibt.

Weiterleitungsseite: Hier legen Sie fest, zu welcher Seite ein Benutzer nach erfolgreicher Anmeldung weitergeleitet wird. Diese Einstellung können Sie in jeder Benutzergruppe überschreiben, um eine gruppenspezifische Weiterleitung einzurichten. Weitere Informationen dazu finden Sie im Abschnitt 15.1, *Benutzerverwaltung*.

Zur zuletzt besuchten Seite: Wenn Sie diese Option auswählen, wird der Benutzer zur zuletzt besuchten Seite anstatt der Weiterleitungsseite weitergeleitet.

Anzahl an Spalten: Hier können Sie wählen, ob das Modul einspaltig (ohne Tabelle) oder zweispaltig (mit Tabelle) ausgegeben werden soll.

Login-Formulare verwenden die CSS-Klasse `mod_login` sowie je nach Anzahl der Spalten die Klassen `one_column` oder `two_column`.

## 8.2.2 Automatischer Logout

Das Modul *Automatischer Logout* fügt der Webseite ein unsichtbares Modul hinzu, das einen angemeldeten Benutzer automatisch abmeldet. Sobald sich ein Benutzer im Frontend der *WebConsulting*-Seite angemeldet hat, erscheint im Hauptmenü auf der rechten Seite ein Logout-Link, mit dem er sich wieder abmelden kann (Abbildung 8.11).

In Wirklichkeit handelt es sich dabei um zwei verschiedene Seiten in der Seitenstruktur, die einmal das Login- und einmal das Logout-Modul enthalten.

Weiterleitungsseite: Hier legen Sie fest, auf welche Seite ein Benutzer nach der Abmeldung weitergeleitet wird.

Zur zuletzt besuchten Seite: Wenn Sie diese Option auswählen, wird der Benutzer zur zuletzt besuchten Seite anstatt der Weiterleitungsseite weitergeleitet.

Das Modul erzeugt keine Ausgabe und verwendet daher auch keine CSS-Klassen.

## 8.2.3 Mitgliederregistrierung

Das Modul *Mitgliederregistrierung* fügt der Webseite ein Formular hinzu, mit dem sich neue Benutzer registrieren können (Abbildung 8.12) und je nach Konfiguration automatisch ein Benutzerkonto für den geschützten Bereich erhalten.

Editierbare Felder: Hier können Sie festlegen, welche Felder ein neuer Benutzer bei der Registrierung ausfüllen muss. Um die Anmeldung am Frontend zu ermöglichen, müssen Sie die Felder *Benutzername* und *Passwort* aktivieren.

Abonnierbare Newsletter: Wenn Sie die *Newsletter-Erweiterung* verwenden, können Sie hier festlegen, welche Verteiler ein Benutzer abonnieren kann.

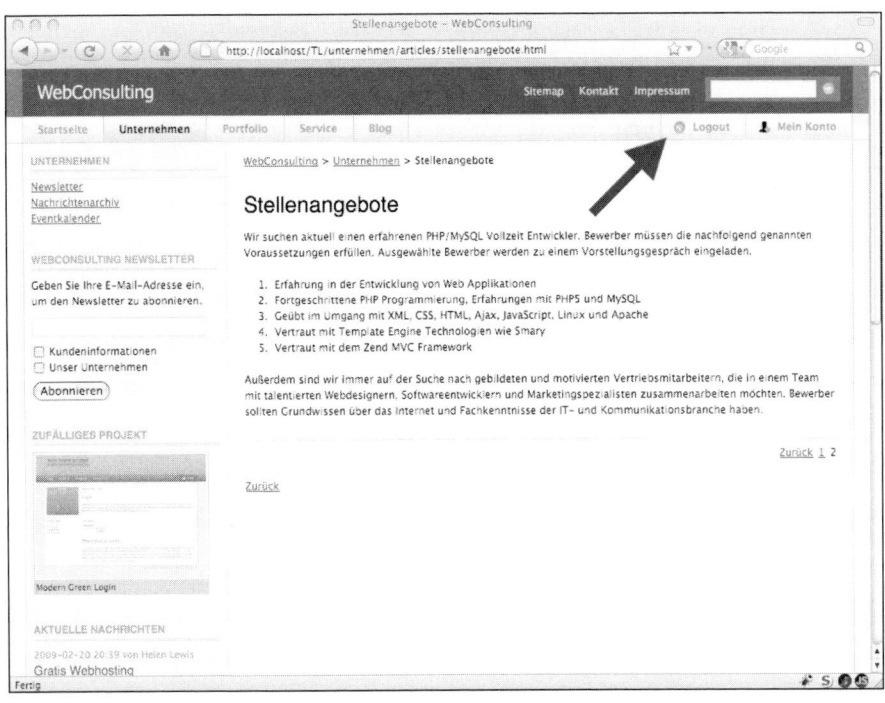

Abbildung 8.11: **Logout-Link im Frontend**

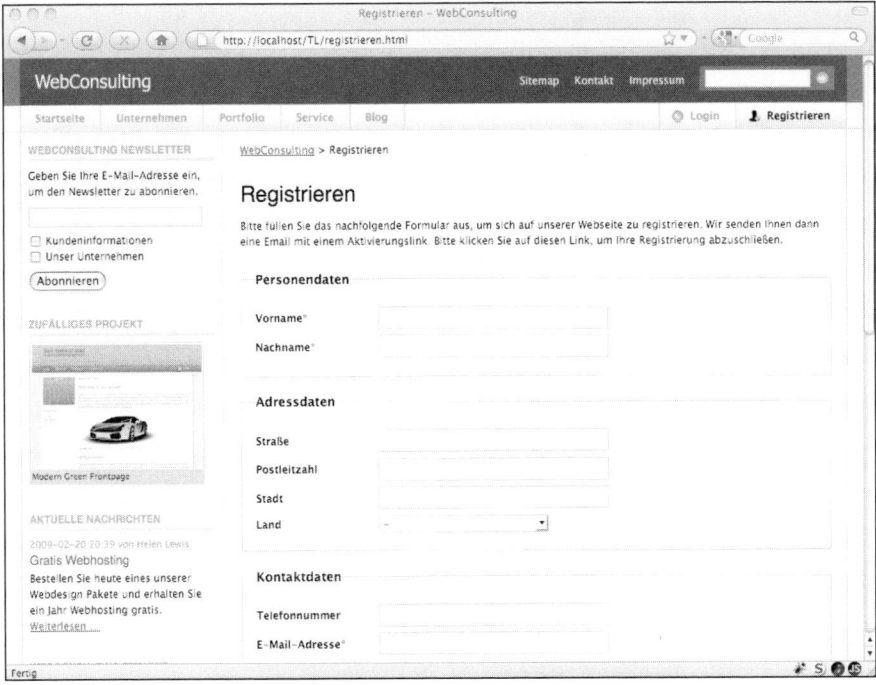

Abbildung 8.12: **Die Mitgliederregistrierung im Frontend**

SICHERHEITSFRAGE DEAKTIVIEREN: Hier können Sie die Sicherheitsfrage deaktivieren, die jeder Benutzer bei der Registrierung beantworten muss (nicht empfohlen). Ohne Sicherheitsfrage ist es unter Umständen möglich, dass Spammer automatisiert Benutzerkonten erstellen und Ihre Webseite missbrauchen.

MITGLIEDERGRUPPEN: Hier legen Sie fest, welchen Benutzergruppen ein neu registrierter Benutzer zugeordnet wird.

LOGIN ERLAUBEN: Wenn Sie diese Option auswählen, kann sich ein neuer Benutzer nach der Registrierung am Frontend anmelden. Damit das funktioniert, muss das Registrierungsformular die Felder *Benutzername* und *Passwort* enthalten.

EIN BENUTZERVERZEICHNIS ANLEGEN: Wenn Sie diese Option auswählen, wird bei der Registrierung automatisch ein neues Benutzerverzeichnis erstellt. Der Name des neuen Verzeichnisses wird aus dem Benutzernamen generiert.

WEITERLEITUNGSSEITE: Hier legen Sie fest, auf welche Seite ein Benutzer nach der Registrierung weitergeleitet wird.

AKTIVIERUNGSMAIL VERSCHICKEN: Um den Registrierungsprozess vollständig zu automatisieren, müssen Sie diese Option auswählen. Ein neuer Benutzer erhält dann bei der Registrierung eine E-Mail mit einem Bestätigungslink, mit dem er sein Konto selbstständig aktivieren kann.

BESTÄTIGUNGSSEITE: Hier legen Sie fest, auf welche Seite ein Benutzer nach erfolgreicher Aktivierung seines Kontos weitergeleitet wird. Das könnte z.B. eine Seite mit einem Login-Formular sein, damit sich der Benutzer direkt anmelden kann (dazu muss die Option *Login erlauben* gesetzt sein).

AKTIVIERUNGSMAIL: Geben Sie hier den Text der Aktivierungsmail ein. Sie können Platzhalter im Format ##key## für alle Eingabefelder des Registrierungsformulars sowie die Platzhalter ##domain## für die aktuelle Domain und ##link## für den Bestätigungslink verwenden. Hier ein kleines Beispiel:

Listing 8.1: **Text der Aktivierungsmail**

```
Sehr geehrte(r) ##firstname## ##lastname##,

vielen Dank für Ihre Registrierung auf ##domain##. Bitte klicken Sie
##link##, um Ihre Registrierung abzuschließen und Ihr Konto zu aktivieren.

Ihr Administrator
```

FORMULARTEMPLATE: Hier können Sie die Layoutvorlage (View) des Moduls auswählen (vgl. Abschnitt 16.1, *Templates*). Die Vorlage *member_default* listet alle Felder untereinander, die Vorlage *member_grouped* stellt sie hingegen in Gruppen dar.

Registrierungsmodule verwenden die CSS-Klasse mod_registration.

## 8.2.4 Passwort vergessen

Das Modul *Passwort vergessen* fügt der Webseite ein Formular hinzu, mit dem ein Benutzer ein neues Passwort anfordern kann (Abbildung 8.13). Dazu verschickt TYPOlight eine automatische E-Mail mit einem Bestätigungslink an die Adresse, die in dem jeweiligen Benutzerkonto gespeichert ist. Erst nach dem Anklicken dieses Bestätigungslinks ist die Eingabe eines neuen Passworts möglich.

**Haben Sie Ihr Passwort vergessen?**

Hier können Sie ein neues Passwort anfordern. Bitte geben Sie dazu Ihren Benutzernamen und Ihre Emailadresse ein. Wir senden Ihnen dann eine Bestätigungsmail mit einem Link zur Erstellung eines neuen Passworts.

Benutzername*

Emailadresse*

Sicherheitsfrage*   Bitte addieren Sie 4 und 8.

( Neues Passwort anfordern )

Abbildung 8.13: **Das Modul Passwort vergessen im Frontend**

BENUTZERNAMEN NICHT ABFRAGEN: Wenn Sie diese Option auswählen, wird der Benutzername bei der Anforderung nicht abgefragt (nicht empfohlen).

SICHERHEITSFRAGE DEAKTIVIEREN: Wenn Sie diese Option auswählen, muss die Sicherheitsfrage bei der Anforderung nicht beantwortet werden (nicht empfohlen).

WEITERLEITUNGSSEITE: Hier legen Sie fest, auf welche Seite ein Benutzer nach dem Anfordern eines neuen Passworts weitergeleitet wird.

BESTÄTIGUNGSSEITE: Hier legen Sie fest, auf welche Seite ein Benutzer nach erfolgreicher Erstellung eines neuen Passworts weitergeleitet wird.

BESTÄTIGUNGSMAIL: Geben Sie hier den Text der Bestätigungsmail ein. Sie können Platzhalter im Format ##key## für alle Benutzereigenschaften sowie die Platzhalter ##domain## für die aktuelle Domain und ##link## für den Bestätigungslink verwenden. Eine Bestätigungsmail sieht in der Regel wie folgt aus:

Listing 8.2: **Text der Bestätigungsmail**

```
Sehr geehrte(r) ##firstname## ##lastname##,

Sie haben ein neues Passwort für ##domain## angefordert. Bitte klicken Sie
##link##, um das neue Passwort einzugeben.

Ihr Administrator
```

Das Modul *Passwort vergessen* verwendet die CSS-Klasse mod_lostPassword.

## 8.2.5 Persönliche Daten

Das Modul *Persönliche Daten* fügt der Webseite ein Formular hinzu, mit dem ein Benutzer seine persönlichen Daten wie z.B. seine E-Mail-Adresse oder sein Passwort ändern kann. Dabei können Sie als Administrator genau festlegen, welche Felder bearbeitet werden dürfen und welche nicht (Abbildung 8.14).

Abbildung 8.14: **Editierbare Felder festlegen**

EDITIERBARE FELDER: Hier können Sie die editierbaren Felder festlegen.

ABONNIERBARE NEWSLETTER: Wenn Sie die *Newsletter-Erweiterung* verwenden, können Sie hier festlegen, welche Verteiler ein Benutzer abonnieren kann.

WEITERLEITUNGSSEITE: Hier können Sie auswählen, auf welche Seite ein Benutzer nach dem Absenden der Änderungen weitergeleitet wird.

FORMULARTEMPLATE: Hier können Sie die Layoutvorlage (View) des Moduls auswählen (vgl. Abschnitt 16.1, *Templates*). Die Vorlage *member_default* listet alle Felder untereinander, die Vorlage *member_grouped* stellt sie hingegen in Gruppen dar.

Das Modul *Persönliche Daten* verwendet die CSS-Klasse mod_personalData.

## 8.2.6 Mitgliederliste

Das Modul *Mitgliederliste* fügt der Webseite eine Liste aller Mitglieder einer oder mehrerer Gruppen hinzu (Abbildung 8.15). Zu jedem Mitglied gibt es eine Detailseite (öffentliches Profil), auf der bestimmte Informationen angezeigt werden und optional eine E-Mail an das Mitglied verschickt werden kann.

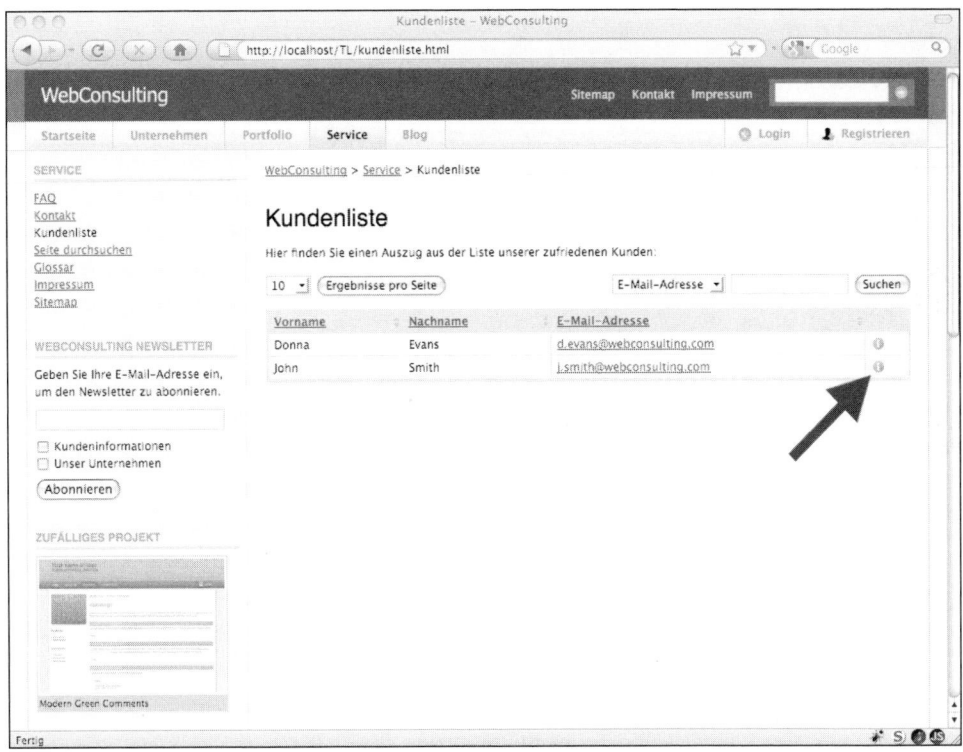

Abbildung 8.15: **Die Mitgliederliste im Frontend**

Jeder Benutzer kann in seinem Profil genau festlegen, welche Informationen öffentlich sichtbar sind und wer ihn per E-Mail kontaktieren darf (Abbildung 8.16), so dass seine Privatsphäre optimal geschützt bleibt. Werden keine öffentlichen Felder ausgewählt, erscheint das Mitglied überhaupt nicht in der Mitgliederliste.

GRUPPEN: Hier legen Sie fest, welche Mitgliedergruppen aufgelistet werden.

FELDER: Hier können Sie die Felder der Mitgliedertabelle auswählen. Diese Selektion bezieht sich jedoch nicht auf die Detailseite der Mitgliederliste, auf der nur die vom jeweiligen Mitglied freigegebenen Felder angezeigt werden.

ELEMENTE PRO SEITE: Wenn Sie hier einen Wert größer 0 eingeben, verteilt TYPOlight die Mitgliederliste automatisch auf mehrere Seiten.

Das Modul *Mitgliederliste* verwendet die CSS-Klasse mod_memberlist.

Abbildung 8.16: **Schutz der Privatsphäre jedes Mitglieds**

# 8.3 Weitere Module

In diesem Abschnitt stelle ich Ihnen die übrigen Core-Module vor, die sich nicht in eine bestimmte Kategorie einordnen lassen. Die Liste der Frontend-Module kann darüber hinaus durch (Third-Party-)Erweiterungen beliebig verlängert werden.

## 8.3.1 Suchmaschine

Das Modul *Suchmaschine* fügt der Webseite ein Suchformular hinzu, mit dem Sie Ihre Webseite durchsuchen können (Abbildung 8.17).

TYPOlight indiziert jede Seite Ihrer Webpräsenz automatisch, sobald sie aufgerufen wird, und speichert die darauf zu findenden Wörter als Suchbegriffe in einer Tabelle in der Datenbank. Das Suchmodul durchsucht diese Tabelle und liefert die Seiten zurück, die den gesuchten Begriff bzw. die gesuchten Begriffe enthalten.

**ACHTUNG**

**Wenn Sie im Backend angemeldet sind und die Vorschau Ihrer Webseite aufrufen, werden die besuchten Seiten aus Sicherheitsgründen nicht indiziert. Es könnte ja sein, dass sich dort noch nicht veröffentlichte Inhalte befinden, die vor ihrer Veröffentlichung natürlich nicht im Suchindex auftauchen sollen.**

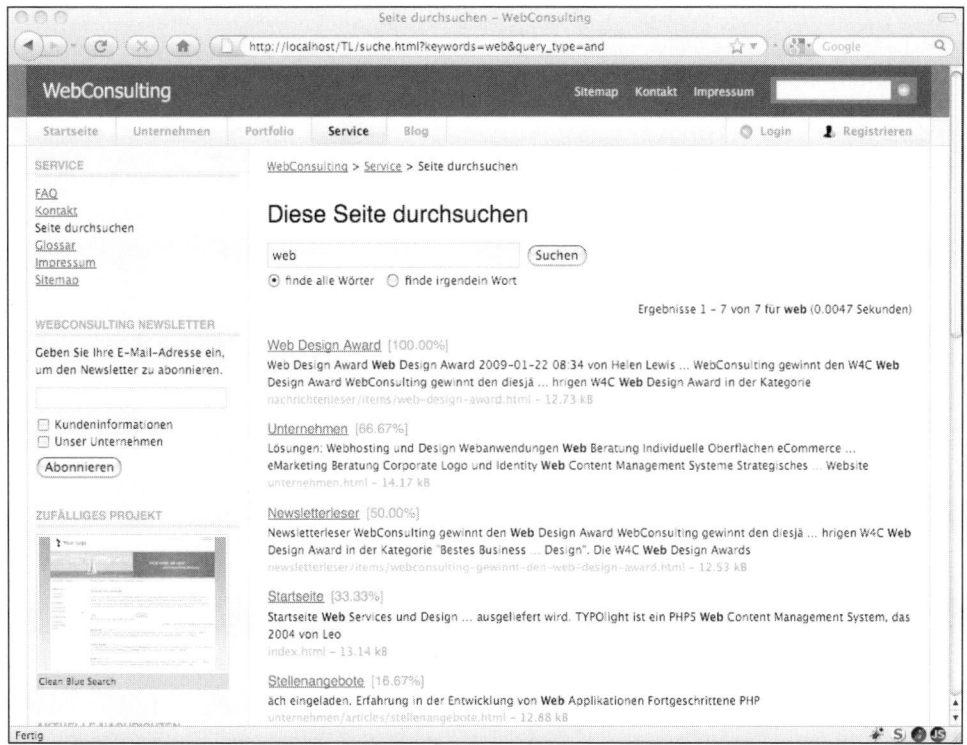

Abbildung 8.17: **Die On-Site Suche im Frontend**

Mit der TYPOlight-Suchmaschine können Sie mehr als nur einzelne Wörter finden. Die sogenannte Suchsyntax unterstützt neben der UND/ODER-Suche auch die Phrasensuche und die Verwendung von Platzhaltern. Ich werde Ihnen die verschiedenen Möglichkeiten anhand der *WebConsulting*-Beispielseite erklären. Öffnen Sie dazu das Frontend und geben Sie in das Suchfeld rechts oben den Begriff web design ein.

## UND/ODER-Suche

Die einfache Suche nach web design ergibt fünf Treffer. TYPOlight sucht standardmäßig nur nach Seiten, die alle Suchbegriffe enthalten (UND-Suche). Wenn Sie aber die Option *finde irgendein Wort* auswählen, werden auch die Seiten zurückgegeben, die nur eines der beiden Wörter enthalten (ODER-Suche).

Die Zahl der Treffer erhöht sich dadurch auf neun.

## Phrasensuche

Bei der Phrasensuche wird nicht nur nach einzelnen Wörtern gesucht, sondern nach Wortkombinationen, die in einer bestimmten Reihenfolge stehen. Um nach einer Phrase zu suchen, müssen Sie lediglich die entsprechenden Wörter in Anführungszeichen setzen. Die

Suche nach „web design" ergibt im Vergleich zur UND/ODER-Suche nur drei Treffer, nämlich die Seiten, die tatsächlich den Begriff *Web Design* enthalten.

## Suche mit Platzhaltern

Vielleicht interessieren Sie sich gar nicht nur für Web Design, sondern auch für alle möglichen anderen Dinge zum Thema Web, wie z. B. Web Hosting. Aus diesem Grund möchten Sie am liebsten alles finden, was mit dem Wort *Web* beginnt. Für diesen Fall bietet TYPOlight die Suche mit Platzhaltern.

Starten Sie eine neue Suche und geben Sie web* in das Suchfeld ein. Der Stern dient als Platzhalter und steht für beliebige weitere Zeichen. Wie Sie sehen, gibt diese Suche mit 28 Treffern deutlich mehr Ergebnisse zurück als die beiden vorherigen und sie enthält jetzt auch Wörter wie *Webanwendung*, *Webhosting* oder *Webtechnologie*.

## Suchbegriffe erzwingen

Das Erzwingen von Suchbegriffen ist ein gutes Mittel, um ODER-Suchen weiter zu verfeinern. Nehmen wir an, Sie möchten alle Seiten finden, auf denen die Begriffe *Web*, *Hosting* oder *Design* vorkommen (zehn Treffer), sind aber an Design nur in Verbindung mit dem Web interessiert. Das Design von Industrieprodukten ist für Sie nicht relevant und soll daher auch nicht in den Ergebnissen erscheinen.

Sicherlich haben Sie sofort erkannt, dass Sie das mit zwei UND-Suchen nach *Web Design* und *Web Hosting* erreichen können. Diese Lösung ist aber recht unkomfortabel, da die beiden Trefferlisten getrennt durchsucht werden müssen und nicht nach einer gemeinsamen Relevanz sortiert werden können.

Eine bessere Möglichkeit ist die Suche nach +web hosting design, was so viel bedeutet wie: »Suche nach den Wörtern *Hosting* und *Design,* aber nur auf den Seiten, auf denen auch das Wort *Web* vorkommt«. An dem Pluszeichen erkennt TYPOlight, dass ein Suchbegriff auf jeden Fall enthalten sein muss. Beachten Sie, dass zwischen dem Pluszeichen und dem Suchbegriff kein Leerzeichen stehen darf.

Die verfeinerte Suche ergibt jetzt nur noch sieben Treffer.

## Suchbegriff ausschließen

Das Ausschließen eines Suchbegriffs ist das Gegenstück zum Erzwingen eines Suchbegriffs und bewirkt, dass nur die Seiten gefunden werden, die einen bestimmten Begriff nicht enthalten. Im obigen Beispiel haben Sie durch das Erzwingen des Worts *Web* die Anzahl der Ergebnisse von zehn auf sieben reduziert. Wenn Sie nun das Wort *Web* ausschließen, werden Sie genau die drei weggefallenen Seiten finden.

Starten Sie einen letzten Suchvorgang und geben Sie `-web hosting design` in das Suchfeld ein. An dem Minuszeichen erkennt TYPOlight, dass ein Suchbegriff auf keinen Fall enthalten sein darf. Beachten Sie, dass zwischen dem Minuszeichen und dem Suchbegriff kein Leerzeichen stehen darf.

Wie erwartet, ergibt die Suche jetzt genau drei Treffer.

*Die hier beschriebene Suchsyntax ist keineswegs TYPOlight-spezifisch. Auch Google und andere Suchmaschinen unterstützen die Suche nach Phrasen oder das Erzwingen bzw. Ausschließen von Suchbegriffen. Die meisten großen Anbieter bieten sogar noch wesentlich mehr Optionen an, z.B. das Suchen nach bestimmten Dateitypen, bestimmten Sprachen, bestimmten Ländern oder bestimmten Zeiträumen.*

Nachdem Sie nun wissen, wie das Modul im Frontend benutzt werden kann, möchte ich Ihnen kurz erklären, wie es im Backend konfiguriert wird. Öffnen Sie dazu die Modulverwaltung und wählen Sie das Modul *Anwendung – Suchmaschine* aus.

STANDARD-ABFRAGETYP: Hier legen Sie fest, ob standardmäßig die UND-Suche (finde alle Wörter) oder die ODER-Suche (finde irgendein Wort) aktiv ist.

ELEMENTE PRO SEITE: Wenn Sie hier einen Wert größer 0 eingeben, bricht TYPOlight die Seite automatisch nach dieser Anzahl Suchergebnisse um.

KONTEXT-SPANNWEITE: Hier legen Sie fest, wie viele Zeichen rechts und links eines gefundenen Begriffs als Kontext verwendet werden.

GESAMTE KONTEXTLÄNGE: Bei der Darstellung der Suchergebnisse zeigt TYPOlight nicht nur den gefundenen Begriff an, sondern auch den Kontext rechts und links davon. Hier legen Sie fest, wie viele Zeichen der Kontext insgesamt enthalten darf.

SUCHFORMULAR-LAYOUT: Das einfache Suchformular besteht aus einem Textfeld für die Eingabe der Suchbegriffe und einer Schaltfläche zum Absenden des Formulars. Das erweiterte Suchformular bietet darüber hinaus die Optionen *finde alle Wörter* und *finde irgendein Wort* (UND- bzw. ODER-Suche).

ERGEBNISTEMPLATE: Hier können Sie eine Layoutvorlage (View bzw. Partial) für die Darstellung der Suchergebnisse auswählen.

Bestimmt ist Ihnen aufgefallen, dass das Modul *Suchmaschine* sowohl das Suchformular als auch die Ergebnisliste enthält. Auf vielen Webseiten werden diese Elemente jedoch getrennt verwendet, um wie auf der WebConsulting-Seite ein Suchfeld in der Kopfzeile anzeigen zu können. Dafür gibt es in TYPOlight zwei Lösungen:

## Ein Suchformular mit dem Formulargenerator erstellen

Wie Sie schon im Kapitel 7, *Der Formulargenerator*, erfahren haben, können viele Module auch mit eigenen Formularen angesteuert werden. Das gilt auch für die Suchmaschine, die prinzipiell alle benötigten Parameter über die URL bezieht.

Öffnen Sie also den Formulargenerator und erstellen Sie ein neues Formular. Wählen Sie *GET* als Übertragungsmethode und die Seite *Service → Seite durchsuchen* als Ziel der Weiterleitung (Abbildung 8.18). Speichern Sie Ihre Eingaben mit einem Klick auf die Schaltfläche SPEICHERN UND BEARBEITEN.

Abbildung 8.18: **Ein Suchformular mit dem Formulargenerator erstellen**

Erstellen Sie nun ein Textfeld und achten Sie darauf, dass der Feldname keywords lautet. Fügen Sie dem Textfeld eine Absende-Schaltfläche hinzu und speichern Sie Ihre Eingaben. Damit ist das Suchformular fertig und Sie können es als Inhaltselement oder als Modul in Ihre Seite einbinden und testen.

### Ein Suchformular mit dem HTML-Modul erstellen

Alternativ können Sie das Suchformular auch mit dem HTML-Modul erstellen. Der benötigte HTML-Code ist sehr einfach und überschaubar und wenn Ihnen die Materie nicht vollkommen fremd ist, sollten Sie sich schnell zurechtfinden. Das Modul *Eigener HTML-Code* stelle ich Ihnen am Ende dieses Kapitels vor. Dort finden Sie auch den Code für das Suchformular.

Das Modul *Suchmaschine* verwendet die CSS-Klasse `mod_search` für die Ergebnisse und die CSS-Klasse `pagination` für das Seitenumbruch-Menü.

## 8.3.2 Auflistung

Das Modul *Auflistung* fügt der Webseite eine Liste von Datensätzen hinzu, die im Frontend sortiert, gefiltert und durchsucht werden können. Als Grundlage für die Auflistung dient eine beliebige Tabelle der Datenbank wie z.B. `tl_member`.

TABELLE: Hier legen Sie die Tabelle fest, deren Datensätze aufgelistet werden sollen.

FELDER: Geben Sie hier die Felder ein, die in der Auflistung dargestellt werden sollen. Trennen Sie die einzelnen Felder mit einem Komma.

BEDINGUNG: Hier können Sie eine Bedingung eingeben, nach der die Datensätze gefiltert werden. Da das Modul prinzipiell nichts anderes als eine Datenbankabfrage macht, können Sie hier SQL-konformen Code wie z.B. `published=1` verwenden. Auch der Einsatz von Insert-Tags ist möglich (z.B. `user={{user::id}}`).

DURCHSUCHBARE FELDER: TYPOlight erstellt im Frontend automatisch ein Formular, mit dem bestimmte Felder der Auflistung durchsucht werden können. Hier legen Sie diese durchsuchbaren Felder fest.

SORTIEREN NACH: Hier können Sie festlegen, ob die Auflistung standardmäßig nach einer bestimmten Spalte sortiert werden soll.

ELEMENTE PRO SEITE: Wenn Sie hier einen Wert größer 0 eingeben, verteilt TYPOlight die Ergebnisse automatisch auf mehrere Seiten.

FELDER DER DETAILSEITE: Wenn Sie hier ein oder mehrere Felder erfassen, fügt TYPOlight jeder Zeile der Auflistung ein kleines Icon hinzu, mit dem Sie die Detailansicht eines Datensatzes aufrufen können. Auf der Detailseite können Sie zusätzliche Felder eines Datensatzes ausgeben, die in der Liste vielleicht keinen Platz haben.

DETAILSEITENBEDINGUNG: Hier können Sie eine Bedingung eingeben, nach der die Datensätze der Detailseite gefiltert werden (vgl. BEDINGUNG).

LISTENTEMPLATE: Hier lässt sich eine *Layoutvorlage* (Template bzw. View) für die Listenansicht des Moduls auswählen.

DETAILSEITENTEMPLATE: Hier können Sie eine *Layoutvorlage* (Template bzw. View) für die Detailansicht des Moduls auswählen.

Das Modul *Auflistung* verwendet die CSS-Klasse `mod_listing`, das Suchformular die Klasse `list_search`, das Drop-Down-Menü zur Auswahl der Datensätze pro Seite die Klasse `list_per_page` und das Seitenumbruch-Menü die Klasse `pagination`.

### 8.3.3 Flash-Film

Das Modul *Flash-Film* fügt der Webseite einen Flash-Film hinzu. Flash ist ein proprietäres Format der Firma Adobe[1] zur Erstellung bewegter Inhalte. Um einen Flash-Film anzuschauen, benötigen Sie den kostenlosen Adobe Flash-Player[2].

Nehmen wir an, Sie möchten auf Ihrer Webseite gerne eine Uhr mit der aktuellen Zeit einblenden. 24TimeZones.com[3] bietet solche Uhren als Flash-Filme an, die Sie direkt in Ihre Webseite einbinden können (Abbildung 8.19).

WebConsulting > Unternehmen

## Unternehmen

In den heutzutage hart umkämpften Märkten spielt die richtige Verwendung des Internets eine wichtige Rolle bei der Expansion und bei globalem Marketing. Wir bei WebConsulting sind immer auf der Suche nach neuen Technologien, um innovative und effiziente E-Business Strategien zu entwickeln. Wir bieten Ihnen folgende Lösungen:

Unsere Beratung zielt darauf ab, Ihrem Unternehmen eine verständliche Internetpräsenz zu verschaffen, die Informationen auf eine professionelle und aufschlussreiche Art und Weise vermittelt.

Abbildung 8.19: **Flash-Uhr von 24TimeZones.com**

Öffnen Sie die Modulverwaltung im Backend und legen Sie ein neues Modul an. Geben Sie einen beliebigen Namen ein und wählen Sie den Modultyp *Flash-Film*.

BREITE UND HÖHE: Geben Sie die Breite und die Höhe des Flash-Films an. Unser Beispielfilm hat die Abmessungen 150 x 150 Pixel.

---

1  http://www.adobe.com/de/
2  http://www.adobe.com/de/products/flashplayer/
3  http://24timezones.com/online_clock.php

Transparenter Film: Diese Option bewirkt, dass der Hintergrund des Flash-Films transparent wird (wmode=transparent) und keine Elemente auf Ihrer Webseite mehr überdeckt. Leider kommt es dabei vor allem bei interaktiven Flash-Filmen öfter zu Problemen mit Schaltflächen und Textfeldern.

FlashVars: Hier können Sie bestimmte Variablen definieren, die dann an den Flash-Film übergeben werden. Damit unsere Uhr weiß, welche Zeit sie anzeigen und welche Farbe ihr Rahmen haben soll, müssen Sie die Variablen color und city festlegen. Mehrere Variablen werden mit dem &-Zeichen getrennt: color=006600&city=61642.

Flash Player-Version: Über diese Parameter teilen Sie dem Browser mit, welche Version des Adobe Flash-Player für die Wiedergabe mindestens benötigt wird.

Alternativer Inhalt: Der alternative Inhalt wird angezeigt, wenn auf einem Computer der Flash-Player nicht installiert ist oder JavaScript deaktiviert wurde. Die meisten Suchmaschinen werten außerdem den alternativen Inhalt aus, also nutzen Sie ihn als Mittel zur Onpage-Optimierung.

Quelle: Wählen Sie hier eine interne oder externe Flash-Datei (.swf) aus. Die Flash-Uhr aus unserem Beispiel wird als externe Datei eingebunden; wählen Sie also die entsprechende Option und geben Sie folgende URL ein:

```
http://24timezones.com/timescript/clock_final.swf
```

Interaktiv machen: Jeder Flash-Film kann grundsätzlich mit dem Browser über JavaScript und die Flash-Funktion fscommand() kommunizieren. Auf diese Weise können Sie z.B. eine JavaScript-Fehlermeldung ausgeben, wenn ein bestimmtes Feld eines Flash-Formulars nicht ausgefüllt wurde.

Flash-Film-Id: Eine eindeutige Flash-Film-Id ist Voraussetzung für die Kommunikation zwischen Flash-Film und Internetbrowser.

JavaScript _DoFSCommand(command, args) {: Hier können Sie beliebigen JavaScript-Code eingeben, der dann aus dem Flash-Film heraus aufgerufen werden kann.

Das Modul *Flash-Film* verwendet die CSS-Klasse mod_flash.

## 8.3.4 Zufallsbild

Das Modul *Zufallsbild* fügt der Webseite ein zufälliges Bild aus einer bestimmten Auswahl an Bildern hinzu. Sie können sowohl einzelne Bilder als auch ganze Ordner als Quelle auswählen. Meta-Dateien werden – so weit vorhanden – ausgewertet.

Bildbreite und Bildhöhe: TYPOlight verkleinert Bilder automatisch auf das von Ihnen vorgegebene Format. Wenn Sie nur die Breite oder nur die Höhe vorgeben, wird das Bild im Verhältnis auf den gewünschten Wert verkleinert. Geben Sie hingegen beide Parameter vor, wird das Bild ungeachtet des originalen Seitenverhältnisses zugeschnitten (Teile des Bilds können verloren gehen).

Bᴜᴅᴜɴᴛᴇʀꜱᴄʜʀɪꜰᴛ ᴀɴᴢᴇɪɢᴇɴ: Wenn Sie diese Option auswählen, wird entweder die entsprechende Bildunterschrift aus der Meta-Datei angezeigt oder eine automatische Bildunterschrift aus dem Dateinamen generiert.

Qᴜᴇʟʟᴅᴀᴛᴇɪᴇɴ: Hier können Sie mehrere Dateien bzw. Ordner auswählen. Die in einem Ordner enthaltenen Bilder werden automatisch hinzugefügt.

Das Modul *Zufallsbild* verwendet die CSS-Klasse mod_randomImage.

## 8.3.5  RSS-Reader

Mit dem Modul *RSS-Reader* können Sie einen beliebigen RSS-Feed abonnieren und in Ihre Webseite einfügen. Auf der *WebConsulting*-Startseite habe ich z.B. den Newsfeed von *typolight.org* eingebunden (Abbildung 8.20).

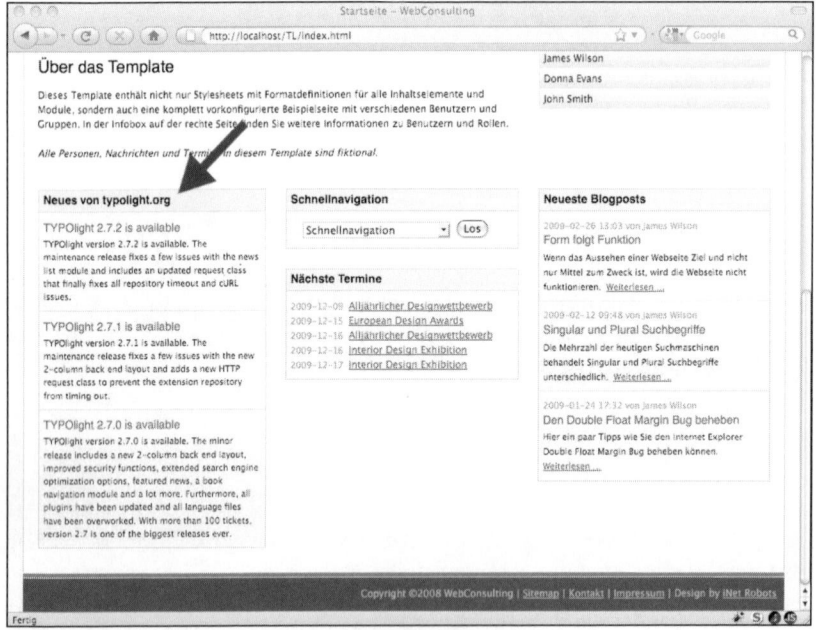

Abbildung 8.20: **Der TYPOlight-Newsfeed im Frontend**

Öffnen Sie die Modulverwaltung im Backend und wählen Sie das Modul *Anwendung → RSS-Leser* aus. Ich werde Ihnen die einzelnen Eingabefelder näher erklären.

Cᴀᴄʜᴇ-Vᴇʀꜰᴀʟʟꜱᴢᴇɪᴛ: Hier legen Sie fest, wie lange ein RSS-Feed im lokalen Cache gespeichert wird, bevor eine erneute Anfrage gestellt wird.

Fᴇᴇᴅ-URLꜱ: Hier können Sie die URL des RSS-Feeds eingeben. Seit der Version 2.7.0 unterstützt TYPOlight auch das Abrufen mehrerer Feeds (Aggregation).

Eʀꜱᴛᴇꜱ Eʟᴇᴍᴇɴᴛ ÜBᴇʀꜱᴘʀɪɴɢᴇɴ: Wenn Sie diese Option auswählen, überspringt TYPOlight den ersten Beitrag und zeigt den RSS-Feed erst ab dem zweiten Beitrag an.

GESAMTZAHL DER BEITRÄGE: Hier , wie viele Beiträge angezeigt werden.

ELEMENTE PRO SEITE: Wenn Sie hier einen Wert größer 0 eingeben, verteilt TYPOlight die Beiträge automatisch auf mehrere Seiten.

FEED-TEMPLATE: Hier können Sie eine *Layoutvorlage* (Template bzw. View) auswählen. Die Vorlage rss_default zeigt sowohl den Header als auch die Beiträge eines RSS-Feeds an, die Vorlage rss_items_only hingegen nur die Beiträge.

Das Modul *RSS-Reader* verwendet die CSS-Klasse mod_rss_reader.

## 8.3.6 Eigener HTML-Code

Das Modul *Eigener HTML-Code* fügt der Webseite beliebigen HTML-Code hinzu. Wie schon im Abschnitt 8.3.1, *Suchmaschine*, angekündigt, habe ich das Suchformular in der Kopfzeile der *WebConsulting*-Seite mit diesem Modul realisiert (Abbildung 8.21) und werde es Ihnen an dieser Stelle näher erläutern.

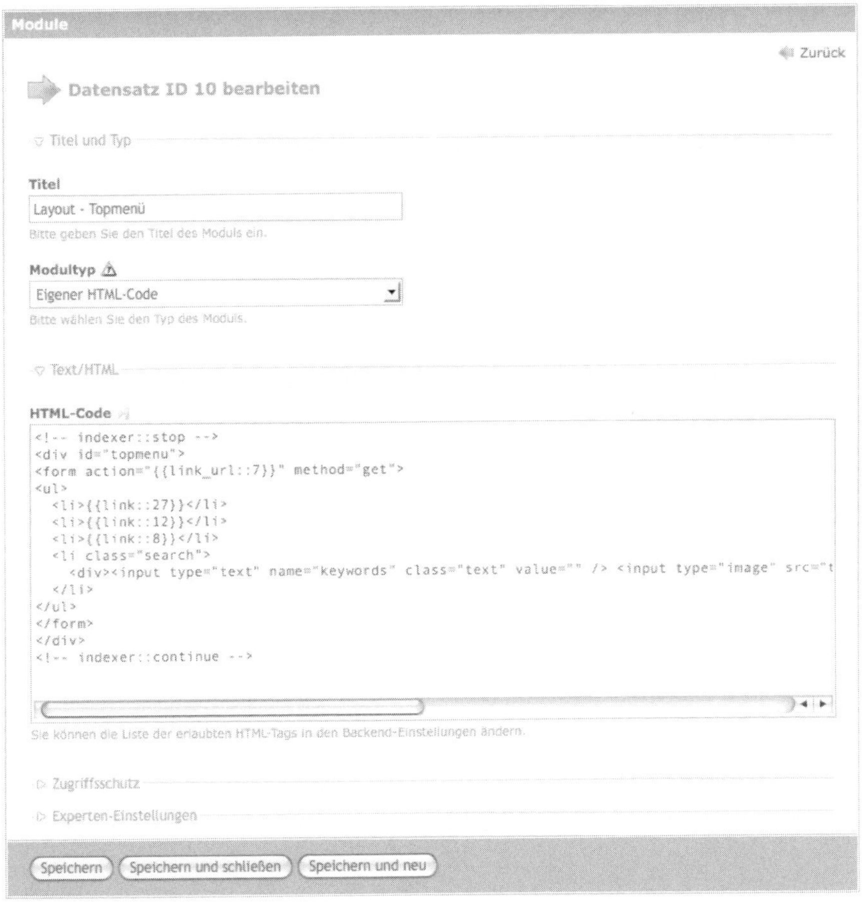

Abbildung 8.21: **Das Header-Menü als HTML-Code**

Der hier verwendete Code macht etwas mehr, als für das reine Suchformular notwendig wäre, da er ja auch noch die Links zur Sitemap und zum Impressum beinhaltet. Für Ihr eigenes Suchformular benötigen Sie lediglich folgende Zeilen:

Listing 8.3: **Ein eigenes Suchformular erstellen**

```
<form action="{{link_url::7}}" method="get">
   <div>
      <input type="text" name="keywords" value="" />
      <input type="submit" value="Suche" />
   </div>
</form>
```

Die Zielseite, die beim Abschicken des Formulars aufgerufen wird, habe ich über ein Insert-Tag erfasst. Auf diese Weise funktioniert das Formular auch dann, wenn sich der Alias der Zielseite ändert. Als Übertragungsmethode habe ich *GET* ausgewählt und dem Suchfeld den Feldnamen keywords gegeben.

*Ihnen ist bestimmt aufgefallen, dass der HTML-Code aus Abbildung 8.19 von zwei seltsamen Kommentaren umschlossen wird. Diese im Frontend unsichtbaren Kommentare weisen die Suchmaschine an, den umschlossenen Inhalt nicht zu indizieren.*

Listing 8.4: **Inhalte von der Indizierung ausschließen**

```
<!-- indexer::stop -->
Was hier steht wird nicht indiziert.
<!-- indexer::continue -->
```

*Das funktioniert übrigens nicht nur mit dem HTML-Modul, sondern kann überall in TYPOlight eingesetzt werden (z.B. auch in eigenen Templates oder in eigenen Erweiterungen).*

Das Modul verwendet keine vordefinierte CSS-Klasse.

# 9. Die News/Blog-Erweiterung

Die Erweiterung *News/Blog* dient dazu, Nachrichten bzw. Blogbeiträge zu erstellen und im Frontend darzustellen. Nachrichten werden im Gegensatz zu Artikeln nicht anhand der Seitenstruktur organisiert, sondern in Form von Nachrichtenarchiven (Kategorisierung durch mehrere Archive möglich).

## 9.1 Nachrichtenverwaltung

Die Nachrichtenverwaltung ist ein eigenes Modul im Backend. Sie finden es in der Gruppe *Inhalte* an zweiter Stelle (Abbildung 9.1).

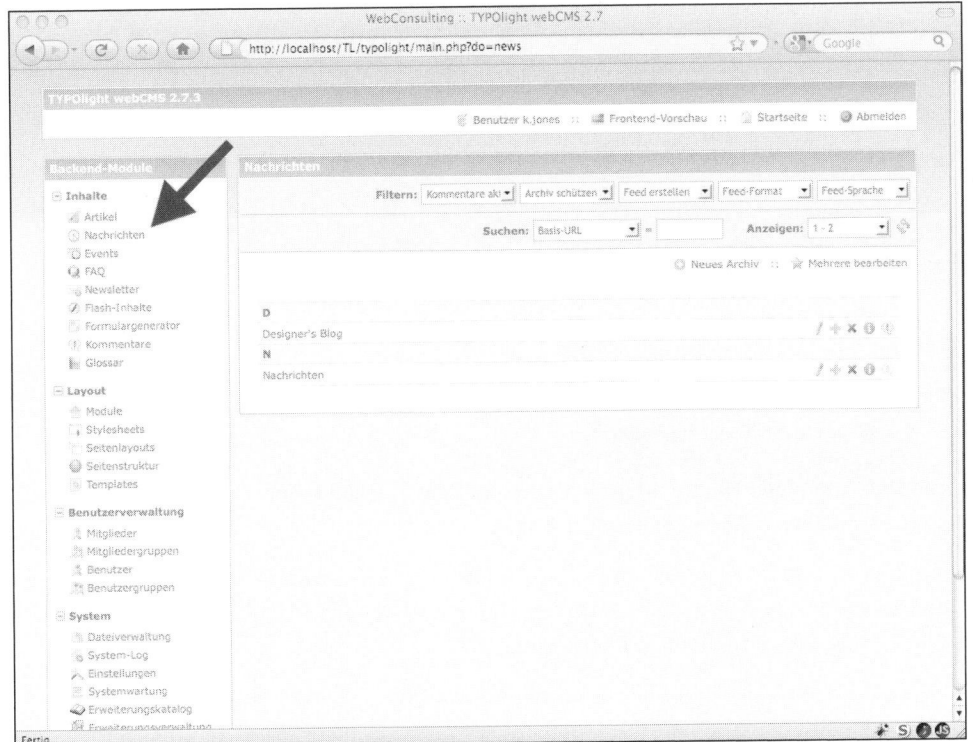

Abbildung 9.1: **Die Nachrichtenverwaltung im Backend**

## 9.1.1 Nachrichtenarchive

Die *WebConsulting*-Seite enthält zwei Nachrichtenarchive, wobei eines davon als Blog genutzt wird. Blogs und Nachrichten sind sich von ihrer Funktionalität her sehr ähnlich, daher deckt diese Erweiterung beide Bereiche ab. Öffnen Sie das Archiv *Designer's Blog* und klicken Sie auf das Bearbeitungssymbol des Elternelements (Abbildung 9.2), um zu sehen, wie ein Nachrichtenarchiv konfiguriert wird.

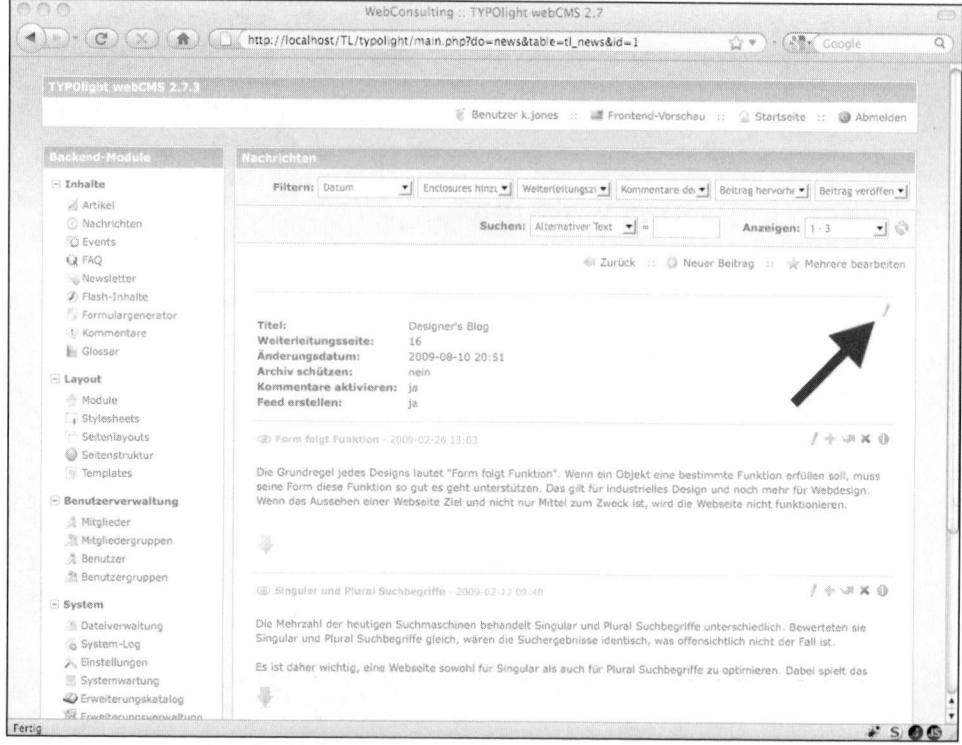

Abbildung 9.2: **Das Nachrichtenarchiv bearbeiten**

TITEL: Der Titel eines Nachrichtenarchivs wird in der Backend-Übersicht verwendet und in einem eventuell vorhandenen RSS-Feed exportiert.

WEITERLEITUNGSSEITE: Hier legen Sie fest, auf welche Seite ein Benutzer beim Anklicken des *Weiterlesen*-Links weitergeleitet wird. Die Zielseite sollte das Modul *Nachrichtenleser* enthalten, um den Nachrichtentext darzustellen.

KOMMENTARE AKTIVIEREN: Wenn Sie diese Option auswählen, können Ihre Besucher zu jedem Beitrag einen Kommentar abgeben (Abbildung 9.3). Falls Sie die Erweiterung als Blog nutzen, sollten Sie dieses Feature auf jeden Fall aktivieren.

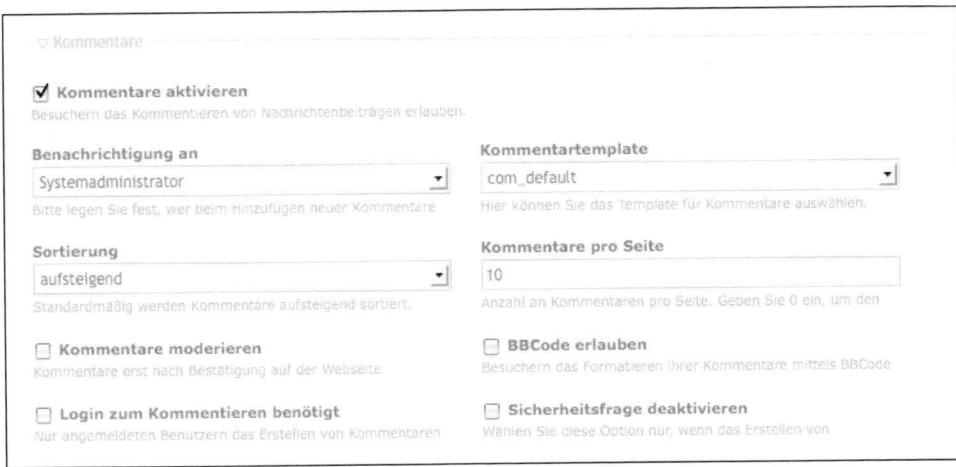

Abbildung 9.3: **Kommentieren von Nachrichtenbeiträgen erlauben**

BENACHRICHTIGUNG AN: Hier legen Sie fest, ob bei neuen Kommentaren der Systemadministrator oder der Autor eines Beitrags benachrichtigt wird.

KOMMENTARTEMPLATE: Hier können Sie eine *Layoutvorlage* (View bzw. Partial) für die einzelnen Kommentare auswählen.

SORTIERUNG: Hier legen Sie die Reihenfolge der Kommentare fest. Normalerweise wird in einem Blog der älteste Kommentar zuerst angezeigt (aufsteigende Sortierung).

KOMMENTARE PRO SEITE: Wenn Sie hier einen Wert größer 0 eingeben, verteilt TYPOlight die Kommentare automatisch auf mehrere Seiten.

KOMMENTARE MODERIEREN: Wenn Sie diese Option auswählen, werden neue Kommentare erst nach Freigabe im Backend veröffentlicht. So können Sie rechtlich oder moralisch bedenkliche Kommentare filtern und Spam verhindern.

BBCODE ERLAUBEN: Wenn Sie diese Option auswählen, können Besucher ihre Kommentare mittels BBCode[1] formatieren. Folgende Tags werden unterstützt:

» `[b][/b]` Fettschrift

» `[i][/i]` Kursivschrift

» `[u][/u]` Unterstrichen

» `[img][/img]` Bild einfügen

» `[code][/code]` Programmcode einfügen

» `[color=#ff0000][/color]` Farbiger Text

» `[quote][/quote]` Zitat einfügen

---

1   `http://de.wikipedia.org/wiki/BBCode`

» `[quote=tim][/quote]` Zitat mit Nennung des Urhebers einfügen

» `[url][/url]` Link einfügen

» `[url=http://][/url]` Link mit Linktitel einfügen

» `[email][/email]` E-Mail-Adresse einfügen

» `[email=name@domain.com][/email]` E-Mail-Adresse mit Titel einfügen

LOGIN ZUM KOMMENTIEREN BENÖTIGT: Wenn Sie diese Option auswählen, können nur angemeldete Benutzer neue Kommentare erstellen.

SICHERHEITSFRAGE DEAKTIVIEREN: Standardmäßig müssen Besucher beim Erstellen von Kommentaren eine Sicherheitsfrage beantworten, damit die Kommentarfunktion nicht automatisiert und zu Spam-Zwecken missbraucht werden kann. Falls Sie aber ohnehin nur angemeldeten Benutzern das Kommentieren erlauben möchten, können Sie die Sicherheitsfrage hier deaktivieren.

ARCHIV SCHÜTZEN: Wenn Sie diese Option auswählen, wird das Nachrichtenarchiv nur angemeldeten Benutzern angezeigt.

ERLAUBTE MITGLIEDERGRUPPEN: Hier legen Sie fest, welche Benutzergruppen nach der Anmeldung Zugriff auf das Nachrichtenarchiv haben sollen.

FEED ERSTELLEN: Hier legen Sie fest, ob aus dem Nachrichtenarchiv ein RSS-Feed erstellt werden soll. RSS-Feeds sind XML-Dateien mit Ihren Nachrichten, die mit einem RSS-Reader abonniert und z.B. in eine andere Webseite eingebunden werden können.

FEED-FORMAT: Hier legen Sie das Format des RSS-Feeds fest. TYPOlight unterstützt RSS 2.0 und Atom, welches die beiden am weitesten verbreiteten Formate sind.

FEED-SPRACHE: Hier können Sie die Sprache des RSS-Feeds im RFC3066-Format[2] eingeben, also z.B. de oder `de_DE` für deutsch.

EXPORT-EINSTELLUNGEN: Hier legen Sie fest, ob lediglich die Teasertexte oder die kompletten Nachrichtentexte im RSS-Feed enthalten sind.

MAXIMALE ANZAHL AN BEITRÄGEN: Hier können Sie die Anzahl an Beiträgen des RSS-Feeds beschränken. In der Regel reichen um die 25 Beiträge pro Feed vollkommen aus. Meistens werden ohnehin nur die ersten drei bis fünf tatsächlich verwendet.

BASIS-URL: Die Basis-URL ist vor allem im Multidomain-Betrieb wichtig, wenn Sie mehrere Webseiten mit einer TYPOlight-Installation betreiben. Damit der RSS-Feed auf die richtige Domain verlinkt, können Sie diese hier eingeben.

FEED-ALIAS: Der Alias eines RSS-Feeds wird als Dateiname verwendet.

BESCHREIBUNG: Hier können Sie eine Beschreibung des RSS-Feeds eingeben.

---

2    `http://de.selfhtml.org/diverses/sprachenlaenderkuerzel.htm`

## 9.1.2 Nachrichtenbeiträge

In diesem Abschnitt erkläre ich Ihnen, wie Sie einen Nachrichtenbeitrag erstellen. Nachrichtenbeiträge werden grundsätzlich nach ihrem Datum sortiert, daher gibt es hier keine Icons, mit denen Sie die Reihenfolge ändern könnten. Öffnen Sie den Beitrag *Form folgt Funktion* und sehen Sie sich die Konfiguration an (Abbildung 9.4).

Abbildung 9.4: **Einen Nachrichtenbeitrag erstellen**

TITEL: Geben Sie hier den Titel des Beitrags ein.

NACHRICHTENALIAS: Der Alias eines Beitrags hat dieselbe Funktion wie auch der Alias einer Seite (siehe Abschnitt 4.4, *Seiten verwalten*) und dient dazu, einen bestimmten Beitrag ohne seine numerische ID aufrufen zu können.

AUTOR: Wählen Sie hier den Autor des Beitrags.

DATUM: Geben Sie hier das Datum des Beitrags ein.

UHRZEIT: Geben Sie hier die Uhrzeit des Beitrags ein.

UNTERÜBERSCHRIFT: Hier können Sie eine optionale Unterüberschrift eingeben.

TEASERTEXT: Hier können Sie eine kurze Zusammenfassung des eigentlichen Beitrags (Teaser) eingeben, die dann beispielsweise mit dem Modul *Nachrichtenliste*, gefolgt von einem *Weiterlesen*-Link, dargestellt werden kann.

NACHRICHTENTEXT: Hier können Sie den Nachrichtentext eingeben. Die Eingabe erfolgt wie beim Inhaltselement *Text* über den Rich Text Editor.

Bei Bedarf können Sie dem Nachrichtenbeitrag ein Bild hinzufügen, das dann von dem Text der Nachricht umflossen wird (Abbildung 9.5):

QUELLDATEI: Hier wählen Sie das einzufügende Bild aus. Wenn Sie das Bild noch nicht auf den Server übertragen haben, können Sie mit einem Klick auf das kleine Icon neben der Feldüberschrift den Dateimanager in einem Popup-Fenster aufrufen und den Upload nachholen, ohne die Eingabemaske zu verlassen.

ALTERNATIVER TEXT: Eine barrierefreie Webseite sollte für jedes Objekt eine kurze Beschreibung enthalten, die angezeigt wird, wenn das Objekt selbst nicht dargestellt werden kann. Alternative Texte werden außerdem von Suchmaschinen ausgewertet und sind daher ein wichtiges Instrument der Onpage-Optimierung.

BILDBREITE UND BILDHÖHE: TYPOlight verkleinert Bilder automatisch auf das von Ihnen vorgegebene Format. Wenn Sie nur die Breite oder nur die Höhe vorgeben, wird das Bild im Verhältnis auf den gewünschten Wert verkleinert. Geben Sie hingegen beide Parameter vor, wird das Bild ungeachtet des originalen Seitenverhältnisses zugeschnitten (Teile des Bilds können verloren gehen).

BILDABSTAND: Hier können Sie den Abstand des Bilds zum Text festlegen. Die Reihenfolge der Felder lautet im Uhrzeigersinn »oben, rechts, unten, links«.

BILDUNTERSCHRIFT: Hier können Sie eine Bildunterschrift eingeben.

BILDAUSRICHTUNG: Ein Bild kann entweder oberhalb des Textes (Bild wird nicht vom Text umflossen) oder auf der linken bzw. rechten Seite des Textes (Bild wird vom Text umflossen) ausgerichtet werden.

GROSSANSICHT: Wenn Sie diese Option auswählen, wird das Artikelbild beim Anklicken in seiner Originalgröße geöffnet.

ENCLOSURES HINZUFÜGEN: Ein Enclosure ist eine Datei, die mit einem Beitrag verknüpft und im RSS-Feed mittels des Enclosure-Tags[3] exportiert wird.

ENCLOSURES: Wählen Sie hier die Dateien aus, die Sie mit dem Beitrag verknüpfen möchten. Die ausgewählten Dateien werden in der Detailansicht der Nachricht (Modul *Nachrichtenleser*) zum Download angeboten.

WEITERLEITUNGSZIEL: Hier legen Sie fest, auf welche Seite ein Besucher beim Anklicken des Beitrags weitergeleitet wird. Die Option *Standardseite* bedeutet, dass er auf die Seite mit dem Modul *Nachrichtenleser* gelangt, die Sie im Nachrichtenarchiv vorgegeben haben. Die Optionen *interne Seite* oder *externe Webseite* bedeuten, dass der Benutzer auf eine individuelle Seite weitergeleitet wird.

CSS-KLASSE: Hier können Sie dem Beitrag eine CSS-Klasse zuweisen.

KOMMENTARE DEAKTIVIEREN: Falls Sie das Kommentieren von Beiträgen bei der Konfiguration des Nachrichtenarchivs erlaubt haben, können Sie es hier für ausgewählte Nachrichten deaktivieren. Auf diese Weise können Sie genau steuern, welche Beiträge kommentiert werden können und welche nicht.

BEITRAG HERVORHEBEN: Hervorgehobene Beiträge ermöglichen das Erstellen eines »virtuellen Archivs«, das aus den verschiedenen Nachrichtenarchiven die jeweils hervorgehobenen Beiträge enthält. Das Modul *Nachrichtenliste* verfügt über die Option *Nur hervorgehobene Beiträge anzeigen*, wodurch z.B. eine übergreifende Liste wichtiger Nachrichten auf der Startseite ausgegeben werden kann.

BEITRAG VERÖFFENTLICHEN: Hier können Sie den Beitrag veröffentlichen. Solange eine Nachricht nicht veröffentlicht ist, wird sie nicht im Frontend angezeigt.

ANZEIGEN AB: Zusätzlich zur manuellen Veröffentlichung bietet TYPOlight hier die Möglichkeit, einen Beitrag zu einem bestimmten Datum zu aktivieren.

ANZEIGEN BIS: Hier legen Sie fest, bis zu welchem Tag der Beitrag angezeigt wird.

## 9.1.3 Kommentare

Sofern Sie das Kommentieren von Beiträgen in einem Archiv erlaubt haben, gelangen Sie über das entsprechende Navigationsicon in die Kommentarverwaltung (Abbildung 9.6). Beachten Sie, dass News/Blog-Kommentare nicht über das Modul *Kommentare* verwaltet werden können!

---

3   http://en.wikipedia.org/wiki/RSS_Enclosures

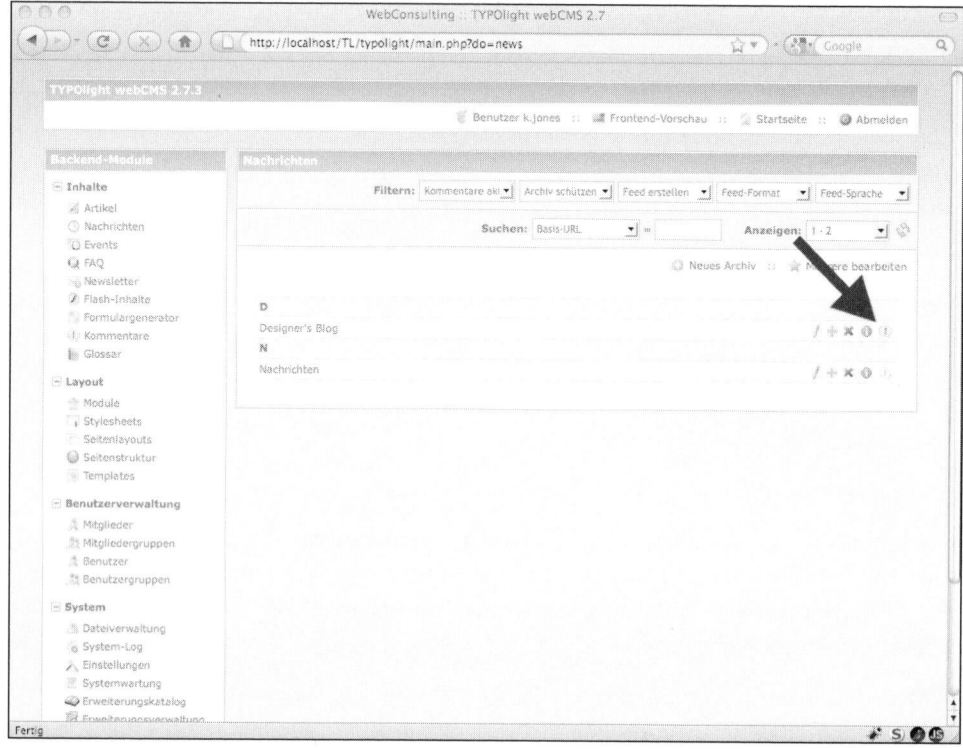

Abbildung 9.6: **News/Blog-Kommentare verwalten**

In der Kommentarverwaltung finden Sie alle Kommentare zu Beiträgen des ausgewählten Archivs. Die Kommentare sind absteigend nach Datum sortiert, so dass der neueste Kommentar immer ganz oben steht. Die Sortierung können Sie wie gewohnt über das Such- und Filtermenü oberhalb der Datensätze beeinflussen.

AUTOR: Hier lässt sich der Name des Kommentators ändern.

E-MAIL-ADRESSE: Hier können Sie die E-Mail-Adresse des Kommentators ändern. Die E-Mail-Adresse soll Ihnen ausschließlich zur Kontaktaufnahme dienen und wird nicht auf der Webseite veröffentlicht.

WEBSEITE: Hier können Sie die Webseite des Kommentators ändern.

KOMMENTAR: Hier können Sie den Kommentar ändern. Die Eingabe erfolgt wie beim Inhaltselement *Text* über den Rich Text Editor.

KOMMENTAR VERÖFFENTLICHEN: Hier können Sie den Kommentar veröffentlichen. Solange ein Kommentar nicht veröffentlicht ist, wird er nicht auf der Webseite angezeigt. Moderierte Kommentare müssen manuell veröffentlicht werden.

## 9.2 Frontend-Module

Nachdem Sie nun wissen, wie Nachrichtenarchive und -beiträge im Backend verwaltet werden, erkläre ich Ihnen jetzt, wie Sie diese Inhalte im Frontend darstellen können. Die Nachrichtenerweiterung enthält vier neue Frontend-Module, die Sie wie gewohnt über die *Modulverwaltung* konfigurieren können (Abbildung 9.7).

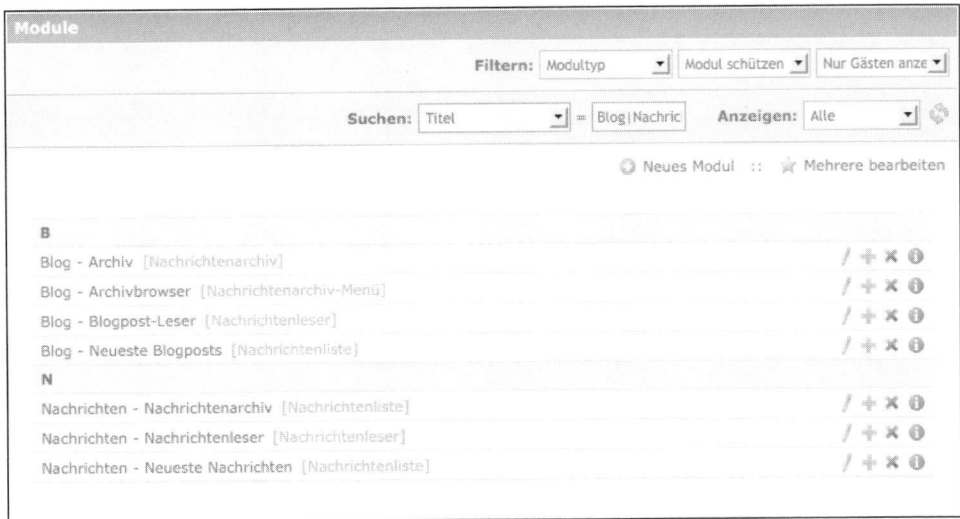

Abbildung 9.7: **Nachrichtenmodule der WebConsulting-Seite**

### 9.2.1 Nachrichtenliste

Das Modul *Nachrichtenliste* stellt eine beliebige Anzahl an Beiträgen aus einem oder mehreren Nachrichtenarchiven im Frontend dar. Welche Teile eines Nachrichtenbeitrags angezeigt werden, hängt von dem jeweiligen *Template* ab. Möglich ist alles von der einfachen Überschrift bis hin zum kompletten Beitrag.

Auf der *WebConsulting*-Startseite befindet sich z.B. eine solche Nachrichtenliste, mit der die drei jeweils neuesten Blogeinträge angezeigt werden (Abbildung 9.8). Das dort verwendete *Template* heißt news_short und stellt das Datum, den Autor, die Überschrift und den Teasertext einer Nachricht dar. Beim Anklicken des *Weiterlesen*-Links werden Sie automatisch zur Unterseite *Blog* weitergeleitet, auf der Sie den ganzen Beitrag lesen und je nach Wunsch einen Kommentar abgeben können.

Öffnen Sie nun das Modul *Blog → Neueste Blogposts* in der Modulverwaltung des Backends und sehen Sie sich an, wie es konfiguriert wurde.

NACHRICHTENARCHIVE: Hier legen Sie fest, aus welchen Archiven Beiträge aufgelistet werden sollen. Nachrichtenbeiträge werden absteigend nach Datum sortiert.

**Neueste Blogposts**

2009-02-26 13:03 von James Wilson

Form folgt Funktion

Wenn das Aussehen einer Webseite Ziel und nicht nur Mittel zum Zweck ist, wird die Webseite nicht funktionieren. Weiterlesen ...

2009-02-12 09:48 von James Wilson

Singular und Plural Suchbegriffe

Die Mehrzahl der heutigen Suchmaschinen behandelt Singular und Plural Suchbegriffe unterschiedlich. Weiterlesen ...

2009-01-24 17:32 von James Wilson

Den Double Float Margin Bug beheben

Hier ein paar Tipps wie Sie den Internet Explorer Double Float Margin Bug beheben können. Weiterlesen ...

Abbildung 9.8: **Das Modul Nachrichtenliste im Frontend**

NUR HERVORGEHOBENE BEITRÄGE: Wenn Sie diese Option auswählen, werden nur hervorgehobene Beiträge in der Nachrichtenliste angezeigt.

ERSTEN ARTIKEL ÜBERSPRINGEN: Wenn Sie diese Option auswählen, wird der erste Beitrag ausgelassen und die Nachrichtenliste beginnt mit der zweiten Nachricht.

GESAMTZAHL DER BEITRÄGE: Wenn Sie hier einen Wert größer 0 eingeben, wird die Anzahl der Nachrichten automatisch auf diesen Wert limitiert.

ELEMENTE PRO SEITE: Wenn Sie hier einen Wert größer 0 eingeben, verteilt TYPOlight die Beiträge automatisch auf mehrere Seiten.

META-FELDER: Hier legen Sie fest, welche Meta-Informationen (Datum, Autor und Anzahl der Kommentare) angezeigt werden.

NACHRICHTENTEMPLATE: Hier können Sie die *Layoutvorlage* (View bzw. Partial) für die einzelnen Nachrichtenbeiträge auswählen.

Nachrichtenlisten verwenden die CSS-Klasse `mod_newslist`.

## 9.2.2 Nachrichtenleser

Das Modul *Nachrichtenleser* dient dazu, einen bestimmten Nachrichtenbeitrag darzustellen. Die ID bzw. den Alias des Beitrags bezieht das Modul über die URL, so dass Nachrichten mit sogenannten Permalinks[4] gezielt verlinkt werden können:

```
http://www.typolight.org/news/items/typolight-2_7_2.html
```

In diesem Beispiel wird die Nachricht `typolight-2_7_2` über die Seite `news` aufgerufen. Das Schlüsselwort `items` teilt dem Nachrichtenleser mit, dass er eine bestimmte Nachricht suchen und ausgeben soll (Abbildung 9.9). Existiert die gesuchte Nachricht nicht, gibt der Nachrichtenleser eine Fehlermeldung und den HTTP-Status-Code *404 Not found* zurück (wichtig für die Suchmaschinenoptimierung).

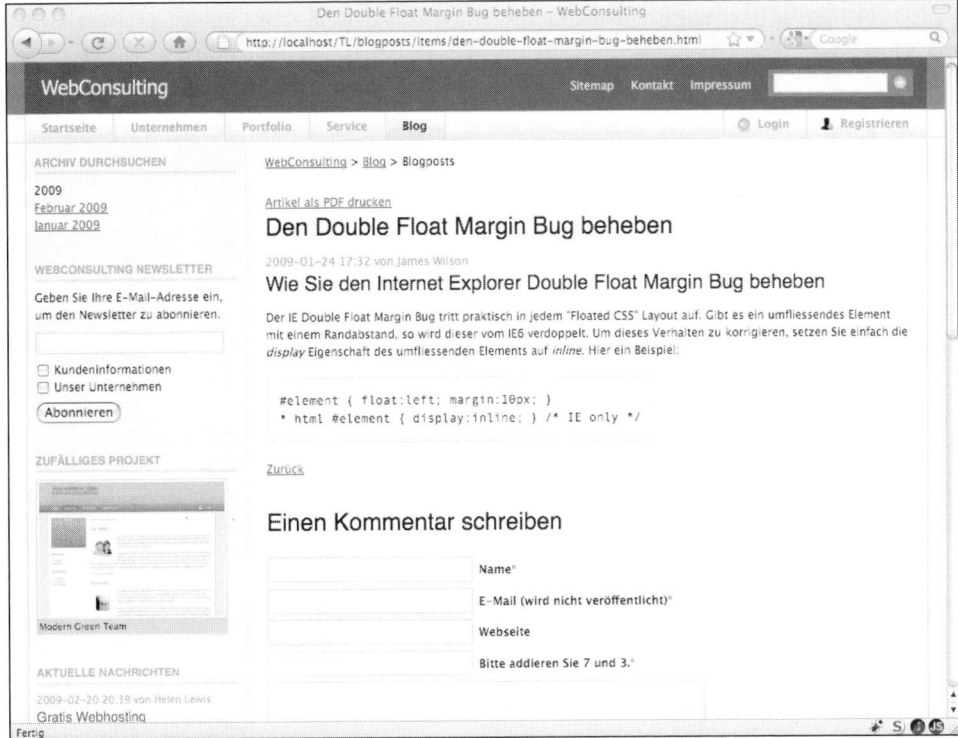

Abbildung 9.9: **Der Nachrichtenleser im Frontend**

Öffnen Sie die Modulverwaltung im Backend und rufen Sie das Modul *Blog* → *Blogpost Leser* auf. Die Konfiguration des Moduls ist relativ überschaubar.

---

4   http://de.wikipedia.org/wiki/Permalink

NACHRICHTENARCHIVE: Hier legen Sie fest, in welchen Archiven nach dem angeforderten Beitrag gesucht werden soll. Beiträge aus nicht ausgewählten Archiven werden niemals angezeigt, selbst wenn die URL stimmt und die Nachricht existiert. Dieses Feature ist vor allem im Multidomain-Betrieb wichtig.

META-FELDER: Hier legen Sie fest, welche Meta-Informationen (Datum, Autor und Anzahl der Kommentare) angezeigt werden.

NACHRICHTENTEMPLATE: Hier können Sie die *Layoutvorlage* (View bzw. Partial) für den Nachrichtenbeitrag auswählen. Standardmäßig ist das die Vorlage news_full, die den vollständigen und ungekürzten Beitrag darstellt.

Nachrichtenleser verwenden die CSS-Klasse mod_newsreader.

## 9.2.3 Nachrichtenarchiv

Das Modul *Nachrichtenarchiv* dient dazu, alle Nachrichtenbeiträge eines bestimmten Monats aufzulisten (Abbildung 9.10). In Verbindung mit dem Modul *Nachrichtenarchiv-Menü* können Sie so monatsweise alle vorhandenen Beiträge nachlesen.

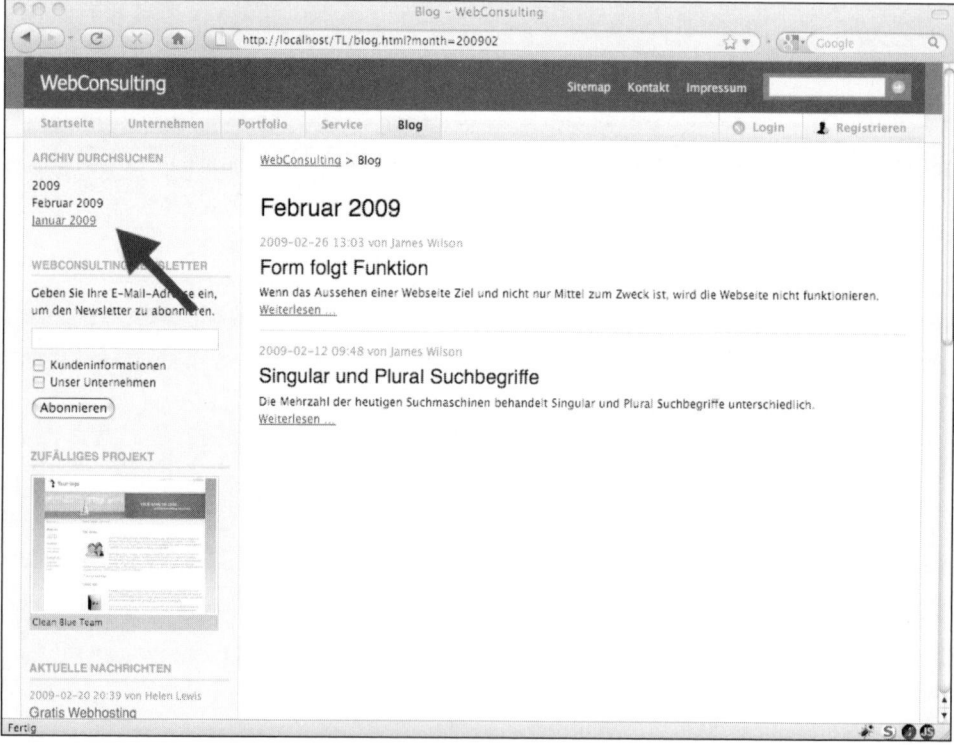

Abbildung 9.10: **Das Modul Nachrichtenarchiv im Frontend**

Öffnen Sie die Modulverwaltung im Backend und rufen Sie das Modul *Blog* → *Archiv* auf. Die Konfiguration ist der des Moduls *Nachrichtenliste* sehr ähnlich.

Nachrichtenarchive: Hier legen Sie fest, aus welchen Nachrichtenarchiven die Beiträge angezeigt werden sollen.

Zum aktuellen Monat springen: Das Nachrichtenarchiv wird genau wie der Nachrichtenleser über eine Variable in der URL angesteuert, die dem Modul den gewählten Monat mitteilt. Fehlt diese Variable, wird das Modul automatisch ausgeblendet. Wenn Sie diese Option wählen, wird stattdessen der aktuelle Monat angezeigt.

Elemente pro Seite: Wenn Sie hier einen Wert größer 0 eingeben, verteilt TYPOlight die Beiträge automatisch auf mehrere Seiten.

Meta-Felder: Hier legen Sie fest, welche Meta-Informationen (Datum, Autor und Anzahl der Kommentare) angezeigt werden.

Nachrichtentemplate: Hier können Sie die *Layoutvorlage* (View bzw. Partial) für die einzelnen Nachrichtenbeiträge auswählen.

Archivformat: Hier legen Sie das Archivformat (Jahr oder Monat) fest.

Nachrichtenarchive verwenden die CSS-Klasse mod_newsarchive.

## 9.2.4 Nachrichtenarchiv-Menü

Das Modul *Nachrichtenarchiv-Menü* fügt der Webseite ein Menü hinzu, mit dem die einzelnen Monate eines Nachrichtenarchivs aufgerufen werden können. Es erscheinen grundsätzlich nur die Monate im Menü, die mindestens einen Beitrag enthalten.

Nachrichtenarchive: Hier legen Sie fest, aus welchen Archiven die Nachrichtenbeiträge eingebunden werden sollen. Diese Auswahl sollte mit Ihrer Auswahl im Modul *Nachrichtenarchiv* übereinstimmen.

Anzahl der Beiträge anzeigen: Wenn Sie diese Option auswählen, wird die Anzahl der Beiträge jedes Monats im Menü angezeigt.

Weiterleitungsseite: Hier legen Sie fest, auf welche Seite ein Benutzer nach dem Anklicken eines Menüpunkts (Monat) weitergeleitet wird. Auf der Zielseite sollte sich das Modul *Nachrichtenarchiv* befinden.

Archivformat: Hier legen Sie das Archivformat (Jahr oder Monat) fest.

Nachrichtenarchiv-Menüs verwenden die CSS-Klasse mod_newsmenu.

# 10. Die Kalender-Erweiterung

Die Erweiterung *Kalender/Events* dient dazu, Termine bzw. Events im Frontend darzustellen. Termine werden ähnlich wie Nachrichtenbeiträge nicht anhand der Seitenstruktur organisiert, sondern in Form von Kalendern.

## 10.1 Terminverwaltung

Die Terminverwaltung ist ein eigenes Modul im Backend. Sie finden es in der Gruppe *Inhalte* an dritter Stelle (Abbildung 10.1).

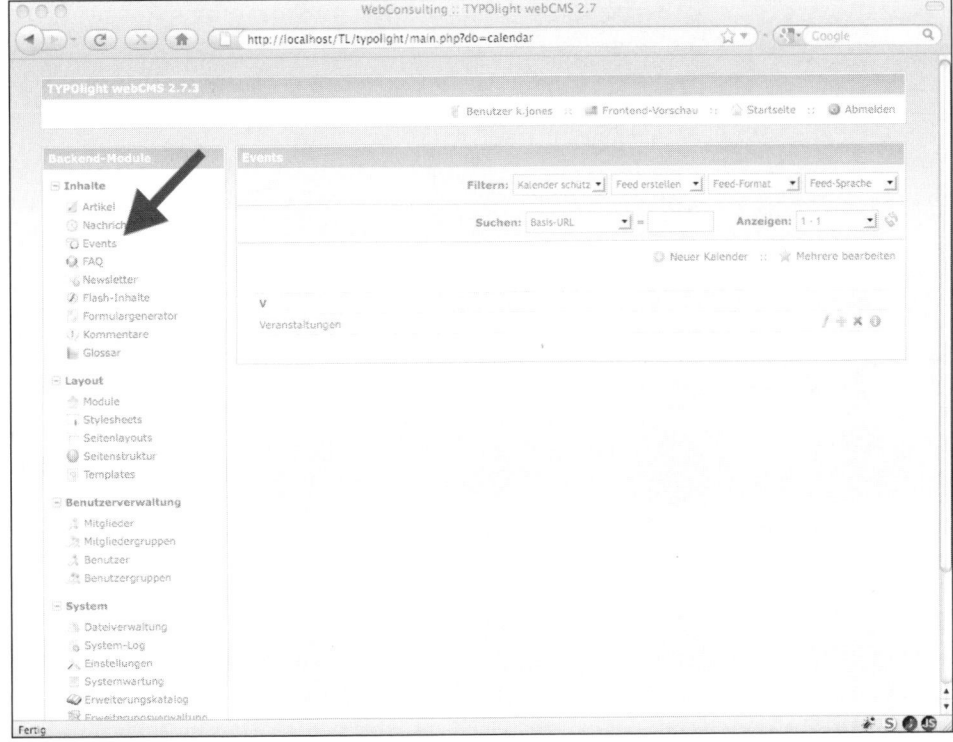

Abbildung 10.1: **Die Terminverwaltung im Backend**

## 10.1.1 Kalender

Die *WebConsulting*-Seite enthält einen Kalender zur Darstellung aller für die virtuelle Agentur wichtigen Veranstaltungen. Öffnen Sie den Kalender *Veranstaltungen* und klicken Sie auf das Bearbeitungssymbol des Elternelements (Abbildung 10.2), um zu sehen, wie ein Kalender konfiguriert wird.

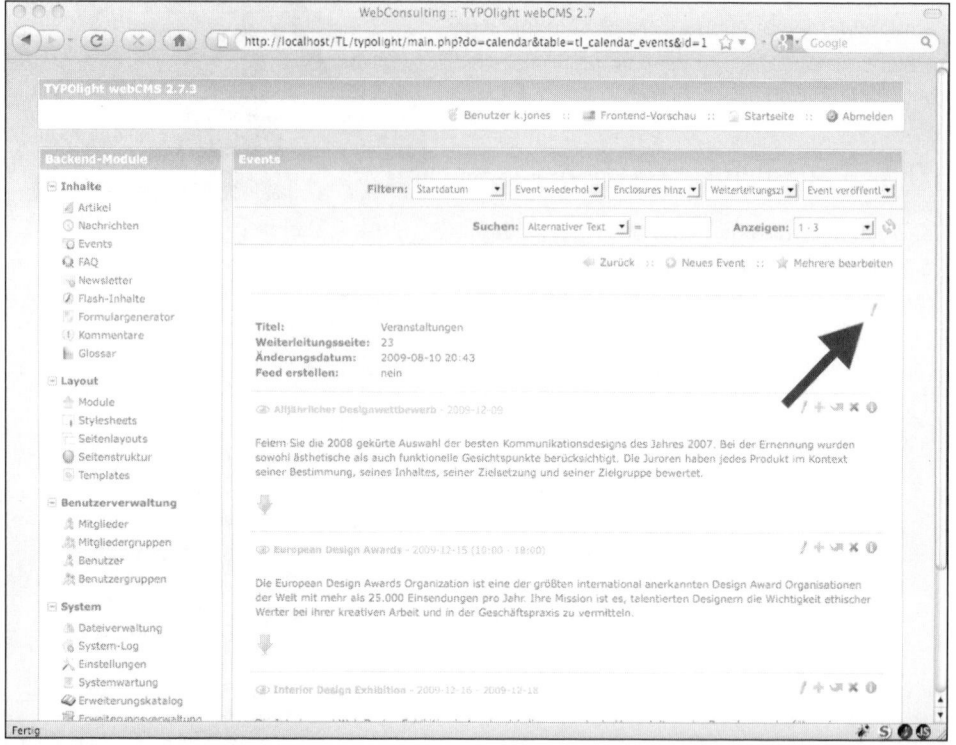

Abbildung 10.2: **Den Kalender bearbeiten**

TITEL: Der Titel eines Kalenders wird nur in der Backend-Übersicht verwendet.

WEITERLEITUNGSSEITE: Hier legen Sie fest, auf welche Seite ein Benutzer beim Anklicken eines Termins weitergeleitet wird. Diese Seite muss das Modul *Eventleser* enthalten, mit dem der komplette Termin dargestellt werden kann.

KALENDER SCHÜTZEN: Wenn Sie diese Option auswählen, werden die Termine des Kalenders nur angemeldeten Benutzern angezeigt.

ERLAUBTE MITGLIEDERGRUPPEN: Hier legen Sie fest, welche Benutzergruppen nach der Anmeldung Zugriff auf den Kalender haben sollen.

FEED ERSTELLEN: Hier legen Sie fest, ob aus dem Kalender ein RSS-Feed erstellt werden soll. RSS-Feeds sind XML-Dateien mit Ihren Terminen, die mit einem RSS-Reader abonniert und z.B. in eine andere Webseite eingebunden werden können.

FEED-FORMAT: Hier legen Sie das Format des RSS-Feeds fest. TYPOlight unterstützt RSS 2.0 und Atom, welches die beiden am weitesten verbreiteten Formate sind.

FEED-SPRACHE: Hier können Sie die Sprache des RSS-Feeds im RFC3066-Format[1] eingeben, also z.B. de oder de_DE für deutsch.

EXPORT-EINSTELLUNGEN: Hier legen Sie fest, ob lediglich die Teasertexte oder die kompletten Event-Beschreibungen im RSS-Feed enthalten sind.

MAXIMALE ANZAHL AN BEITRÄGEN: Hier können Sie die Anzahl an Beiträgen des RSS-Feeds beschränken. In der Regel reichen um die 25 Beiträge pro Feed vollkommen aus. Meistens werden ohnehin nur die ersten drei bis fünf tatsächlich verwendet.

BASIS-URL: Die Basis-URL ist vor allem im Multidomain-Betrieb wichtig, wenn Sie mehrere Webseiten mit einer TYPOlight-Installation betreiben. Damit der RSS-Feed auf die richtige Domain verlinkt, können Sie diese hier eingeben.

FEED-ALIAS: Der Alias eines RSS-Feeds wird als Dateiname verwendet.

FEED-BESCHREIBUNG: Hier können Sie eine Beschreibung des RSS-Feeds eingeben.

## 10.1.2 Events

In diesem Abschnitt erkläre ich Ihnen, wie Sie einen Termin anlegen. Termine werden grundsätzlich nach ihrem Datum sortiert, daher gibt es hier keine Icons, mit denen Sie die Reihenfolge ändern könnten. Öffnen Sie den Termin *Alljährlicher Designwettbewerb* und sehen Sie sich die Konfiguration an (Abbildung 10.3).

TITEL: Geben Sie hier den Titel des Events ein.

EVENT-ALIAS: Der Alias eines Events hat dieselbe Funktion wie auch der Alias einer Seite (siehe Abschnitt 4.4, *Seiten verwalten*) und dient dazu, einen bestimmten Termin ohne seine numerische ID aufrufen zu können.

AUTOR: Hier legen Sie den Autor des Events fest.

ZEIT HINZUFÜGEN: Wenn Sie diese Option auswählen, können Sie dem Event eine Uhrzeit hinzufügen. Andernfalls geht TYPOlight von einem ganztägigen Event aus.

STARTZEIT: Geben Sie hier die Startzeit des Events ein.

ENDZEIT: Geben Sie hier die Endzeit des Events an. Um einen Termin mit offenem Ende anzulegen, geben Sie hier dieselbe Zeit ein wie unter Startzeit.

STARTDATUM: Geben Sie hier das Startdatum des Events ein.

ENDDATUM: Geben Sie hier das Enddatum eines Events ein. Wenn Sie dieses Feld nicht ausfüllen, geht TYPOlight automatisch von einem eintägigen Event aus.

---

1   http://de.selfhtml.org/diverses/sprachenlaenderkuerzel.htm

Abbildung 10.3: **Einen Termin anlegen**

TEASERTEXT: Hier können Sie eine kurze Zusammenfassung des Events eingeben, die z.B. mit dem Modul *Eventliste*, gefolgt von einem *Weiterlesen*-Link, angezeigt wird.

EVENT-TEXT: Hier können Sie den Text des Events eingeben. Die Eingabe erfolgt wie beim Inhaltselement *Text* über den Rich Text Editor.

Bei Bedarf können Sie dem Event ein Bild hinzufügen, das dann vom Text umflossen wird. Folgende Optionen stehen Ihnen zur Verfügung (Abbildung 10.4):

QUELLDATEI: Hier wählen Sie das einzufügende Bild aus. Wenn Sie das Bild noch nicht auf den Server übertragen haben, können Sie mit einem Klick auf das kleine Icon neben der Feldüberschrift den Dateimanager in einem Popup-Fenster aufrufen und den Upload nachholen, ohne die Eingabemaske zu verlassen.

ALTERNATIVER TEXT: Eine barrierefreie Webseite sollte für jedes Objekt eine kurze Beschreibung enthalten, die angezeigt wird, wenn das Objekt selbst nicht dargestellt werden kann. Alternative Texte werden außerdem von Suchmaschinen ausgewertet und sind daher ein wichtiges Instrument der Onpage-Optimierung.

BILDBREITE UND BILDHÖHE: TYPOlight verkleinert Bilder automatisch auf das von Ihnen vorgegebene Format. Wenn Sie nur die Breite oder nur die Höhe vorgeben, wird das Bild im Verhältnis auf den gewünschten Wert verkleinert. Geben Sie hingegen beide Parameter vor, wird das Bild ungeachtet des originalen Seitenverhältnisses zugeschnitten.

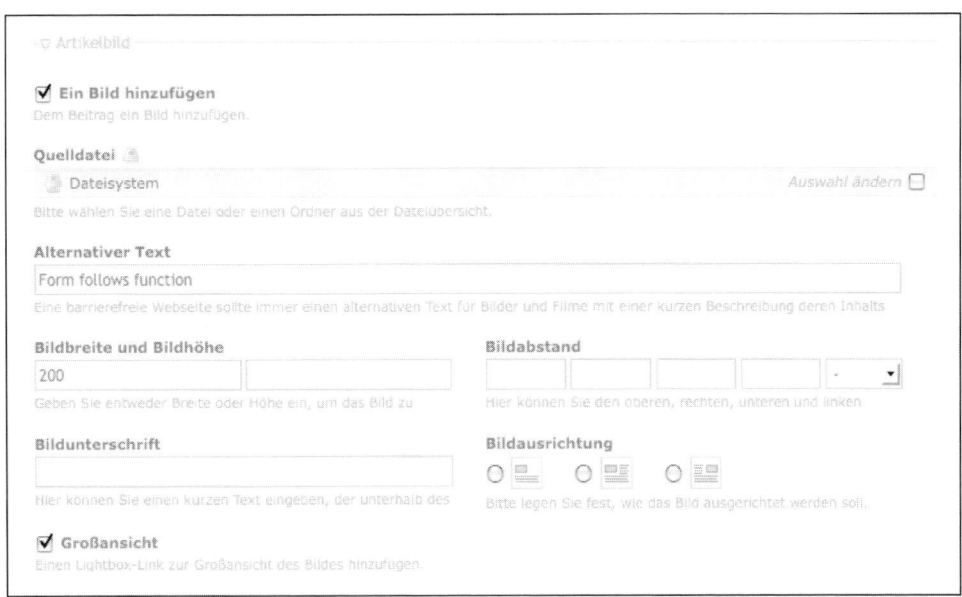

Abbildung 10.4: **Einem Event ein Bild hinzufügen**

Bᴜᴅᴀʙsᴛᴀɴᴅ: Hier können Sie den Abstand des Bilds zum Text festlegen. Die Reihenfolge der Felder lautet im Uhrzeigersinn »oben, rechts, unten, links«.

Bᴜᴅᴜɴᴛᴇʀsᴄʜʀɪꜰᴛ: Hier können Sie eine Bildunterschrift eingeben.

Bᴜᴅᴀᴜsʀɪᴄʜᴛᴜɴɢ: Ein Bild kann entweder oberhalb des Textes (Bild wird nicht vom Text umflossen) oder auf der linken bzw. rechten Seite des Textes (Bild wird vom Text umflossen) ausgerichtet werden.

Gʀᴏssᴀɴsɪᴄʜᴛ: Wenn Sie diese Option auswählen, wird das Bild beim Anklicken in seiner Originalgröße geöffnet.

Eᴠᴇɴᴛ ᴡɪᴇᴅᴇʀʜᴏʟᴇɴ: Wenn Sie diese Option auswählen, können Sie eine Wiederholung des Termins in bestimmten Zeitabständen vorgeben.

Iɴᴛᴇʀᴠᴀʟʟ: Hier legen Sie fest, in welchen Abständen der Termin wiederholt wird. Mögliche Eingaben sind z.B. alle vier Tage, alle zwei Wochen oder jedes Jahr.

Wɪᴇᴅᴇʀʜᴏʟᴜɴɢᴇɴ: Wenn Sie hier einen Wert größer 0 eingeben, wird der Termin nach der vorgegebenen Anzahl an Wiederholungen nicht mehr angezeigt.

Eɴᴄʟᴏsᴜʀᴇs ʜɪɴᴢᴜꜰüɢᴇɴ: Ein Enclosure ist eine Datei, die mit einem Event verknüpft und im RSS-Feed mittels des Enclosure-Tags[2] exportiert wird.

---

2  http://en.wikipedia.org/wiki/RSS_Enclosures

ENCLOSURES: Wählen Sie hier die Dateien aus, die Sie mit dem Event verknüpfen möchten. Die ausgewählten Dateien werden in der Detailansicht des Termins (Modul *Eventleser*) zum Download angeboten.

WEITERLEITUNGSZIEL: Hier legen Sie fest, auf welche Seite ein Besucher beim Anklicken des Events weitergeleitet wird. Die Option *Standardseite* bedeutet, dass er auf die Seite mit dem Modul *Eventleser* gelangt, die Sie im Kalender vorgegeben haben. Die Optionen *interne Seite* oder *externe Webseite* bedeuten, dass der Benutzer auf eine individuelle Seite weitergeleitet wird.

CSS-KLASSE: Hier können Sie dem Event eine CSS-Klasse hinzufügen.

EVENT VERÖFFENTLICHEN: Hier können Sie das Event veröffentlichen. Solange ein Termin nicht veröffentlicht ist, wird er nicht auf der Webseite angezeigt.

ANZEIGEN AB: Zusätzlich zur manuellen Veröffentlichung bietet TYPOlight hier die Möglichkeit, ein Event zu einem bestimmten Datum zu aktivieren.

ANZEIGEN BIS: Hier legen Sie fest, bis zu welchem Tag das Event angezeigt wird.

## 10.2  Frontend-Module

Nachdem Sie nun wissen, wie Kalender und Events im Backend verwaltet werden, erkläre ich Ihnen jetzt, wie Sie diese Inhalte im Frontend darstellen können. Die Kalender-Erweiterung enthält vier neue Frontend-Module, die Sie wie gewohnt über die *Modulverwaltung* konfigurieren können (Abbildung 10.5).

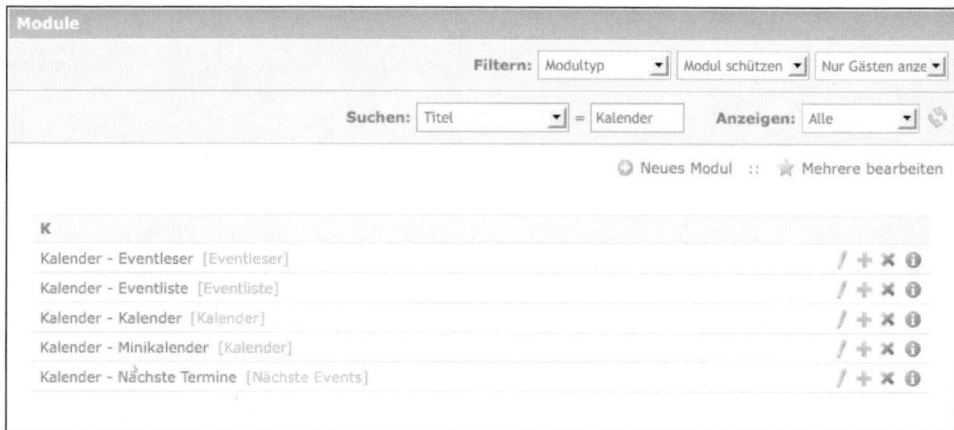

Abbildung 10.5: **Kalendermodule der WebConsulting-Seite**

### 10.2.1  Kalender

Das Modul *Kalender* fügt der Webseite einen Kalender hinzu, in dem die Termine eines oder mehrerer Kalender dargestellt werden. Auf der *WebConsulting*-Seite *Unternehmen → Eventkalender* befindet sich ein solcher Kalender (Abbildung 10.6).

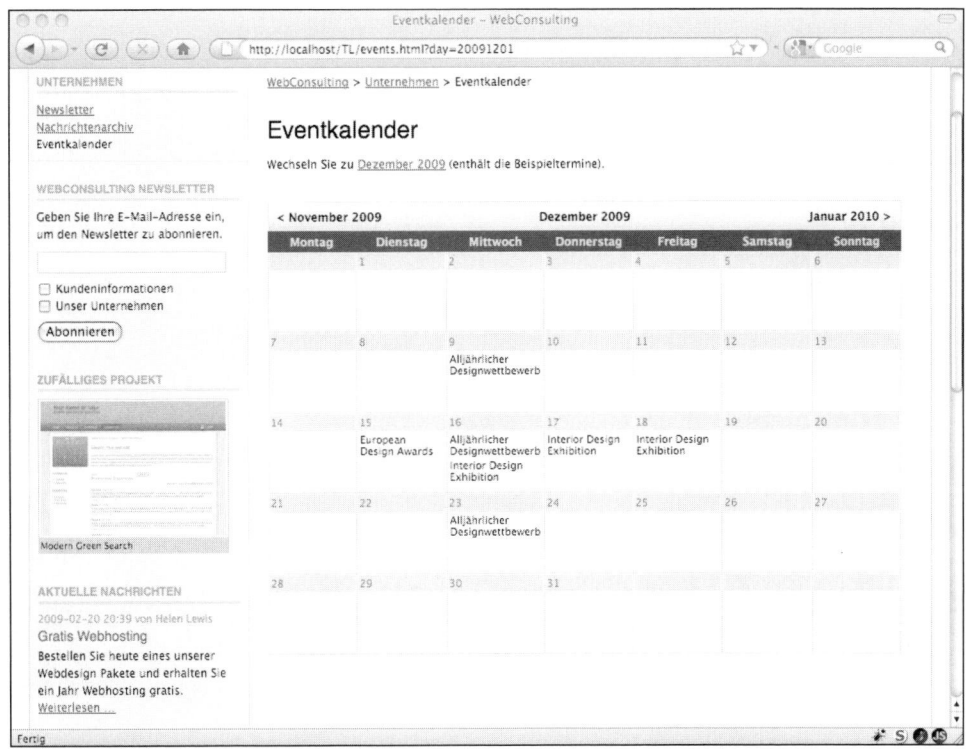

Abbildung 10.6: **Das Kalendermodul im Frontend**

Öffnen Sie nun das Modul *Kalender* → *Kalender* in der Modulverwaltung des Backends und sehen Sie sich an, wie es konfiguriert wurde.

Kᴀʟᴇɴᴅᴇʀ: Hier legen Sie fest, aus welchen Kalendern Events angezeigt werden. Jedes Event erhält eine CSS-Klasse mit der ID seines Kalenders (z.B. cal_1), so dass Sie die Termine z.B. durch verschiedene Farben kennzeichnen können.

Vᴇʀᴋᴜ̈ʀᴢᴛᴇ Dᴀʀsᴛᴇʟʟᴜɴɢ: Standardmäßig zeigt TYPOlight bei mehrtägigen Events jeden Tag als einzelnen Termin an. Wenn Sie diese Option auswählen, wird die Darstellung jedoch verkürzt und der Termin erscheint nur einmal am ersten Tag.

Wᴇɪᴛᴇʀʟᴇɪᴛᴜɴɢssᴇɪᴛᴇ: Hier legen Sie die Seite fest, zu der ein Besucher beim Anklicken eines Links im Mini-Kalender weitergeleitet wird. Auf der Zielseite sollte das Modul *Eventliste* oder *Kalender* eingebunden sein

Kᴀʟᴇɴᴅᴇʀ-Tᴇᴍᴘʟᴀᴛᴇ: Hier können Sie die *Layoutvorlage* (Template bzw. View) für den Kalender auswählen. Das Template cal_default stellt den großen Kalender dar, das Template cal_mini den Mini-Kalender (Abbildung 10.7).

Abbildung 10.7: **Der Mini-Kalender im Frontend**

Das Modul *Mini-Kalender* fügt der Webseite einen kleinen Kalender hinzu, mit dem Sie die Monate durchlaufen und ein bestimmtes Datum auswählen können. Im Gegensatz zum Kalendermodul werden im Mini-Kalender keine Termine angezeigt, da er hauptsächlich dazu dient, das Modul *Eventliste* anzusteuern.

ERSTER WOCHENTAG: Hier legen Sie den ersten Tag der Woche fest.

Kalendermodule verwenden die CSS-Klasse `mod_calendar`, die Kalender selbst je nach Template die Klasse `calendar` oder `minicalendar`.

## 10.2.2 Eventleser

Das Modul *Eventleser* dient dazu, einen bestimmten Termin darzustellen. Die ID bzw. den Alias des Events bezieht das Modul über die URL, so dass Termine mit sogenannten Permalinks[3] gezielt verlinkt werden können (vgl. *Nachrichtenleser*).

Das Schlüsselwort des Eventlesers lautet `events` und teilt dem Modul mit, dass es einen bestimmten Termin suchen und ausgeben soll (Abbildung 10.8). Existiert der gesuchte Termin nicht, gibt der Eventleser eine Fehlermeldung und den HTTP-Status-Code *404 Not found* zurück (wichtig für die Suchmaschinenoptimierung).

Öffnen Sie die Modulverwaltung im Backend und rufen Sie das Modul *Kalender → Eventleser* auf. Die Konfiguration des Eventlesers ist sehr überschaubar.

---

3  http://de.wikipedia.org/wiki/Permalink

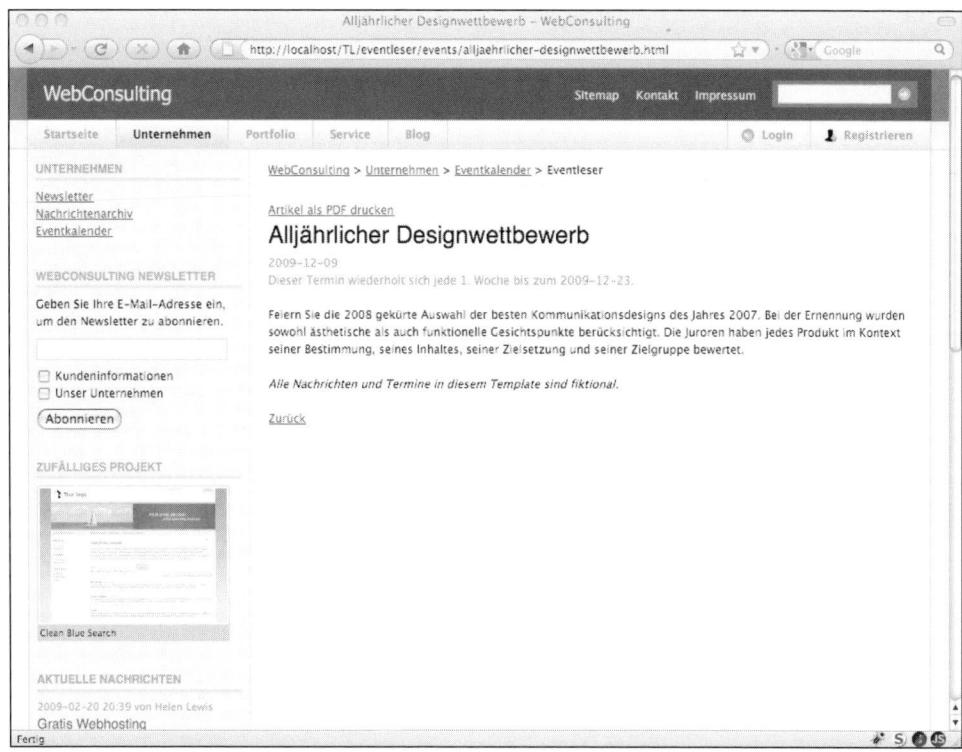

Abbildung 10.8: **Der Eventleser im Frontend**

KALENDER: Hier legen Sie fest, in welchen Kalendern nach dem angeforderten Event gesucht werden soll. Termine aus nicht ausgewählten Kalendern werden niemals angezeigt, selbst wenn die URL stimmt und der Termin existiert. Dieses Feature ist vor allem im Multidomain-Betrieb wichtig.

EVENT-TEMPLATE: Hier können Sie die *Layoutvorlage* (Template bzw. View) für den Termin auswählen. Standardmäßig ist das die Vorlage `event_default`, die das komplette und ungekürzte Event darstellt.

Eventleser verwenden die CSS-Klasse `mod_eventreader`.

## 10.2.3 Eventliste

Das Modul *Eventliste* dient dazu, alle Termine eines bestimmten Monats aufzulisten (Abbildung 10.9). In Verbindung mit dem Mini-Kalender können Sie so monatsweise alle vorhandenen Beiträge durchgehen.

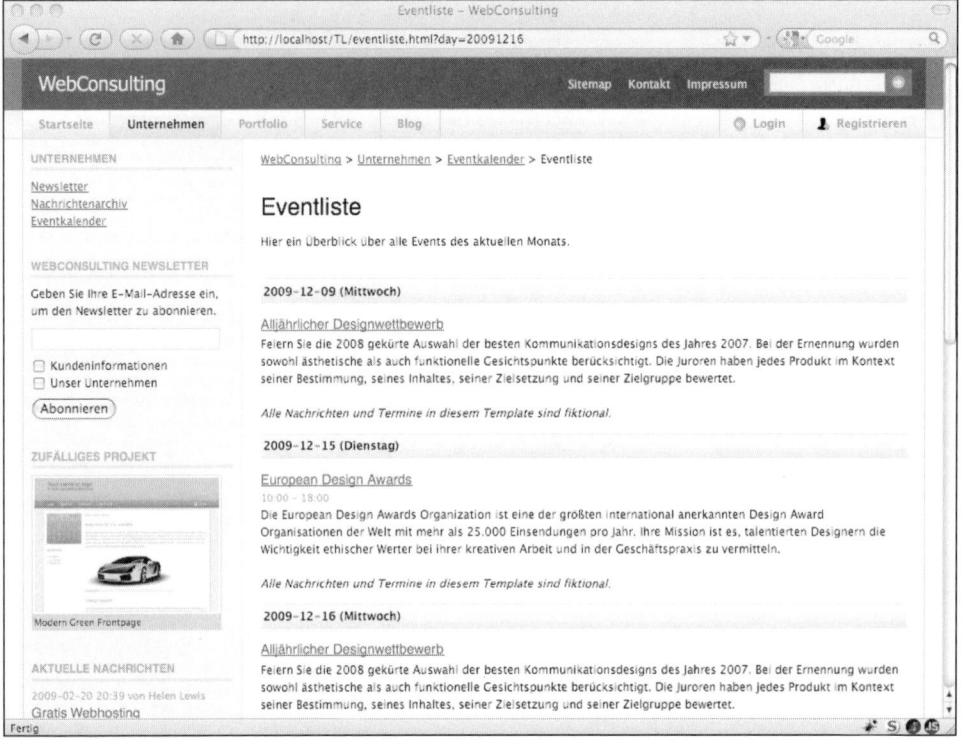

Abbildung 10.9: **Alle Events eines bestimmten Monats anzeigen**

Öffnen Sie die Modulverwaltung im Backend und rufen Sie das Modul *Kalender → Eventliste* auf. Folgende Konfigurationsoptionen haben Sie:

KALENDER: Hier legen Sie fest, aus welchen Kalendern Events aufgelistet werden sollen. Termine aus nicht ausgewählten Kalendern werden niemals angezeigt, selbst wenn die URL stimmt und der Termin existiert.

VERKÜRZTE DARSTELLUNG: Standardmäßig zeigt TYPOlight bei mehrtägigen Events jeden Tag als einzelnen Termin an. Wenn Sie diese Option auswählen, wird die Darstellung jedoch verkürzt und der Termin erscheint nur einmal am ersten Tag.

ANZEIGEFORMAT: Hier legen Sie den Zeitraum der Anzeige fest. Sie können sich in der Eventliste beispielsweise nur die Termine des ausgewählten Tages oder auch alle Events des aktuellen Jahres anzeigen lassen.

EVENT-TEMPLATE: Hier können Sie die *Layoutvorlage* (View bzw. Partial) für die einzelnen Termine auswählen. Standardmäßig ist das die Vorlage `event_list`.

ERSTER WOCHENTAG: Hier legen Sie den ersten Tag der Woche fest.

Eventlisten verwenden die CSS-Klasse `mod_eventlist`.

## 10.2.4 Nächste Events

Das Modul *Nächste Events* macht prinzipiell dasselbe wie das Modul *Eventliste*, allerdings zeigt es nur zukünftige Termine an (Abbildung 10.10). Events in der Vergangenheit werden von diesem Modul nicht berücksichtigt.

Abbildung 10.10: **Nächste Termine auf der WebConsulting-Startseite**

Öffnen Sie die Modulverwaltung im Backend und rufen Sie das Modul *Kalender* → *Nächste Termine* auf. Die Konfiguration ist der der *Eventliste* sehr ähnlich.

KALENDER: Hier legen Sie fest, aus welchen Kalendern Events aufgelistet werden sollen. Termine aus nicht ausgewählten Kalendern werden niemals angezeigt, selbst wenn die URL stimmt und der Termin existiert.

VERKÜRZTE DARSTELLUNG: Normalerweise zeigt TYPOlight bei mehrtägigen Events jeden Tag als einzelnen Termin an. Wenn Sie diese Option auswählen, wird die Darstellung jedoch verkürzt und der Termin erscheint nur einmal am ersten Tag.

ANZAHL AN EVENTS: Wenn Sie hier eine Zahl größer 0 eingeben, limitiert TYPOlight die Anzahl der Termine automatisch auf diesen Wert.

EVENT-TEMPLATE: Hier können Sie die *Layoutvorlage* (View bzw. Partial) für die einzelnen Termine auswählen. Standardmäßig ist das die Vorlage event_upcoming.

Das Modul *Nächste Events* verwendet die CSS-Klasse mod_upcoming_events.

# 11. Die FAQ-Erweiterung

Die Erweiterung *FAQ* dient dazu, häufig gestellte Fragen (*Frequently Asked Questions*) im Frontend darzustellen. FAQs werden ähnlich wie Nachrichtenbeiträge nicht anhand der Seitenstruktur organisiert, sondern in Form von Kategorien.

## 11.1 FAQ-Verwaltung

Die FAQ-Verwaltung ist ein eigenes Modul im Backend. Sie finden es in der Gruppe *Inhalte* an vierter Stelle (Abbildung 11.1).

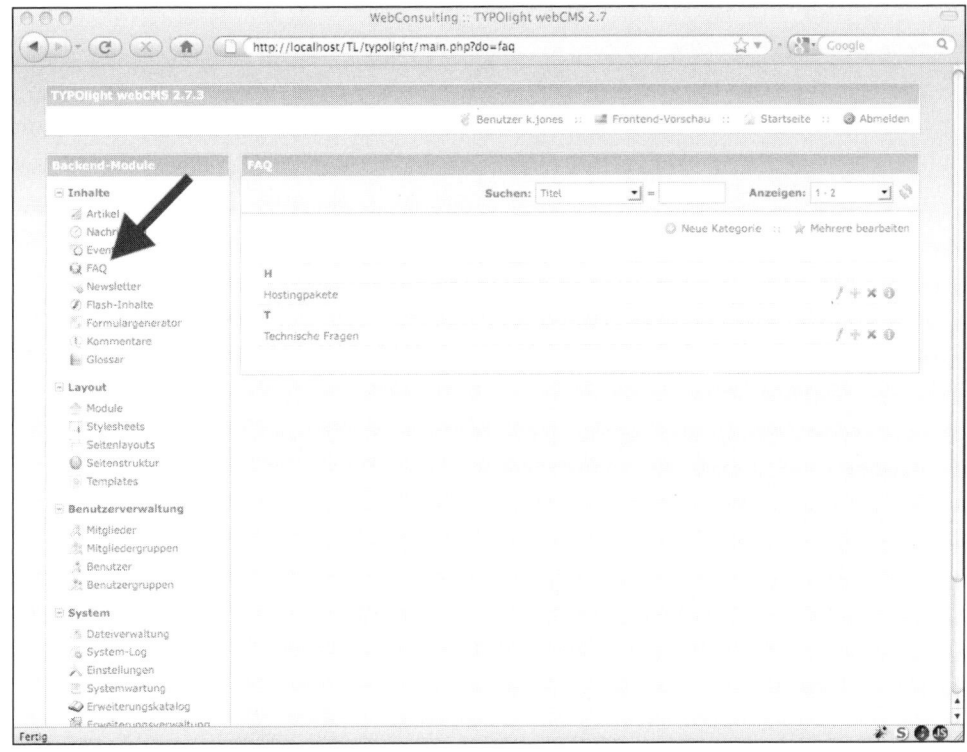

Abbildung 11.1: **Die FAQ-Verwaltung im Backend**

## 11.1.1  Kategorien

Die *WebConsulting*-Seite enthält FAQs in der Rubrik *Service*. Öffnen Sie die Kategorie *Technische Fragen* und klicken Sie auf das Bearbeitungssymbol des Elternelements (Abbildung 11.2), um zu sehen, wie Kategorien konfiguriert werden.

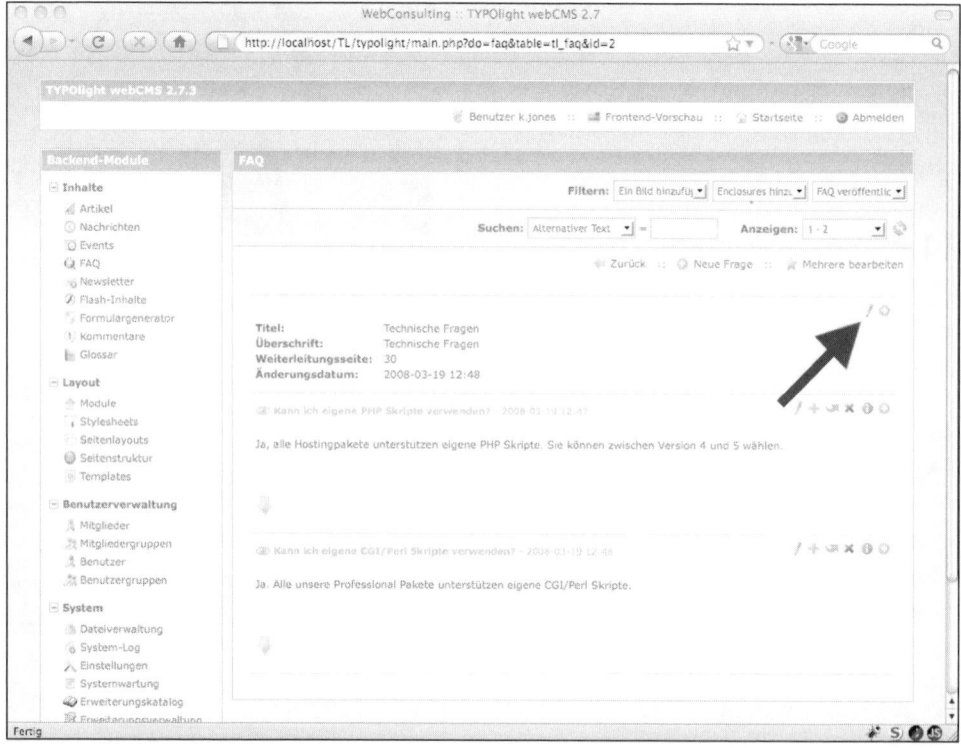

Abbildung 11.2: **Die Kategorie bearbeiten**

TITEL: Der Titel einer Kategorie wird nur in der Backend-Übersicht verwendet.

ÜBERSCHRIFT: Die Überschrift einer Kategorie wird im Frontend angezeigt. Außerdem werden die Kategorien bei der Ausgabe alphabetisch nach ihrer Überschrift sortiert.

WEITERLEITUNGSSEITE: Hier legen Sie fest, auf welche Seite ein Benutzer beim Anklicken einer FAQ weitergeleitet wird. Diese Seite muss das Modul *FAQ-Leser* enthalten, mit dem die Antwort auf eine Frage dargestellt werden kann.

## 11.1.2  Fragen

In diesem Abschnitt erkläre ich Ihnen, wie Sie eine Frage anlegen. Die Reihenfolge der Fragen innerhalb einer Kategorie können Sie mit den entsprechenden Navigationssymbolen festlegen. Öffnen Sie die Frage *Kann ich eigene PHP Skripte verwenden?* und sehen Sie sich die Konfiguration an (Abbildung 11.3).

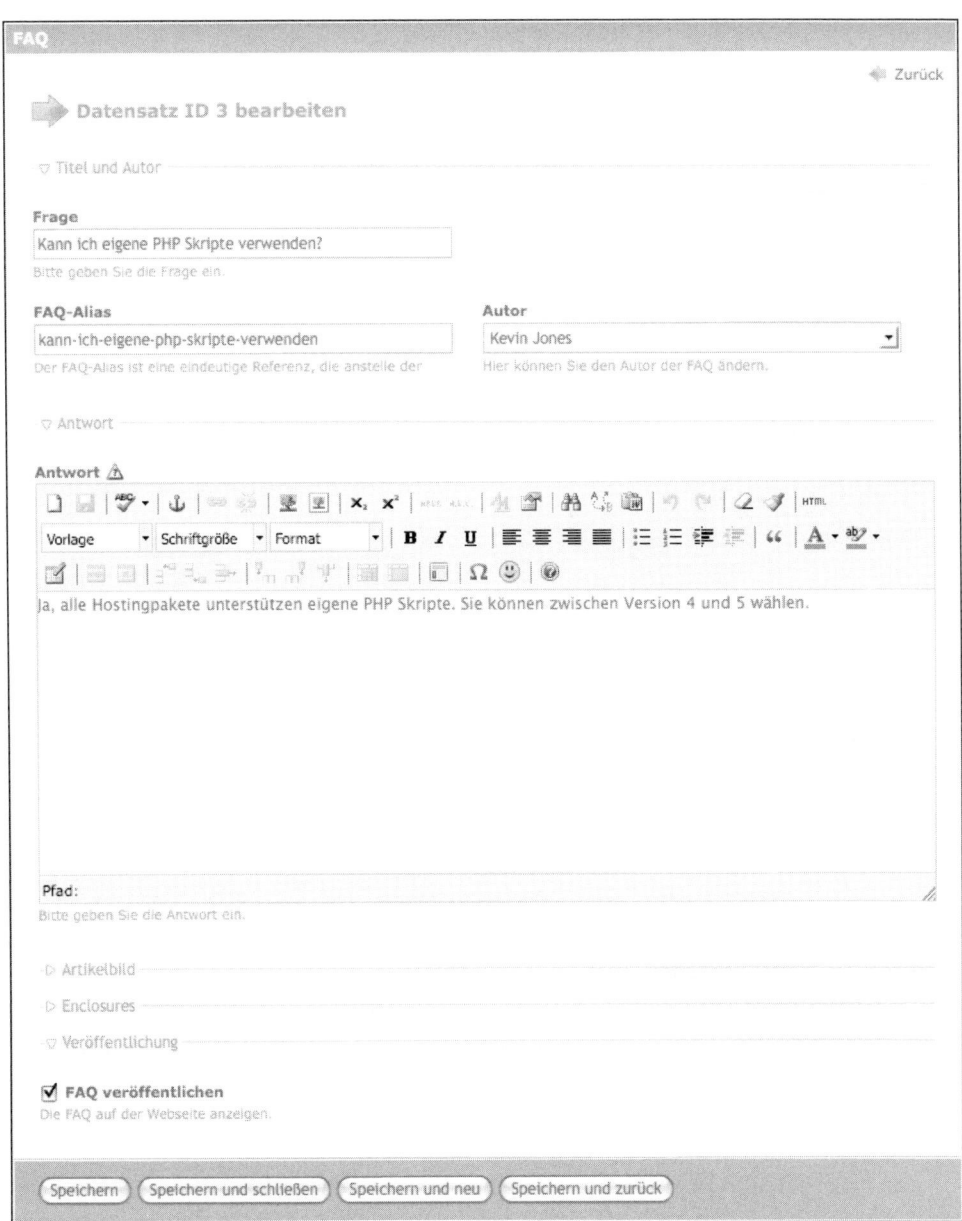

Abbildung 11.3: **Eine Frage anlegen**

FRAGE: Geben Sie hier die Frage ein.

FAQ-ALIAS: Der Alias einer Frage hat dieselbe Funktion wie auch der Alias einer Seite (siehe Abschnitt 4.4, *Seiten verwalten*) und dient dazu, eine bestimmte FAQ ohne ihre numerische ID aufrufen zu können.

AUTOR: Wählen Sie hier den Autor der Frage aus.

ANTWORT: Geben Sie hier die Antwort auf die Frage ein. Die Eingabe erfolgt wie beim Inhaltselement *Text* mit dem Rich Text Editor.

Bei Bedarf können Sie einer FAQ ein Bild hinzufügen, das von der Antwort umflossen wird. Folgende Optionen stehen Ihnen zur Verfügung (Abbildung 11.4):

Abbildung 11.4: **Einer FAQ ein Bild hinzufügen**

QUELLDATEI: Hier wählen Sie das einzufügende Bild aus. Wenn Sie das Bild noch nicht auf den Server übertragen haben, können Sie mit einem Klick auf das kleine Icon neben der Feldüberschrift den Dateimanager in einem Popup-Fenster aufrufen und den Upload nachholen, ohne die Eingabemaske zu verlassen.

ALTERNATIVER TEXT: Eine barrierefreie Webseite sollte für jedes Objekt eine kurze Beschreibung enthalten, die angezeigt wird, wenn das Objekt selbst nicht dargestellt werden kann. Alternative Texte werden außerdem von Suchmaschinen ausgewertet und sind daher ein wichtiges Instrument der Onpage-Optimierung.

BILDBREITE UND BILDHÖHE: TYPOlight verkleinert Bilder automatisch auf das von Ihnen vorgegebene Format. Wenn Sie nur die Breite oder nur die Höhe vorgeben, wird das Bild im Verhältnis auf den gewünschten Wert verkleinert. Geben Sie hingegen beide Parameter vor, wird das Bild ungeachtet des originalen Seitenverhältnisses zugeschnitten (Teile des Bilds können verloren gehen).

BILDABSTAND: Hier können Sie den Abstand des Bilds zum Text festlegen. Die Reihenfolge der Felder lautet im Uhrzeigersinn »oben, rechts, unten, links«.

Bildunterschrift: Hier können Sie eine Bildunterschrift eingeben.

Bildausrichtung: Ein Bild kann entweder oberhalb des Textes (Bild wird nicht vom Text umflossen) oder auf der linken bzw. rechten Seite des Textes (Bild wird vom Text umflossen) ausgerichtet werden.

Grossansicht: Wenn Sie diese Option auswählen, wird das Bild beim Anklicken in seiner Originalgröße geöffnet.

Enclosures hinzufügen: Ein Enclosure ist eine Datei, die mit einer FAQ verknüpft wird und bei Bedarf von Benutzern heruntergeladen werden kann.

Enclosures: Wählen Sie hier die Dateien aus, die Sie mit der Frage verknüpfen möchten. Die ausgewählten Dateien werden in der Detailansicht der Frage (Modul *FAQ-Leser*) zum Download angeboten.

FAQ Veröffentlichen: Hier können Sie die FAQ veröffentlichen. Solange eine Frage nicht veröffentlicht ist, wird sie nicht auf der Webseite angezeigt.

## 11.2 Frontend-Module

Nachdem Sie nun wissen, wie Kategorien und Fragen im Backend verwaltet werden, erkläre ich Ihnen jetzt, wie Sie diese Inhalte im Frontend darstellen können. Die FAQ-Erweiterung enthält zwei neue Frontend-Module, die Sie wie gewohnt über die *Modulverwaltung* konfigurieren können (Abbildung 11.5).

Abbildung 11.5: **FAQ-Module der WebConsulting-Seite**

### 11.2.1 FAQ-Liste

Das Modul *FAQ-Liste* fügt der Webseite eine Liste von Fragen hinzu, die aus einer oder mehreren Kategorien stammen können. Auf der *WebConsulting*-Seite *Service → FAQ* befindet sich eine solche FAQ-Liste (Abbildung 11.6).

WebConsulting > Service > FAQ

# Häufig gestellte Fragen

Bitte lesen Sie die häufig gestellten Fragen bevor Sie ein neues Support Ticket erstellen.

## Hostingpakete

Enthält das Gratisangebot POP3 Konten?
Enthält das Gratisangebot automatische Backups?

## Technische Fragen

Kann ich eigene PHP Skripte verwenden?
Kann ich eigene CGI/Perl Skripte verwenden?

Abbildung 11.6: **Die FAQ-Liste im Frontend**

Öffnen Sie nun das Modul *FAQ* → *FAQ Liste* in der Modulverwaltung des Backends und sehen Sie sich die minimalistische Konfiguration an.

FAQ-Kategorien: Hier legen Sie fest, welche Kategorien angezeigt werden. Sie können die Reihenfolge der Kategorien mit Hilfe der Pfeile anpassen.

FAQ-Listen verwenden die CSS-Klasse `mod_faqlist`.

## 11.2.2 FAQ-Leser

Das Modul *FAQ-Leser* dient dazu, eine bestimmte FAQ darzustellen. Die ID bzw. den Alias der Frage bezieht das Modul über die URL, so dass FAQs mit sogenannten Permalinks[1] gezielt verlinkt werden können (vgl. *Nachrichtenleser*).

Das Schlüsselwort des FAQ-Lesers lautet `items` und teilt dem Modul mit, dass es eine bestimmte Frage suchen und ausgeben soll (Abbildung 11.7). Existiert die gesuchte Frage nicht, gibt der FAQ-Leser eine Fehlermeldung und den HTTP-Status-Code *404 Not found* zurück (wichtig für die Suchmaschinenoptimierung).

Öffnen Sie die Modulverwaltung im Backend und rufen Sie das Modul *FAQ-Leser* auf. Die Konfiguration ist genauso überschaubar wie die der *FAQ-Liste*.

---

1    http://de.wikipedia.org/wiki/Permalink

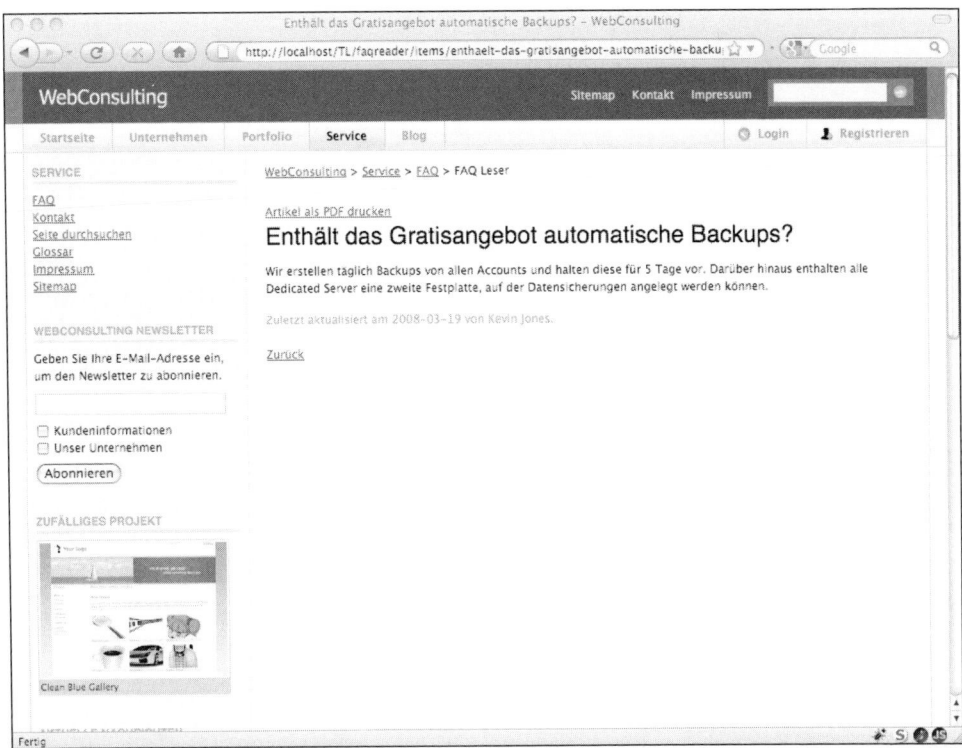

Abbildung 11.7: **Der FAQ-Leser im Frontend**

FAQ-KATEGORIEN: Hier legen Sie fest, in welchen Kategorien nach der angeforderten Frage gesucht werden soll. FAQs aus nicht ausgewählten Kategorien werden niemals angezeigt, selbst wenn die URL stimmt und die Frage existiert. Dieses Feature ist vor allem im Multi-domain-Betrieb wichtig.

FAQ-Leser verwenden die CSS-Klasse `mod_faqreader`.

# 12. Die Newsletter-Erweiterung

Die Erweiterung *Newsletter* dient dazu, Rundschreiben per E-Mail an mehrere Empfänger zu versenden. Newsletter werden ähnlich wie Nachrichten nicht anhand der Seitenstruktur organisiert, sondern in Form von Verteilern. Besucher können ihre E-Mail-Adresse über ein Frontend-Modul in einen solchen Verteiler eintragen, um zukünftig die darin enthaltenen Newsletter zugeschickt zu bekommen.

## 12.1 Newsletter-Verwaltung

Die Newsletter-Verwaltung ist ein eigenes Modul im Backend. Sie finden es in der Gruppe *Inhalte* an fünfter Stelle (Abbildung 12.1).

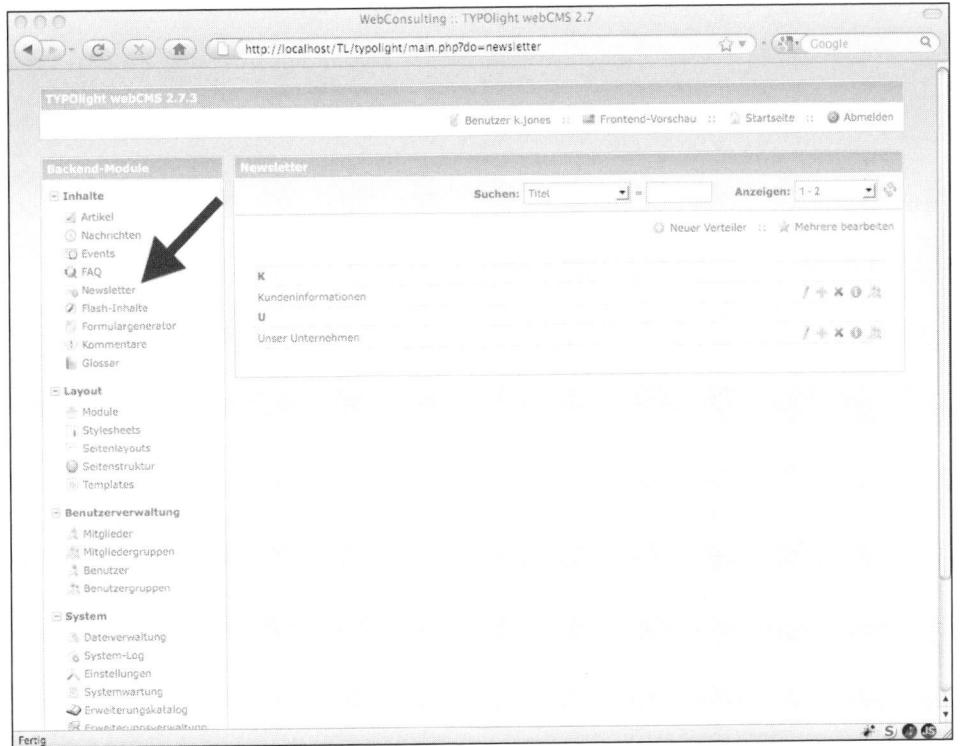

Abbildung 12.1: **Die Newsletter-Verwaltung im Backend**

## 12.1.1 Verteiler

Öffnen Sie den Verteiler *Unser Unternehmen* und klicken Sie auf das Bearbeitungssymbol des Elternelements (Abbildung 12.2), um dessen Konfiguration einzusehen.

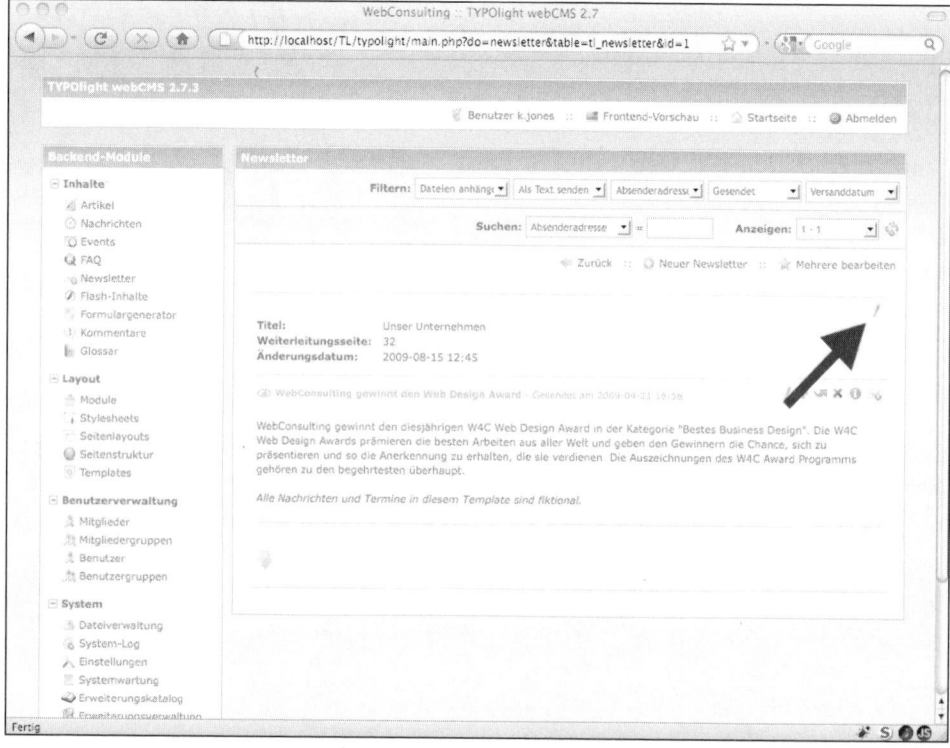

Abbildung 12.2: **Einen Verteiler bearbeiten**

TITEL: Der Titel eines Verteilers wird nur in der Backend-Übersicht verwendet.

WEITERLEITUNGSSEITE: Hier legen Sie fest, zu welcher Seite ein Benutzer beim Anklicken eines Links im Modul *Newsletterliste* weitergeleitet wird. Auf der Zielseite sollte sich das Modul *Newsletterleser* befinden.

## 12.1.2 Empfänger

In der Regel verwalten sich die Empfänger eines Newsletters über die entsprechenden Frontend-Module selbstständig, ohne dass Sie als Administrator in den Prozess eingreifen müssten. Trotzdem haben Sie natürlich im Backend die Möglichkeit, Empfänger manuell zu ändern. Aus Gründen des Datenschutzes werden jeweils nur die E-Mail-Adresse und der Aktivierungsstatus gespeichert (Abbildung 12.3).

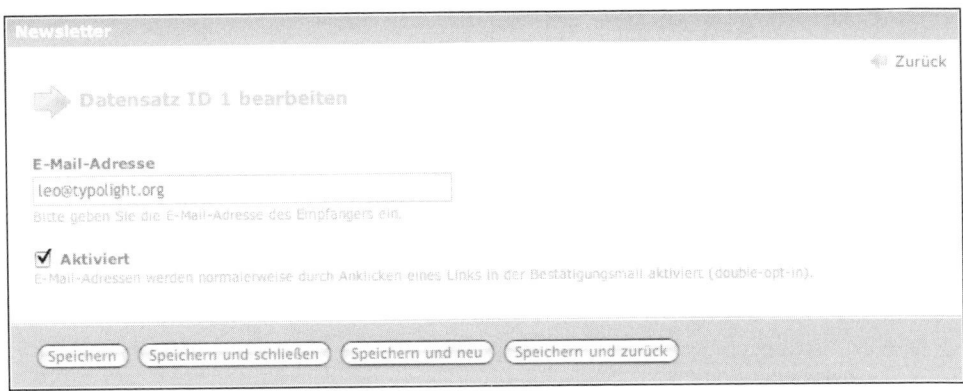

Abbildung 12.3: **Einen Empfänger bearbeiten**

Gemäß des Double Opt-In[1]-Verfahrens erhält jeder Abonnent bei der Bestellung eine E-Mail mit einem Bestätigungslink, ohne den er sein Abonnement nicht abschließen kann. Damit wird den Bestimmungen des § 7 Absatz 2 Nummer 2 und 3 des Gesetzes gegen den unlauteren Wettbewerb (UWG) hinreichend Genüge getan.

E-Mail-Adresse: Geben Sie hier die E-Mail-Adresse des Empfängers ein.

Abonnenten aktivieren: Hier können Sie die E-Mail-Adresse aktivieren. Solange eine E-Mail-Adresse nicht aktiviert ist, wird der Empfänger beim Versand des Newsletters nicht berücksichtigt. Die Aktivierung erfolgt normalerweise über das Anklicken des Links der Bestätigungsmail, kann hier aber auch manuell angestoßen werden.

## 12.1.3  CSV-Import

Eventuell haben Sie schon vor TYPOlight mit einem Newsletter-System gearbeitet und stehen jetzt vor der Aufgabe, die vorhandenen Empfänger in TYPOlight einzufügen. Für diesen Fall bietet das Newsletter-Modul die Funktion CSV-Import.

Exportieren Sie zunächst die vorhandenen Empfänger als CSV-Datei (*Comma Separated Values*). Die meisten Programme wie z.B. *phpMyAdmin* oder Microsoft *Excel* bieten eine entsprechende Option an, um Daten im CSV-Format zu speichern. Übertragen Sie die CSV-Datei anschließend in das Upload-Verzeichnis Ihrer TYPOlight-Installation und klicken Sie in der Newsletter-Verwaltung auf den Link CSV-Import. Dort können Sie die Empfänger importieren (Abbildung 12.4).

Obwohl CSV-Dateien dem Namen nach nur kommaseparierte Daten unterstützen, akzeptiert TYPOlight auch Strichpunkte, Tabulatoren und Zeilenumbrüche.

---

1    http://de.wikipedia.org/wiki/Opt-In

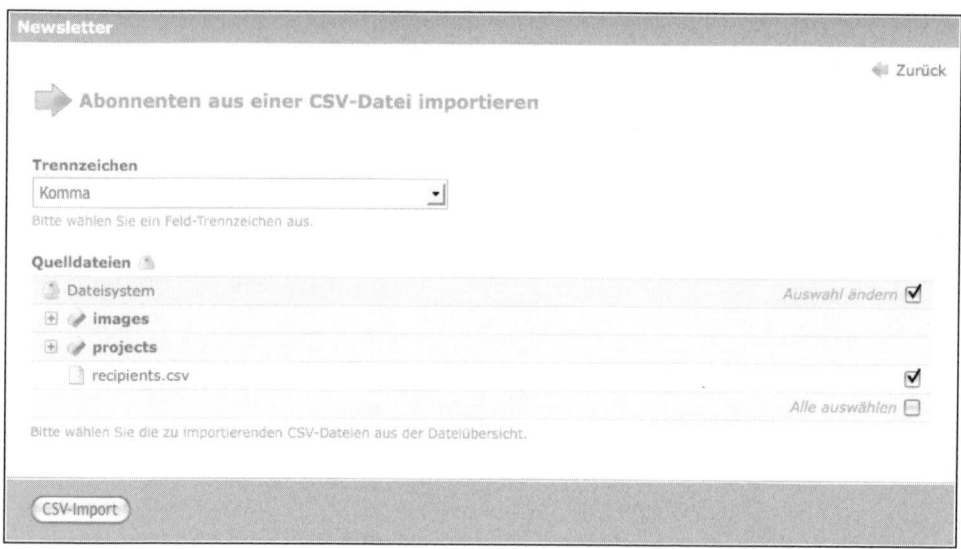

Abbildung 12.4: **Newsletter-Empfänger importieren**

## 12.1.4 Newsletter

In diesem Abschnitt erkläre ich Ihnen, wie Sie einen Newsletter anlegen. Newsletter werden grundsätzlich nach ihrem Datum sortiert, daher gibt es hier keine Icons, mit denen Sie die Reihenfolge ändern könnten. Klicken Sie auf das Bearbeitungssymbol des Newsletters *WebConsulting gewinnt den Web Design Award* und sehen Sie sich die Konfiguration an (Abbildung 12.5).

BETREFF: Geben Sie hier den Betreff des Newsletters ein.

NEWSLETTERALIAS: Der Alias eines Newsletters hat dieselbe Funktion wie auch der Alias einer Seite (siehe Abschnitt 4.4, *Seiten verwalten*) und dient dazu, einen bestimmten Newsletter ohne seine numerische ID aufrufen zu können.

HTML-INHALT: Geben Sie hier den HTML-Inhalt des Newsletters ein. Die Eingabe erfolgt wie beim Inhaltselement *Text* über den Rich Text Editor.

TEXT-INHALT: Geben Sie hier den Textinhalt des Newsletters ein.

DATEIEN ANHÄNGEN: Wenn Sie diese Option auswählen, können Sie dem Newsletter einen oder mehrere Dateianhänge hinzufügen.

DATEIANHÄNGE: Wählen Sie hier die Dateianhänge aus.

E-MAIL-TEMPLATE: Hier können Sie eine *Layoutvorlage* (Template bzw. View) für den HTML-Inhalt des Newsletters auswählen. Die Vorlage mail_default enthält ein HTML 3.2-Dokument, das die meisten E-Mail-Programme verarbeiten können.

Abbildung 12.5: **Einen Newsletter verfassen**

*Wenn Sie in der Stylesheet-Verwaltung ein Stylesheet namens* `newsletter` *anlegen, wird dieses automatisch in die Layoutvorlage des Newsletters eingefügt. Auf diese Weise können Sie z.B. eine einheitliche Formatierung für den Inhalt vorgeben.*

Als Text senden: Wenn Sie diese Option auswählen, wird nur der Textinhalt des Newsletters versendet. Der HTML-Inhalt wird ignoriert.

Absendername: Hier können Sie Ihren Namen oder den Namen Ihrer Firma angeben. Der Name erscheint dann als Absender der E-Mail.

Absenderadresse: Hier geben Sie die E-Mail-Adresse des Absenders an. Wenn Sie das Feld leer lassen, wird automatisch die E-Mail-Adresse des Administrators verwendet (siehe *Backend-Einstellungen* bzw. *Seitenstruktur*).

## 12.1.5 Newsletter personalisieren

Insofern Sie Newsletter an registrierte Mitglieder verschicken, können Sie diese mit Hilfe der sogenannten »Simple Tokens« personalisieren. Simple Tokens funktionieren ähnlich wie *Insert-Tags* und können sowohl im HTML- als auch im Text-Inhalt eines Newsletters verwendet werden (Listing 12.1).

Listing 12.1: **Mittels Simple Tokens personalisierter Newsletter**

```
Sehr geehrte(r) ##fistname## ##lastname##,

bitte prüfen und aktualisieren Sie Ihre Daten:

Anschrift: ##street##
PLZ/Ort:   ##postal## ##city##
Telefon:   ##phone##
E-Mail:    ##email##

Ihr Administrator
```

Im Gegensatz zu Insert-Tags können Sie mit Simple Tokens aber nicht nur auf die Daten der Mitgliedertabelle zugreifen, sondern auch einfache If-Else-Abfragen realisieren und so beispielsweise die Anrede präzisieren (Listing 12.2).

Listing 12.2: **Spezifische Anrede mittels If-Else-Abfrage**

```
{if gender=="male"}
Sehr geehrter Herr ##lastname##,
{elseif gender=="female"}
Sehr geehrte Frau ##lastname##,
{else}
Sehr geehrte Damen und Herren,
{endif}

[Inhalt des Newsletters]

{if phone==""}
Bitte aktualisieren Sie Ihre Daten und geben Sie Ihre Telefonnummer an.
{endif}

Ihr Administrator
```

# 12.2 Frontend-Module

Nachdem Sie nun wissen, wie Verteiler, Empfänger und Newsletter im Backend verwaltet werden, erkläre ich Ihnen jetzt, wie Newsletter im Frontend abonniert bzw. gekündigt werden. Die Newsletter-Erweiterung enthält vier neue Frontend-Module, die Sie über die *Modulverwaltung* konfigurieren können (Abbildung 12.6).

Abbildung 12.6: **Newsletter-Module der WebConsulting-Seite**

## 12.2.1 Abonnieren

Das Modul *Abonnieren* fügt der Webseite ein Formular hinzu, mit dem sich Ihre Besucher für bestimmte Verteiler registrieren können. Auf der *WebConsulting*-Seite befindet sich ein solches Modul in der linken Spalte (Abbildung 12.7).

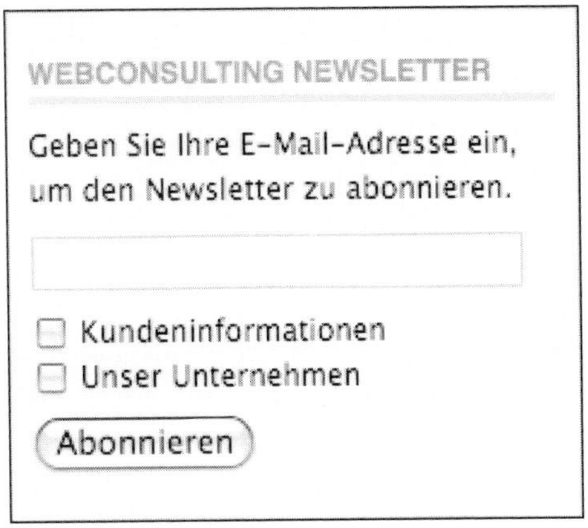

Abbildung 12.7: **Das Abonnieren-Modul im Frontend**

Öffnen Sie nun das Modul *Newsletter* → *Abonnieren* in der Modulverwaltung des Backends und sehen Sie sich die Konfiguration an.

VERTEILER: Hier wählen Sie die Verteiler aus, für den sich Ihre Besucher über das Modul zum Abonnieren von Newslettern registrieren können.

VERTEILERMENÜ AUSBLENDEN: Hier können Sie das Menü zur Verteilerauswahl ausblenden. Der Benutzer abonniert in diesem Fall die von Ihnen festgelegten Verteiler.

WEITERLEITUNGSSEITE: Hier legen Sie die Seite fest, zu der ein Besucher nach dem Absenden des Bestellformulars weitergeleitet wird. Wenn es sich bei Ihrem Newsletter beispielsweise um einen seriösen Firmen-Newsletter handelt, sollten Sie auf dieser auch erklären, wie man ein Abonnement wieder kündigen kann.

ABONNEMENTBESTÄTIGUNG: Geben Sie hier den Text der Bestätigungsmail ein. Sie können die Platzhalter ##channel## für den Verteiler, ##domain## für die aktuelle Domain und ##link## für den Bestätigungslink verwenden. Hier ein Beispiel:

Listing 12.3: **Bestätigungsmail beim Abonnieren eines Newsletters**

```
Sie haben den Newsletter ##channel## auf ##domain## abonniert. Bitte klicken
Sie ##link##, um Ihre Bestellung zu bestätigen. Bitte ignorieren Sie diese
E-Mail, falls Sie die Bestellung nicht selbst getätigt haben.

Ihr Administrator
```

NEWSLETTERTEMPLATE: Hier können Sie eine *Layoutvorlage* (Template bzw. View) für das Modul zum Abonnieren von Newslettern auswählen.

Das Modul *Abonnieren* verwendet die CSS-Klasse mod_subscribe.

## 12.2.2 Kündigen

Das Modul *Kündigen* fügt der Webseite ein Formular hinzu, mit dem sich Ihre Besucher aus bestimmten Verteilern austragen können (Abbildung 12.8).

Öffnen Sie die Modulverwaltung im Backend und rufen Sie das Modul *Newsletter → Kündigen* auf. Die Konfiguration ist identisch mit der des Moduls *Abonnieren*.

VERTEILER: Hier wählen Sie die Verteiler aus, aus dem sich Ihre Besucher über das Modul zum Kündigen von Newslettern austragen können.

VERTEILERMENÜ AUSBLENDEN: Hier können Sie das Menü zur Verteilerauswahl ausblenden. Der Benutzer kündigt in diesem Fall die von Ihnen festgelegten Verteiler.

WEITERLEITUNGSSEITE: Hier legen Sie die Seite fest, zu der ein Besucher nach dem Absenden des Kündigungsformulars weitergeleitet wird.

KÜNDIGUNGSBESTÄTIGUNG: Geben Sie hier den Text der Bestätigungsmail ein. Sie können die Platzhalter ##channel## für den Verteiler und ##domain## für die aktuelle Domain verwenden. Hier ein Beispiel:

Listing 12.4: **Bestätigungsmail beim Kündigen eines Abonnements**

```
Sie haben den Newsletter ##channel## auf ##domain## abbestellt und erhalten
daher zukünftig keine E-Mails mehr von uns.

Ihr Administrator
```

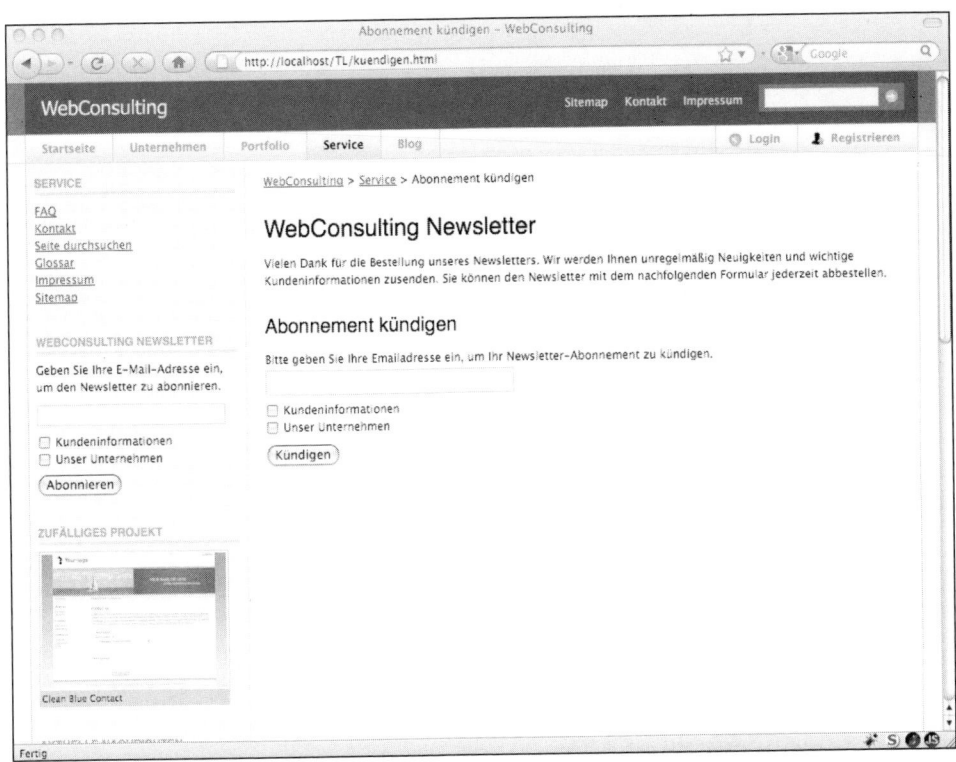

Abbildung 12.8: **Das Modul Kündigen im Frontend**

NEWSLETTERTEMPLATE: Hier können Sie eine *Layoutvorlage* (Template bzw. View) für das Modul zum Kündigen eines Abonnements auswählen.

Das Modul *Kündigen* verwendet die CSS-Klasse mod_unsubscribe.

## 12.2.3 Newsletterliste

Das Modul *Newsletterliste* stellt eine Liste aller gesendeten Newsletter eines oder mehrerer Verteiler im Frontend dar. Dabei werden der Betreff und das Versanddatum sowie ein Link zur Detailansicht ausgegeben (Abbildung 12.9).

VERTEILER: Hier legen Sie fest, aus welchen Verteilern Newsletter aufgelistet werden sollen. Newsletter werden absteigend nach Versanddatum sortiert.

Newsletterlisten verwenden die CSS-Klasse mod_nl_list.

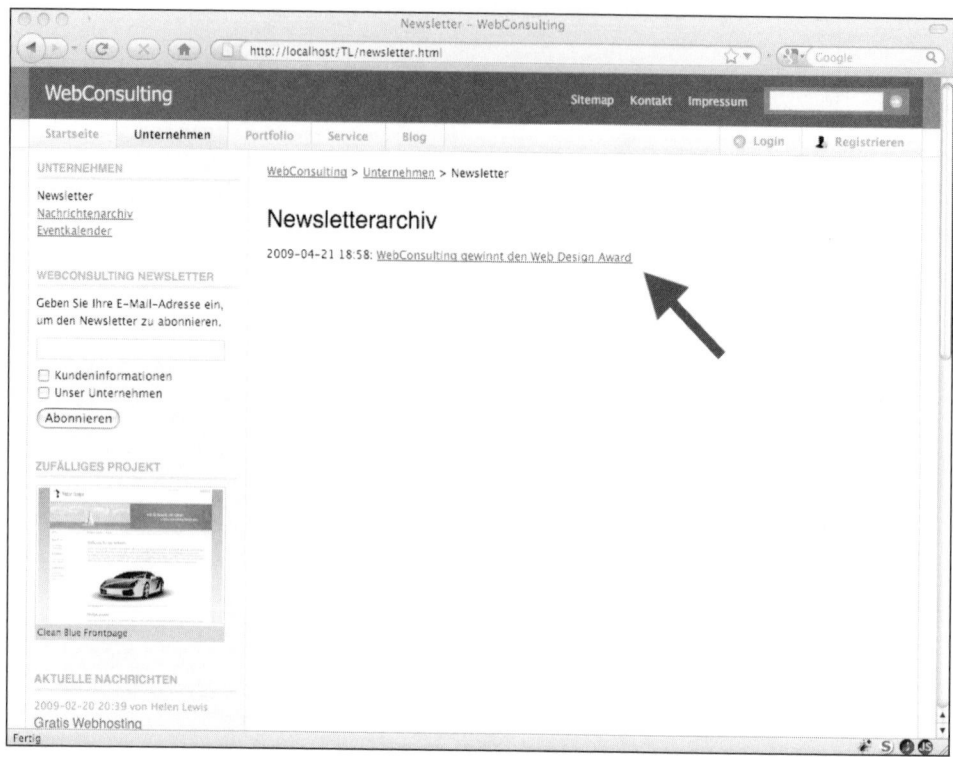

Abbildung 12.9: **Die Newsletterliste im Frontend**

## 12.2.4 Newsletterleser

Das Modul *Newsletterleser* dient dazu, einen bestimmten Newsletter darzustellen. Die ID bzw. den Alias des Newsletters bezieht das Modul über die URL, so dass Newsletter mit sogenannten Permalinks[2] gezielt verlinkt werden können.

Das Schlüsselwort `items` teilt dem Modul mit, dass es einen bestimmten Newsletter suchen und ausgeben soll (Abbildung 12.10). Existiert der gesuchte Newsletter nicht, gibt der Newsletterleser eine Fehlermeldung und den HTTP-Status-Code *404 Not found* zurück (wichtig für die Suchmaschinenoptimierung).

VERTEILER: Hier legen Sie fest, in welchen Verteilern nach dem angeforderten Newsletter gesucht werden soll. Newsletter aus nicht ausgewählten Verteilern werden niemals angezeigt, selbst wenn die URL stimmt und der Newsletter existiert. Dieses Feature ist vor allem im Multidomain-Betrieb wichtig.

---

2   http://de.wikipedia.org/wiki/Permalink

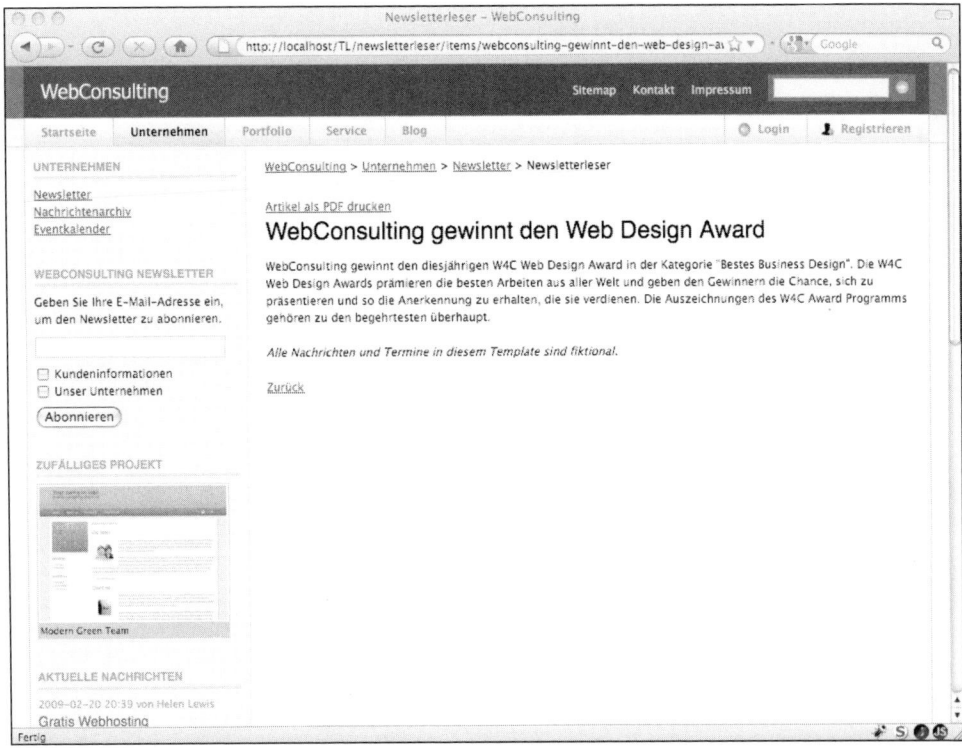

Abbildung 12.10: **Der Newsletterleser im Frontend**

STYLESHEET PARSEN: Wenn Sie ein Stylesheet namens `newsletter.css` für den Versand angelegt haben, können Sie dieses hier aktivieren, damit dessen Formatierungen auch im Frontend eingebunden werden.

Newsletterleser verwenden die CSS-Klasse `mod_nl_reader`.

# 13. Die Glossar-Erweiterung

Die Erweiterung *Glossar* dient dazu, wichtige Begriffe und deren Definition im Frontend darzustellen. Begriffe werden ähnlich wie Nachrichtenbeiträge nicht anhand der Seitenstruktur organisiert, sondern in Form von Glossaren.

## 13.1 Glossar-Verwaltung

Die Glossar-Verwaltung ist ein eigenes Modul im Backend. Sie finden es in der Gruppe *Inhalte* an letzter Stelle (Abbildung 13.1).

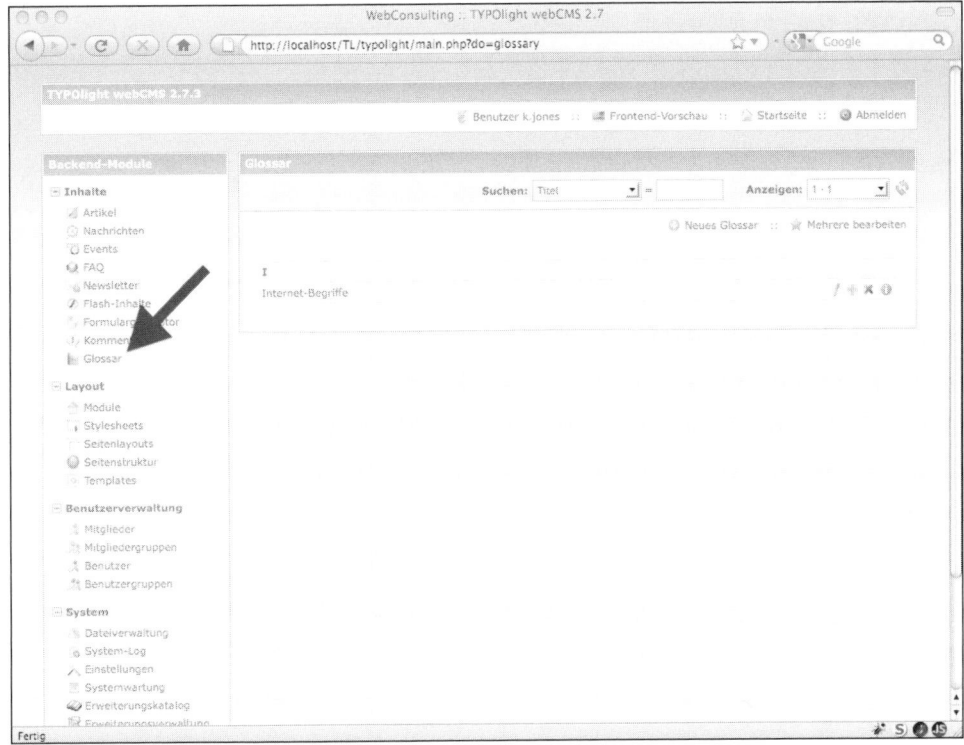

Abbildung 13.1: **Die Glossar-Verwaltung im Backend**

## 13.1.1 Glossare

Öffnen Sie das Glossar *Internet-Begriffe* und klicken Sie auf das Bearbeitungssymbol des Elternelements (Abbildung 13.2), um zu sehen, wie es konfiguriert wurde.

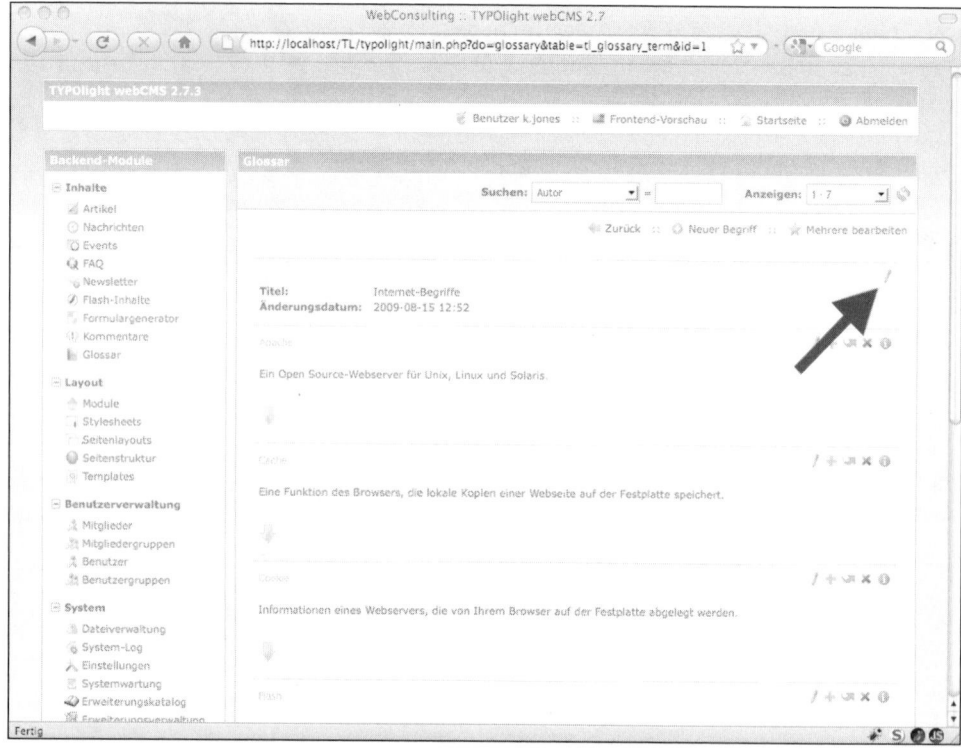

Abbildung 13.2: **Das Glossar bearbeiten**

TITEL: Der Titel eines Glossars wird nur in der Backend-Übersicht verwendet.

## 13.1.2 Begriffe und Definitionen

In diesem Abschnitt erkläre ich Ihnen, wie Sie einen Begriff anlegen. Die Reihenfolge der Begriffe innerhalb eines Glossars können Sie mit den entsprechenden Navigationssymbolen festlegen. Öffnen Sie die Definition des Begriffs *Apache* und sehen Sie sich die Konfiguration an (Abbildung 13.3).

BEGRIFF: Geben Sie hier den Begriff ein.

AUTOR: Wählen Sie hier den Autor der Definition aus.

DEFINITION: Geben Sie hier die Definition des Begriffs ein. Die Eingabe erfolgt wie beim Inhaltselement *Text* mit dem Rich Text Editor.

Bei Bedarf können Sie dem Begriff ein Bild hinzufügen, das von der Definition umflossen wird. Abbildung 13.4 zeigt, welche Optionen Ihnen zur Verfügung stehen.

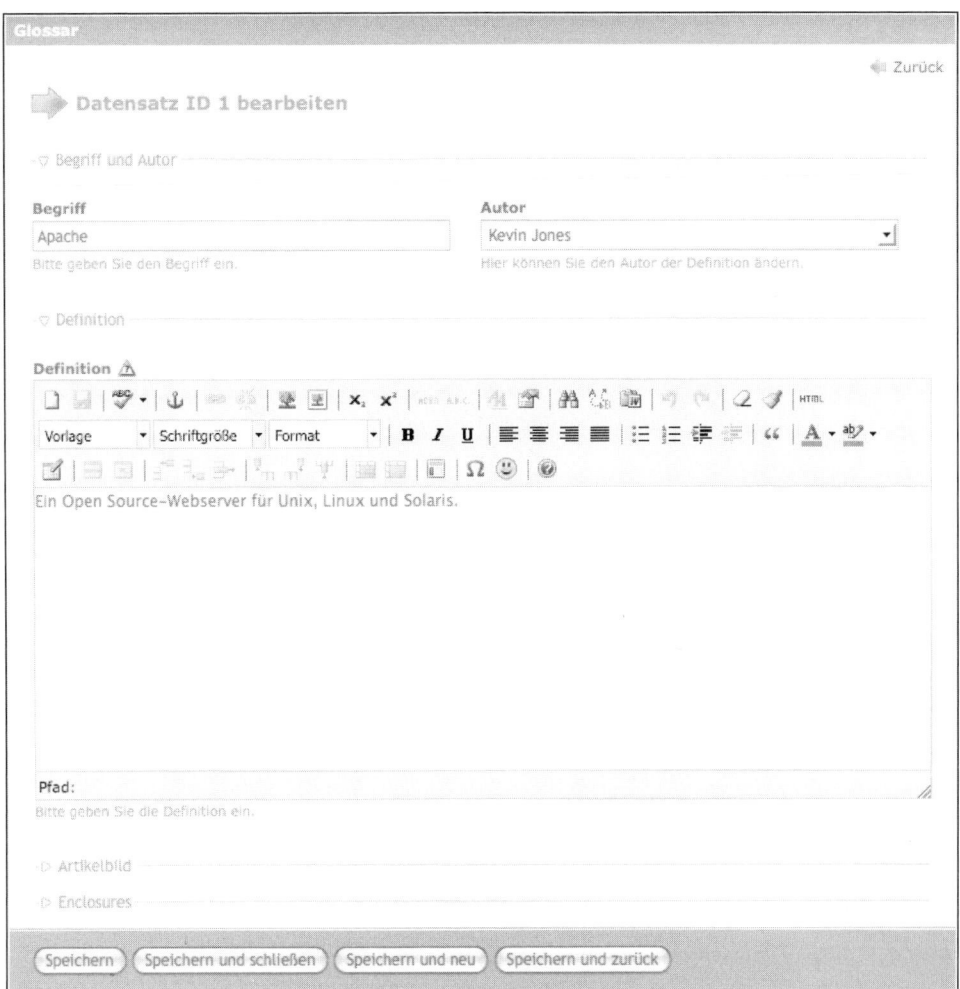

Abbildung 13.3: **Eine Definition anlegen**

QUELLDATEI: Hier wählen Sie das einzufügende Bild aus. Wenn Sie das Bild noch nicht auf den Server übertragen haben, können Sie mit einem Klick auf das kleine Icon neben der Feldüberschrift den Dateimanager in einem Popup-Fenster aufrufen und den Upload nachholen, ohne die Eingabemaske zu verlassen.

ALTERNATIVER TEXT: Eine barrierefreie Webseite sollte für jedes Objekt eine kurze Beschreibung enthalten, die angezeigt wird, wenn das Objekt selbst nicht dargestellt werden kann. Alternative Texte werden außerdem von Suchmaschinen ausgewertet und sind daher ein wichtiges Instrument der Onpage-Optimierung.

Abbildung 13.4: **Einem Begriff ein Bild hinzufügen**

BILDBREITE UND BILDHÖHE: TYPOlight verkleinert Bilder automatisch auf das von Ihnen vorgegebene Format. Wenn Sie nur die Breite oder nur die Höhe vorgeben, wird das Bild im Verhältnis auf den gewünschten Wert verkleinert. Geben Sie hingegen beide Parameter vor, wird das Bild ungeachtet des originalen Seitenverhältnisses zugeschnitten (Teile des Bilds können verloren gehen).

BILDABSTAND: Hier können Sie den Abstand des Bilds zum Text festlegen. Die Reihenfolge der Felder lautet im Uhrzeigersinn »oben, rechts, unten, links«.

BILDUNTERSCHRIFT: Hier können Sie eine Bildunterschrift eingeben.

BILDAUSRICHTUNG: Ein Bild kann entweder oberhalb des Textes (Bild wird nicht vom Text umflossen) oder auf der linken bzw. rechten Seite des Textes (Bild wird vom Text umflossen) ausgerichtet werden.

GROSSANSICHT: Wenn Sie diese Option auswählen, wird das Bild beim Anklicken in seiner Originalgröße geöffnet.

ENCLOSURES HINZUFÜGEN: Ein Enclosure ist eine Datei, die mit einem Begriff verknüpft wird und bei Bedarf von Benutzern heruntergeladen werden kann.

ENCLOSURES: Wählen Sie hier die Dateien aus, die Sie mit dem Begriff verknüpfen möchten. Die ausgewählten Dateien werden in der Detailansicht der Definition (Modul *Glossar-Liste*) zum Download angeboten.

## 13.2 Frontend-Module

Nachdem Sie nun wissen, wie Begriffe und Definitionen im Backend verwaltet werden, erkläre ich Ihnen jetzt, wie Sie diese Inhalte im Frontend darstellen können. Die Glossar-Erweiterung enthält zwei neue Frontend-Module, die Sie wie gewohnt über die *Modulverwaltung* konfigurieren können (Abbildung 13.5).

Abbildung 13.5: **Glossar-Module der WebConsulting-Seite**

### 13.2.1 Glossar-Liste

Das Modul *Glossar-Liste* fügt der Webseite eine Liste von Begriffen hinzu, die aus einem oder mehreren Glossaren stammen können. Auf der *WebConsulting*-Seite *Service → Glossar* befindet sich eine solche Glossar-Liste (Abbildung 13.6).

Öffnen Sie nun das Modul *Glossar → Glossar-Liste* in der Modulverwaltung des Backends und sehen Sie sich die einfache Konfiguration an.

GLOSSARE: Hier legen Sie fest, aus welchen Glossaren Begriffe angezeigt werden.

Glossar-Listen verwenden die CSS-Klasse `mod_glossaryList`.

### 13.2.2 Glossar-Menü

Das Modul *Glossar-Menü* erzeugt ein alphabetisches Menü, mit dem Sie direkt zu einem bestimmten Abschnitt der Begriffsliste springen können (vgl. Abbildung 13.6). Dabei werden die Buchstaben ausgelassen, zu denen es keine Begriffe gibt.

Öffnen Sie die Modulverwaltung im Backend und rufen Sie das Modul *Glossar-Menü* auf. Die Konfiguration ist genauso einfach wie die der *Glossar-Liste*.

GLOSSARE: Hier legen Sie fest, aus welchen Glossaren Begriffe angezeigt werden. Die Auswahl sollte mit der des Moduls *Glossar-Liste* übereinstimmen.

Glossar-Menüs verwenden die CSS-Klasse `mod_glossaryMenu`.

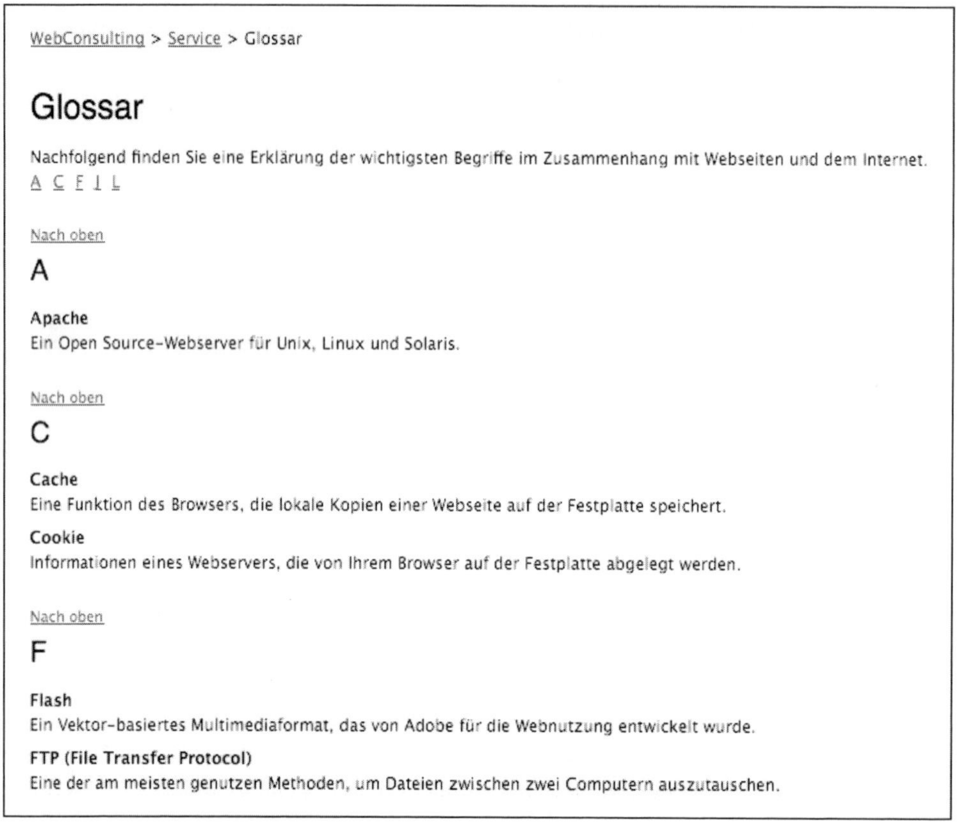

WebConsulting > Service > Glossar

# Glossar

Nachfolgend finden Sie eine Erklärung der wichtigsten Begriffe im Zusammenhang mit Webseiten und dem Internet.
A C F L

Nach oben

## A

**Apache**
Ein Open Source-Webserver für Unix, Linux und Solaris.

Nach oben

## C

**Cache**
Eine Funktion des Browsers, die lokale Kopien einer Webseite auf der Festplatte speichert.

**Cookie**
Informationen eines Webservers, die von Ihrem Browser auf der Festplatte abgelegt werden.

Nach oben

## F

**Flash**
Ein Vektor-basiertes Multimediaformat, das von Adobe für die Webnutzung entwickelt wurde.

**FTP (File Transfer Protocol)**
Eine der am meisten genutzen Methoden, um Dateien zwischen zwei Computern auszutauschen.

Abbildung 13.6: **Die Glossar-Liste im Frontend**

# 14. Third-Party-Erweiterungen

Neben den fünf bisher vorgestellten Erweiterungen, die fester Bestandteil des TYPOlight-Core sind, gibt es Stand August 2009 knapp 240 optionale Third-Party-Erweiterungen, die von verschiedenen Entwicklern geschrieben und über das Extension Repository der Allgemeinheit zur Verfügung gestellt wurden.

Sie können diese Module direkt aus dem TYPOlight-Backend herunterladen und installieren und das System so nach Belieben um zusätzliche Funktionalität erweitern. Es gibt für fast jeden Einsatzzweck eine entsprechende Erweiterung, egal ob Sie ein Forum einrichten, Banner verwalten, Umfragen durchführen, Produktkataloge anlegen, Videos einfügen oder Google-Maps einbinden möchten.

## 14.1 Das Extension Repository

Das TYPOlight Extension Repository wurde im Jahre 2008 von Peter Koch geplant und umgesetzt. Peter ist ein Softwareentwickler aus der Schweiz, der sich mit der Joomla!-Komponente *Facile Forms*[1] bereits einen Namen in der Open-Source-Szene gemacht hat. Seit April 2008 ist er Mitglied des TYPOlight-Teams[2].

Die Idee hinter dem Extension Repository umfasst weit mehr als nur eine zentrale Modulverwaltung. Idealerweise sollten Erweiterungen hinsichtlich ihrer Funktion, Benutzerfreundlichkeit und Code-Qualität vergleichbar sein, weshalb das Extension Repository ein Rating- und ein Rezensionssystem enthält. Darüber hinaus werden wichtige Informationen über Lizenzen, eventuelle Versionskonflikte und gegenseitige Abhängigkeiten von Erweiterungen bereitgestellt.

---

1    http://www.facileforms.biz
2    http://www.typolight.org/typolight-team.html

## 14.1.1 Erweiterungen installieren

Das Extension Repository kann mit Hilfe des *SOAP*[3]-Protokolls direkt aus dem Backend aufgerufen und durchsucht werden. Das dazugehörige Modul heißt *Erweiterungskatalog* und befindet sich an fünfter Stelle in der Gruppe *System* in der Backendnavigation (Abbildung 14.1). Nutzen Sie die Filter am oberen Rand des Arbeitsbereichs, um die Auswahl einzuschränken.

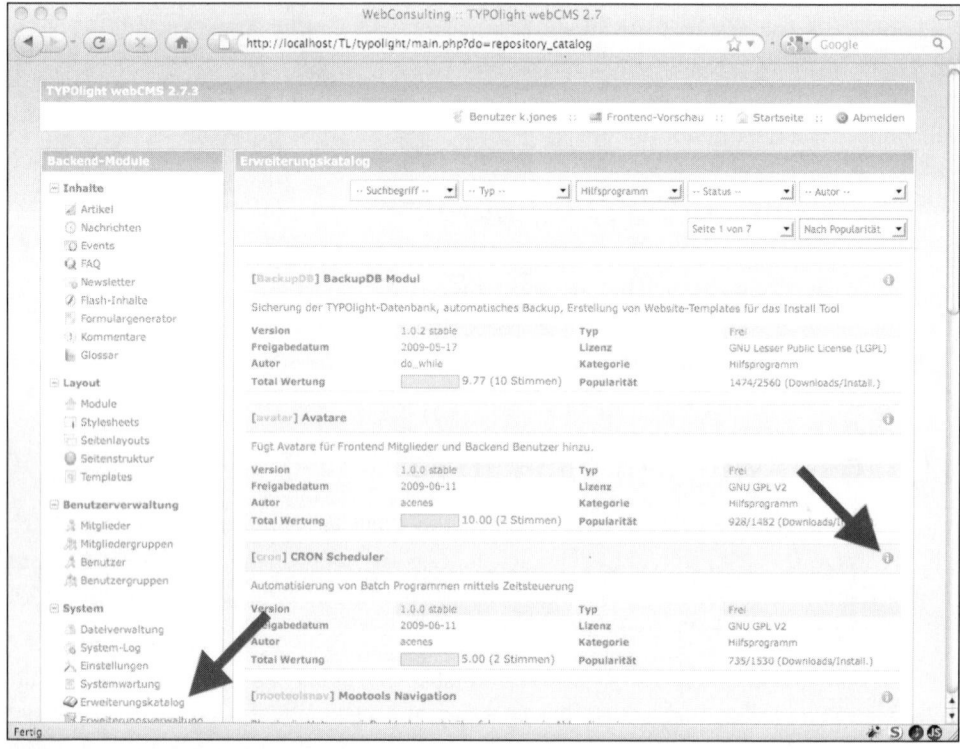

Abbildung 14.1: **Das Extension Repository im Backend durchsuchen**

Über den Link in den eckigen Klammern bzw. das Info-Navigationsicon gelangen Sie zur Detailseite einer Erweiterung, auf der sich eine Kurzbeschreibung des Moduls sowie wichtige Informationen zu Systemvoraussetzungen, Versionen und Abhängigkeiten befinden. Mit einem Klick auf die Schaltfläche INSTALLIEREN können Sie den automatischen Installationsprozess starten (Abbildung 14.2).

Nachdem TYPOlight die Erweiterung heruntergeladen und die Dateien entpackt hat, wird geprüft, ob für die Installation Anpassungen der Datenbank notwendig sind. Bestätigen Sie eventuelle Änderungen mit AKTUALISIEREN (Abbildung 14.3).

---

3   http://de.wikipedia.org/wiki/SOAP

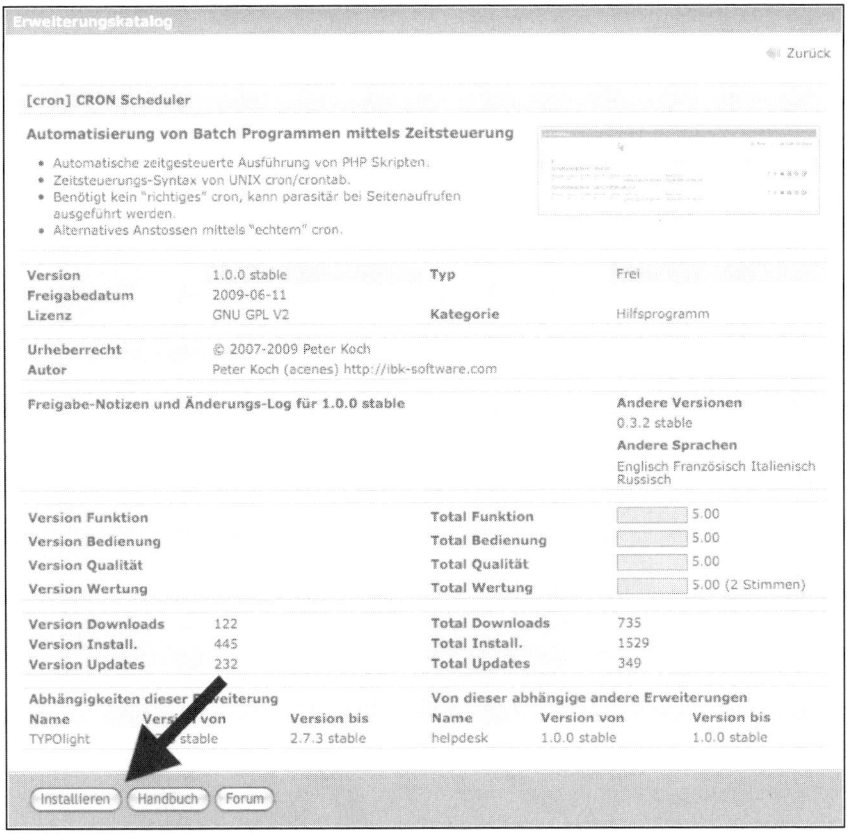

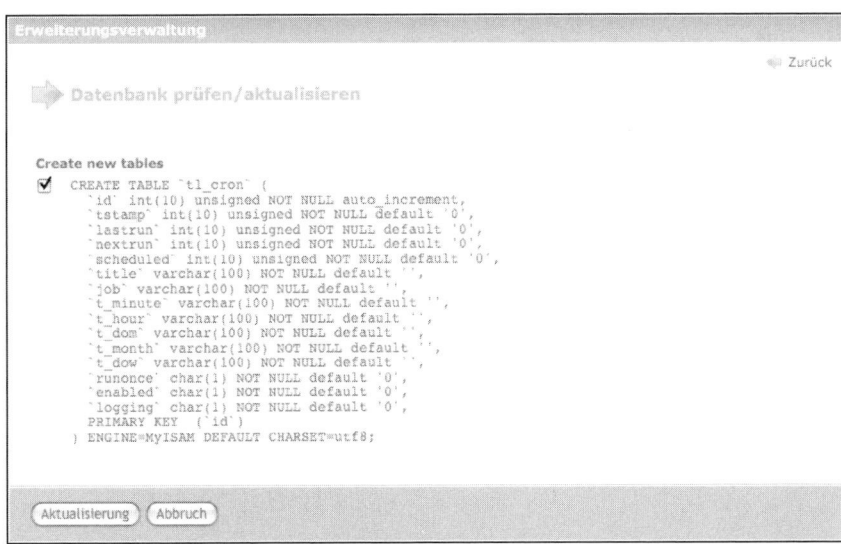

Abbildung 14.2: **Erweiterungen auf Knopfdruck herunterladen und installieren**

---

**Erweiterungsverwaltung**

◀ Zurück

**Datenbank prüfen/aktualisieren**

Create new tables

```
☑  CREATE TABLE `tl_cron` (
     `id` int(10) unsigned NOT NULL auto_increment,
     `tstamp` int(10) unsigned NOT NULL default '0',
     `lastrun` int(10) unsigned NOT NULL default '0',
     `nextrun` int(10) unsigned NOT NULL default '0',
     `scheduled` int(10) unsigned NOT NULL default '0',
     `title` varchar(100) NOT NULL default '',
     `job` varchar(100) NOT NULL default '',
     `t_minute` varchar(100) NOT NULL default '',
     `t_hour` varchar(100) NOT NULL default '',
     `t_dom` varchar(100) NOT NULL default '',
     `t_month` varchar(100) NOT NULL default '',
     `t_dow` varchar(100) NOT NULL default '',
     `runonce` char(1) NOT NULL default '0',
     `enabled` char(1) NOT NULL default '0',
     `logging` char(1) NOT NULL default '0',
     PRIMARY KEY (`id`)
   ) ENGINE=MyISAM DEFAULT CHARSET=utf8;
```

(Aktualisierung) (Abbruch)

Abbildung 14.3: **Datenbank prüfen und gegebenenfalls aktualisieren**

## 14.1.2 Erweiterungen aktualisieren

Installierte Erweiterungen können mit dem Modul *Erweiterungsverwaltung* administriert werden, das sich in der Backend-Navigation direkt unter dem Modul *Erweiterungskatalog* befindet. Die Übersichtsseite enthält eine Liste aller Erweiterungen und deren Status, der automatisch von TYPOlight geprüft wird.

» *Aktuell*: Die Erweiterung ist aktuell.

» *Nicht erprobt für*: Die Erweiterung wurde noch nicht für die verwendete TYPOlight-Version freigegeben, kann aber durchaus trotzdem damit funktionieren.

» *Neue Version verfügbar*: Es ist eine neuere Version der Erweiterung verfügbar. Eine Änderung der Versionsnummer z.B. von 1.0.1 auf 1.0.2 bedeutet in der Regel, dass der Entwickler den Programmcode verändert hat, wohingegen eine Änderung des Build nur auf ein Update der Übersetzungen oder der Meta-Informationen hindeutet (diese Release-Logik ist jedoch nicht verpflichtend).

» *Benötigte Erweiterung fehlt*: Eine andere Erweiterung, von der eine Abhängigkeit besteht, ist nicht (mehr) vorhanden und muss erneut installiert werden.

» *Erweiterung im Verzeichnis nicht gefunden*: Die Erweiterung ist zwar laut Datenbank installiert, der Modulordner ist aber nicht vorhanden.

» *Beschädigt, Aktualisierung/Reparatur notwendig*: Die Erweiterung ist unvollständig oder beschädigt und muss repariert bzw. neu installiert werden.

Die einzelnen Erweiterungen können wie gewohnt über die Navigationssymbole verwaltet werden (Abbildung 14.4). Neben den Icons zum Bearbeiten der Einstellungen sowie zur Aktualisierung bzw. Deinstallation eines Moduls enthalten etliche Erweiterungen optionale Links zu Handbüchern und/oder Support-Foren.

Abbildung 14.4: **Erweiterungen mittels Navigationssymbolen verwalten**

### Einstellungen bearbeiten

Das Bearbeitungsicon führt Sie auf die Seite *Einstellungen bearbeiten*, auf der Sie z.B. einen Lizenzschlüssel eingeben können (Abbildung 14.5).

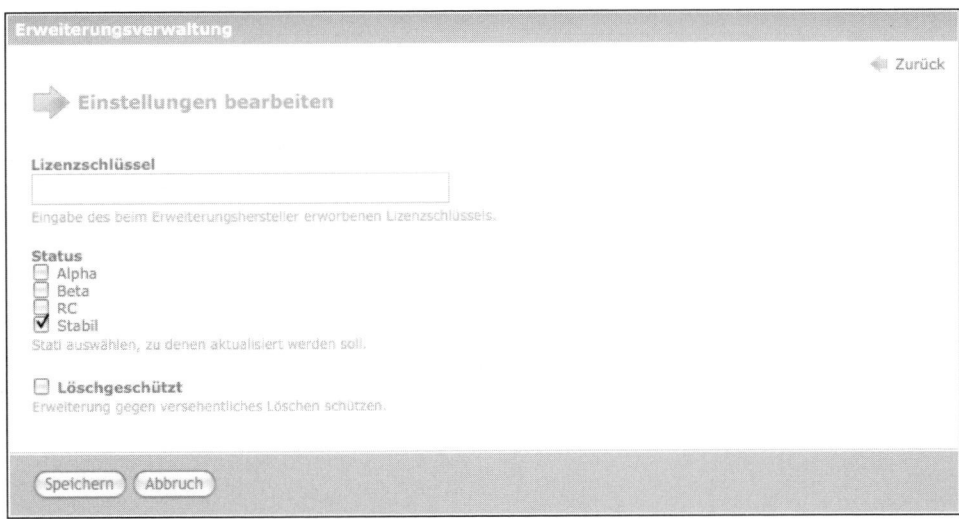

Abbildung 14.5: **Einstellungen der Erweiterung bearbeiten**

LIZENZSCHLÜSSEL: Falls es sich um eine kommerzielle Erweiterung handelt, deren Lizenz-schlüssel über das Extension Repository verwaltet werden, können Sie diesen hier einge-ben, um das Modul zu aktivieren bzw. freizuschalten.

STATUS: Hier legen Sie fest, zu welchen Status die Erweiterung aktualisiert wird bzw. Sie einen entsprechenden Update-Hinweis erhalten. Bei einer produktiven Webseite empfiehlt es sich, nur stabile Versionen zu installieren.

LÖSCHGESCHÜTZT: Wenn Sie diese Option auswählen, kann die Erweiterung nicht mehr (ver-sehentlich) über die Erweiterungsverwaltung gelöscht werden.

## 14.1.3 Erweiterungen deinstallieren

Über das Icon *Erweiterung deinstallieren* können Sie eine Erweiterung deinstallieren (Abbil-dung 14.6). Beachten Sie, dass die Dateien des Moduls dabei komplett gelöscht werden und nicht wiederhergestellt werden können!

Dasselbe gilt auch für Tabellen und Felder, die Sie im Zuge der Deinstallation aus der Da-tenbank entfernen (Abbildung 14.7). Falls Sie diese Daten also weiterhin verwenden möch-ten, ignorieren Sie den Aktualisierungshinweis einfach.

Abbildung 14.6: **Eine Erweiterung deinstallieren**

Abbildung 14.7: **Die Tabellen und Felder der Erweiterung entfernen**

# 14.2 Manuelle Installation

Falls auf Ihrem Server die SOAP-Erweiterung nicht verfügbar ist oder die Sicherheitsein-
stellungen des Netzwerks den Zugriff auf das Extension Repository verbieten, können Sie
Erweiterungen auch manuell herunterladen und installieren.

## 14.2.1 Archiv herunterladen

Bevor Sie eine Erweiterung herunterladen, sollten Sie unbedingt die Installationshinweise
lesen und prüfen, ob die Erweiterung mit Ihrer TYPOlight-Version kompatibel ist. So erspa-
ren Sie sich unter Umständen eine Menge Zeit und Ärger.

**Erweiterungen müssen gemäß der LGPL nicht zwangsläufig unter einer freien Open-
Source-Lizenz veröffentlicht werden. Prüfen Sie daher immer, unter welcher Lizenz ein
Modul steht und ob diese mit Ihrem Vorhaben kompatibel ist. Manche Lizenzmodelle ver-
bieten z.B. die Verwendung für kommerzielle Zwecke.**

Auf der Übersichtsseite[4] des Extension Repository finden Sie eine Liste aller verfügbaren
Erweiterungen (Abbildung 14.8). Nutzen Sie die Filter auf der rechten Seite, um die Auswahl
einzuschränken und bestimmte Module zu finden.

Ich werde Ihnen den Installationsprozess anhand der *Quickpoll*-Erweiterung[5] erklären, mit
der Sie Umfragen auf Ihrer Webseite durchführen können. Über den Link *Quickpoll* gelangen
Sie zur Unterseite des Moduls, die eine ausführliche Beschreibung sowie den Download-
Link enthält (Abbildung 14.9).

---

4   http://www.typolight.org/erweiterungsliste.html
5   http://www.typolight.org/erweiterungsliste/view/quickpoll.10080019.
   de.html

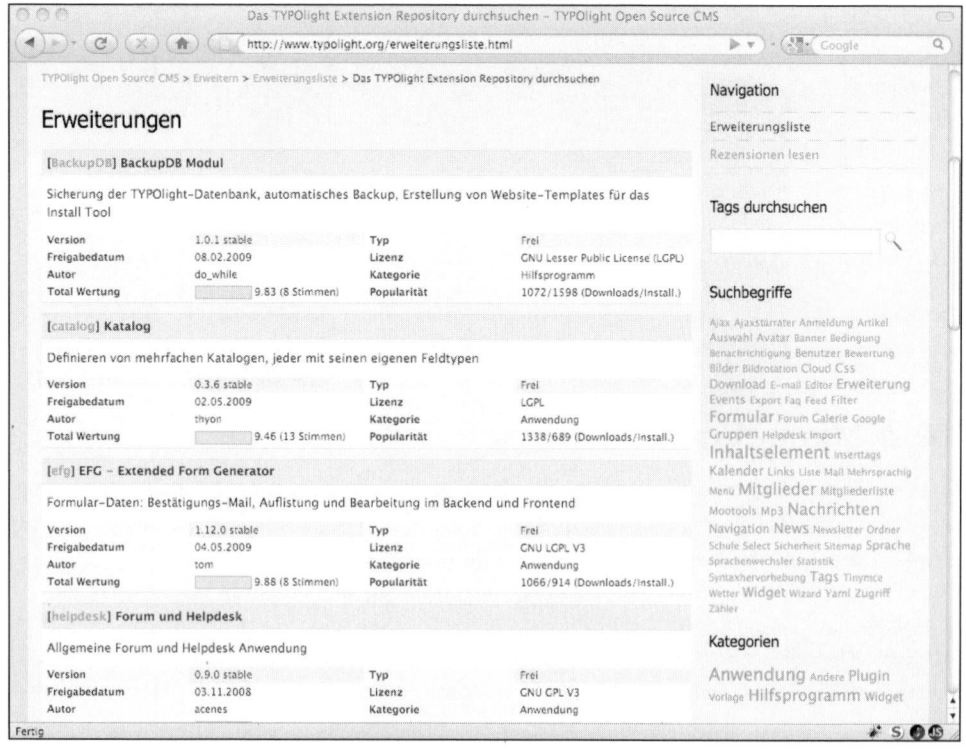

Abbildung 14.8: **Das Extension Repository durchsuchen**

Speichern Sie das ZIP-Archiv auf Ihrem lokalen Rechner und entpacken Sie die Dateien. Kopieren Sie alle Dateien und Ordner aus dem Verzeichnis `TL_ROOT` in das TYPOlight-Wurzelverzeichnis auf Ihrem Server. Im Fall der Quickpoll-Erweiterung ist das der Ordner `system/modules/quickpoll`.

## 14.2.2  Datenbanken aktualisieren

Abschließend sollten Sie noch die Datenbank prüfen und gegebenenfalls aktualisieren, damit die für die *Quickpoll*-Erweiterung benötigten Tabellen und Felder hinzugefügt werden. Rufen Sie dazu das *TYPOlight-Installtool* auf und scrollen Sie bis zum Punkt UPDATE DATABASE TABLES (Abbildung 14.10).

Melden Sie sich danach wie gewohnt im Backend an. In der Backend-Navigation finden Sie nun in der Gruppe *Inhalte* den Link SCHNELLUMFRAGE (Abbildung 14.10), über den Sie Umfragen erstellen und verwalten können. Die Darstellung der Umfragen auf Ihrer Webseite erfolgt mit Hilfe der im Paket enthaltenen Frontend-Module.

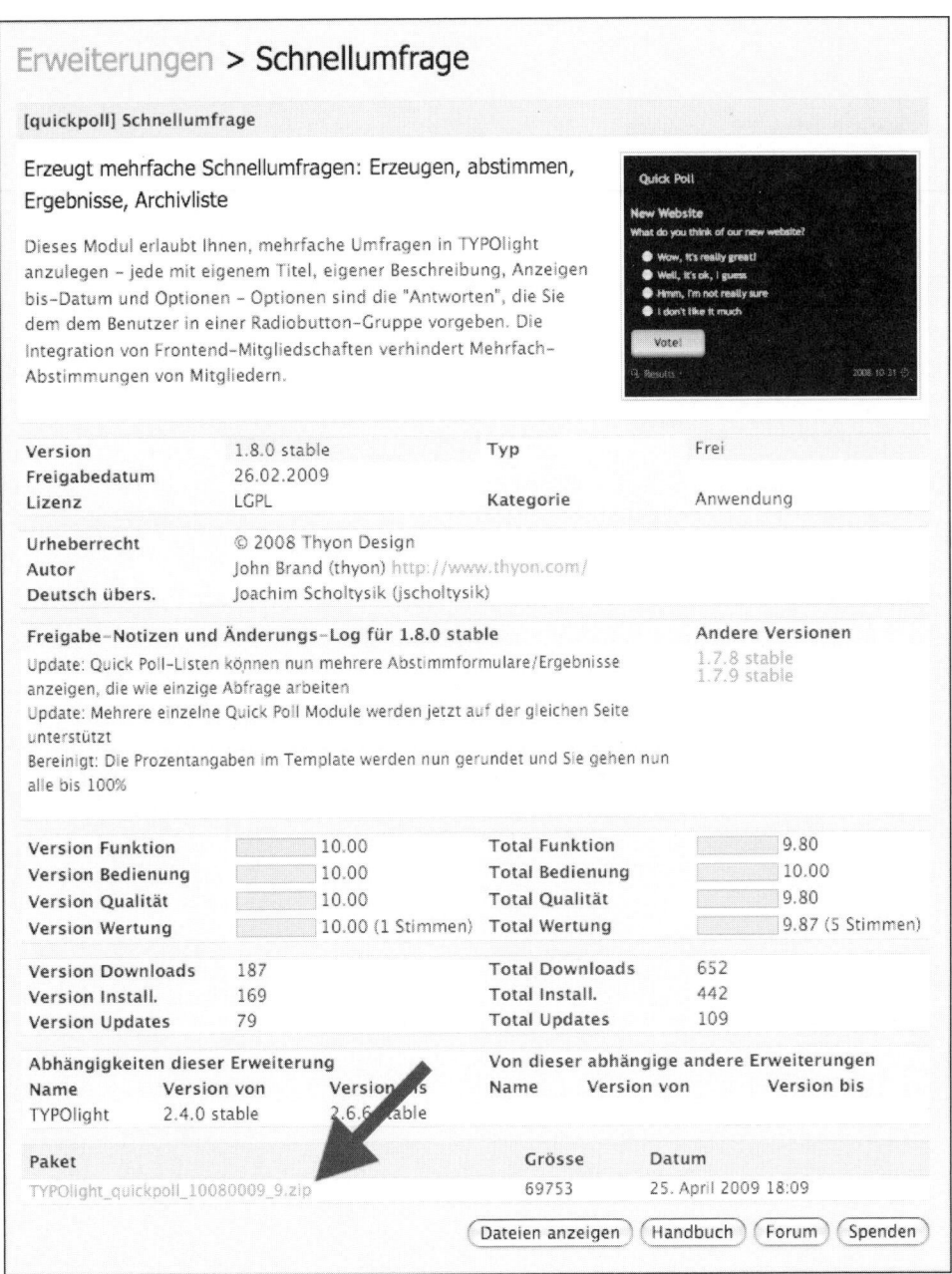

Erweiterungen > Schnellumfrage

**[quickpoll] Schnellumfrage**

Erzeugt mehrfache Schnellumfragen: Erzeugen, abstimmen,
Ergebnisse, Archivliste

Dieses Modul erlaubt Ihnen, mehrfache Umfragen in TYPOlight
anzulegen – jede mit eigenem Titel, eigener Beschreibung, Anzeigen
bis-Datum und Optionen – Optionen sind die "Antworten", die Sie
dem dem Benutzer in einer Radiobutton-Gruppe vorgeben. Die
Integration von Frontend-Mitgliedschaften verhindert Mehrfach-
Abstimmungen von Mitgliedern.

| | | | |
|---|---|---|---|
| Version | 1.8.0 stable | Typ | Frei |
| Freigabedatum | 26.02.2009 | | |
| Lizenz | LGPL | Kategorie | Anwendung |

| | |
|---|---|
| Urheberrecht | © 2008 Thyon Design |
| Autor | John Brand (thyon) http://www.thyon.com/ |
| Deutsch übers. | Joachim Scholtysik (jscholtysik) |

**Freigabe-Notizen und Änderungs-Log für 1.8.0 stable**      **Andere Versionen**

Update: Quick Poll-Listen können nun mehrere Abstimmformulare/Ergebnisse     1.7.8 stable
anzeigen, die wie einzige Abfrage arbeiten                                   1.7.9 stable
Update: Mehrere einzelne Quick Poll Module werden jetzt auf der gleichen Seite
unterstützt
Bereinigt: Die Prozentangaben im Template werden nun gerundet und Sie gehen nun
alle bis 100%

| | | | | |
|---|---|---|---|---|
| Version Funktion | 10.00 | Total Funktion | 9.80 | |
| Version Bedienung | 10.00 | Total Bedienung | 10.00 | |
| Version Qualität | 10.00 | Total Qualität | 9.80 | |
| Version Wertung | 10.00 (1 Stimmen) | Total Wertung | 9.87 (5 Stimmen) | |

| | | | |
|---|---|---|---|
| Version Downloads | 187 | Total Downloads | 652 |
| Version Install. | 169 | Total Install. | 442 |
| Version Updates | 79 | Total Updates | 109 |

**Abhängigkeiten dieser Erweiterung**      **Von dieser abhängige andere Erweiterungen**

| Name | Version von | Version bis | Name | Version von | Version bis |
|---|---|---|---|---|---|
| TYPOlight | 2.4.0 stable | 2.6.6 stable | | | |

| Paket | Grösse | Datum |
|---|---|---|
| TYPOlight_quickpoll_10080009_9.zip | 69753 | 25. April 2009 18:09 |

( Dateien anzeigen ) ( Handbuch ) ( Forum ) ( Spenden )

Abbildung 14.9: **Die Quickpoll-Erweiterung herunterladen**

**Update database tables**

⊖ The database is not up to date!

Please note that this update assistant has only been tested with MySQL and MySQLi databases. If you are using a different database (e.g. Oracle), you might have to install/update your database manually. In this case, please go to folder **system/modules** and search all its subfolders for files called **dca/database.sql**.

Create new tables

```
☑ CREATE TABLE `tl_quickpoll` (
    `id` int(10) unsigned NOT NULL auto_increment,
    `tstamp` int(10) unsigned NOT NULL default '0',
    `title` varchar(64) NOT NULL default '',
    `description` varchar(255) NOT NULL default '',
    `stop` varchar(10) NOT NULL default '',
    `showResults` char(1) NOT NULL default '',
    `options` text NULL,
    `results` text NULL,
    `resetCounter` int(10) unsigned NOT NULL default '0',
    PRIMARY KEY (`id`)
) ENGINE=MyISAM DEFAULT CHARSET=utf8;
☑ CREATE TABLE `tl_quickpoll_votes` (
    `poll_id` int(10) unsigned NOT NULL default '0',
    `user_id` int(10) unsigned NOT NULL default '0',
    KEY `poll_id` (`poll_id`),
    KEY `user_id` (`user_id`)
) ENGINE=MyISAM DEFAULT CHARSET=utf8;
```

Add new columns

```
☑ ALTER TABLE `tl_module` ADD `quickpoll` int(10) unsigned NOT NULL default '0';
☑ ALTER TABLE `tl_module` ADD `qpoll_list` varchar(64) NOT NULL default '';
☑ ALTER TABLE `tl_module` ADD `qpoll_layout` varchar(64) NOT NULL default '';
☑ ALTER TABLE `tl_module` ADD `qpoll_numberOfItems` smallint(5) unsigned NOT NULL default '0';
```

( Update database )

Abbildung 14.10: **Die Datenbank mit dem Installtool aktualisieren**

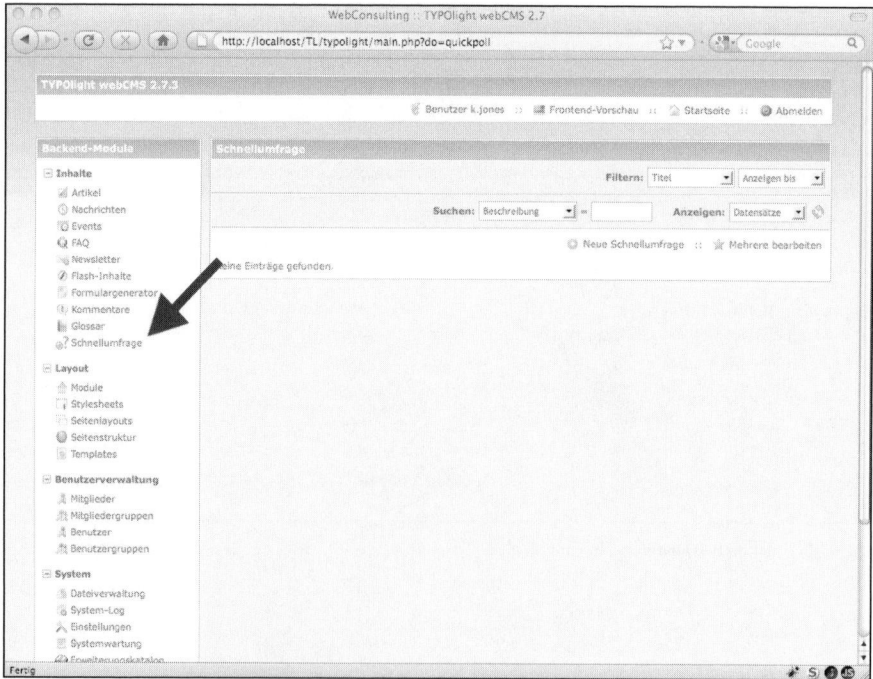

Abbildung 14.11: **Das Backend-Modul Schnellumfrage**

# Teil II

TYPOlight für Administratoren

# 15. System-verwaltung

In den folgenden Kapiteln erkläre ich Ihnen, wie Sie TYPOlight administrieren. Bisher ging es vorwiegend um die Anwendung und Bedienung des Systems, ohne dass wir uns mit Benutzer-organisation oder Templates näher beschäftigt hätten. Tatsächlich gibt es aber noch eine gan-ze Reihe wichtiger Aufgaben, die im Zusam-menhang mit der Einrichtung und Wartung von TYPOlight anfallen und die typischerweise von dem sogenannten Systemadministrator über-nommen werden.

## 15.1 Benutzer

TYPOlight unterscheidet Backend-Benutzer (*Benutzer*), die Zugriff auf das Backend haben, und Frontend-Benutzer (*Mitglieder*), die Zugriff auf das Frontend haben. Die Benutzerver-waltung ist eine eigene Kategorie in der Backend-Navigation und beinhaltet vier Module, mit denen jeweils die Benutzer und Gruppen des Backends und des Frontends verwaltet werden können (Abbildung 15.1).

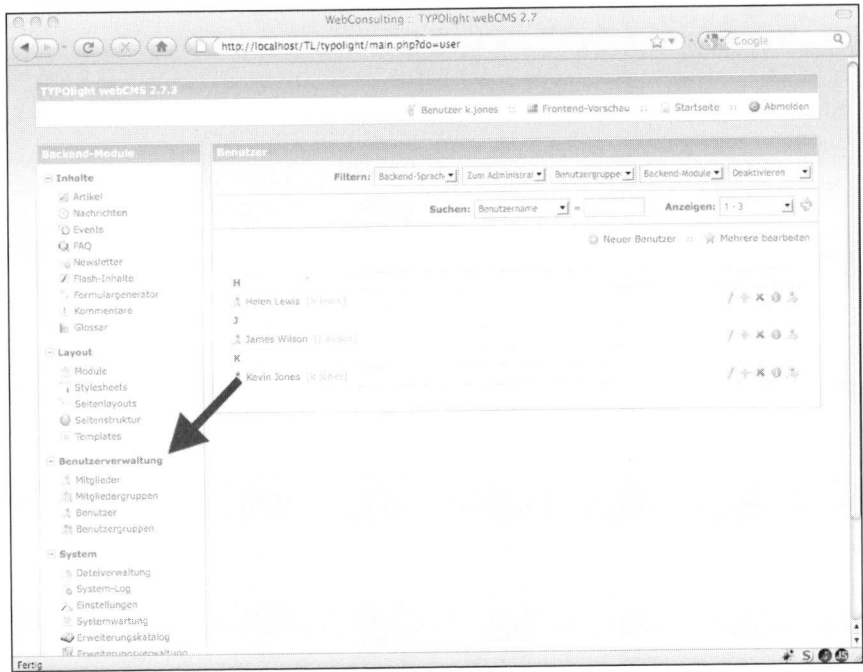

Abbildung 15.1: **Die TYPOlight-Benutzerverwaltung**

Bisher haben wir ausschließlich mit dem Benutzer *k.jones* gearbeitet, der als Administrator auf alle Bereiche und Elemente des Systems zugreifen darf. Ein normaler Benutzer wird in der Regel aber nur Zugriff auf die Ressourcen erhalten, die er für eine bestimmte Aufgabe tatsächlich benötigt (Abbildung 15.2).

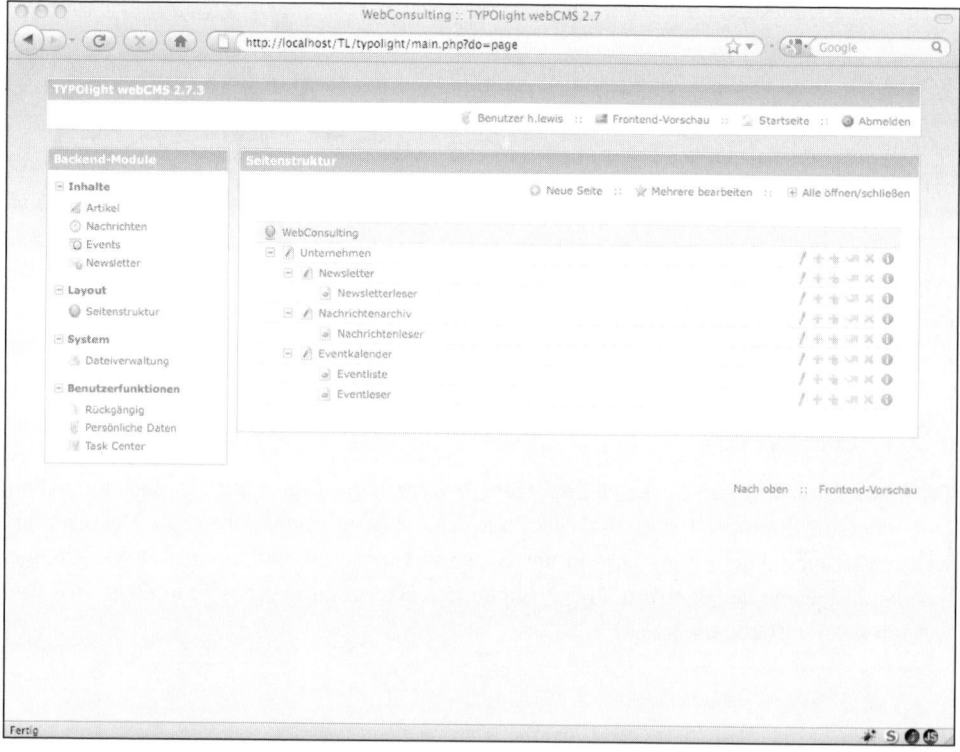

Abbildung 15.2: **Das Backend aus Sicht des Benutzers h.lewis**

Normale Benutzer haben im Gegensatz zu Administratoren standardmäßig überhaupt keine Rechte und dürfen grundsätzlich nur das tun, was Sie ihnen explizit erlauben. Die sehr umfassende Rechteverwaltung in TYPOlight ermöglicht es Ihnen als Administrator nicht nur, den Zugriff auf bestimmte Backend-Module einzuschränken, sondern bei Bedarf jedes einzelne Eingabefeld abzuschalten (Abbildung 15.3).

Durch diese detaillierten Berechtigungen haben Sie jederzeit volle Kontrolle über alle Aktivitäten Ihrer Editoren und können außerdem das Backend so vereinfachen, dass sich auch unerfahrene Benutzer schnell und intuitiv zurechtfinden.

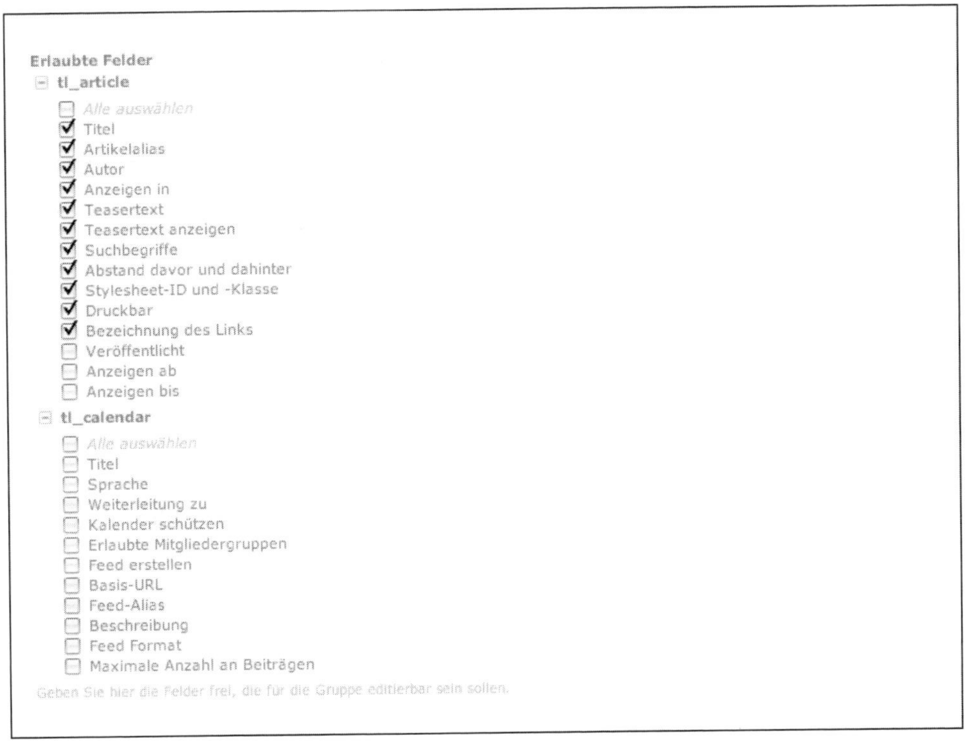

**Erlaubte Felder**

- tl_article
  - ☐ *Alle auswählen*
  - ☑ Titel
  - ☑ Artikelalias
  - ☑ Autor
  - ☑ Anzeigen in
  - ☑ Teasertext
  - ☑ Teasertext anzeigen
  - ☑ Suchbegriffe
  - ☑ Abstand davor und dahinter
  - ☑ Stylesheet-ID und -Klasse
  - ☑ Druckbar
  - ☑ Bezeichnung des Links
  - ☐ Veröffentlicht
  - ☐ Anzeigen ab
  - ☐ Anzeigen bis
- tl_calendar
  - ☐ *Alle auswählen*
  - ☐ Titel
  - ☐ Sprache
  - ☐ Weiterleitung zu
  - ☐ Kalender schützen
  - ☐ Erlaubte Mitgliedergruppen
  - ☐ Feed erstellen
  - ☐ Basis-URL
  - ☐ Feed-Alias
  - ☐ Beschreibung
  - ☐ Feed Format
  - ☐ Maximale Anzahl an Beiträgen

Geben Sie hier die Felder frei, die für die Gruppe editierbar sein sollen.

Abbildung 15.3: **Einzelne Eingabefelder freischalten**

## 15.1.1 Benutzergruppen

Jeder Benutzer kann Mitglied in mehreren Benutzergruppen sein und erbt automatisch alle diesen Gruppen zugewiesenen Rechte. Die verschiedenen Berechtigungen werden addiert, so dass ein Mitglied der Gruppen A und B die Summe der Rechte beider Gruppen erhält (natürlich nur, wenn die Gruppen aktiv sind).

Klicken Sie in der Backend-Navigation auf den Link BENUTZERGRUPPEN und sehen Sie sich an, wie die Gruppe *Nachrichten* konfiguriert wurde (Abbildung 15.4).

TITEL: Der Titel wird nur in der Backend-Übersicht verwendet.

BACKEND-MODULE: Hier legen Sie fest, auf welche Backend-Module die Mitglieder einer Gruppe zugreifen dürfen. Nicht freigegebene Backend-Module erscheinen aus Gründen der Übersichtlichkeit auch nicht in der Backend-Navigation.

PAGEMOUNTS: Das Einbinden eines Dateisystems, so dass ein Benutzer darauf zugreifen kann, bezeichnet man beim Computer als *mounten*. Analog dazu ist ein Pagemount die Seite, ab der ein Benutzer Zugriff auf den Seitenbaum erhält.

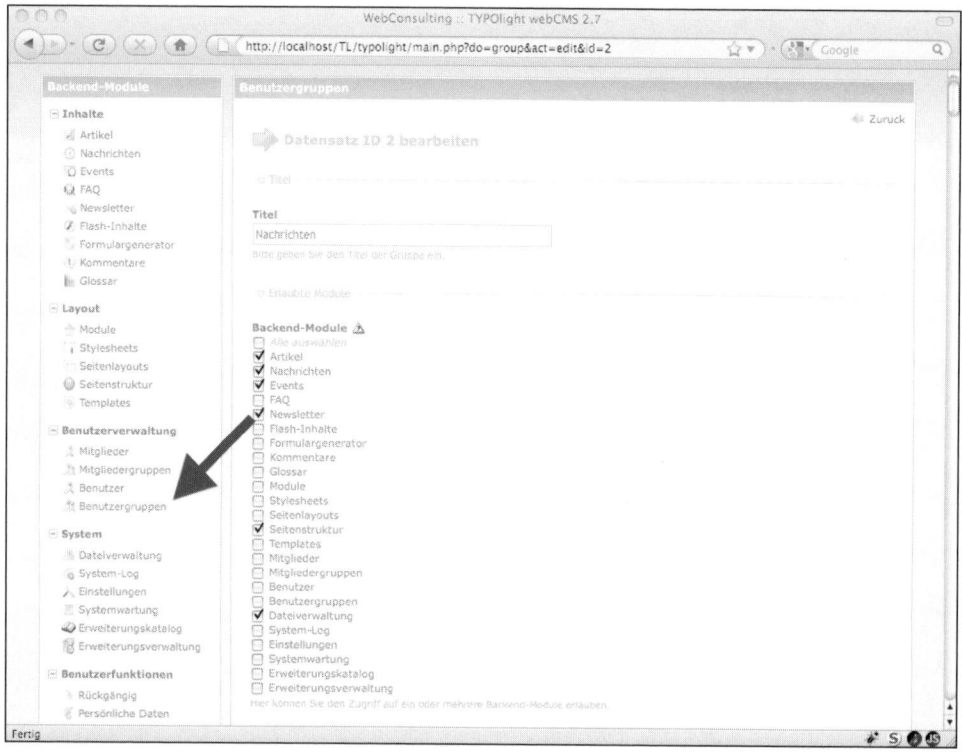

Abbildung 15.4: **Die Benutzergruppe Nachrichten bearbeiten**

In Abbildung 15.2 ist Ihnen bestimmt aufgefallen, dass die Seitenstruktur des Benutzers *h.lewis* lediglich aus acht Seiten besteht, obwohl sie insgesamt viel mehr Seiten umfasst. Das liegt daran, dass die Seite *Unternehmen* als Pagemount (Einstiegspunkt) ausgewählt wurde (Abbildung 15.5) und für diesen Benutzer alle übergeordneten Seiten ohne Zugriffsberechtigung automatisch ausgeblendet werden.

ERLAUBTE SEITENTYPEN: Im Abschnitt 4.4, *Seiten verwalten*, haben Sie die verschiedenen Seitentypen und deren Funktion kennengelernt. Hier können Sie festlegen, welche dieser Seitentypen die Mitglieder einer Benutzergruppe erstellen dürfen.

FILEMOUNTS: Analog zum Pagemount, der den Einstiegspunkt in die Seitenstruktur bestimmt, legt der Filemount den Einstiegspunkt in das Dateisystem fest (Abbildung 15.6). Auf Ordner außerhalb des Filemount kann der Benutzer nicht zugreifen.

Der Benutzer *h.lewis* sieht also nur den Ordner images und alle eventuell darin enthaltenen Unterordner. Alle übrigen Verzeichnisse, die sich auf derselben oder einer übergeordneten Ebene befinden, werden nicht angezeigt (Abbildung 15.7).

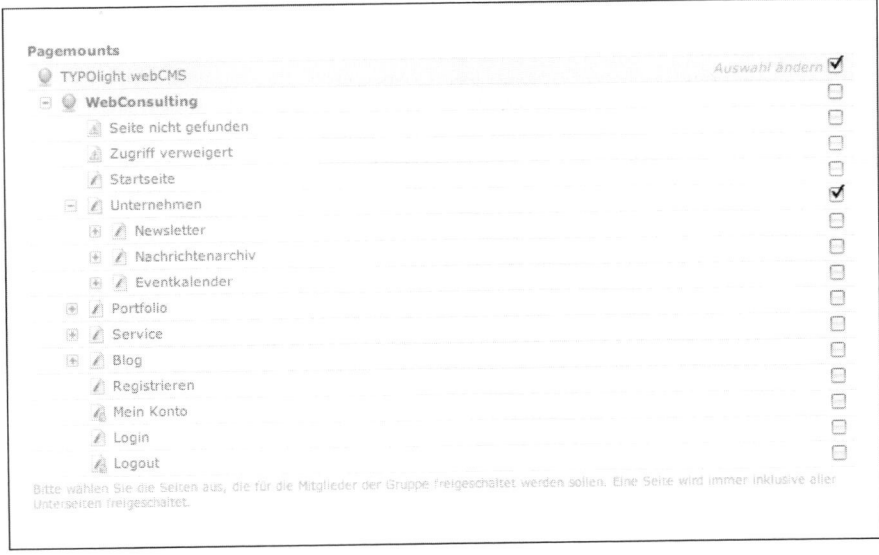

Abbildung 15.5: **Pagemounts des Benutzers h.lewis**

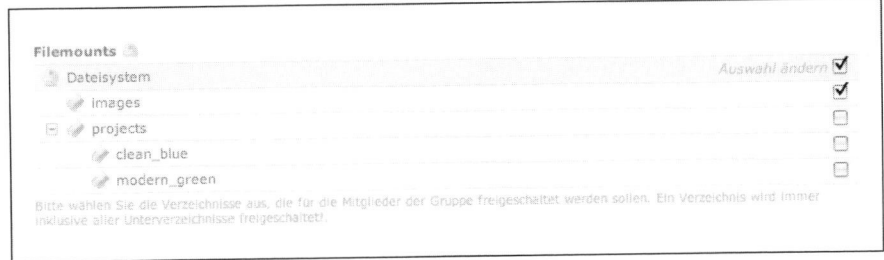

Abbildung 15.6: **Filemounts des Benutzers h.lewis**

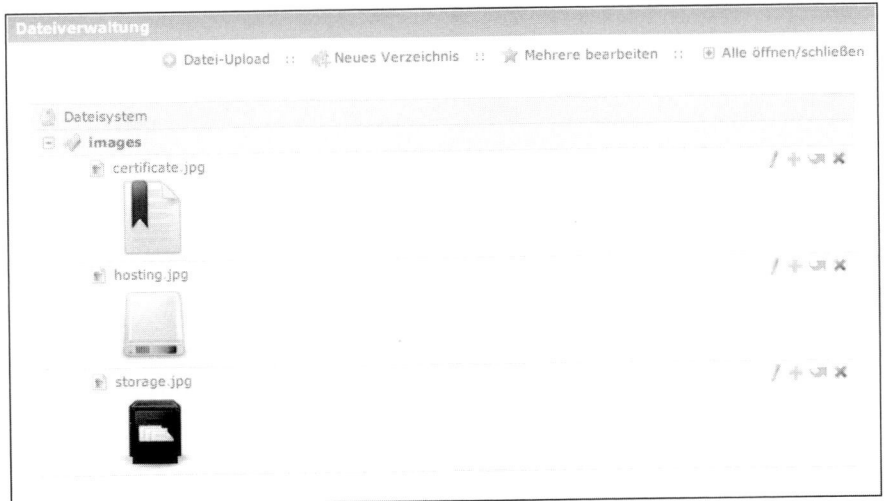

Abbildung 15.7: **Die Dateiverwaltung aus Sicht des Benutzers h.lewis**

ERLAUBTE DATEI-OPERATIONEN: Ein Verzeichnis und die darin enthaltenen Dateien sehen zu können, bedeutet noch nicht, dass ein Benutzer diese auch bearbeiten darf. Sie können genau festlegen, was mit den gemounteten Ressourcen möglich ist.

ERLAUBTE ARCHIVE: Hier legen Sie fest, auf welche News/Blog-Archive die Mitglieder der Benutzergruppe zugreifen dürfen (Erweiterung *News/Blog*).

ERLAUBTE KALENDER: Hier legen Sie fest, auf welche Kalender die Mitglieder der Benutzergruppe zugreifen dürfen (Erweiterung *Kalender/Events*).

ERLAUBTE FORMULARE: Hier legen Sie fest, auf welche Formulare die Mitglieder der Benutzergruppe zugreifen dürfen (*Formulargenerator*).

ERLAUBTE VERTEILER: Hier legen Sie fest, auf welche Verteiler die Mitglieder der Benutzergruppe zugreifen dürfen (Erweiterung *Newsletter*).

ERLAUBTE FELDER: Zu Beginn des Abschnitts habe ich erwähnt, dass normale Benutzer standardmäßig keinerlei Rechte haben (*deny all*) und Sie als Administrator jeden Zugriff explizit freischalten müssen. Das gilt auch für die einzelnen Eingabefelder jedes Moduls bzw. jeder Tabelle, die Ihnen hier aufgelistet werden. Der Benutzer *h.lewis* darf beispielsweise bei Artikeln die Eingabefelder *Veröffentlicht*, *Anzeigen ab* und *Anzeigen bis* nicht bearbeiten, damit er Artikel zwar erstellen, aber nicht freigeben kann. In der Artikel-Eingabemaske von *h.lewis* sind diese Felder dementsprechend auch nicht vorhanden (Abbildung 15.8).

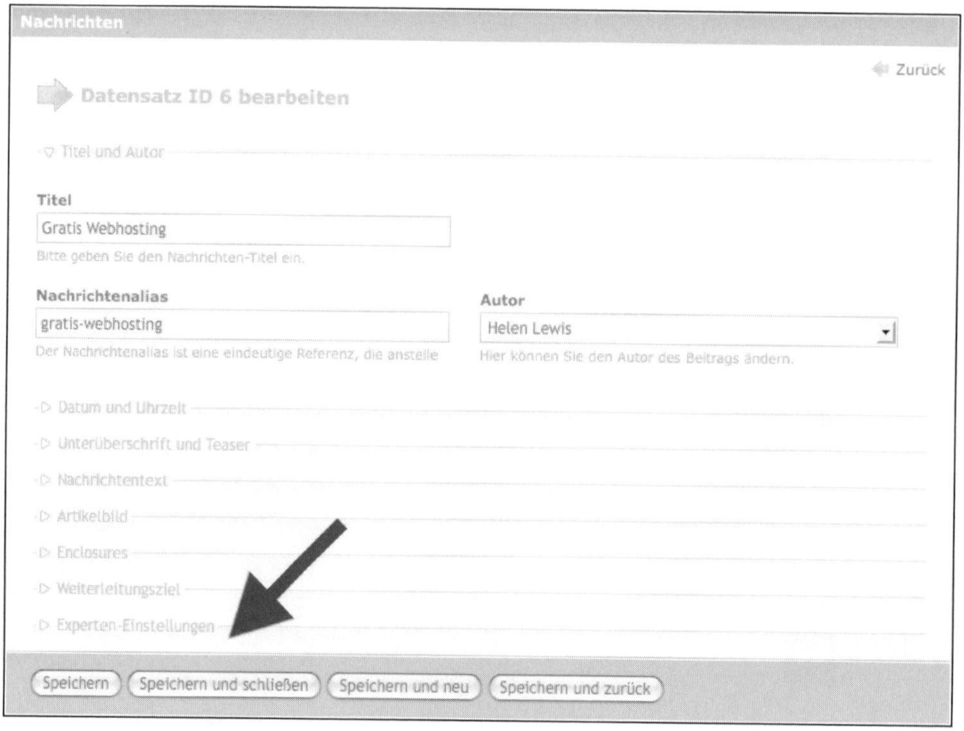

Abbildung 15.8: **Eingabemaske ohne Felder zur Veröffentlichung**

*Mittels der erlaubten Felder können Sie sehr einfach Arbeitsabläufe (Workflows) erstellen, indem Sie die Felder zur Veröffentlichung eines Artikels oder eines Nachrichtenbeitrags für Redakteure nicht freigeben. So kann kein Redakteur etwas veröffentlichen, ohne dass Sie oder ein Chefredakteur es vorher gesehen haben.*

DEAKTIVIEREN: Hier können Sie eine Gruppe deaktivieren. Von einer deaktivierten Gruppe können keine Rechte oder Mounts geerbt werden.

AKTIVIEREN AM: Wenn Sie hier ein Datum eingeben, wird die Gruppe automatisch an diesem Tag um 0:00 Uhr aktiviert.

DEAKTIVIEREN AM: Wenn Sie hier ein Datum eingeben, wird die Gruppe automatisch an diesem Tag um 0:00 Uhr deaktiviert.

## 15.1.2 Benutzer

Mit dem Modul *Benutzer* können Sie einzelne Benutzer anlegen, die sich dann mit ihrem Benutzernamen und Passwort am Backend anmelden können und die Berechtigungen der zugewiesenen Gruppen erben. Klicken Sie auf den Link BENUTZER und sehen Sie sich den Benutzer *h.lewis* an (Abbildung 15.9).

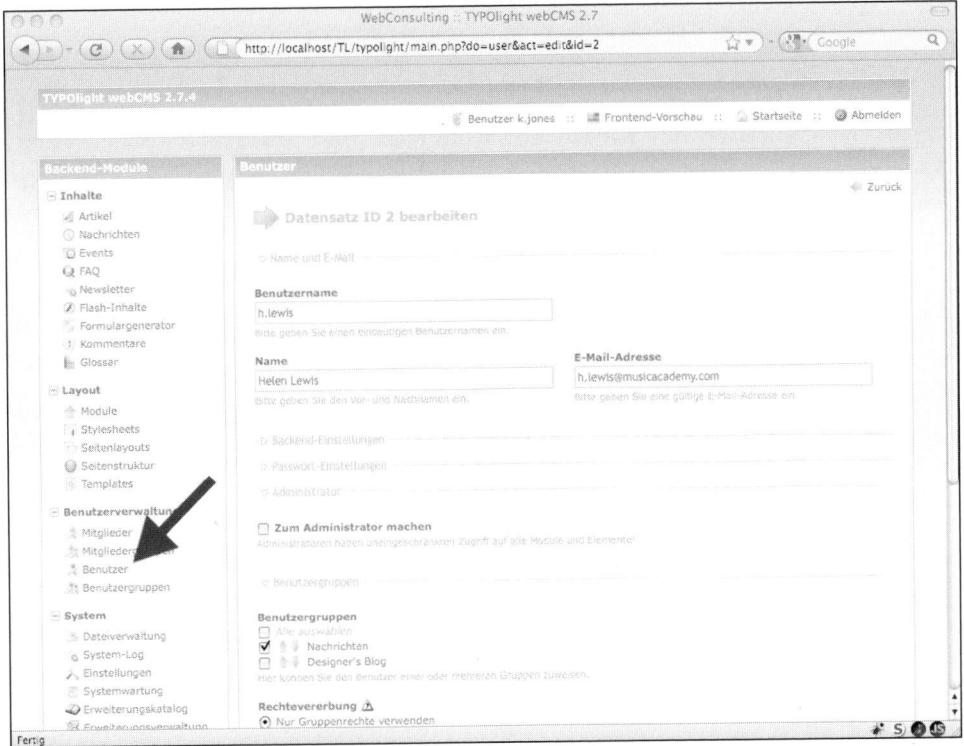

Abbildung 15.9: **Den Benutzer h.lewis bearbeiten**

BENUTZERNAME: Der Benutzername wird benötigt, damit sich ein Benutzer am Backend anmelden kann. Jeder Benutzername darf nur einmal vergeben werden.

NAME: Geben Sie hier den Vor- und Nachnamen des Benutzers ein.

E-MAIL-ADRESSE: Geben Sie hier die E-Mail-Adresse des Benutzers ein.

BACKEND-SPRACHE: Hier legen Sie die Backend-Sprache fest.

ERKLÄRUNGEN ANZEIGEN: TYPOlight zeigt unter jedem Eingabefeld eine kurze Erklärung an, die Sie bei Bedarf hier abschalten können.

VORSCHAUBILDER ANZEIGEN: Hier können Sie die Vorschaubilder in der Dateiübersicht des Dateimanagers deaktivieren, damit die Verzeichnisstruktur schneller lädt und Sie weniger scrollen müssen (siehe Kapitel 6, *Der Dateimanager*).

RICH TEXT EDITOR VERWENDEN: Wie Sie schon aus dem Abschnitt 5.2, *Inhaltselement*, wissen, bietet TYPOlight die Möglichkeit, Texte mit dem Rich Text Editor *TinyMCE*[1] einzugeben und zu formatieren. Bei Bedarf können Sie diesen hier deaktivieren.

DAS ALTE FORMULARLAYOUT VERWENDEN: In der Version 2.7 wurde das zweispaltige, einklappbare Formularlayout im Backend eingeführt, um die Scrollwege zu verkürzen und die Übersichtlichkeit zu erhöhen. Bei Bedarf können Sie hier das alte Layout reaktivieren, so wie es bis einschließlich Version 2.6 verwendet wurde.

PASSWORT: Hier können Sie dem Benutzer ein Passwort zuweisen.

ZUM ADMINISTRATOR MACHEN: Hier können Sie den Benutzer zu einem Administrator machen, der auf alle Bereiche von TYPOlight uneingeschränkten Zugriff hat.

BENUTZERGRUPPEN: Hier legen Sie die Gruppenzugehörigkeit des Benutzers fest. Seit der Version 2.7.3 lässt sich die Reihenfolge der Gruppen verändern, damit man die Hauptgruppe auswählen kann. Die Hauptgruppe ist die oberste Gruppe und wird z.B. beim Erstellen neuer Seiten automatisch in den Zugriffsrechten gesetzt, sofern keine Standardgruppe in den Backend-Einstellungen definiert wurde.

RECHTEVERERBUNG: Es gibt grundsätzlich drei Möglichkeiten, einen Benutzer mit Rechten auszustatten. Entweder erhält er nur Gruppenrechte, nur individuelle Berechtigungen oder seine Gruppenrechte werden individuell erweitert. Der Benutzer *h.lewis* erbt die Rechte der Gruppe *Nachrichten* (Abbildung 15.10).

BACKEND-MODULE: Hier legen Sie fest, auf welche Backend-Module der Benutzer zugreifen darf. Nicht freigegebene Backend-Module erscheinen aus Gründen der Übersichtlichkeit auch nicht in der Backend-Navigation.

PAGEMOUNTS: Hier legen Sie die Seite fest, ab der ein Benutzer Zugriff auf den Seitenbaum erhält (siehe Abschnitt 15.1.1, *Benutzergruppen*).

---

1    http://tinymce.moxiecode.com

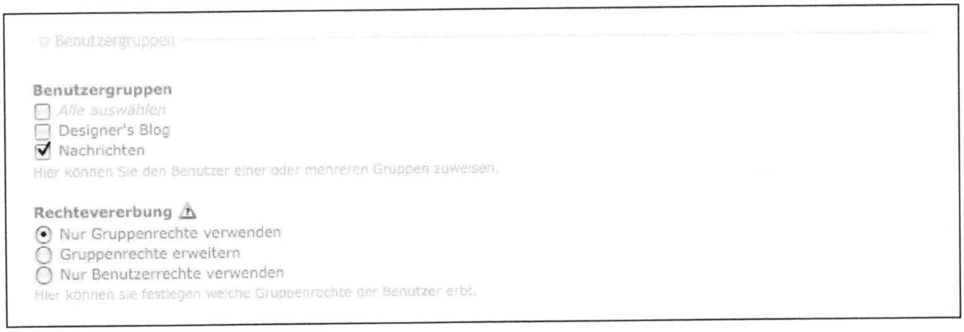

Abbildung 15.10: **Verschiedene Möglichkeiten der Rechtevererbung**

ERLAUBTE SEITENTYPEN: Im Abschnitt 4.4, *Seiten verwalten*, haben Sie die verschiedenen Seiten-typen und deren Funktion kennengelernt. Hier können Sie festlegen, welche dieser Seiten-typen ein Benutzer erstellen darf.

FILEMOUNTS: Hier legen Sie die Ordner fest, ab denen ein Benutzer Zugriff auf den Dateibaum erhält (siehe Abschnitt 15.1.1, *Benutzergruppen*).

ERLAUBTE DATEI-OPERATIONEN: Hier legen Sie fest, was ein Benutzer mit den gemounteten Ord-nern und Dateien machen darf.

ERLAUBTE ARCHIVE: Hier legen Sie fest, auf welche Nachrichtenarchive (*News/Blog-Erweite-rung*) ein Benutzer zugreifen darf.

ERLAUBTE KALENDER: Hier legen Sie fest, auf welche Kalender (*Kalender-Erweiterung*) ein Benutzer zugreifen darf.

ERLAUBTE FORMULARE: Hier legen Sie fest, auf welche Formulare (*Formulargenerator*) ein Be-nutzer zugreifen darf.

ERLAUBTE VERTEILER: Hier legen Sie fest, auf welche Verteiler (*Newsletter-Erweiterung*) ein Benutzer zugreifen darf.

DEAKTIVIEREN: Hier können Sie einen Benutzer deaktivieren. Ein deaktivierter Benutzer kann sich nicht mehr am Backend anmelden.

AKTIVIEREN AM: Wenn Sie hier ein Datum eingeben, wird der Benutzer automatisch an diesem Tag um 0:00 Uhr aktiviert.

DEAKTIVIEREN AM: Wenn Sie hier ein Datum eingeben, wird der Benutzer automatisch an die-sem Tag um 0:00 Uhr deaktiviert.

## 15.1.3  Seiten und Artikel freischalten

Das Freischalten von Seiten und Artikeln, so dass diese im Backend bearbeitet werden kön-nen, führt in der Praxis öfter mal zu Unklarheiten, weil die notwendigen Berechtigungen an verschiedenen Stellen im System gesetzt werden müssen.

Um bestimmte Seiten freizuschalten und das Bearbeiten von Artikeln auf diesen Seiten zu erlauben, müssen Sie sowohl in der Benutzerverwaltung als auch in der Seitenstruktur die entsprechenden Voraussetzungen schaffen.

## Voraussetzungen in der Benutzerverwaltung

Zunächst benötigen Sie eine Benutzergruppe, in der Sie die Module *Seitenstruktur* und *Artikel* aktivieren und die zu bearbeitenden Seiten als Pagemount einbinden müssen. Damit schaffen Sie die Voraussetzungen dafür, dass ein Benutzer auf den Seitenbaum zugreifen kann und dort bestimmte Seiten bzw. Artikel sieht.

Anschließend müssen Sie in der Benutzergruppe unter Erlaubte Felder die Eingabefelder der Tabellen `tl_page`, `tl_article` und `tl_content` freischalten, die der Benutzer später bearbeiten können soll. Damit schaffen Sie die Voraussetzungen dafür, dass er nicht nur eine leere Seite sieht, wenn er z.B. einen Artikel editiert.

Als Letztes müssen Sie noch einen Benutzer anlegen und ihn der Gruppe zuweisen.

## Voraussetzungen in der Seitenstruktur

Im Abschnitt 4.4, *Seiten verwalten*, haben Sie bereits erfahren, dass jede Seite einem bestimmten Benutzer und einer bestimmten Gruppe gehört und dass es darauf basierend verschiedene Zugriffsebenen gibt (Abbildung 15.11).

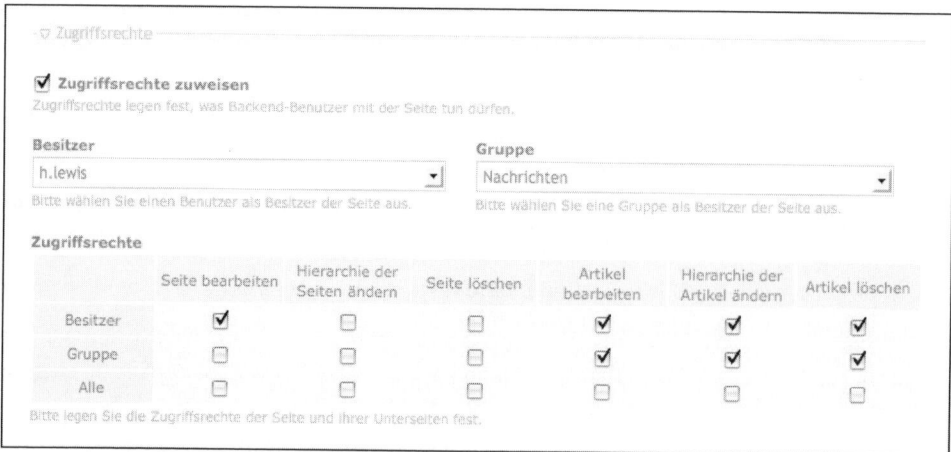

Abbildung 15.11: **Zugriffsrechte einer Seite zuweisen**

Diese Seite gehört dem Benutzer *h.lewis*, der sie und die darin enthaltenen Artikel bearbeiten, verschieben oder löschen darf. Andere Benutzer der Gruppe *Nachrichten* dürfen lediglich die Artikel bearbeiten, nicht aber die Seite an sich.

Sie müssen also die Seiten, die ein Benutzer bearbeiten oder auf denen er Artikel anlegen können soll, mit Zugriffsrechten versehen und sie entweder dem Benutzer oder seiner Gruppe zuweisen. Damit schaffen Sie die Voraussetzungen dafür, dass ein Benutzer die entsprechenden Navigationssymbole anklicken kann, um eine Seite bzw. einen Artikel zu editieren (Abbildung 15.12 und Abbildung 15.13).

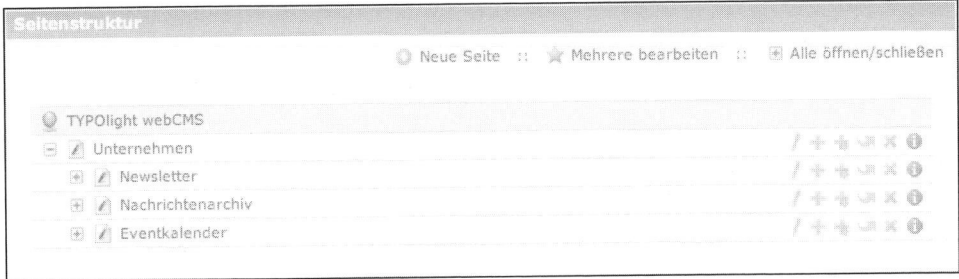

Abbildung 15.12: **Die Seitenstruktur ohne zugewiesene Zugriffsrechte**

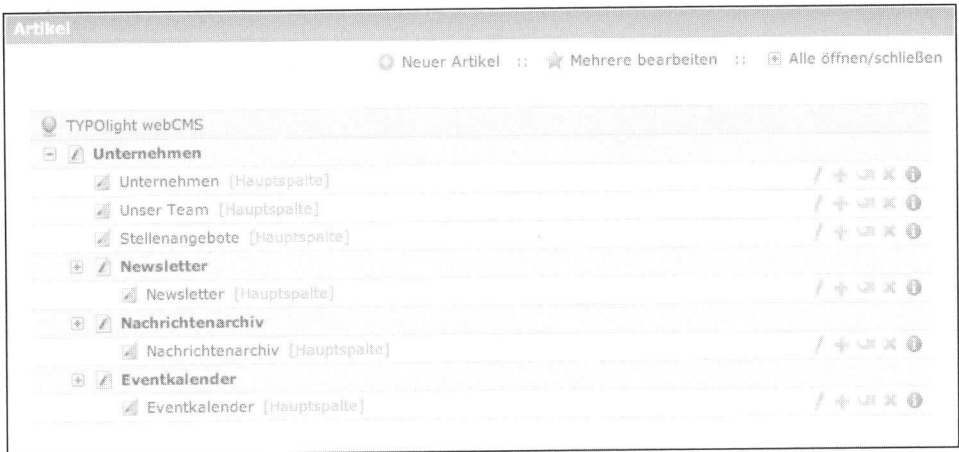

Abbildung 15.13: **Die Artikelverwaltung ohne zugewiesene Zugriffsrechte**

# 15.2 Mitglieder

Die Bezeichnung *Mitglieder* stammt noch aus den Anfängen von TYPOlight, in denen die Software vorwiegend für Community-Websites verwendet wurde. Mittlerweile werden auch viele kommerzielle Seiten damit umgesetzt, so dass die *Mitglieder* auch als *Kunden* bezeichnet werden könnten.

## 15.2.1 Mitgliedergruppen

Die Verwaltung von Frontend-Benutzern ist viel einfacher als die Verwaltung von Backend-Benutzern, da hier nicht mit Mounts und einzelnen Eingabefeldern gearbeitet werden muss. Bei der Mitgliederverwaltung geht es hauptsächlich um den Zugriff auf geschützte Unterseiten und das Ändern persönlicher Daten.

Auch Mitglieder werden in Gruppen organisiert und erben von diesen die Zugriffsrechte auf geschützte Seiten. Klicken Sie im Backend auf den Link MITGLIEDERGRUPPEN und sehen Sie sich die Gruppe *Kunden* an (Abbildung 15.14).

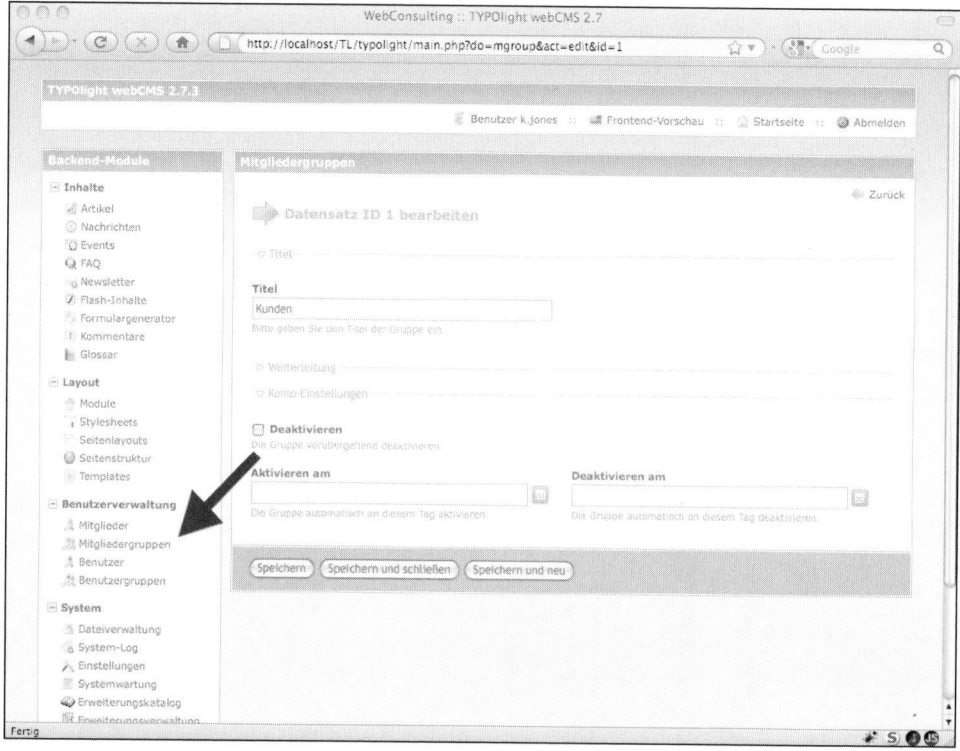

Abbildung 15.14: **Mitgliedergruppe Kunden bearbeiten**

TITEL: Der Titel wird nur in der Backend-Übersicht verwendet.

WEITERLEITEN BEI ANMELDUNG: Wenn Sie diese Option auswählen, können Sie eine Seite festlegen, zu der Gruppenmitglieder nach ihrer Anmeldung weitergeleitet werden. Diese Einstellung überschreibt die Standardeinstellung des Moduls *Login*.

WEITERLEITUNGSSEITE: Hier legen Sie die Seite fest, zu der die Mitglieder der Gruppe nach der Anmeldung weitergeleitet werden.

DEAKTIVIEREN: Hier können Sie eine Gruppe deaktivieren. Von einer deaktivierten Gruppe können keine Zugriffsrechte geerbt werden.

AKTIVIEREN AM: Wenn Sie hier ein Datum eingeben, wird die Gruppe automatisch an diesem Tag um 0:00 Uhr aktiviert.

DEAKTIVIEREN AM: Wenn Sie hier ein Datum eingeben, wird die Gruppe automatisch an diesem Tag um 0:00 Uhr deaktiviert.

## 15.2.2 Mitglieder

Im Gegensatz zu Benutzern geht es bei Mitgliedern nicht so sehr um Zugriffsrechte, als vielmehr um persönliche Daten wie z.B. Name, Adresse oder Telefonnummer. Klicken Sie in der Backend-Navigation auf den Link Mitglieder und sehen Sie sich an, wie das Mitglied *Donna Evans* konfiguriert wurde (Abbildung 15.15).

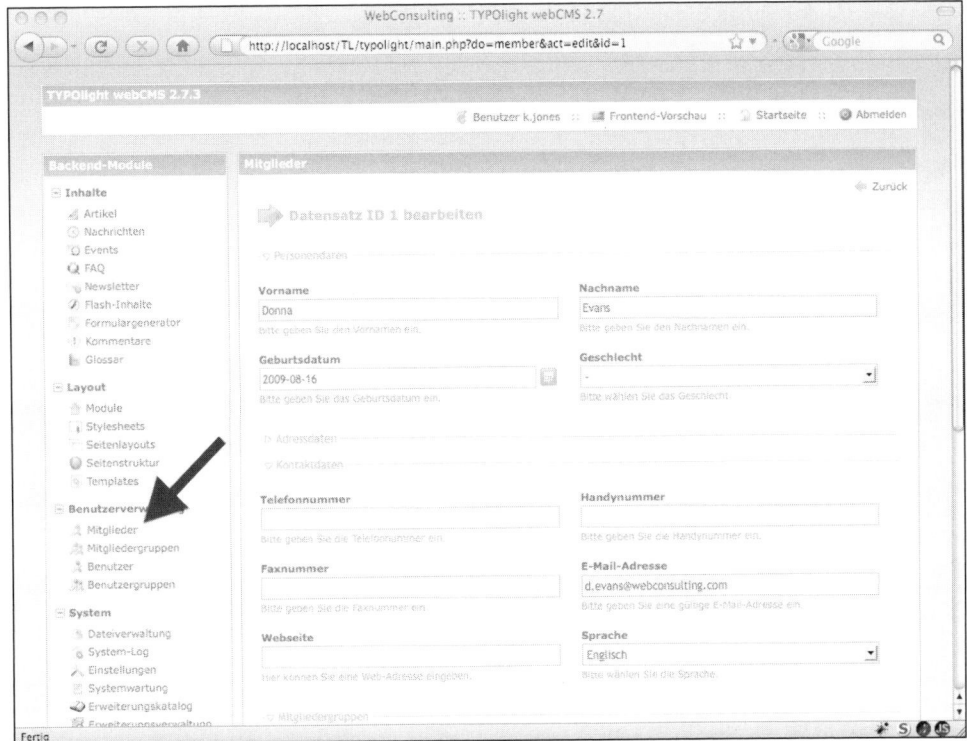

Abbildung 15.15: **Das Mitglied Donna Evans bearbeiten**

Vorname: Geben Sie hier den Vornamen des Mitglieds ein.

Nachname: Geben Sie hier den Nachnamen des Mitglieds ein.

Geburtsdatum: Hier können Sie das Geburtsdatum eingeben. Ein Klick auf das grüne Symbol neben dem Eingabefeld öffnet einen JavaScript-Kalender.

Geschlecht: Wählen Sie hier das Geschlecht des Mitglieds aus.

Sprache: Wählen Sie hier die Sprache des Mitglieds aus.

Firma: Hier können Sie den Firmennamen des Mitglieds eingeben.

Strasse: Hier können Sie die Adresse des Mitglieds eingeben.

Postleitzahl: Hier können Sie die Postleitzahl des Mitglieds eingeben.

Stadt: Hier können Sie die Stadt des Mitglieds eingeben.

STAAT: Hier können Sie den Staat bzw. das Bundesland des Mitglieds eingeben.

LAND: Hier können Sie das Land des Mitglieds auswählen.

TELEFONNUMMER: Hier können Sie die Telefonnummer des Mitglieds eingeben.

HANDYNUMMER: Hier können Sie die Handynummer des Mitglieds eingeben.

FAXNUMMER: Hier können Sie die Faxnummer des Mitglieds eingeben.

E-MAIL-ADRESSE: Geben Sie hier die E-Mail-Adresse des Mitglieds ein.

WEBSEITE: Hier können Sie die Webseite des Mitglieds eingeben.

SPRACHE: Hier wählen Sie die Sprache des Mitglieds aus.

MITGLIEDERGRUPPEN: Hier legen Sie die Gruppenzugehörigkeit des Mitglieds fest. Seit der Version 2.7.3 lässt sich die Reihenfolge der Gruppen verändern, damit man die Hauptgruppe auswählen kann. Die Hauptgruppe ist die oberste Gruppe und wird z.B. bei der automatischen Weiterleitung nach dem Login berücksichtigt.

LOGIN ERLAUBEN: Wenn Sie diese Option auswählen, können Sie einen Benutzernamen und ein Passwort vergeben, mit dem sich das Mitglied im Frontend anmelden kann. Dazu sollte es mindestens einer Gruppe angehören.

BENUTZERNAME: Der Benutzername wird benötigt, damit sich ein Mitglied am Frontend anmelden kann. Jeder Benutzername darf nur einmal vergeben werden.

PASSWORT: Hier können Sie dem Mitglied ein Passwort zuweisen.

E-MAILS ERLAUBEN: Hier legen Sie fest, wer dem Mitglied E-Mails über das Modul *Mitgliederliste* senden kann (Privatsphäre).

ÖFFENTLICHE FELDER: Hier können Sie festlegen, welche Informationen im öffentlichen Profil des Mitglieds angezeigt werden (Privatsphäre). Wenn Sie keine Felder auswählen, wird der Benutzer nicht in der *Mitgliederliste* berücksichtigt.

EIN BENUTZERVERZEICHNIS FESTLEGEN: Wenn Sie diese Option auswählen, können Sie dem Mitglied ein eigenes Verzeichnis (Heimatverzeichnis) zuweisen und dort z.B. mit dem Dateimanager bestimmte Dateien bereitstellen. Sowohl das Modul *Bildergalerie* als auch das Modul *Downloads* bieten die Möglichkeit, das Benutzerverzeichnis eines Mitglieds als Datenquelle zu verwenden.

BENUTZERVERZEICHNIS: Hier legen Sie das Heimatverzeichnis des Mitglieds fest. Den Ordner müssen Sie vorab mit dem Dateimanager erstellt haben.

ABONNEMENTS: Sofern Sie die *Newsletter-Erweiterung* nicht deaktiviert haben, können Sie hier die Abonnements des Mitglieds bearbeiten.

DEAKTIVIEREN: Hier können Sie ein Mitglied deaktivieren. Ein deaktiviertes Mitglied kann sich nicht mehr am Frontend anmelden.

AKTIVIEREN AM: Wenn Sie hier ein Datum eingeben, wird das Mitglied automatisch an diesem Tag um 0:00 Uhr aktiviert.

DEAKTIVIEREN AM: Wenn Sie hier ein Datum eingeben, wird das Mitglied automatisch an diesem Tag um 0:00 Uhr deaktiviert.

# 15.3 Systemwartung

Bei der Entwicklung von TYPOlight habe ich versucht, möglichst viele Wartungsarbeiten wie z.B. das Erstellen von RSS-Feeds automatisiert im Hintergrund laufen zu lassen, damit Sie sich als Anwender mehr auf Ihre eigentlichen Aufgaben konzentrieren können. Daher ist das Modul *Systemwartung* relativ übersichtlich.

## 15.3.1 Daten bereinigen

TYPOlight ist prinzipiell ein recht schnelles CMS und benötigt nur ca. 60% der Zeit und Rechenleistung, die andere prominente Systeme beanspruchen. Trotzdem sind bedingt durch die Architektur bei jedem Seitenaufruf einige Datenbankabfragen notwendig, um alle Seiten, Module, Artikel, Elemente und Berechtigungen auszulesen. Eine große Anzahl an Erweiterungen kann das System zusätzlich verlangsamen.

Um diesem »Problem« wirksam zu begegnen, gibt es sowohl die Möglichkeit, nicht benötigte Erweiterungen in den *Backend-Einstellungen* zu deaktivieren als auch Ressourcen für eine bestimmte Zeitdauer im Cache zwischenzuspeichern. Eine Seite aus dem Cache kann z.B. sofort komplett geladen werden, ohne dass für ihre Zusammensetzung weitere Datenbankabfragen notwendig wären. Das führt vor allem bei gut besuchten Webseiten zu deutlich geringeren Ladezeiten.

Hier geht es aber nicht nur um das Cachen von Seiten, das Sie ja bereits aus dem Abschnitt 4.4, *Seiten verwalten*, kennen, sondern vielmehr um die verschiedenen Cache-Mechanismen und ihre Funktionsweise. Im Modul *Systemwartung* können Sie zwischengespeicherte Daten manuell bereinigen und dazu sollten Sie wissen, was dort genau gespeichert wird (Abbildung 15.16).

TL_UNDO: In dieser Tabelle werden gelöschte Datensätze gespeichert. Wenn Sie die Tabelle leeren, können Sie gelöschte Datensätze nicht wiederherstellen.

TL_VERSION: In dieser Tabelle werden nicht mehr aktuelle Versionen aller möglichen Datensätze gespeichert. Wenn Sie die Tabelle leeren, können Sie gespeicherte Änderungen an Ihren Datensätzen nicht mehr rückgängig machen.

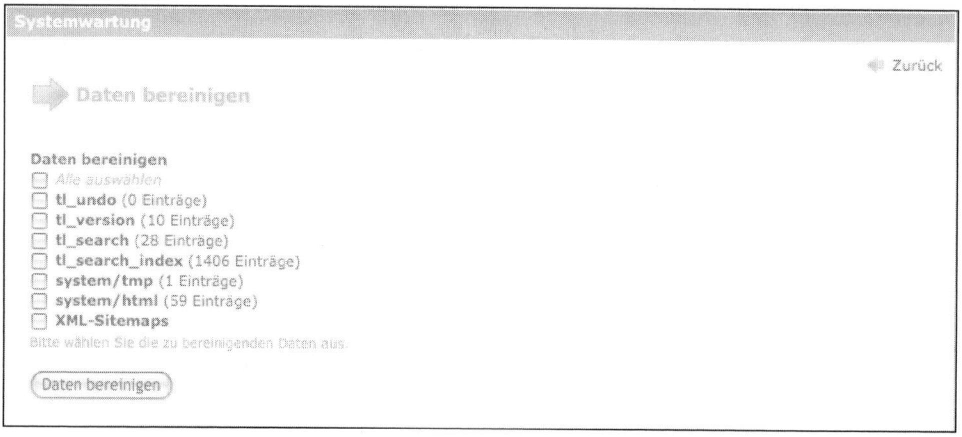

Abbildung 15.16: **Daten manuell bereinigen**

TL_SEARCH: In dieser Tabelle werden die von der Suchmaschine indizierten Seiten gespeichert. Wenn Sie diese Tabelle leeren, bleibt jede Suche ohne Ergebnisse, bis sich der Suchindex entweder automatisch durch Aufrufen der Seiten oder manuell durch den Wartungsjob *Suchindex aufbauen* wieder aufgebaut hat.

TL_SEARCH_INDEX: In dieser Tabelle werden die einzelnen Suchbegriffe (Wörter) der indizierten Seiten gespeichert.

SYSTEM/TMP: Im temporären Ordner `system/tmp` werden z.B. gecachte Seiten oder importierte RSS-Feeds zwischengespeichert. Wenn Sie den Ordner leeren, werden die betreffenden Ressourcen erneut erstellt und in ihrer aktuellen Version wieder im temporären Ordner gespeichert.

SYSTEM/HTML: In diesem Ordner werden alle Dateien gespeichert, die auf der Webseite verwendet werden und daher über HTTP erreichbar sein müssen (die Dateien des temporären Ordners sind zugriffsgeschützt). Immer wenn TYPOlight z.B. ein Vorschaubild für die Ausgabe im Frontend erstellt, wird es hier abgelegt.

Wenn Sie also auf Ihrer Webseite veraltete Bilder sehen, obwohl Sie bereits eine neue Version hochgeladen haben, dann liegt es höchstwahrscheinlich daran, dass sich noch immer eine Kopie des alten Bilds in diesem Cache-Speicher befindet. In diesem Fall sollten Sie das Verzeichnis `system/html` manuell bereinigen.

XML-SITEMAPS: Im Abschnitt 4.4, *Seiten verwalten*, haben Sie erfahren, dass TYPOlight bei Bedarf automatisch eine XML-Datei mit allen vorhandenen Unterseiten anlegt, die dann von Google oder einer anderen Suchmaschine ausgewertet werden kann. Diese XML-Sitemaps werden automatisch einmal täglich und bei jeder Änderung an der Seitenstruktur aktualisiert. Zusätzlich können Sie sie hier manuell bereinigen, wenn Sie z.B. neue Nachrichten hinzugefügt haben.

## 15.3.2 Suchindex neu aufbauen

Aus dem Abschnitt 8.3.1, *Suchmaschine*, wissen Sie, dass TYPOlight die Seiten beim Aufruf im Browser indiziert und so nach und nach den Suchindex aufbaut. Nach einer Änderung muss die betroffene Seite also einmal aufgerufen werden, damit die neueste Version in den Index übernommen wird (denken Sie daran, dass Seiten nur indiziert werden, wenn kein Backend-Benutzer angemeldet ist).

Eine einzelne Seite auf diese Weise zu indizieren, ist sicherlich kein Problem. Bei mehreren Änderungen an verschiedenen Seiten wird die Prozedur aber schnell langwierig und unübersichtlich. Für diesen Fall gibt es den Wartungsjob *Suchindex neu aufbauen*, der den Suchindex automatisch erstellt (Abbildung 15.17).

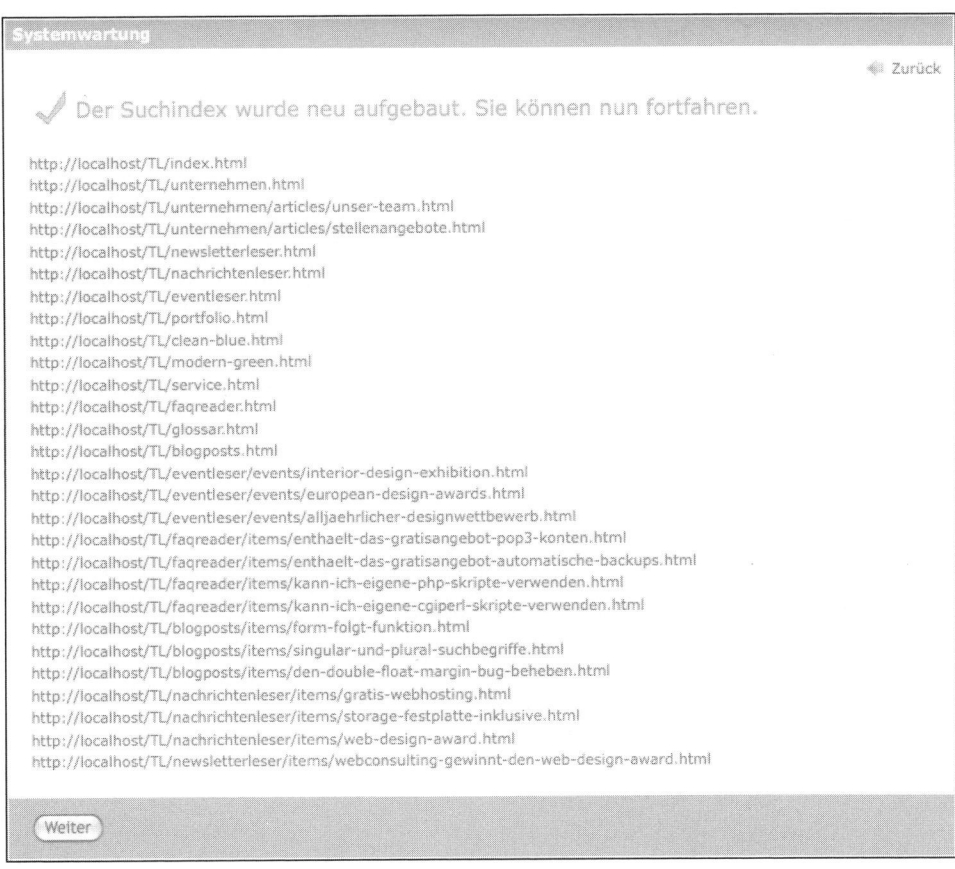

Abbildung 15.17: **Den Suchindex neu aufbauen**

## Geschützte Seiten indizieren

Um das Durchsuchen von geschützten Seiten zu erlauben, müssen Sie die Funktion zunächst in den *Backend-Einstellungen* aktivieren. Benutzen Sie dieses Feature sehr sorgfältig und schließen Sie personalisierte Seiten immer von der Suche aus!

Legen Sie danach einen neuen Frontend-Benutzer an und erlauben Sie ihm den Zugriff auf die zu indizierenden geschützten Seiten. Beim Aufbauen des Suchindexes wird dieser Benutzer dann automatisch angemeldet.

INFO

*Geschützte Seiten erscheinen natürlich nur in den Suchergebnissen, wenn der angemeldete Benutzer auch auf sie zugreifen darf.*

# 16. Seitenlayouts erstellen

In den folgenden Abschnitten werde ich Ihnen erklären, wie Sie eigene Seitenlayouts in TYPOlight erstellen. Sie lernen zunächst, wie Templates angepasst werden können und wie das CSS-Framework funktioniert bzw. erweitert werden kann. Falls die TYPOlight-Bordmittel für Ihre Vorstellungen nicht ausreichen sollten, zeige ich Ihnen im letzten Abschnitt, wie Sie ein externes Layout einbinden.

## 16.1 Templates

Templates sind kleine Code-Fragmente, die für die Darstellung eines bestimmten Elements zuständig sind. Sie enthalten in der Regel HTML-Code, in den mittels PHP verschiedene Inhalte eingefügt werden (Listing 16.1).

Listing 16.1: **Einfaches Template-Beispiel**

```
<div class="ce_text">
   <h1><?php echo $this->headline; ?>
   <p><?php echo $this->text; ?></p>
</div>
```

Ich habe bei der Entwicklung von TYPOlight bewusst auf den Einsatz einer Template-Engine wie z.B. Smarty verzichtet, da PHP alle Voraussetzungen einer Template-Sprache von Haus aus erfüllt und eine zusätzliche Abstraktionsschicht nur unnötig Ressourcen verbraucht und den Seitenaufbau verlangsamt.

### 16.1.1 Layouts, Views und Partials

Der Begriff *Template* bzw. *Layoutvorlage* wird im allgemeinen TYPOlight-Sprachgebrauch für alles verwendet, was irgendwie mit Vorlagen zu tun hat, worunter sowohl kleinste Code-Schnipsel als auch komplette Frontend-Templates fallen. Diese ungenaue Verwendung des Begriffs führt immer wieder zu Missverständnissen, daher möchte ich Ihnen hier die exakte Terminologie vorstellen.

## Layouts

Im Abschnitt 4.3, *Seitenlayouts verwalten*, haben Sie gelernt, wie man Seitenlayouts mit dem gleichnamigen TYPOlight-Modul erstellt. Jedes Seitenlayout basiert auf einer Seitenvorlage (z.B. `fe_page`), die korrekt als *Layout* bezeichnet werden müsste. Layouts enthalten die grundlegende Struktur der HTML-Seite und bilden somit die Basis jeder erstellten TYPO-light-Seite.

## Views

Jedes TYPOlight-Modul bzw. Inhaltselement basiert auf einem eigenen Template, das für dessen Darstellung zuständig ist. Diese Templates, die im Gegensatz zu Layouts nicht eine komplette HTML-Seite, sondern lediglich ein bestimmtes Element definieren, müssten korrekt als *Views* bezeichnet werden.

## Partials

*Partials* sind eine Unterform von Views, die für die Darstellung wiederholt verwendeter Teile eines Views zuständig sind. Das Modul *Nachrichten-Liste* wird beispielsweise im View `mod_newslist` definiert, die einzelnen Beiträge hingegen im Partial `layout_latest` oder `layout_short`. Die Templates für diese Fragmente eines Views müssten korrekt als *Partials* bezeichnet werden.

Ich werde mich bemühen, im weiteren Verlauf des Buchs möglichst exakte Bezeichnungen zu verwenden. An einigen Stellen ist jedoch die Verwendung des allgemeinen Oberbegriffs *Template* nicht zu vermeiden, wie z.B. beim Template-Editor, mit dem sowohl Layouts als auch Views und Partials bearbeitet werden können.

## 16.1.2  Änderungen updatesicher speichern

Eigene und angepasste Templates können Sie im `templates`-Verzeichnis Ihrer TYPOlight-Installation (Abbildung 16.1) updatesicher speichern. Dateien in diesem Verzeichnis werden von TYPOlight niemals gelöscht oder überschrieben.

Beim Aufruf einer Vorlage überprüft TYPOlight, ob sie im `templates`-Verzeichnis existiert, und lädt sie gegebenenfalls von dort. Gibt es keine angepasste Version, lädt TYPOlight die Originalvorlage. Bei einem Update werden – wenn überhaupt – nur die Originalvorlagen überschrieben, aber niemals die angepassten.

Das Frontend basiert übrigens vollständig auf Templates, so dass Sie jedes Modul und jedes Inhaltselement an Ihre Bedürfnisse anpassen können. Das Backend nutzt lediglich Layouts für den Seitenaufbau, da die Auflistung der Datensätze inklusive Navigationsicons und Berücksichtigung verschiedener Zugriffsrechte ziemlich komplex ist und sich nicht so einfach in Views kapseln lässt.

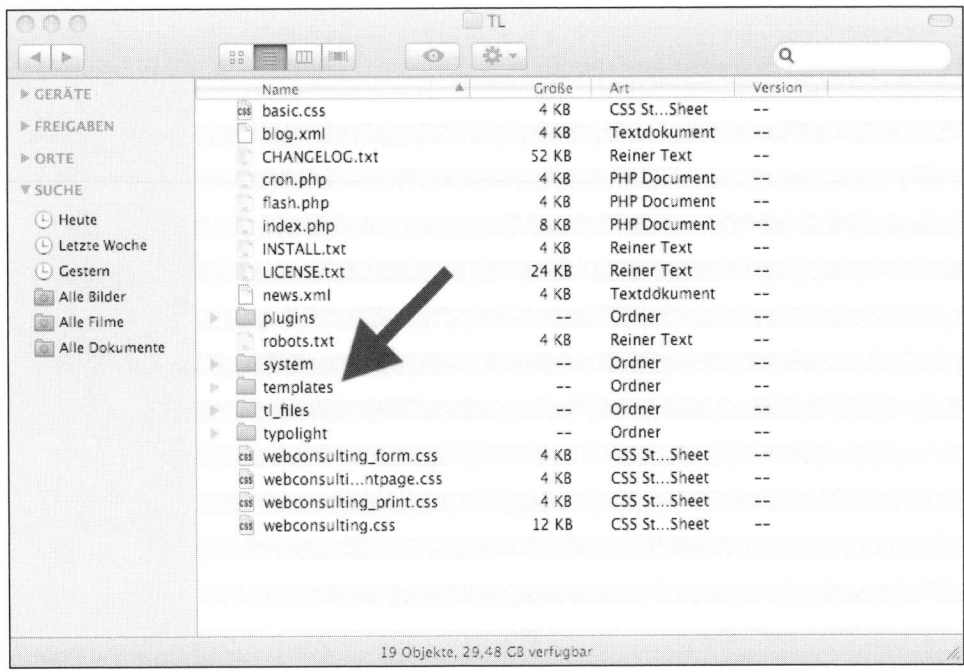

Abbildung 16.1: **Angepasste Templates im templates-Verzeichnis speichern**

### 16.1.3 Der Template-Editor

Der Template-Editor vereinfacht den Zugriff auf die verschiedenen Layoutvorlagen und bietet Ihnen die Möglichkeit, Änderungen direkt im Backend vorzunehmen. Er sorgt außerdem automatisch dafür, dass Ihre angepassten Vorlagen im templates-Verzeichnis gespeichert werden und so dauerhaft erhalten bleiben.

Ich werde Ihnen den Editor anhand eines Beispiels erklären: Das Inhaltselement *dfGallery* wird über eine PHP-Datei konfiguriert, die in einem View gespeichert ist. Wenn Sie beispielsweise das Theme oder das Slideshow-Intervall anpassen möchten, können Sie diesen View editieren bzw. Ihren eigenen erstellen.

Sie finden den Template-Editor in der Backend-Navigation in der Gruppe *Layout*. Öffnen Sie ihn und klicken Sie dann auf Neues Template. Wählen Sie den View df_default.tpl aus und klicken Sie auf Template erstellen (Abbildung 16.2).

TYPOlight legt nun automatisch eine Kopie der Layoutvorlage df_default.tpl im templates-Verzeichnis an, die Sie anschließend bearbeiten können. Gehen Sie dafür zurück zur Übersicht und klicken Sie dort auf das entsprechende Bearbeitungssymbol des neu erstellten Templates (Abbildung 16.3).

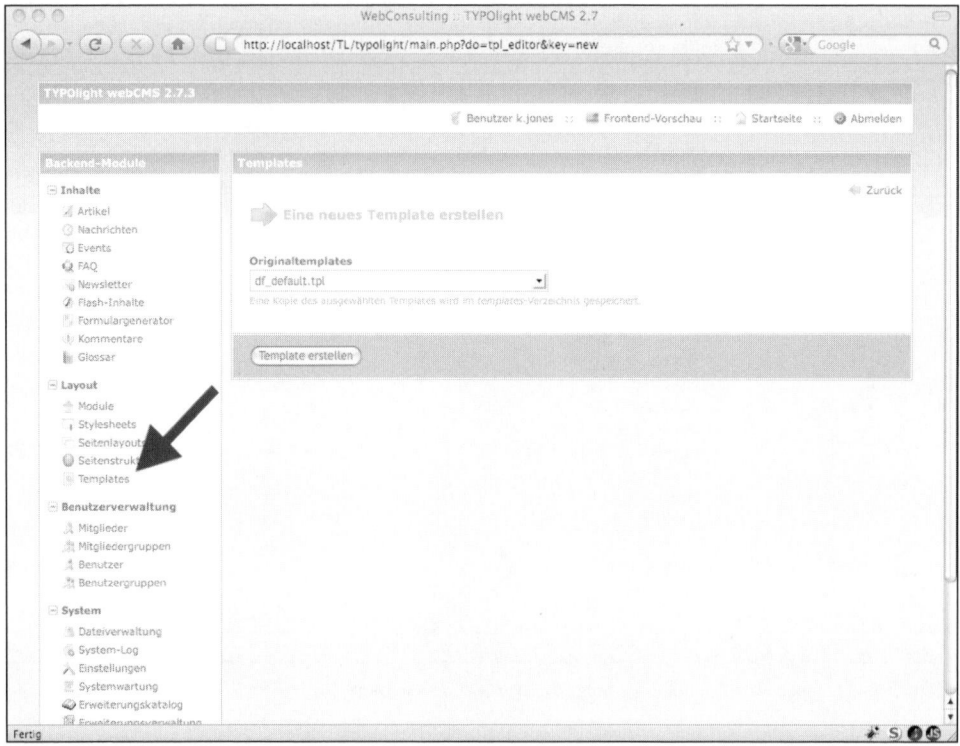

Abbildung 16.2: **Ein neues Template erstellen**

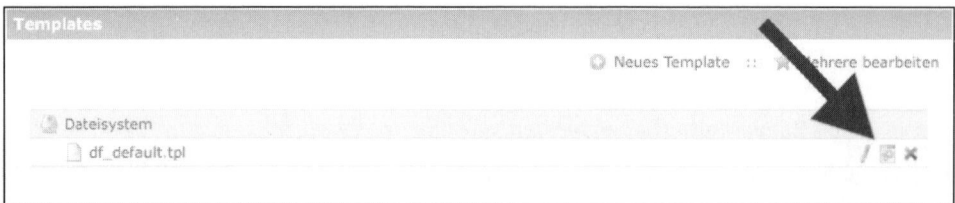

Abbildung 16.3: **Das Template df_default.tpl bearbeiten**

Jetzt sehen Sie den Inhalt der Datei in einem Textfeld und können diesen nach Belieben verändern (Abbildung 16.4). Obwohl Templates die Dateiendung .tpl verwenden, handelt es sich dabei um echte PHP-Dateien. Sie können also alles, was mit PHP möglich ist, in Ihren Templates verwenden.

Sobald Sie auf SPEICHERN klicken, werden Ihre Anpassungen übernommen und die Datei wird neu geschrieben. Beim nächsten Aufruf der *dfGallery* lädt TYPOlight automatisch die angepasste Vorlage (Cache leeren nicht vergessen).

```php
Templates

                                                                    Zurück

    Datei "df_default.tpl" bearbeiten

Quelltexteditor
<?php

$dfConfig = array
(
        'global' => array
        (
                'theme' => 'standard',
                'skin' => 'standard.png'
        ),
        'theme' => array
        (
                'config_theme_music' => '',
                'config_theme_slideshow_pauseAtStart' => true,
                'config_theme_slideshow_interval' => 5,
                'config_theme_use_skin_config' => true
        ),
        'skin' => array
        (
                'config_xml' => ''
        )
);

?>




Hier können Sie den Quelltext der Datei bearbeiten.


  Speichern     Speichern und schließen
```

Abbildung 16.4: **Das Template df_default.tpl bearbeiten**

PHP-Code in Layoutvorlagen verwenden zu können, bietet Ihnen nahezu unbegrenzte Möglichkeiten. Sie sollten den Template-Editor aber niemals für normale Benutzer freischalten, da diese mit einer einfachen Datenbankanweisung Administratorrechte erlangen könnten! Erlauben Sie daher nur sich selbst und eventuellen anderen Administratoren das Bearbeiten von Templates.

# 16.2 Das CSS-Framework

CSS-Frameworks sind eine enorme Arbeitserleichterung im Alltag eines jeden Webdesigners, weil sie nicht nur fertige Lösungen für die gängigen Problemstellungen beinhalten, sondern auch die Eigenheiten der verschiedenen Browser weitgehend abstrahieren – und davon gibt es leider jede Menge.

Viele CSS-Frameworks können jedoch aufgrund ihres Funktionsreichtums und des hehren (aber nicht immer sinnvollen) Ziels, sämtliche veralteten Browser inklusive des schon lange toten Internet Explorers 5 für Mac unterstützen zu wollen, durchaus als überdimensioniert bezeichnet werden. Denken Sie daran, dass nicht alle Menschen über einen DSL-Anschluss verfügen. Gerade außerhalb der Großstädte ist für viele noch das Modem die Eintrittskarte in die virtuelle Welt, daher sollten Sie es vermeiden, Kilobyte-weise nicht benötigte Ressourcen zu laden.

Für TYPOlight habe ich mit aus diesem Grund ein eigenes CSS-Framework erstellt, das einem minimalistischen Ansatz folgt und nur die Komponenten lädt, die für den jeweiligen Einsatzzweck sinnvoll sind und tatsächlich gebraucht werden.

## 16.2.1 Aufgaben eines CSS-Frameworks

Sehen wir uns zunächst an, welche Komponenten überhaupt zu einem CSS-Framework gehören und welche Aufgaben sie haben.

### CSS-Reset

Ein Reset-Stylesheet[1] dient dazu, die unterschiedliche Darstellung der HTML-Elemente in den verschiedenen Browsern zu vereinheitlichen. Dabei werden zuerst proprietäre Abstände und Formatierungen zurückgesetzt und danach bestimmte Grundformate browserübergreifend definiert.

### CSS-Layout

Ein Layout-Stylesheet dient dazu, das Browserfenster in verschiedene Layoutbereiche wie z.B. eine Kopfzeile und drei Spalten aufzuteilen. Dabei kommt fast immer eine Kombination aus CSS und HTML-Code zum Einsatz, da das Layout-Stylesheet und das verwendete Markup aufeinander abgestimmt sein müssen.

### CSS-Grid

Ein Grid-System[2] ist ein Raster, das zur Ausrichtung von Elementen verwendet wird. Es dient dazu, die durch das CSS-Layout definierten Layoutbereiche in Spalten aufzuteilen, ähnlich wie es bei einem Printmedium der Fall ist. Einer der bekanntesten Vertreter pixelbasierter Grid-Systeme ist das *960 Grid System*[3].

In den folgenden Abschnitten werde ich Ihnen erklären, wie diese Komponenten in TYPOlight integriert sind bzw. nachgerüstet werden können.

## 16.2.2 CSS-Layouts in TYPOlight

CSS-Layouts sind seit jeher Bestandteil des TYPOlight CSS-Frameworks. Im Abschnitt 4.3, *Seitenlayouts verwalten*, haben Sie bereits das Modul *Seitenlayouts* kennengelernt, mit dem Sie

---

1   http://meyerweb.com/eric/tools/css/reset/
2   http://de.wikipedia.org/wiki/Gestaltungsraster
3   http://960.gs

die Komponente dynamisch konfigurieren und fast beliebige Layouts damit umsetzen können. In diesem Abschnitt zeige ich Ihnen, wie das CSS-Layout in TYPOlight implementiert ist.

Standardmäßig werden bis zu fünf Layoutbereiche unterstützt, nämlich die Kopf- bzw. Fußzeile (#header und #footer) sowie bis zu drei Spalten (#left, #main, #right). Daneben lassen sich beliebig viele eigene Layoutbereiche anlegen und an bestimmten Positionen innerhalb der Seitenvorlage einfügen.

Die für das CSS-Layout zuständigen Stylesheets heißen system/typolight.css sowie system/iefixes.css, das für den Internet Explorer bis einschließlich Version 7 benötigt wird. Daneben wird auf jeder Seite Inline-CSS-Code eingefügt.

## HTML-Grundgerüst

Nachfolgend finden Sie eine schematische Darstellung des HTML-Grundgerüsts, das in der Seitenvorlage fe_page definiert wird (Listing 16.2).

Listing 16.2: **HTML-Grundgerüst der Seitenvorlage fe_page.tpl**

```
<body>
<div id="wrapper">
   <div id="header"></div>
   <div id="container">
      <div id="left"></div>
      <div id="right"></div>
      <div id="main">
         <div id="clear"></div>
      </div>
   </div>
   <div id="footer"></div>
</div>
</body>
```

## Layout-Stylesheet

In der Datei system/typolight.css befindet sich der dazugehörige CSS-Code, der die verschiedenen Layoutbereiche positioniert (Listing 16.3).

Listing 16.3: **Inhalt des Layout-Stylesheets**

```
body {
   margin:0;
   padding:0;
   font-size:100.01%;
   text-align:left;
   position:relative;
}
select,input,textarea {
   font-size:99%;
}
form {
   margin:0;
   padding:0;
```

```
}
img {
    border:0;
}
#left {
    float:left;
}
#right {
    float:right;
}
#main {
    width:auto;
    position:relative;
}
.inside {
    position:relative;
    text-align:left;
}
.block {
    overflow:hidden;
}
.clear,#clear {
    height:0.1px;
    font-size:0.1px;
    line-height:0.1px;
    clear:both;
}
.invisible {
    width:0px;
    height:0px;
    left:-1000px;
    top:-1000px;
    position:absolute;
    overflow:hidden;
    display:inline;
}
```

## Inline-CSS

Das Stylesheet positioniert die Layoutbereiche lediglich, ohne dabei ihre Breite oder Höhe zu definieren. Das liegt daran, dass der CSS-Code des Stylesheets allgemeingültig ist, die Abmessungen der Elemente aber je nach Seitenlayout unterschiedlich sind. Deswegen enthält jede Seite zusätzlichen Inline-CSS-Code, der diese Informationen gemäß den Vorgaben im Seitenlayout einfügt (Listing 16.4).

Listing 16.4: **Inline-CSS-Code zur Definition der Abmessungen**

```
#wrapper {
    width:960px;
    margin:0 auto;
}
#header {
    height:330px;
}
#left {
```

```
    width:240px;
}
#main {
    margin-left:240px;
}
#footer {
    height:110px;
}
```

## Fehlerbehebung im Internet Explorer

Um eine wirklich browserübergreifende Funktion des CSS-Layouts zu gewährleisten, bedarf es noch eines extra Stylesheets (`system/iefixes.css`), das die diversen Darstellungsfehler des Internet Explorer behebt (Listing 16.5).

Listing 16.5: **Spezielle Anweisungen für den Internet Explorer**

```
* html .block {
    overflow:auto;
    zoom:1;
}
* html #container,* html .mod_article {
    zoom:1;
}
* html #left,* html #right {
    display:inline;
}
* html a,* html a:hover {
    background-color:transparent;
}
* html i,* html em {
    overflow:visible;
    display:inline-block;
}
*:first-child+html #main {
    position:static;
}
```

> *Die meisten der oben aufgeführten Bug-Fixes beziehen sich auf die inzwischen veraltete Internet Explorer Version 6, die nur noch bis Ende 2009 in TYPOlight explizit unterstützt wird.*

HINWEIS

## 16.2.3 Einheitliche Darstellung mittels CSS-Reset

Das TYPOlight CSS-Framework enthält nur ein sehr rudimentäres Reset-Stylesheet, da ein solches zum einen nicht zwingend notwendig ist und zum anderen jeder Entwickler seine eigenen Vorstellungen davon hat. Sie können bei Bedarf jedoch ein Reset-Stylesheet herunterladen[4], das ich unter anderem für die Frontend-Templates verwende und das sehr gut mit TYPOlight funktioniert (Listing 16.6).

---

4    http://www.typolight.org/herunterladen.html#css

Listing 16.6: **TYPOlight Reset-Stylesheet**

```css
/* Proprietäre Abstände zurücksetzen */
body,div,h1,h2,h3,h4,h5,h6,p,blockquote,pre,code,ol,ul,li,dl,dt,dd,table,th,
td,form,fieldset,legend,input,textarea {
    margin:0;
    padding:0;
}

/* Grundformate definieren */
table {
    border-collapse:collapse;
    border-spacing:0;
}
caption,th,td {
    text-align:left;
    vertical-align:top;
}
abbr,acronym {
    font-variant:normal;
    border-bottom:1px dotted #666;
    cursor:help;
}
blockquote,q {
    quotes:none;
}
fieldset,img {
    border:0;
}
li {
    list-style-type:none;
}
sup {
    vertical-align:text-top;
}
sub {
    vertical-align:text-bottom;
}
del {
    text-decoration:line-through;
}
ins {
    text-decoration:none;
}
a {
    color:#00f;
}
:focus {
    outline:0;
}

/* Schriften definieren */
body {
    font-family:"Lucida Grande","Lucida Sans Unicode",Verdana,sans-serif;
    font-size:12px;
    color:#000;
}
```

```
input,button,textarea,select {
   font-family:inherit;
   font-size:99%;
   font-weight:inherit;
}
pre,code {
   font-family:"Lucida Console",Monaco,monospace;
   font-size:12px;
}
h1,h2,h3,h4,h5,h6 {
   font-size:100%;
   font-weight:normal;
}
h1 {
   font-size:22px;
}
h2 {
   font-size:20px;
}
h3 {
   font-size:18px;
}
table {
   font-size:inherit;
}
caption,th {
   font-weight:bold;
}

/* Abstände definieren */
h1,h2,h3,h4,h5,h6 {
      margin-top:1em;
}
h1,h2,h3,h4,h5,h6,p,pre,blockquote,table,ol,ul,form {
      margin-bottom:12px;
}
```

Importieren Sie das Stylesheet am besten als *basic.css* und binden Sie es an erster Stelle in Ihrem TYPOlight-Seitenlayout ein.

*Für ein optimales Zusammenspiel mit dem Reset-Stylesheet sollten Sie in den* **Backend-Einstellungen** *die Option* Neue Zeilen mittels Absätzen erstellen *auswählen (seit Version 2.7 standardmäßig aktiv).*

Vielleicht ist Ihnen aufgefallen, dass ich den Begriff *CSS-Reset* in meiner Implementierung relativ weit ausgelegt habe. Das Definieren der Schriften und Abstände ist für das reine Zurücksetzen der proprietären Formatierungen eigentlich nicht notwendig, allerdings lässt sich gerade an dieser Stelle mit wenigen Zeilen CSS-Code eine große Wirkung erzielen. Allein durch das Schriftbild und die Abstände wird eine klare Struktur der Inhalte erkennbar und Sie sparen sich später etliche Anweisungen bei der Formatierung der einzelnen TYPOlight-Elemente.

## 16.2.4 Grid-Systeme in TYPOlight nutzen

Grid-Systeme gibt es in vielen Variationen, manche basieren auf Pixeln, andere auf Prozentwerten, einige unterteilen das Browserfenster in 12 und andere in 16 Spalten. Das TYPOlight-Backend nutzt beispielsweise ein ganz einfaches Prozent-Grid-System, das den Arbeitsbereich in zwei Spalten aufteilt.

Aufgrund dieser Vielfalt enthält das TYPOlight CSS-Framework standardmäßig kein Grid-Stylesheet. Es ist fast unmöglich, hier eine allgemeine Lösung zu implementieren, die die überwiegende Anzahl der Nutzer tatsächlich ohne Anpassungen verwenden kann. Ich werde Ihnen aber an dieser Stelle zwei Grid-Stylesheets vorstellen, die Sie auch von der Projektwebseite[5] herunterladen und verwenden können.

### Prozent-Grid

Prozent-Grid-Systeme basieren auf prozentualen Angaben, sind also prinzipiell für alle Breiten und sogar für »Liquid Layouts« geeignet. Der Nachteil relativer Angaben ist jedoch, dass man z.B. keinen 2 Pixel breiten Rahmen setzen kann, ohne direkt dem Box-Model-Problem[6] in die Arme zu laufen.

Das Grid-System aus Listing 16.7 definiert ein zehnspaltiges Raster mit einem seitlichen Randabstand von jeweils 1% pro Spalte.

Listing 16.7: **Prozent-Grid-System für TYPOlight**

```
/* Aufteilung in 10 Spalten */
.g1,.g2,.g3,.g4,.g5,.g6,.g7,.g8,.g9,.g10 {
   float:left;
   display:inline;
   margin-right:1%;
   margin-left:1%;
}

/* Breiten */
.g1 { width:8%; }
.g2 { width:18%; }
.g3 { width:28%; }
.g4 { width:38%; }
.g5 { width:48%; }
.g6 { width:58%; }
.g7 { width:68%; }
.g8 { width:78%; }
.g9 { width:88%; }
.g10 { width:98%; }

/* Abstand für Inhaltselemente */
.mod_article>.block {
   margin-right:1%;
   margin-left:1%;
```

---

5    http://www.typolight.org/herunterladen.html#css
6    http://de.selfhtml.org/css/formate/box_modell.htm

```
}
/* Außer der Artikel hat selbst einen Abstand */
.g1 .block,.g2 .block,.g3 .block,.g4 .block,.g5 .block,.g6 .block,.g7
.block,.g8 .block,.g9 .block,.g10 .block,.g11 .block,.g12 .block {
    margin-right:0;
    margin-left:0;
}
/* Verschachtelte Grid-Elemente */
.gr {
    margin-right:2% !important;
}
```

## Pixel-Grid

Pixel-Grid-Systeme basieren auf fixen Angaben und sind daher immer nur für eine bestimmte Breite geeignet. Wenn sich die Gesamtbreite eines Layouts ändert, müssen alle Spaltenbreiten neu berechnet werden. Glücklicherweise gibt es im Internet entsprechende Tools, die diese Aufgabe erledigen[7].

Je nach Gesamtbreite lassen sich mit Pixel-Grid-Systemen wesentlich mehr Unterteilungen darstellen als mit Prozent-Grid-Systemen. Eine Breite von 960 Pixeln kann beispielsweise durch nicht weniger als 26 (!) natürliche Zahlen dividiert werden, was so gut wie jedes gewünschte Raster zulässt.

Das Grid-System aus Listing 16.8 definiert ein zwölfspaltiges Raster mit einem seitlichen Randabstand von jeweils 10 Pixeln pro Spalte.

Listing 16.8: **Pixel-Grid-System für TYPOlight**

```
/* Aufteilung in 12 Spalten */
.g1,.g2,.g3,.g4,.g5,.g6,.g7,.g8,.g9,.g10,.g11,.g12 {
    float:left;
    display:inline;
    margin-right:10px;
    margin-left:10px;
}

/* Breiten */
.g1 { width:60px; }
.g2 { width:140px; }
.g3 { width:220px; }
.g4 { width:300px; }
.g5 { width:380px; }
.g6 { width:460px; }
.g7 { width:540px; }
.g8 { width:620px; }
.g9 { width:700px; }
.g10 { width:780px; }
.g11 { width:860px; }
.g12 { width:940px; }
```

---

7   http://www.spry-soft.com/grids/

```
/* Abstand für Inhaltselemente */
.mod_article>.block {
   margin-right:10px;
   margin-left:10px;
}

/* Außer der Artikel hat selbst einen Abstand */
.g1 .block,.g2 .block,.g3 .block,.g4 .block,.g5 .block,.g6 .block,.g7
.block,.g8 .block,.g9 .block,.g10 .block,.g11 .block,.g12 .block {
   margin-right:0;
   margin-left:0;
}

/* Verschachtelte Grid-Elemente */
.gr {
   margin-right:20px !important;
}
```

Nachdem Sie nun die verschiedenen Grid-Systeme kennengelernt haben, zeige ich Ihnen jetzt, wie sie in TYPOlight verwendet werden. Den Import und die Einbindung des Stylesheets in ein Seitenlayout sollten Sie inzwischen beherrschen. Falls nicht, finden Sie die Erklärung im Abschnitt 4.2, *Stylesheets verwalten*.

### Artikel floaten

Abbildung 16.5 zeigt eine TYPOlight-Seite mit zwei Artikeln, die wie gewohnt untereinander dargestellt werden. Um diese Artikel in zwei Spalten nebeneinander auszugeben, müssen Sie dank des Grid-Systems nichts weiter tun, als beiden Artikeln die CSS-Klasse g6 zuzuweisen (Abbildung 16.6).

Die Klasse g6 weist jedem Artikel die halbe Breite zu (6 von 12 Spalten) und floatet die Elemente, so dass sie nebeneinander angezeigt werden (Abbildung 16.7). Ein Randabstand von 10 Pixeln wird automatisch hinzugefügt.

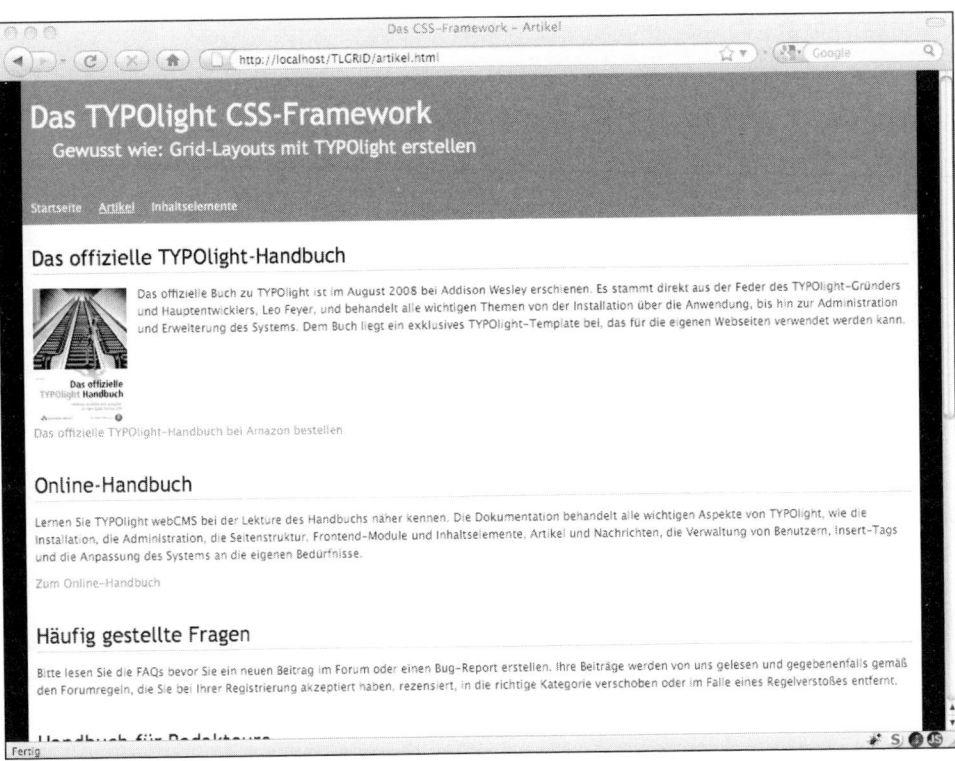

Abbildung 16.5: **Normal ausgerichtete Artikel**

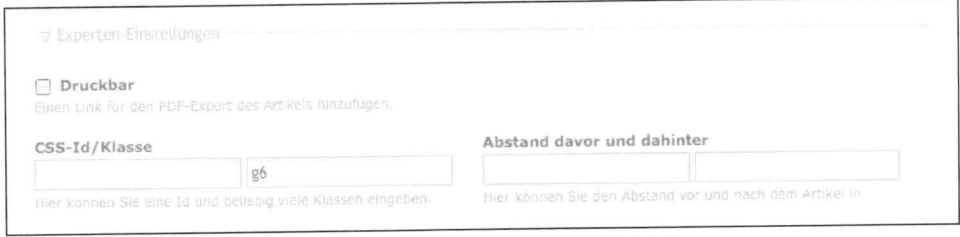

Abbildung 16.6: **Die Klasse g6 entspricht der halben Breite.**

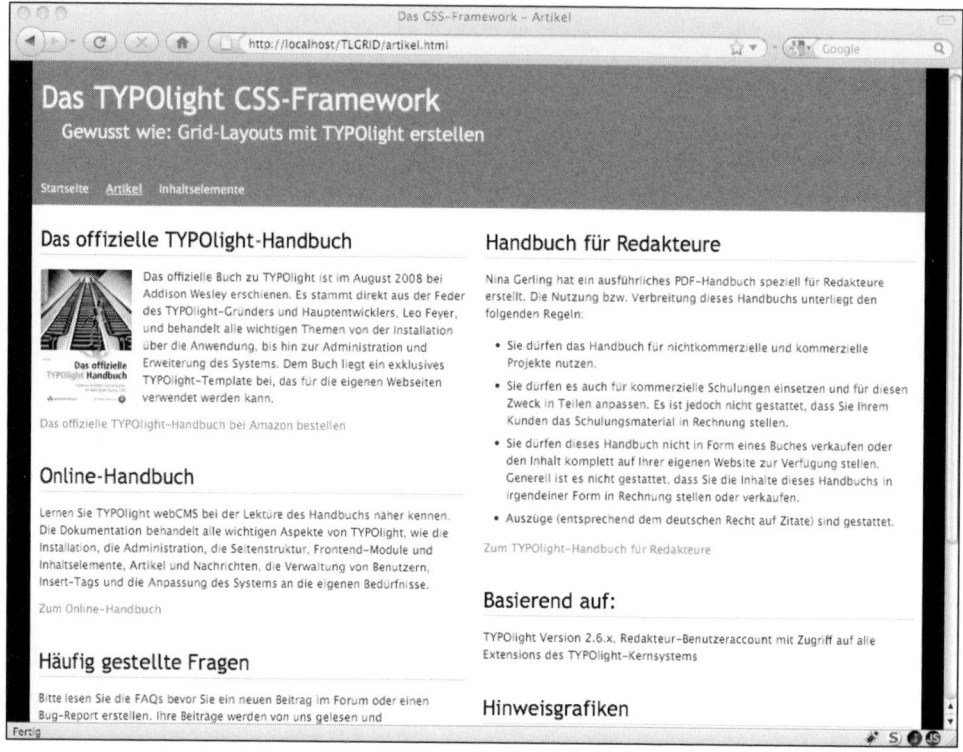

Abbildung 16.7: **Am Raster ausgerichtete Artikel**

## Inhaltselemente floaten

Abbildung 16.8 zeigt eine TYPOlight-Seite mit verschiedenen Inhaltselementen, die wie gewohnt untereinander dargestellt werden. Um diese Elemente in mehreren Spalten nebeneinander auszugeben, müssen Sie dank des Grid-Systems nichts weiter tun, als die entsprechenden CSS-Klassen zuzuweisen (Abbildung 16.9).

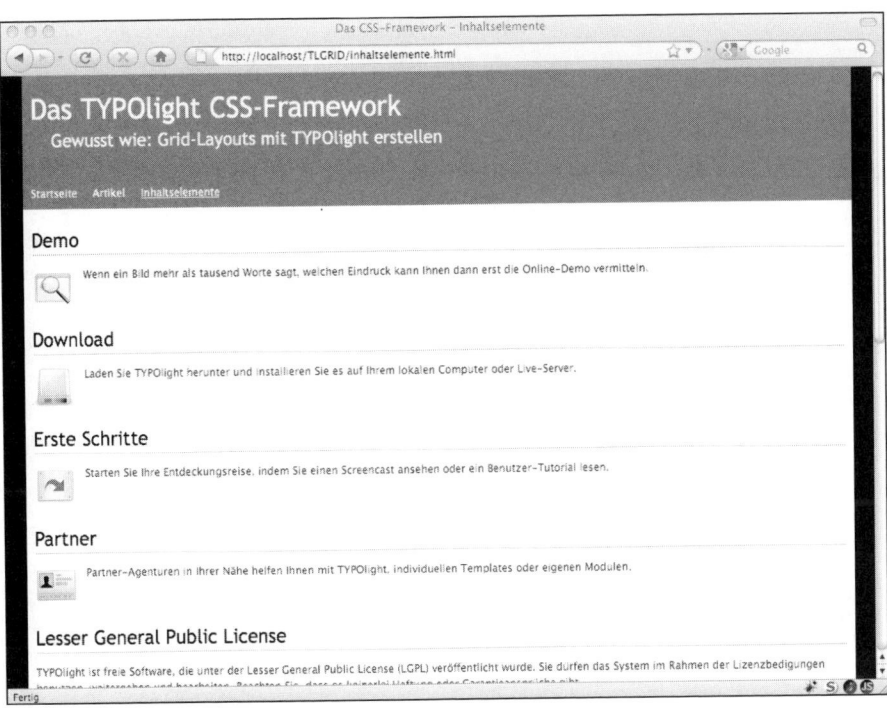

Abbildung 16.8: **Normal ausgerichtete Inhaltselemente**

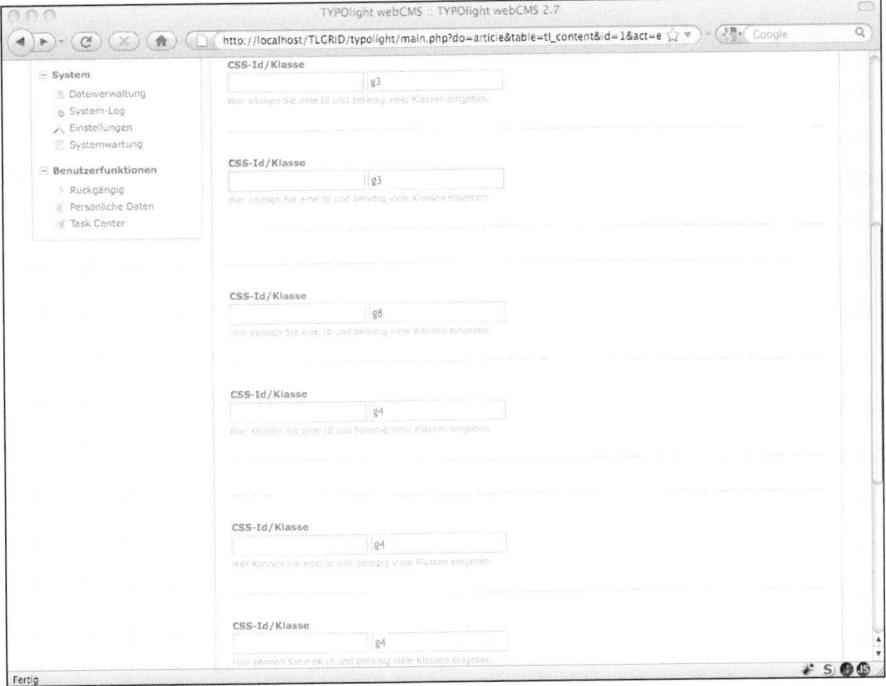

Abbildung 16.9: **Zuweisung der Grid-Klassen**

Das Ergebnis sind wie erwartet verschieden breite Inhaltselemente, die jetzt nebeneinander anstatt untereinander dargestellt werden (Abbildung 16.10).

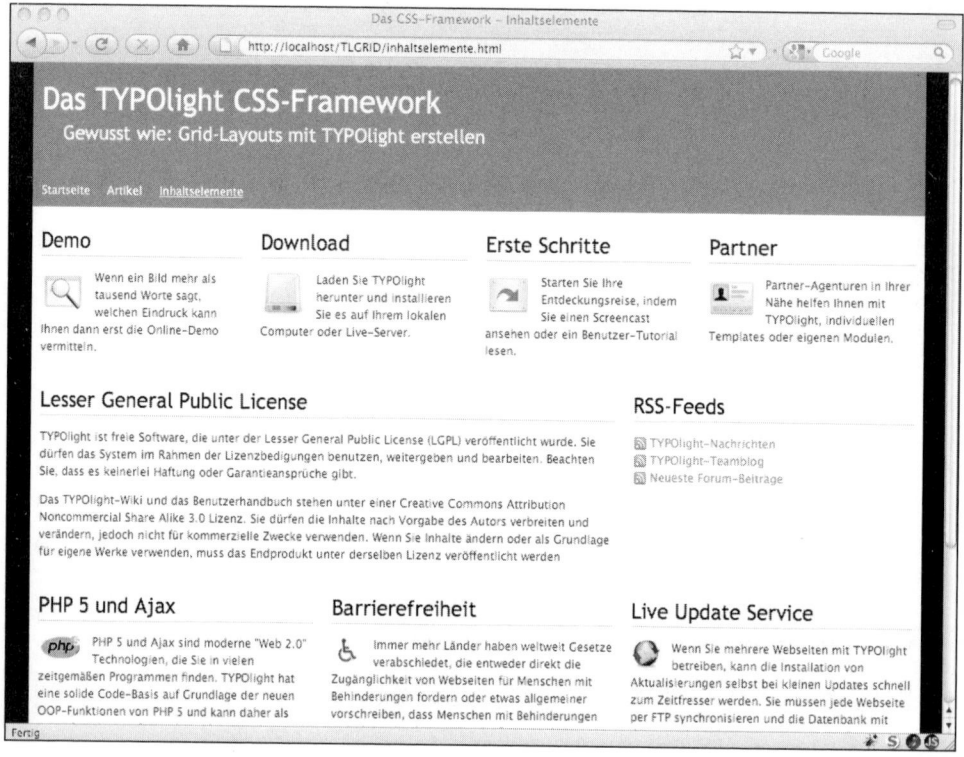

Abbildung 16.10: **Am Raster ausgerichtete Inhaltselemente**

Der Vollständigkeit halber sei erwähnt, dass dies nicht ohne zusätzliches Markup für den Internet Explorer funktioniert. Nach jeder Reihe gefloateter Elemente muss daher ein unsichtbares Clearing-Element eingefügt werden (Listing 16.9).

Listing 16.9: **Spezielles Clearing-Element für den Internet Explorer**

```
<div class="clear"></div>
```

## Artikel und Inhaltselemente floaten

Ein Sonderfall bei der Verwendung des Rasters sind gefloatete Inhaltselemente innerhalb eines gefloateten Artikels, da hier der Randabstand von 10 Pixeln doppelt zugewiesen wird – einmal dem Artikel und einmal dem Inhaltselement.

Viele Grid-Systeme enthalten daher spezielle Klassen wie z.B. alpha und omega, die dem ersten und letzten Element einer Reihe zugewiesen werden können und dort den Randabstand zurücksetzen. Dank der in TYPOlight verwendeten Klasse block, die jedes Element standardmäßig erhält, können wir hier einen noch einfacheren Weg gehen. Verschachtelte

Grid-Elemente werden grundsätzlich ohne Randabstand ausgegeben und können bei Bedarf mit der Klasse gr versehen werden, die auf der rechten Seite einen Abstand von 20 Pixeln einfügt (Abbildung 16.11).

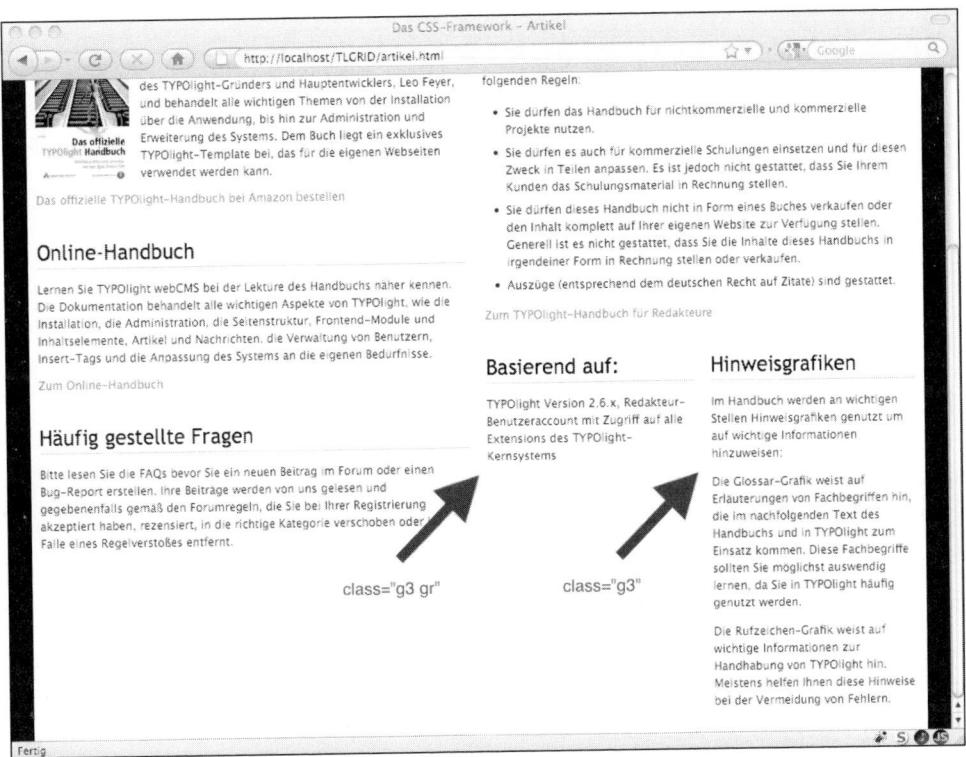

Abbildung 16.11: **Verschachtelte Grid-Elemente**

Natürlich bleibt es Ihnen überlassen, für welche Lösung Sie sich entscheiden. Die Klassen alpha und omega lassen sich bei Bedarf nachrüsten (Listing 16.10).

Listing 16.10: **Die Klassen alpha und omega nachrüsten**

```
.alpha {
    margin-left:0 !important;
}
.omega {
    margin-right:0 !important;
}
```

## 16.3  Ein externes Layout einbinden

Mit dem (erweiterten) TYPOlight CSS-Framework und der Möglichkeit, eigene Layoutbereiche und Seitenvorlagen zu verwenden, lassen sich alle denkbaren Designs umsetzen. Eine Notwendigkeit, externe Layouts zu verwenden, besteht daher nicht. Nur wenn es z.B. der Zeitplan nicht zulässt, ein Design in TYPOlight zu refaktorieren, kann man diesen Schritt erwägen. Allerdings sollten Sie bedenken, dass die Installation dadurch zwar schneller geht, die Aktualisierung jedoch komplizierter wird. Erscheint beispielsweise eine neue Browser-Version, wird das TYPOlight CSS-Framework automatisch im Rahmen des Live Updates angepasst, das externe Layout muss jedoch manuell aktualisiert werden.

Und nicht nur die Aktualisierung ist mühseliger, sondern auch die Anpassung des externen Layouts in TYPOlight. Da das interne CSS-Framework komplett umgangen wird, können z.B. die Stylesheets nicht wie gewohnt mit dem Stylesheets-Modul bearbeitet, sondern müssen per FTP geändert werden. Da meistens nur der Administrator den FTP-Zugang hat, ist ein kollaboratives Arbeiten nicht mehr möglich.

Aus diesen Gründen empfehle ich Ihnen, Layouts nach Möglichkeit immer mit dem TYPOlight CSS-Framework umzusetzen. Trotzdem möchte ich Ihnen das Prozedere, ein externes Layout einzubinden, nicht vorenthalten.

## 16.3.1 Dateien herunterladen

Bezugsquellen für fertige Website-Designs gibt es mehr als genug im Internet. Ich werde Ihnen die Einbindung am Beispiel des Templates *Business Design 2007*[8] zeigen (Abbildung 16.12), das von Tjobbe Andrews[9] erstellt und auf der Webseite *Open Source Web Design*[10] veröffentlicht wurde.

*Zur Integration des Templates gibt es auch ein Video-Tutorial[11], allerdings leider nur auf Englisch und bezogen auf TYPOlight 2.2. Die Vorgehensweise hat sich jedoch seitdem nicht grundsätzlich verändert.*

Laden Sie als Erstes die Template-Dateien[12] herunter und kopieren Sie sie in das `tl_files`-Verzeichnis Ihrer TYPOlight-Installation (Abbildung 16.13).

## 16.3.2 Eine Seitenvorlage erstellen

Wie Sie wissen, basieren TYPOlight-Layouts immer auf einer Seitenvorlage. Duplizieren Sie daher die Datei `index.html` im Ordner `business_design_2007` und speichern Sie sie als `fe_business_design.tpl` (vgl. Abbildung 16.13).

Öffnen Sie die neue Datei anschließend in einem Texteditor und fügen Sie die TYPOlight-spezifischen Platzhalter ein. Kopieren Sie die entsprechenden Code-Schnipsel am besten aus der Standard-Seitenvorlage `fe_page.tpl` (Listing 16.11).

---

8  http://www.oswd.org/files/designs/3639/business_design_2007/
9  http://www.sitecreative.net
10 http://www.oswd.org
11 http://www.typolight.org/how-to-use-a-custom-page-template.html
12 http://www.oswd.org/design/information/id/3639/

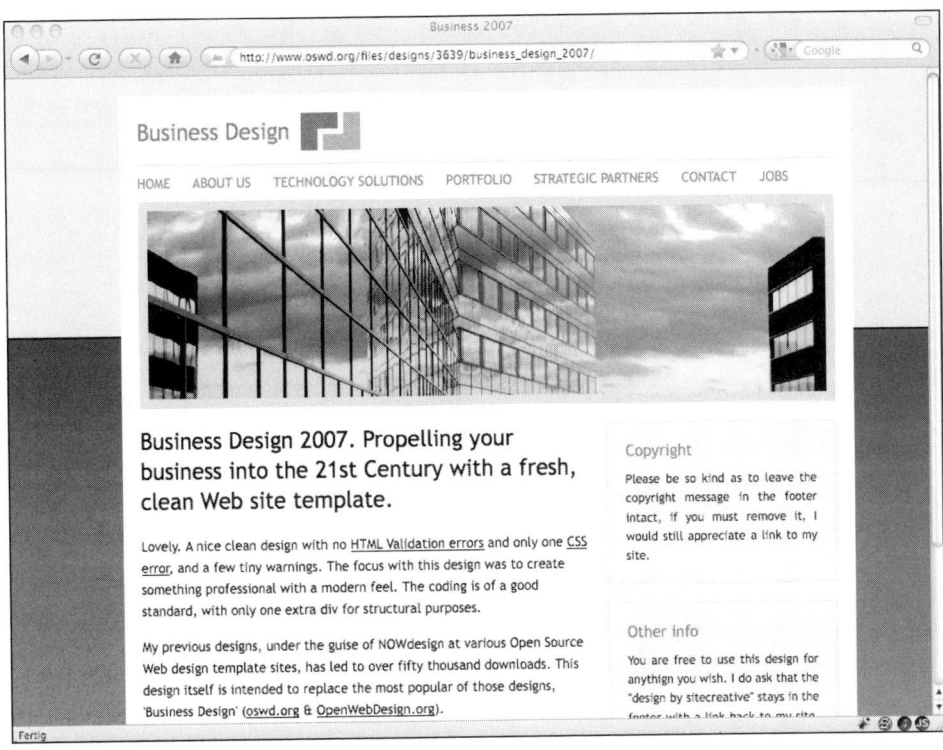

Abbildung 16.12: **Business Design 2007 von Tjobbe Andrews**

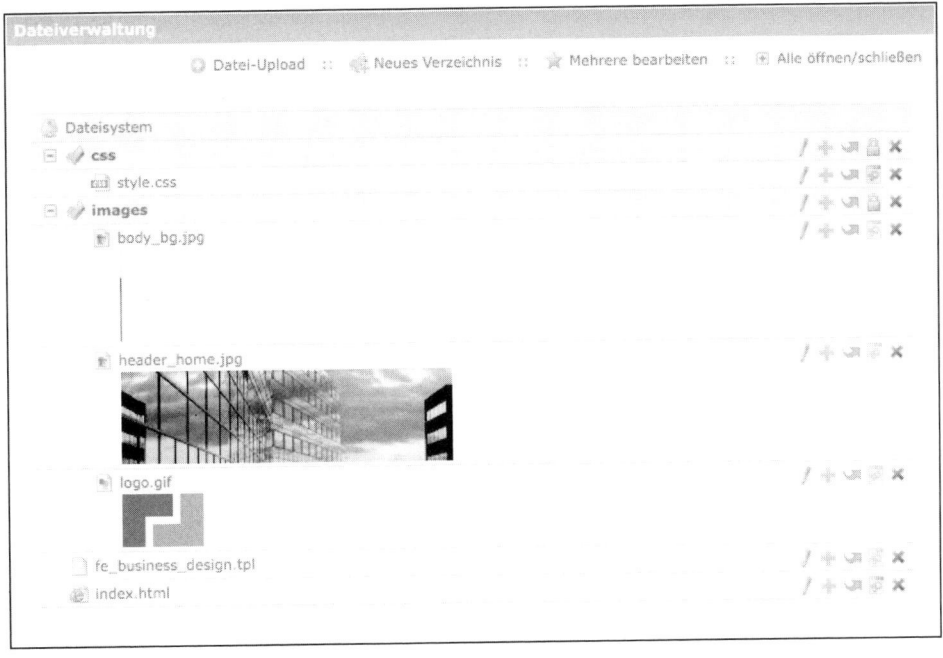

Abbildung 16.13: **Template-Dateien im tl_files-Verzeichnis**

Listing 16.11: **Head-Sektion der Standard-Seitenvorlage fe_page**

```php
<?php echo $this->doctype; ?>
<html xmlns="http://www.w3.org/1999/xhtml" lang="<?php echo $this->language;
    ?>">
<head>
<base href="<?php echo $this->base; ?>"></base>
<title><?php echo $this->pageTitle; ?> - <?php echo $this->mainTitle; ?></
    title>
<meta http-equiv="Content-Type" content="text/html; charset=<?php echo
    $this->charset; ?>" />
<meta name="description" content="<?php echo $this->description; ?>" />
<meta name="keywords" content="<?php echo $this->keywords; ?>" />
<?php echo $this->robots; ?>
<?php echo $this->framework; ?>
<link rel="stylesheet" href="plugins/slimbox/css/slimbox.css" type="text/
    css" media="screen" />
<?php echo $this->stylesheets; ?>
<script type="text/javascript" src="plugins/mootools/mootools.js"></script>
<script type="text/javascript" src="plugins/slimbox/js/slimbox.js"></script>
<?php echo $this->head; ?>
```

Achten Sie beim Überschreiben der Head-Sektion darauf, das Stylesheet- und das Meta-Author-Tag zu erhalten. Passen Sie außerdem den Pfad zum Stylesheet an und entfernen Sie den Platzhalter `<?php echo $this->framework; ?>`, da wir das TYPOlight CSS-Framework nicht nutzen werden. Der vollständig angepasste Head-Bereich sollte nun aussehen wie in Listing 16.12.

Listing 16.12: **An TYPOlight angepasste Head-Sektion**

```php
<?php echo $this->doctype; ?>
<html xmlns="http://www.w3.org/1999/xhtml" lang="<?php echo $this->language;
    ?>">
<head>
<base href="<?php echo $this->base; ?>"></base>
<title><?php echo $this->pageTitle; ?> - <?php echo $this->mainTitle; ?></
    title>
<meta http-equiv="Content-Type" content="text/html; charset=<?php echo
    $this->charset; ?>" />
<meta name="description" content="<?php echo $this->description; ?>" />
<meta name="keywords" content="<?php echo $this->keywords; ?>" />
<meta name="Author" content="Tjobbe Andrews, SiteCreative.net" />
<?php echo $this->robots; ?>
<link rel="stylesheet" href="system/typolight.css" type="text/css"
    media="screen" />
<!--[if lte IE 7]><link rel="stylesheet" href="system/iefixes.css"
    type="text/css" media="screen" /><![endif]-->
<link rel="stylesheet" href="plugins/slimbox/css/slimbox.css" type="text/
    css" media="screen" />
<link rel="stylesheet" type="text/css" href="tl_files/business_design_2007/
    css/style.css" />
<?php echo $this->stylesheets; ?>
<script type="text/javascript" src="plugins/mootools/mootools.js"></script>
<script type="text/javascript" src="plugins/slimbox/js/slimbox.js"></script>
<?php echo $this->head; ?>
</head>
```

Als Nächstes ersetzen Sie die Inhalte der verschiedenen Layoutbereiche durch Platzhalter, damit TYPOlight weiß, an welcher Stelle welche Inhalte eingefügt werden müssen. Achten Sie dabei unbedingt darauf, den Copyright-Hinweis des Designers nicht zu entfernen, da Sie sonst das Design nicht mehr nutzen dürfen! Listing 16.13 zeigt den vollständig angepassten Body-Bereich des Templates.

Listing 16.13: **An TYPOlight angepasste Body-Sektion**

```
<body>
<div id="container">
   <div id="holder" class="clearfix">
      <?php echo $this->header; ?>
      <div id="header"></div>
      <div id="content">
         <?php echo $this->main; ?>
      </div>
      <div id="news">
         <?php echo $this->left; ?>
      </div>
   </div>
   <div id="footer">
      <span id="copyright">Design by <a href="http://www.sitecreati
         ve.net" target="_blank" title="Opens link to SiteCreative.net in a
         New Window">SiteCreative</a></span>
      <?php echo $this->footer; ?>
   </div>
</div>
</body>
```

Fügen Sie je nach Bedarf noch den Code für den *Periodic Command Scheduler*, MooTools und Google Analytics ein und verschieben Sie das Template dann in das templates-Verzeichnis Ihrer TYPOlight-Installation.

## 16.3.3  Ein Seitenlayout erstellen

Nachdem Sie nun eine Seitenvorlage erstellt haben, müssen Sie nur noch ein Seitenlayout anlegen, das diese verwendet. In meinem Beispiel habe ich einfach das Standard-Layout der WebConsulting-Seite kopiert und angepasst (Abbildung 16.14).

Nachdem Sie das Seitenlayout gespeichert und in der Seitenstruktur zugewiesen haben, lässt sich im Frontend bereits das Design erkennen (Abbildung 16.15).

Allerdings fällt auch auf, dass etliche Formatierungen nicht übernommen wurden, was daran liegt, dass die Elemente in TYPOlight andere CSS-Klassen und -Ids haben als im Template *Business Design 2007*. Im letzten Schritt müssen Sie daher noch das Stylesheet des externen Layouts entsprechend anpassen.

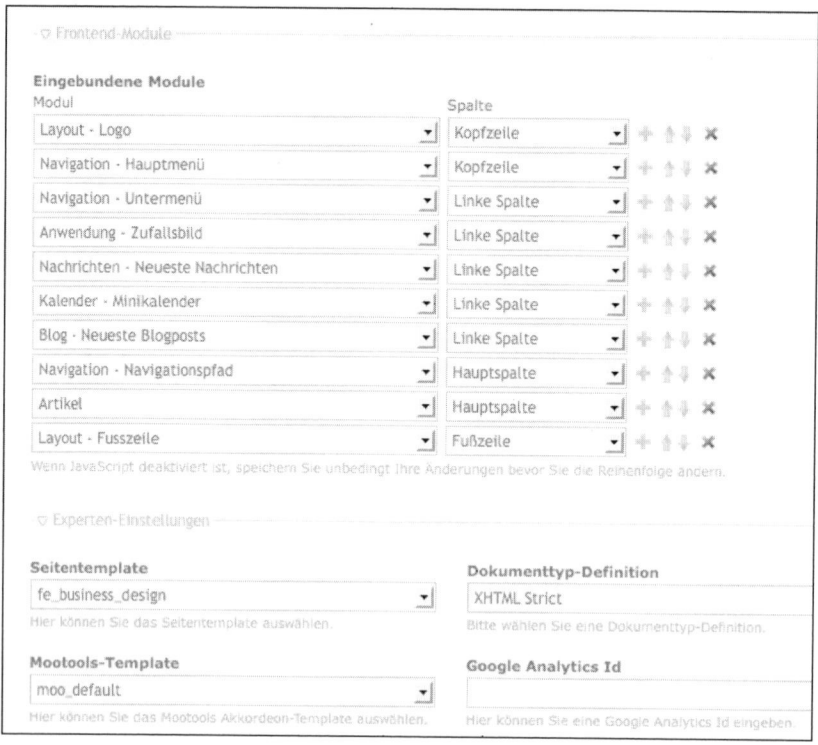

Abbildung 16.14: **Seitenlayout auf Basis der neuen Seitenvorlage**

Abbildung 16.15: **Erste Frontend-Ansicht des Designs**

## 16.3.4 Stylesheets anpassen

Öffnen Sie das Stylesheet `tl_files/business_design_2007/css/style.css` in einem Texteditor und ersetzen Sie als Erstes den Selektor `#navigation` durch `#mainmenu`, damit die
Hauptnavigation korrekt referenziert wird. Ergänzen Sie dann eine Anweisung für `#main-
menu span` und fügen Sie dort dasselbe Padding wie für die Link-Elemente ein. Der gesamte
Code für das Menü ist in Listing 16.14 abgebildet.

Listing 16.14: **Angepasster CSS-Code für das Hauptmenü**

```
/*navigation*/
#mainmenu ul {
    margin:0;
    padding:0;
}
#mainmenu li {
    margin:0;
    padding:0;
    list-style:none;
    display:inline;
}
#mainmenu a {
    color:#225799;
    padding:0 20px 0 0;
    text-decoration:none;
    text-transform:uppercase;
}
#mainmenu span {
    padding:0 20px 0 0;
    text-transform:uppercase;
}
#mainmenu a:hover {
    color:#000000;
}
```

Als Letztes kümmern wir uns noch um die gelben Kästen im Layoutbereich *news*, die die
CSS-Klasse `.newsItems` verwenden. In TYPOlight gibt es diese Klasse nicht, sehr wohl aber
die Klasse `.block`. Ändern Sie daher den Selektor `.newsItems` entweder in `#news .block`
oder in `#news>div`. Die letztere Anweisung ist exakter, wird jedoch vom Internet Explorer 6
nicht korrekt interpretiert.

Aus ästhetischen Gründen habe ich noch eine Formatdefinition für die Überschriften in der
rechten Spalte hinzugefügt (Listing 16.15).

Listing 16.15: **Überschriften in der rechten Spalte formatieren**

```
#news h1 {
    font-size:16px;
    margin-top:0;
}
```

Damit ist die Einbindung des externen Layouts abgeschlossen und die WebConsulting-Seite erstrahlt in neuem Design (Abbildung 16.16). Natürlich bedarf es im Stylesheet noch etlicher Ergänzungen, um auch die ganzen TYPOlight-Module und Inhaltselemente entsprechend zu formatieren. Das externe Design beinhaltet schließlich nur das Layout und die grundlegendsten Elemente.

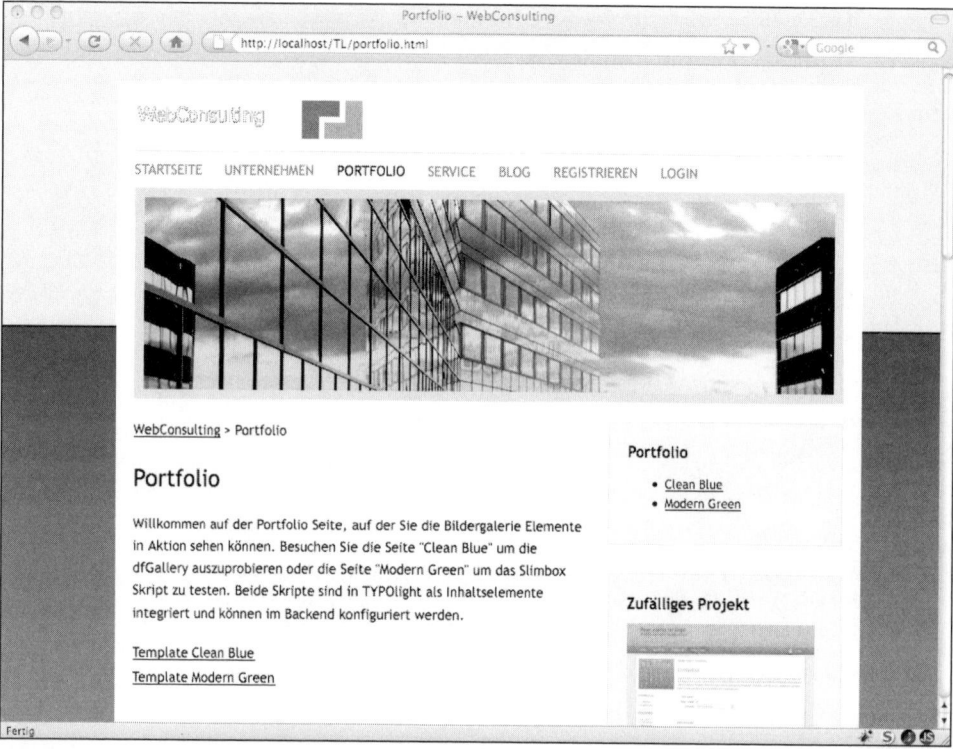

Abbildung 16.16: **Die WebConsulting-Seite in neuem Gewand**

HINWEIS *Auf der Buch-CD finden Sie die Seitenvorlage* fe_business_design.tpl *sowie das angepasste Stylesheet. Aus rechtlichen Gründen können wir leider nicht die Originaldateien beilegen.*

# Teil III

TYPOlight für Entwickler

# 17. TYPOlight anpassen

Ein weiterer großer Vorteil von TYPOlight ist, dass die Erweiterbarkeit des Systems von Anfang an bedacht und entsprechend umgesetzt wurde. Fast alles lässt sich aus einem Modulordner heraus ändern, ohne dass dafür irgendwelche Core-Dateien angepasst werden müssten. Darüber hinaus bieten sogenannte *Hooks*[1] Schnittstellen zu allen wichtigen Core-Funktionen.

## 17.1 Data Container Arrays

Data Container Arrays (DCAs) dienen zur Speicherung von Tabellen-Metadaten. Jedes DCA beschreibt die Konfiguration einer bestimmten Tabelle, ihre Beziehungen zu anderen Tabellen sowie die einzelnen Felder. TYPOlight erkennt anhand dieser Metadaten, wie Datensätze aufgelistet, bearbeitet und gespeichert werden.

### 17.1.1 Referenz

Ein Data Container Array ist in sechs Sektionen unterteilt. Die erste Sektion speichert globale Informationen wie z.B. Relationen zu anderen Tabellen. Die zweite und dritte Sektion legen fest, wie Datensätze aufgelistet werden und welche Aktionen ein Benutzer ausführen kann. Die vierte Sektion definiert verschiedene Gruppen von Eingabefeldern (Paletten) und die letzten beiden Sektionen beschreiben die Eingabefelder im Detail. Sie finden die jeweils aktuelle Referenz auf der Projektwebseite[2].

### Tabellenkonfiguration

Die Tabellenkonfiguration legt unter anderem fest, welcher Data Container-Typ verwendet wird oder ob Relationen zu anderen Tabellen bestehen (Listing 17.1).

Listing 17.1: **Tabellenkonfiguration der Tabelle tl_news**

```
// Config
'config' => array
(
    'dataContainer'     => 'Table',
    'ptable'            => 'tl_news_archive',
    'ctable'            => array('tl_news_comments'),
    'enableVersioning'  => true,
```

---

1   http://de.wikipedia.org/wiki/Hook_(EDV)
2   http://www.typolight.org/referenz.html

```
    'onload_callback'   => array
    (
       array('tl_news', 'checkPermission'),
       array('tl_news', 'generateFeed')
    ),
    'onsubmit_callback' => array
    (
       array('tl_news', 'adjustTime')
    )
),
```

label: Die Bezeichnung wird in der Seitenstruktur und in der Dateiverwaltung verwendet. Enthält normalerweise eine Referenz auf das Spracharray.

ptable: der Name der bezogenen Elterntabelle (table.pid = ptable.id).

ctable: der Name der bezogenen Kindtabellen (table.id = ctable.pid).

dataContainer: Table (Tabelle), File (Konfiguration) oder Folder (Dateiverwaltung).

validFileTypes: kommagetrennte Liste gültiger Dateiendungen für Dateibäume.

closed: Verbietet das Anlegen neuer Datensätze in der Tabelle.

notEditable: Verbietet das Bearbeiten der Tabelle.

switchToEdit: Aktiviert die „Speichern und Bearbeiten"-Schaltfläche beim Anlegen eines neuen Datensatzes (nur Sortierungsmodus 4).

enableVersioning: Aktiviert das automatische Anlegen einer neuen Version beim Speichern eines Datensatzes.

doNotCopyRecords: Verhindert die Duplizierung der Kinddatensätze, wenn ein Datensatz der Elterntabelle dupliziert wird.

doNotDeleteRecords: Verhindert die Löschung der Kinddatensätze, wenn ein Datensatz der Elterntabelle gelöscht wird.

onload_callback: Ruft eine Callback-Funktion beim Initialisieren des Data Containers auf und übergibt das DataContainer-Objekt als Argument.

onsubmit_callback: Ruft eine Callback-Funktion nach der Aktualisierung eines Datensatzes auf und übergibt das DataContainer-Objekt als Argument.

ondelete_callback: Ruft eine Callback-Funktion beim Löschen eines Datensatzes auf und übergibt das DataContainer-Objekt als Argument.

## Datensätze auflisten

Das Auflistungsarray legt fest, wie Datensätze aufgelistet werden (Listing 17.2). Wie Sie wissen, unterstützt die TYPOlight Core-Engine drei Ansichten: den *List View*, den *Parent View* und den *Tree View*. Sie können außerdem verschiedene Filter- und Sortieroptionen setzen und eigene Bezeichnungen einfügen.

Listing 17.2: **Listing-Konfiguration der Tabelle tl_news**

```
// List
'list' => array
(
   'sorting' => array
   (
      'mode'                    => 4,
      'fields'                  => array('date DESC'),
      'headerFields'            => array('title', 'jumpTo', 'tstamp', 'protec
         ted', 'allowComments', 'makeFeed'),
      'panelLayout'             => 'filter;search,limit',
      'child_record_callback'   => array('tl_news', 'listNewsArticles')
   ),
```

## Sortieroptionen

mode: Sortierungsmodus

» 0: Keine Sortierung

» 1: Sortierung nach einem festen Feld

» 2: Sortierung nach einem variablen Feld

» 3: Sortierung anhand der Elterntabelle

» 4: Darstellung der Kinddatensätze eines Elterndatensatzes (vgl. Stylesheets)

» 5: Darstellung als Baum (vgl. Seitenstruktur)

» 6: Sortierung der Kinddatensätze anhand eines Baums (vgl. Artikelverwaltung)

flag: Sortierflag

» 1: Aufsteigende Sortierung nach Anfangsbuchstabe

» 2: Absteigende Sortierung nach Anfangsbuchstabe

» 3: Aufsteigende Sortierung nach den ersten beiden Buchstaben

» 4: Absteigende Sortierung nach den ersten beiden Buchstaben

» 5: Aufsteigende Sortierung nach Tag

» 6: Absteigende Sortierung nach Tag

» 7: Aufsteigende Sortierung nach Monat

» 8: Absteigende Sortierung nach Monat

» 9: Aufsteigende Sortierung nach Jahr

» 10: Absteigende Sortierung nach Jahr

» 11: Aufsteigende Sortierung

» 12: Absteigende Sortierung

panelLayout: Trennen Sie die Menüs mit Komma (= Abstand) oder Strichpunkt (= neue Zeile), also z.B. sort,filter;search,limit.

» search: zeigt das Suchfeld an

» sort: zeigt das Sortiermenü an

» filter: zeigt die Filtermenüs an

» limit: zeigt das Limitmenü an

fields: eines oder mehrere Felder, anhand derer die Tabelle sortiert wird

headerFields: eines oder mehrere Felder, die im Header des *Parent View* angezeigt werden (nur Sortierungsmodus 4)

icon: Pfad zu einem Symbol, das oberhalb des Baums im *Tree View* angezeigt wird (nur Sortierungsmodus 5 und 6)

root: IDs der Wurzeldatensätze (Pagemounts). Wird meist automatisch gesetzt.

paste_button_callback: Wird anstatt der Standardroutine zur Erstellung der Einfüge-Schaltflächen ausgeführt.

child_record_callback: Wird zur Darstellung der Kinddatensätze im *Parent View* ausgeführt (nur Sortierungsmodus 4).

## Bezeichnungen

fields: eines oder mehrere Felder, die in der Liste angezeigt werden

format: HTML-Zeichenkette zur Formatierung der unter fields festgelegten Felder (z.B. %s)

maxCharacters: maximale Länge der Bezeichnung

label_callback: Wird anstatt der Standardroutine zur Erstellung der Bezeichnung ausgeführt und ermöglicht die Verwendung individueller Bezeichnungen.

## Aktionen

Das Aktionsarray ist in zwei Bereiche unterteilt: globale Aktionen, die sich auf die Tabelle beziehen (z.B. mehrere Datensätze auf einmal bearbeiten), sowie reguläre Aktionen, die sich auf einen bestimmten Datensatz beziehen (z.B. Bearbeiten oder Löschen). Listing 17.3 zeigt das Aktionsarray der Tabelle tl_news.

Listing 17.3: **Aktions-Konfiguration der Tabelle tl_news**

```
'global_operations' => array
(
    'all' => array
    (
        'label'      => &$GLOBALS['TL_LANG']['MSC']['all'],
        'href'       => 'act=select',
        'class'      => 'header_edit_all',
        'attributes' => 'onclick="Backend.getScrollOffset();"'
    )
),
'operations' => array
(
    'edit' => array
    (
        'label'      => &$GLOBALS['TL_LANG']['tl_news']['edit'],
        'href'       => 'act=edit',
        'icon'       => 'edit.gif'
    ),
    'copy' => array
    (
        'label'      => &$GLOBALS['TL_LANG']['tl_news']['copy'],
        'href'       => 'act=paste&amp;mode=copy',
        'icon'       => 'copy.gif'
    ),
    'cut' => array
    (
        'label'      => &$GLOBALS['TL_LANG']['tl_news']['cut'],
        'href'       => 'act=paste&amp;mode=cut',
        'icon'       => 'cut.gif'
    ),
    'delete' => array
    (
        'label'      => &$GLOBALS['TL_LANG']['tl_news']['delete'],
        'href'       => 'act=delete',
        'icon'       => 'delete.gif',
        'attributes' => 'onclick="if (!confirm(\'' . $GLOBALS['TL_LANG']
            ['MSC']['deleteConfirm'] . '\')) return false; Backend.
            getScrollOffset();"'
    ),
    'show' => array
    (
        'label'      => &$GLOBALS['TL_LANG']['tl_news']['show'],
        'href'       => 'act=show',
        'icon'       => 'show.gif'
    )
)
```

## Globale Aktionen

`label`: Bezeichnung der Schaltfläche, meistens eine Referenz auf das Spracharray

`href`: URL-Fragment, das beim Anklicken der Schaltfläche an die URL angehängt wird und die jeweilige Aktion auslöst (z.B. `act=editAll`)

`class`: CSS-Klasse der Schaltfläche

`attributes`: zusätzliche Attribute wie z.B. Eventhandler oder Style-Definitionen

`button_callback`: Wird anstatt der Standardroutine zur Erstellung des Navigationssymbols ausgeführt und ermöglicht die Verwendung individueller Symbole.

## Reguläre Aktionen

`label`: Bezeichnung der Schaltfläche, meistens eine Referenz auf das Spracharray

`href`: URL-Fragment, das beim Anklicken der Schaltfläche an die URL angehängt wird und die Aktion auslöst (z.B. `act=edit`)

`icon`: Pfad und Dateiname des Navigationsicons

`attributes`: zusätzliche Attribute wie z.B. Eventhandler oder Style-Definitionen

`button_callback`: Wird anstatt der Standardroutine zur Erstellung des Navigationssymbols ausgeführt und ermöglicht die Verwendung eigener Symbole.

## Felder

Das Felderarray beschreibt die Spalten einer Tabelle (Listing 17.4). Anhand dieser Metadaten entscheidet TYPOlight, welches Eingabefeld geladen wird, ob ein Benutzer darauf zugreifen darf und ob es als Sortierkriterium verwendet werden kann.

Listing 17.4: **Feldkonfiguration der Tabelle tl_news**

```
// Fields
'fields' => array
(
    'headline' => array
    (
        'label'          => &$GLOBALS['TL_LANG']['tl_news']['headline'],
        'exclude'        => true,
        'search'         => true,
        'inputType'      => 'text',
        'eval'           => array('mandatory'=>true, 'maxlength'=>255)
    ),
    'alias' => array
    (
        'label'          => &$GLOBALS['TL_LANG']['tl_news']['alias'],
        'exclude'        => true,
        'search'         => true,
        'inputType'      => 'text',
        'eval'           => array('rgxp'=>'alnum', 'unique'=>true,
```

```
'spaceToUnderscore'=>true, 'maxlength'=>128, 'tl_class'=>'w50'),
    'save_callback' => array
    (
        array('tl_news', 'generateAlias')
    )
),
'author' => array
(
    'label'          => &$GLOBALS['TL_LANG']['tl_news']['author'],
    'exclude'        => true,
    'default'        => $this->User->id,
    'inputType'      => 'select',
    'foreignKey'     => 'tl_user.name',
    'eval'           => array('tl_class'=>'w50')
),
```

label: Bezeichnung des Felds, meistens eine Referenz auf das Spracharray

default: Standardwert bei der Erstellung eines neuen Datensatzes

exclude: Blendet das Feld für reguläre Benutzer aus. Kann in den Gruppeneinstellungen festgelegt werden (erlaubte Felder).

search: Fügt das Feld dem Suchmenü hinzu (vgl. *Sortieroptionen*).

sorting: Fügt das Feld dem Sortiermenü hinzu (vgl. *Sortieroptionen*).

filter: Fügt das Feld dem Filtermenü hinzu (vgl. *Sortieroptionen*).

flag: Sortierflag

» 1: Aufsteigende Sortierung nach Anfangsbuchstabe

» 2: Absteigende Sortierung nach Anfangsbuchstabe

» 3: Aufsteigende Sortierung nach den ersten n Buchstaben (vgl. length)

» 4: Absteigende Sortierung nach den ersten n Buchstaben (vgl. length)

» 5: Aufsteigende Sortierung nach Tag

» 6: Absteigende Sortierung nach Tag

» 7: Aufsteigende Sortierung nach Monat

» 8: Absteigende Sortierung nach Monat

» 9: Aufsteigende Sortierung nach Jahr

» 10: Absteigende Sortierung nach Jahr

» 11: Aufsteigende Sortierung

» 12: Absteigende Sortierung

length: Gibt die Anzahl der Zeichen an, die zur Gruppierung der Datensätze verwendet werden (Sortierflag 3 und 4). Hinzugefügt in TYPOlight 2.5.3.

inputType: Feldtyp

» text: Textfeld

» password: Passwortfeld

» textarea: Textarea

» select: Drop-Down-Menü

» checkbox: Checkbox

» radio: Radio Button

» radioTable: Tabelle mit Bildern und Radio Buttons

» inputUnit: Textfeld mit Drop-Down-Menü zur Auswahl der Einheit

» trbl: Vier Textfelder mit Drop-Down-Menü zur Auswahl der Einheit

» chmod: CHMOD-Tabelle

» pageTree: Seitenbaum

» fileTree: Dateibaum

» tableWizard: Tabellenassistent

» listWizard: Listenassistent

» optionWizard: Optionsassistent

» moduleWizard: Modulassistent

» checkboxWizard: Checkbox-Assistent

options: Optionen eines Drop-Down- oder Radio-Button-Menüs

options_callback: Kann verwendet werden, um die Optionen eines Drop-Down- oder Radio-Button-Menüs mit Hilfe einer individuellen Funktion zu laden.

foreignKey: Lädt die Optionen eines Drop-Down- oder Radio-Button-Menüs aus einer Tabelle. Verwendet die ID als Schlüssel und das angegebene Feld als Wert.

reference: Bezeichnungen der Optionen (Referenz auf das Spracharray)

explanation: Erklärung des Felds, meistens eine Referenz auf das Spracharray

input_field_callback: Wird anstatt der Standardroutine zur Erstellung eines Formularfeldes ausgeführt und ermöglicht die Verwendung individueller Felder. Übergibt das Data-Container-Objekt sowie die Bezeichnung als Argument.

eval: verschiedene Einstellungen (vgl. nächsten Abschnitt)

wizard: Fügt dem Feld den Rückgabewert einer individuellen Funktion hinzu.

`load_callback`: Wird beim Laden des Eingabefelds ausgeführt und ermöglicht das Ändern des Feldwerts. Übergibt den Feldwert sowie das DataContainer-Objekt als Argument und erwartet einen Feldwert als Rückgabewert.

`save_callback`: Wird beim Speichern des Felds ausgeführt und ermöglicht das Ändern des Feldwerts. Übergibt den Feldwert sowie das DataContainer-Objekt als Argument und erwartet einen Feldwert als Rückgabewert. Durch Auslösen einer Exception kann eine Fehlermeldung ausgegeben werden.

## Evaluation

Das Evaluationsarray konfiguriert ein Eingabefeld im Detail (vgl. Listing 17.4). Sie können es z.B. zu einem Pflichtfeld machen, die verschlüsselte Datenspeicherung aktivieren, die Benutzereingaben prüfen oder sein Aussehen verändern.

`helpwizard`: Zeigt das Icon zum Aufruf des Hilfeassistenten neben der Feldbezeichnung an. Der Hilfeassistent kann z.B. die Benutzung des Felds erklären.

`mandatory`: Macht ein Feld zu einem Pflichtfeld.

`maxlength`: Legt die maximale Anzahl an Zeichen fest, die in das Feld eingegeben werden dürfen, bzw. die maximale Dateigröße bei Upload-Feldern.

`minlength`: Legt die Anzahl der mindestens einzugebenden Zeichen fest.

`fallback`: Legt fest, dass das Feld nur ein einziges Mal pro Tabelle ausgewählt werden darf. Wird beispielsweise zur Markierung der Standard-Layouts verwendet.

`rgxp`: Regulärer Ausdruck

» `digit`: erlaubt nur numerische Zeichen

» `alpha`: erlaubt nur alphabetische Zeichen

» `alnum`: erlaubt nur alphanumerische Zeichen

» `prcnt`: erlaubt Zahlen zwischen 0 und 100

» `extnd`: erlaubt alles außer #&( )/<=>

`cols`: Anzahl an Spalten einer Textarea

`rows`: Anzahl an Reihen einer Textarea

`wrap`: Zeilenumbruch

» `off`: Zeilenumbruch ausschalten

» `soft`: Weicher Zeilenumbruch

» `hard`: Harter Zeilenumbruch

`multiple`: Erlaubt die mehrfache Auswahl bzw. Eingabe und kann für Textfelder, Drop-Down-Menüs, Radio Buttons und Checkboxen verwendet werden.

`size`: Größe eines Mehrfachfelds bzw. Anzahl an Eingabefeldern

`style`: CSS-Formatierung (z.B. `border:2px`)

`rte`: Rich Text Editor-Datei

» `tinyMCE`: Konfigurationsdatei config/tinyMCE.php verwenden

» `tinyFlash`: Konfigurationsdatei config/tinyFlash.php verwenden

Das Hinzufügen eigener Konfigurationsdateien ist möglich.

`submitOnChange`: Legt fest, ob das Eingabeformular bei der Änderung des Feldwerts automatisch abgeschickt und neu geladen wird.

`nospace`: Legt fest, ob Leerzeichen eingegeben werden dürfen.

`allowHtml`: Legt fest, ob HTML-Eingaben erlaubt sind.

`preserveTags`: Erlaubt alle HTML-Tags (!) in Benutzereingaben.

`decodeEntities`: Legt fest, ob HTML-Entitys dekodiert werden.

`doNotSaveEmpty`: Verhindert das Speichern des leeren Felds.

`alwaysSave`: Legt fest, dass Eingaben immer gespeichert werden, selbst wenn der Feldwert nicht verändert wurde. Hinzugefügt in TYPOlight 2.7.RC1.

`spaceToUnderscore`: Wandelt alle Leerzeichen in Unterstriche um.

`unique`: Legt fest, dass ein Feldwert nur einmal vorkommen darf.

`encrypt`: Speichert den Feldwert verschlüsselt.

`trailingSlash`: Legt fest, ob dem Feldwert ein Schrägstrich hinzugefügt (`true`) oder ein bestehender Schrägstrich am Ende entfernt (`false`) wird.

`files`: Legt fest, ob Dateien und Ordner oder nur Ordner angezeigt werden. Die Einstellung bezieht sich nur auf Dateibäume.

`filesOnly`: Entfernt die Radio Buttons bzw. Checkboxen zur Auswahl von Ordnern. Die Einstellung bezieht sich nur auf Dateibäume.

`extensions`: Beschränkt den Dateibaum auf bestimmte Dateitypen (kommagetrennte Liste). Die Einstellung bezieht sich nur auf Dateibäume.

`path`: individuelles Wurzelverzeichnis für Dateibäume

`fieldType`: Feldtyp (gilt nur für Dateibäume)

» `checkbox`: erlaubt die Auswahl mehrerer Dateien

» `radio`: erlaubt die Auswahl genau einer Datei

`includeBlankOption`: Legt fest, ob ein Drop-Down-Menü eine leere Option am Anfang enthält. Eine individuelle Bezeichnung kann optional hinzugefügt werden.

blankOptionLabel: Bezeichnung der leeren Option (Standard: -)

findInSet: Sortiert ein Optionsarray anhand der Schlüssel anstatt anhand der Werte. Hinzugefügt in TYPOlight 2.7.RC1.

datepicker: Konfiguration des Assistenten zur Datumsauswahl

feEditable: Legt fest, ob ein Feld mit dem Modul *Persönliche Daten* im Frontend bearbeitet werden darf. Gilt nur für die Tabelle tl_member.

feGroup: Gruppe (View member_grouped)

» personal: Persönliche Daten

» address: Adressdaten

» contact: Kontaktdaten

» login: Login-Daten

Das Hinzufügen eigener Gruppen ist möglich.

feViewable: Legt fest, ob das Feld in der Mitgliederliste sichtbar ist.

doNotCopy: Legt fest, dass das Feld beim Duplizieren nicht mit kopiert wird.

doNotShow: Legt fest, dass das Feld in den Ansichten *Mehrere bearbeiten* und *Details anzeigen* nicht mit ausgegeben wird.

isBoolean: Zeigt an, dass das Feld vom Typ Boolean ist.

## 17.1.2 Paletten

Eine Palette besteht aus mehreren Formularfeldern, die zur Bearbeitung eines Datensatzes benötigt werden. Dabei sind meistens nicht alle Spalten einer Tabelle enthalten, sondern nur die, die zu einem bestimmten Modul oder Element gehören. Paletten können sich je nach Benutzerrechten oder Elementtyp dynamisch ändern und Teile des Formulars (Subpaletten) können interaktiv per Ajax nachgeladen werden.

### Gruppen definieren

Eine Palette ist eine Reihung mehrerer Feldnamen, die durch einen Strichpunkt (;) oder ein Komma (,) verbunden sind. Während das Komma nur zur Abgrenzung der Feldnamen verwendet wird, markiert der Strichpunkt den Beginn einer neuen Gruppe, die aus- und eingeklappt werden kann (Abbildung 17.1).

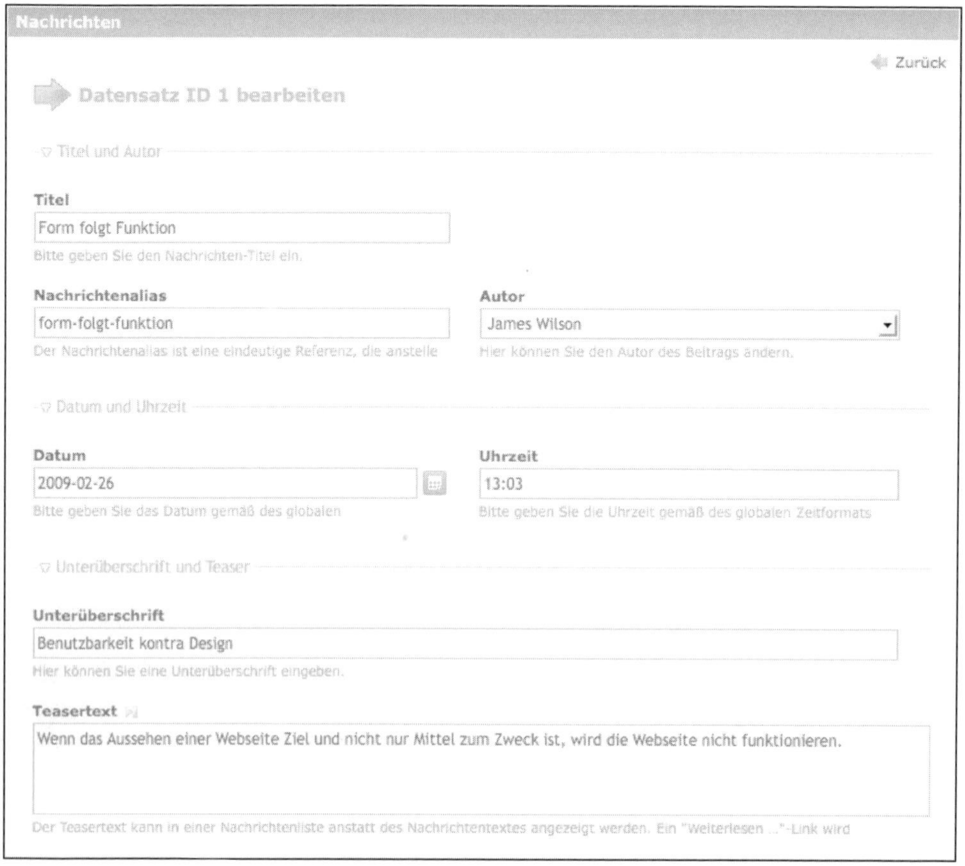

Abbildung 17.1: **Standard-Palette der Tabelle tl_news**

Listing 17.5 zeigt den zu Abbildung 17.1 gehörigen Code. {title_legend} und {date_legend} sind Platzhalter für die entsprechenden Übersetzungen.

Listing 17.5: **Definition der Standard-Palette im DCA**

```
{title_legend},headline,alias,author;{date_legend},date,time;{teaser_legend:
hide},subheadline,teaser,
```

## Felder ausrichten

Das TYPOlight-Backend verwendet ein zweispaltiges Grid-System, um Formularfelder aus-zurichten. Folgende CSS-Klassen können in der *eval*-Sektion des Data Container Arrays vergeben werden (z.B. `'tl_class'=>'w50 wizard'`):

w50: Setzt die Feldbreite auf 50% und floatet das Element (`float:left`).

clr: Hebt alle vorhergehenden Floats auf.

wizard: Verkürzt das Eingabefeld, damit z.B. genug Platz für den Date Picker ist.

long: Lässt das Eingabefeld zwei Spalten umspannen.

m12: Fügt dem Element einen oberen Abstand von 12 Pixeln hinzu. Wird z.B. für einzelne Checkboxen genutzt, damit sie sich optisch besser integrieren.

## 17.1.3 Callback-Funktionen

Callbacks basieren auf dem Event Dispatcher-Pattern. Sie können mehrere Callback-Funktionen pro Ereignis registrieren, die dann bei dessen Eintreten ausgeführt werden. Auf diese Weise kann der Programmablauf angepasst werden.

### Globale Callbacks

onload_callback: Wird bei der Initialisierung des DataContainer-Objekts ausgeführt. Ermöglicht z.B. das Prüfen von Zugriffsrechten oder die dynamische Änderung des Data Container Array zur Laufzeit.

onsubmit_callback: Wird beim Abschicken eines Backend-Formulars ausgeführt. Ermöglicht z.B. die Modifizierung der Formulardaten, bevor diese in die Datenbank geschrieben werden (z.B. zur Intervallberechnung im Kalender).

ondelete_callback: Wird bei der Löschung eines Datensatzes ausgeführt, und zwar noch bevor dieser aus der Datenbank entfernt wird.

### Auflistungscallbacks

paste_button_callback: Ermöglicht individuelle Einfüge-Schaltflächen und wird z.B. in der Seitenstruktur verwenden, um die Icons abhängig von den Benutzerrechten zu deaktivieren (zusätzliche Prüfung mittels load_callback notwendig).

child_record_callback: Legt fest, wie die Kindelemente im *Parent View* dargestellt werden, und ermöglicht die Verwendung individueller Ansichten.

label_callback: Ermöglicht individuelle Bezeichnungen in der Listenansicht und wird z.B. im Benutzer-Modul verwendet, um die Status-Icons hinzuzufügen.

### Aktionscallbacks

button_callback: Ermöglicht individuelle Navigationssymbole und wird z.B. in der Seitenstruktur verwendet, um Icons abhängig von den Benutzerrechten zu deaktivieren (zusätzliche Prüfung mittels load_callback notwendig).

### Feldcallbacks

options_callback: Ermöglicht das Befüllen eines Drop-Down-Menüs oder einer Checkbox-Liste mittels einer individuellen Funktion. Kann z.B. für bedingte Fremdschlüssel-Relationen verwendet werden.

input_field_callback: Ermöglicht individuelle Formularfelder und wird z.B. im Backend-Modul *Persönliche Daten* verwendet, um das Feld *Daten bereinigen* zu erstellen. **Achtung**: Eingaben werden nicht automatisch gespeichert!

load_callback: Wird bei der Initialisierung eines Formularfelds ausgeführt und ermöglicht z.B. das Laden eines Standardwerts.

save_callback: Wird beim Abschicken eines Felds ausgeführt und ermöglicht z.B. das Hinzufügen einer individuellen Prüfungsroutine.

# 17.2 Änderungen updatesicher speichern

Anpassbarkeit ist ein zentrales Qualitätskriterium jeder Applikation, allerdings nützt sie nur dann etwas, wenn die Änderungen nicht bei jedem Update wieder überschrieben werden. Grundsätzlich ist jedes Open Source-Programm anpassbar, weil ja der Quelltext offen liegt. Werden aber viele Dateien und Abläufe modifiziert, kann die Anwendung nur noch mit sehr viel Aufwand aktualisiert werden.

TYPOlight bietet etliche Möglichkeiten, die Konfiguration zu modifizieren, Felder und Bezeichnungen anzupassen, eigene Routinen hinzuzufügen oder eigene Module zu erstellen. Sie können fast jeden Ablauf der TYPOlight Core-Engine beeinflussen, ohne dabei deren Dateien ändern zu müssen. In den folgenden Abschnitten erkläre ich Ihnen, wie Sie diese Anpassungen updatesicher speichern.

## 17.2.1 Die Konfiguration anpassen

Die TYPOlight-Konfiguration ist in drei Bestandteile aufgeteilt: die Systemkonfiguration, die DCA-Konfiguration und die Sprachkonfiguration. Das globale Konfigurationsarray wird zur Laufzeit aus denjenigen Bestandteilen zusammengesetzt, die für die Ausgabe einer Seite gebraucht werden. Um Zeit und Arbeitsspeicher zu sparen, werden nicht benötigte Konfigurationsdateien dabei übersprungen.

### Die Systemkonfiguration anpassen

Die Systemkonfiguration ist in den config.php-Dateien der verschiedenen TYPOlight-Module gespeichert. Änderungen können updatesicher in der Datei system/config/localconfig.php hinterlegt werden, die ganz am Ende eingelesen wird und so das Überschreiben der Standardkonfiguration ermöglicht.

Die meisten Parameter werden in den Backend-Einstellungen gesetzt und automatisch in die lokale Konfigurationsdatei geschrieben, so dass Sie diese in der Regel nicht manuell bearbeiten müssen. Wenn es doch einmal der Fall ist, achten Sie darauf, diese oberhalb der Zeile ### INSTALL TOOL START ### einzufügen (Listing 17.6), da sie sonst von der TYPOlight Core-Engine entfernt werden.

Listing 17.6: **Das Task-Center deaktivieren**

```
// Das Task Center abschalten
unset($GLOBALS['BE_MOD']['profile']['tasks']);

### INSTALL TOOL START ###
$GLOBALS['TL_CONFIG']['debugMode'] = false;
$GLOBALS['TL_CONFIG']['displayErrors'] = false;
```

## Die DCA-Konfiguration anpassen

TYPOlight verwendet Data Container Arrays zur Speicherung von Tabellen-Metadaten. Die Data Container-Konfiguration ist in den dca-Ordnern der verschiedenen TYPOlight-Module hinterlegt und kann in der Datei system/config/dcaconfig.php, die ganz am Ende eingelesen wird, updatesicher angepasst werden (Listing 17.7).

Listing 17.7: **Individuelle Anpassungen der DCA-Konfiguration**

```
// Das Feld „Firma" zu einem Pflichtfeld machen
$GLOBALS['TL_DCA']['tl_member']['fields']['company']['eval']['mandatory'] =
   true;

// Nur alphanumerische Zeichen erlauben
$GLOBALS['TL_DCA']['tl_member']['fields']['company']['eval']['rgxp'] = 'al
   num';

// Include-Elemente nur für Administratoren
if (!$this->User->isAdmin)
{
   unset($GLOBALS['TL_CTE']['includes']);
}
```

## Bezeichnungen und Übersetzungen anpassen

Bezeichnungen und Übersetzungen sind in den languages-Ordnern der verschiedenen Module hinterlegt. Jede Sprache wird anhand ihres *ISO-639-1*[3] Sprachcodes identifiziert. Änderungen können in der Datei system/config/langconfig.php, die ganz am Ende eingelesen wird, updatesicher gespeichert werden (Listing 17.8).

Listing 17.8: **Individuelle Bezeichnungen festlegen**

```
// Eine Bezeichnung in allen Sprachen ändern
$GLOBALS['TL_LANG']['MSC']['goBack'] = '«';

// Eine Bezeichnung in einer bestimmten Sprache ändern
if ($GLOBALS['TL_LANGUAGE'] == 'de')
{
   $GLOBALS['TL_LANG']['tl_layout']['column'] = 'Bereich';
}
```

---

3  http://de.wikipedia.org/wiki/ISO_639

```
elseif ($GLOBALS['TL_LANGUAGE'] == 'fr')
{
    $GLOBALS['TL_LANG']['tl_layout']['column'] = 'Section';
}
```

## Pflichtfelder erstellen

Beim Anlegen eines neuen Mitglieds in der Benutzerverwaltung müssen Sie immer die Felder *Vorname*, *Nachname* und *E-Mail-Adresse* ausfüllen. Andernfalls bricht TYPOlight die Verarbeitung der Eingaben mit einer Fehlermeldung ab, da diese drei Felder im Data Container Array als Pflichtfelder definiert wurden.

Nehmen wir an, Sie betreiben eine kommerzielle Webseite mit TYPOlight und wollen Ihre Kunden als Mitglieder anlegen. Da Ihre Kunden ausschließlich Firmen sind, benötigen Sie die Pflichtfelder *Vor-* und *Nachname* nicht und möchten stattdessen das Eingabefeld *Firma* zum Pflichtfeld machen. Um das zu erreichen, muss die DCA-Konfiguration der Tabelle tl_member entsprechend angepasst werden. Öffnen Sie also die Datei dcaconfig.php und fügen Sie folgende Zeilen ein:

Listing 17.9: **Eingabefelder als Pflichtfelder deklarieren**

```
$GLOBALS['TL_DCA']['tl_member']['fields']['firstname']['eval']['mandatory']
    = false;
$GLOBALS['TL_DCA']['tl_member']['fields']['lastname']['eval']['mandatory'] =
    false;
$GLOBALS['TL_DCA']['tl_member']['fields']['company']['eval']['mandatory'] =
    true;
```

## Eingabeprüfung aktivieren

Bestimmt ist Ihnen schon aufgefallen, dass TYPOlight bei manchen Feldern genau weiß, welche Eingaben erlaubt sind, und Sie z.B. mit der Fehlermeldung *Geben Sie nur Zahlen ein* oder *Das Feld darf keine Leerzeichen enthalten* auf falsche Eingaben hinweist. Diese Eingabeprüfung wird ebenfalls im Data Container Array erfasst und kann von Ihnen beliebig an Ihre eigenen Bedürfnisse angepasst werden.

Erweitern wir also das vorherige Beispiel und nehmen wir an, Sie möchten das Eingabefeld *Firma* nicht nur zum Pflichtfeld machen, sondern zusätzlich dafür sorgen, dass dort nur Zahlen und Buchstaben, aber keine Sonderzeichen eingegeben werden können. Auch diese Änderung erfassen Sie in der Datei dcaconfig.php:

Listing 17.10: **Prüfung der Benutzereingaben anhand eines regulären Ausdrucks**

```
$GLOBALS['TL_DCA']['tl_member']['fields']['company']['eval']['rgxp'] = 'al
    num';
```

## Inhaltselemente abschalten

In der dcaconfig.php können Sie aber nicht nur die DCA-Konfiguration überschreiben, sondern auch viele Parameter der Systemkonfiguration. So können Sie z.B. festlegen, welche Inhaltselemente zur Verfügung stehen (Listing 17.11).

Listing 17.11: **Konfiguration der Inhaltselemente**

```
/**
 * Content elements
 */
$GLOBALS['TL_CTE'] = array
(
    'texts' => array
    (
        'headline'  => 'ContentHeadline',
        'text'      => 'ContentText',
        'html'      => 'ContentHtml',
        'list'      => 'ContentList',
        'table'     => 'ContentTable',
        'accordion' => 'ContentAccordion',
        'code'      => 'ContentCode'
    ),
    'links' => array
    (
        'hyperlink' => 'ContentHyperlink',
        'toplink'   => 'ContentToplink'
    ),
    'images' => array
    (
        'image'     => 'ContentImage',
        'gallery'   => 'ContentGallery'
    ),
    'files' => array
    (
        'download'  => 'ContentDownload',
        'downloads' => 'ContentDownloads'
    ),
    'includes' => array
    (
        'alias'     => 'ContentAlias',
        'teaser'    => 'ContentTeaser',
        'form'      => 'Form',
        'module'    => 'ContentModule'
    )
);
```

Um bestimmte Inhaltselemente zu deaktivieren, müssen Sie lediglich die entsprechenden Einträge aus dem Konfigurationsarray entfernen. Nehmen wir z.B. an, Sie möchten die Verwendung von Include-Elementen generell verbieten, dann können Sie diese mit Hilfe der in Listing 17.12 beschriebenen Anweisung abschalten.

Listing 17.12: **Includes-Elemente generell deaktivieren**

```
unset($GLOBALS['TL_CTE']['includes']);
```

Unter Umständen möchten Sie die Includes-Elemente auch nur für Ihre Editoren abschalten, selbst aber schon damit arbeiten. In diesem Fall soll nur Administratoren der Zugriff auf die Elemente erlaubt sein (Listing 17.13).

Listing 17.13: **Includes-Elemente für Editoren deaktivieren**

```
if (!$this->User->isAdmin())
{
    unset($GLOBALS['TL_CTE']['includes']);
}
```

Lokale Konfigurationsdateien sind ein ideales Instrument für kleinere Anpassungen der TYPOlight-Konfiguration. Umfangreichere Änderungen, die gleich mehrere Dateien beinhalten, sollten jedoch nicht zuletzt aus Gründen der Übersichtlichkeit in einem eigenen Modulordner gekapselt werden (siehe nächster Abschnitt).

## 17.2.2  Eigene Felder hinzufügen

Natürlich können Sie nicht nur die Konfiguration vorhandener Felder anpassen, sondern auch eigene Eingabefelder hinzufügen. In so einem Fall ist es sinnvoll, die Änderungen in einem eigenen Modulordner zu kapseln, da Sie dort noch mehr Anpassungsmöglichkeiten haben als in der dcaconfig.php.

Im vorhergehenden Abschnitt haben Sie gelernt, wie Sie das Eingabefeld *Firma* zu einem Pflichtfeld machen, so dass Sie Ihre Kunden als Mitglieder erfassen können. Nehmen wir nun an, dass jeder Kunde in der Buchhaltung bereits eine Kundennummer hat, die ebenfalls gespeichert werden soll. Das Feld *Kundennummer* gibt es standardmäßig nicht in der Tabelle tl_member, daher müssen Sie es neu erstellen.

### Modulordner erstellen

Legen Sie als Erstes einen neuen Unterordner im Verzeichnis system/modules an und beachten Sie, dass TYPOlight die Modulordner nacheinander in alphabetischer Reihenfolge einliest. Nennen Sie Ihren Ordner also nicht anpassungen, wenn Sie darin die news-Erweiterung anpassen möchten.

### Die Datenbank erweitern

Als Nächstes muss das neue Eingabefeld in die Tabelle tl_member eingefügt werden, so dass es das TYPOlight-Installtool erkennt und bei der Aktualisierung berücksichtigt. Dazu müssen Sie nichts weiter tun, als den Unterordner config anzulegen und dort eine Datei namens database.sql mit folgendem Inhalt zu erstellen:

Listing 17.14: **Ein zusätzliches Tabellenfeld einfügen**

```
CREATE TABLE `tl_member` (
  `kundennummer` varchar(8) NOT NULL default ''
) ENGINE=MyISAM DEFAULT CHARSET=utf8;
```

Die SQL-Dateien werden nicht geparst, sondern dienen lediglich der Berechnung der Unterschiede zwischen den TYPOlight-Vorgaben und den tatsächlichen Tabellen. Daher können Sie in Ihrem Modul auch Felder beeinflussen, die von einem anderen Modul definiert wurden. Das Installtool sollte Ihnen daher jetzt anbieten, das Feld kundennummer anzulegen (Abbildung 17.2).

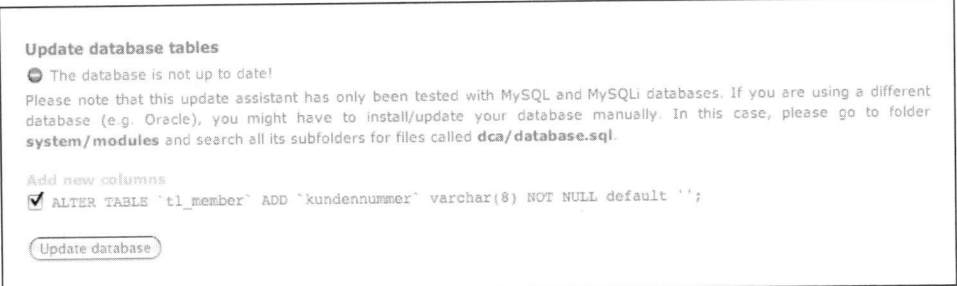

Abbildung 17.2: **Aktualisierung der Datenbank über das Installtool**

## Die DCA-Konfiguration erweitern

Das neue Eingabefeld existiert zwar nun in der Datenbank, allerdings weiß TYPOlight noch nicht von seiner Existenz. Sie müssen zuerst die DCA-Konfiguration der Tabelle tl_member erweitern, damit die Core-Engine das Feld im Backend darstellen kann. Legen Sie dazu einen weiteren Unterordner namens dca an und erstellen Sie darin die PHP-Datei tl_member. php (Listing 17.15).

Listing 17.15: **Die DCA-Konfiguration erweitern**

```
/**
 * Extend default palette
 */
$GLOBALS['TL_DCA']['tl_member']['palettes']['default'] = str_replace
(
    'gender',
    'gender,kundennummer',
    $GLOBALS['TL_DCA']['tl_member']['palettes']['default']
);

/**
 * Add field to tl_member
 */
$GLOBALS['TL_DCA']['tl_member']['fields']['kundennummer'] = array
(
    'label'      => &$GLOBALS['TL_LANG']['tl_member']['kundennummer'],
    'exclude'    => true,
    'inputType'  => 'text',
    'eval'       => array('mandatory'=>true, 'rgxp'=>'digit', 'maxlength'=>8,
    'tl_class'=>'w50')
);
```

Die erste Anweisung weist dem Eingabefeld eine Position innerhalb der Palette zu, so dass es im Formular erscheint. Die zweite Anweisung beschreibt das Feld:

`label`: Eine Referenz auf das Spracharray

`inputType`: Legt fest, dass es sich bei dem Feld um ein Textfeld handelt.

`mandatory`: Macht das Feld zu einem Pflichtfeld.

`rgxp`: Sorgt dafür, dass nur Zahlen eingegeben werden können.

`maxlength`: Sorgt dafür, dass maximal acht Zeichen eingegeben werden können.

`tl_class`: Richtet das Eingabefeld am Raster aus.

### Eine Übersetzung hinzufügen

Als Letztes müssen Sie noch die Feldbezeichnung und eine kurze Beschreibung eingeben. Legen Sie dazu einen weiteren Unterordner namens `languages` an und erstellen Sie darin weitere Unterordner für jede Sprache. Für unser Beispiel reicht ein Verzeichnis namens `de`, in dem die deutsche Übersetzung gespeichert wird. Legen Sie dort eine PHP-Datei namens `tl_member.php` an (Listing 17.16).

Listing 17.16: **Eine Übersetzung hinzufügen**

```
$GLOBALS['TL_LANG']['tl_member']['kundennummer'] = array('Kundennummer',
'Bitte geben Sie die 8-stellige Kundennummer ein.');
```

Damit haben Sie alle Bestandteile des neuen Eingabefelds zusammen und können das Ergebnis Ihrer Arbeit im Backend-Modul *Mitglieder* bewundern (Abbildung 17.3). Die Dateien aus diesem Beispiel finden Sie auch auf der Buch-CD.

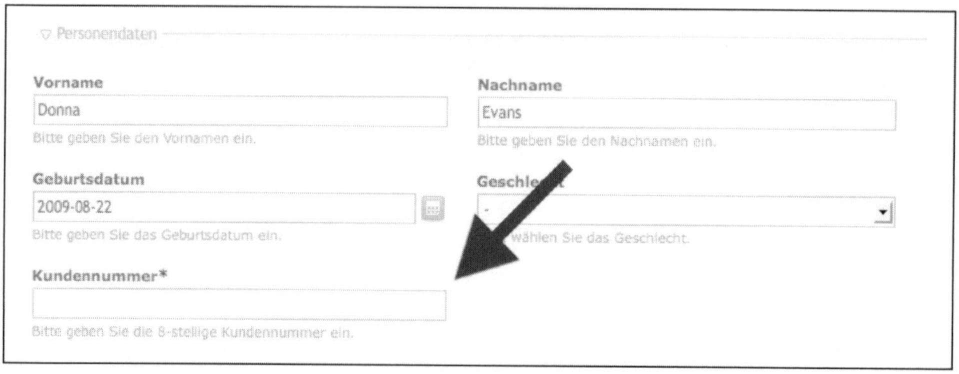

Abbildung 17.3: **Das neue Eingabefeld im Backend**

## 17.2.3 Den Rich Text Editor anpassen

In diesem Abschnitt geht es darum, wie Sie die *TinyMCE*-Konfiguration so anpassen, dass Ihre Änderungen bei einem Update erhalten bleiben. Die Konfigurationsmöglichkeiten des Rich Text Editors sind auf der *TinyMCE*-Projektwebseite[4] ausführlich beschrieben und daher nicht Gegenstand dieses Buchs.

*TYPOlight verwendet eine abgespeckte Version des Rich Text Editors, die an das System und die Anforderungen der Barrierefreiheit angepasst wurde. Abgespeckt bedeutet, dass nicht alle vorhandenen* TinyMCE-*Plugins installiert sind. Bei Bedarf können Sie die fehlenden Plugins nachrüsten, indem Sie sie herunterladen und in den TYPOlight-Ordner* plugins/tinyMCE/plugins *verschieben.*

In TYPOlight können Sie verschiedene Konfigurationsdateien für *TinyMCE* anlegen und so den Rich Text Editor an die Erfordernisse des jeweiligen Inhaltselements oder Moduls anpassen. Es stehen beispielsweise im Editor eines Flash-Inhalts wesentlich weniger Funktionen zur Verfügung als im Editor eines Inhaltselements, weil Flash nur einen kleinen Teil der HTML-Tags unterstützt und es keinen Sinn machen würde, Formatierungen anzubieten, die später nicht verarbeitet werden können.

Die *TinyMCE*-Konfigurationsdateien befinden sich wie alle anderen Konfigurationsdateien im Ordner system/config. Die Standardkonfiguration für das Textelement ist in der Datei tinyMCE.php gespeichert (Abbildung 17.4).

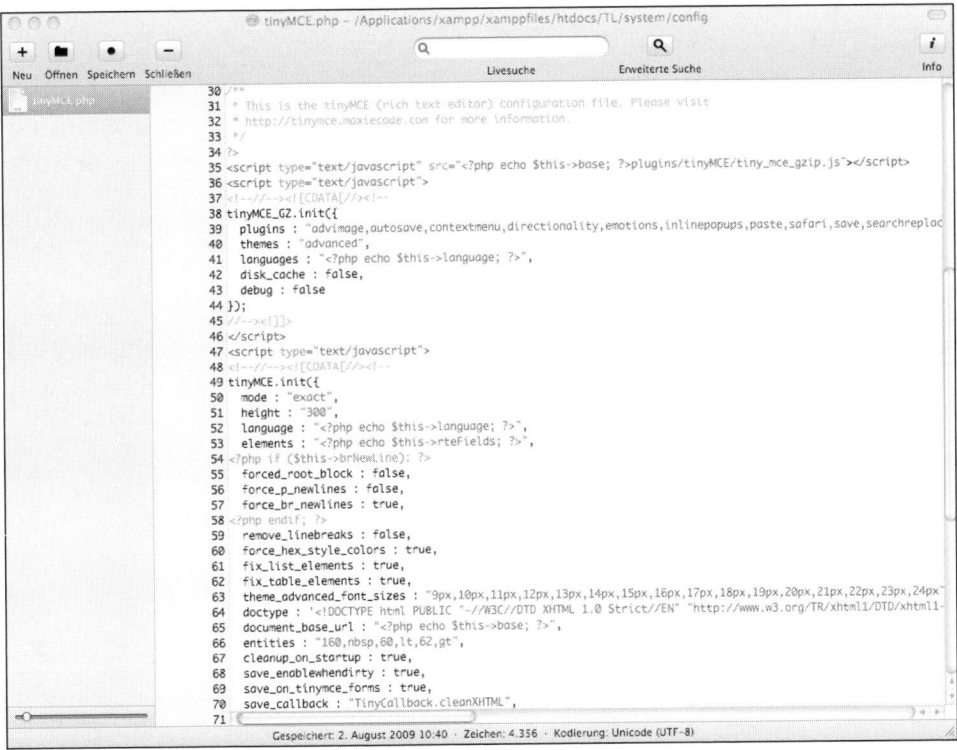

Abbildung 17.4: **Die Konfigurationsdatei des Rich Text Editors**

---

4 http://wiki.moxiecode.com/index.php/TinyMCE:Index

Um eine eigene Konfigurationsdatei zu erstellen, kopieren Sie am besten eine vorhandene Datei und benennen diese einfach um. Passen Sie den Inhalt an Ihre Bedürfnisse an und übertragen Sie die Datei dann auf den Server.

Danach müssen Sie TYPOlight nur noch mitteilen, für welche Eingabefelder die Konfigurationsdatei geladen werden soll. Diese Information wird ebenfalls im Data Container Array gespeichert und kann daher in der `dcaconfig.php` überschrieben werden. Um beispielsweise die Datei `tinyCustom.php` dauerhaft allen Textelementen zuzuweisen, müssen Sie lediglich eine Zeile einfügen (Listing 17.17).

Listing 17.17: **Individuelle TinyMCE-Konfiguration für alle Textelemente**

```
$GLOBALS['TL_DCA']['tl_content']['fields']['text']['eval']['rte'] = 'ti
    nyCustom';
```

## 17.2.4 Klassen und Methoden überschreiben

Nehmen wir an, Sie möchten das Navigationsmodul so anpassen, dass es immer erscheint, selbst wenn keine Unterseiten vorhanden sind und es normalerweise ausgeblendet würde. In letzterem Fall soll der Besucher stattdessen durch einen entsprechenden Hinweis informiert werden.

Damit zukünftige TYPOlight-Updates ohne Probleme eingespielt werden können, soll möglichst viel von der Originalklasse erhalten bleiben. Inhaltselement- und Modulklassen können dynamisch in der TYPOlight-Konfiguration angegeben und so einfach durch eigene Versionen ersetzt werden.

### Eine eigene Klasse erstellen

Die originale Navigationsklasse verhält sich schon fast so wie gewünscht, außer dass die Methode `generate()` das Modul ganz ausblendet, wenn keine Unterseiten vorhanden sind. Da also nur diese eine Methode angepasst werden muss, empfiehlt es sich, die Originalklasse zu erweitern und einfach zu überschreiben.

Legen Sie dazu die Datei `ModuleMyNavigation.php` in einem eigenen Modulordner an und definieren Sie darin die Klasse `ModuleMyNavigation` (Listing 17.18).

Listing 17.18: **Eine Methode der Navigationsklasse überschreiben**

```
class ModuleMyNavigation extends ModuleNavigation
{
    public function generate()
    {
        // Die Originalmethode ausführen
        $buffer = parent::generate();

        if (empty($buffer))
        {
            $buffer = 'Keine Unterseiten vorhanden';
        }
```

```
        return $buffer;
    }
}
```

Die Anweisung `extends ModuleNavigation` bewirkt, dass die neue Klasse alle Eigenschaften und Methoden der Klasse `ModuleNavigation` erbt[5]. Durch das erneute Definieren der Methode `generate()` wird die Originalmethode überschrieben, kann aber weiterhin über `parent::generate()` aufgerufen werden.

In unserem Beispiel wird also zuerst die Originalmethode ausgeführt und das Ergebnis (also der HTML-Code des Navigationsmenüs) in der Variablen `$buffer` gespeichert. Sind keine Unterseiten vorhanden, ist diese Variable leer, da das Modul standardmäßig keine Ausgabe generiert. In diesem Fall wird nun ein entsprechender Hinweis eingefügt und danach der Inhalt von `$buffer` zurückgegeben.

### Die eigene Klasse registrieren

Wie Sie inzwischen wissen, werden Inhaltselement- und Modulklassen dynamisch in der TYPOlight-Konfiguration zugeordnet und können so in der Datei `config/config.php` einfach durch eigene Versionen ersetzt werden (Listing 17.19).

Listing 17.19: **Die Klassenzuweisung dynamisch ändern**

```
$GLOBALS['TL_CONFIG']['FE_MOD']['navigationMenu']['navigation'] = 'ModuleMy
    Navigation';
```

Dank der dynamischen Konfiguration lädt TYPOlight bei der nächsten Anfrage automatisch die neue Klasse und das Navigationsmodul gibt den Hinweis *Keine Unterseiten vorhanden* aus, anstatt gar nicht zu erscheinen. Durch das Überschreiben der Methode `generate()` war es nicht notwendig, die Originalklasse zu ändern, so dass die Modifikation updatesicher und wartungsfrei ist.

## 17.2.5 Aufgaben zeitgesteuert ausführen

TYPOlight bietet die Möglichkeit, Aufgaben automatisch in bestimmten Zeitintervallen auszuführen. Im Gegensatz zu einem Cronjob, der exakt zu einem festgelegten Zeitpunkt gestartet wird, führt der sogenannte *Periodic Command Scheduler*[6] die Aufgaben nach Ablauf eines bestimmten Intervalls aus, ohne den genauen Zeitpunkt zu kennen (z.B. Ausführung nach mindestens 24 Stunden Wartezeit).

Hintergrund ist, dass der *Periodic Command Scheduler* nicht von einem Dienst auf dem Server, sondern durch Aufrufen einer Frontend-Seite ausgelöst wird. Und da die meisten

---

5   http://www.php.net/manual/de/language.oop5.basic.php#language.oop5.basic.
    extends
6   http://en.wikipedia.org/wiki/Anacron

Webseiten nicht genug Besucher haben, als dass sie im Sekundentakt angefordert würden, kann der Zeitpunkt der nächsten Ausführung eben nicht exakt vorhergesagt werden. Folgende Intervalle werden unterstützt:

» `hourly`: stündliche Ausführung

» `daily`: tägliche Ausführung

» `weekly`: wöchentliche Ausführung

TYPOlight nutzt den *Periodic Command Scheduler* hauptsächlich für Wartungsarbeiten, die regelmäßig durchgeführt werden müssen:

» Tägliches Bereinigen des temporären Verzeichnisses

» Tägliche Prüfung auf neue TYPOlight-Versionen

» Tägliche Prüfung der Nachrichten- und Kalender-Feeds

» Wöchentliche Prüfung der XML-Sitemaps

» Wöchentliche Prüfung der Stylesheets

Um eigene Aufgaben hinzuzufügen, müssen Sie lediglich die Systemkonfiguration in der Datei `localconfig.php` entsprechend anpassen (Listing 17.20).

Listing 17.20: **Eigene Funktionen automatisch ausführen lassen**

```
// Währungskurse stündlich aktualisieren
$GLOBALS['TL_CRON']['hourly'][] = array('Currency', 'updateRates');
```

## Aufruf mittels echtem Cronjob

Wenn Sie auf Ihrem Server Cronjobs nutzen dürfen, können Sie den *Periodic Command Scheduler* auch über einen echten Cronjob ansteuern. Dazu müssen Sie nur die Datei cron.php im TYPOlight-Verzeichnis aufrufen (Listing 17.21).

Listing 17.21: **Den Periodic Command Scheduler via Cronjob ansteuern**

```
0 * * * * php /home/www/typolight/cron.php >/dev/null
```

In diesem Fall sollten Sie auch die Trigger aus den Views `be_login` und `fe_page` entfernen, über die die Aufgaben sonst weiterhin ausgelöst würden (Listing 17.22).

Listing 17.22: **Die Trigger des Periodic Command Scheduler entfernen**

```
<!-- indexer::stop -->
<img src="<?php echo $this->base; ?>cron.php" … />
<!-- indexer::continue -->
```

# 17.3  Hooks

Hooks funktionieren ähnlich wie die *Callback-Funktionen* des Data Container Arrays. Sie können mehrere Funktionen in der Datei config.php Ihres Moduls für ein bestimmtes Ereignis registrieren, die dann bei dessen Eintreten ausgeführt werden. Dadurch lässt sich der TYPOlight-Core um eigene Funktionalität erweitern, ohne dass dessen Dateien dafür angepasst werden müssten.

## 17.3.1  Ein praktisches Beispiel

Nehmen wir an, Sie möchten das Formular *Angebot anfordern* unserer WebConsulting-Seite dahingehend erweitern, dass je nach gewählter Kategorie (Webdesign, Webhosting oder Beratung) ein anderer Mitarbeiter informiert wird. Außerdem soll die Information »Wie haben Sie uns gefunden« in einer Tabelle gespeichert werden, um die Marketing-Kampagne entsprechend zu justieren. Das Ganze lässt sich mit Hilfe des Hook *processFormData* als kleines Modul umsetzen.

### Modulordner erstellen

Legen Sie wie gewohnt einen neuen Unterordner im Verzeichnis system/modules an. Da wir dieses Mal keine bestimmte Erweiterung anpassen, können Sie den Ordnernamen frei wählen. Auf der Buch-CD finden Sie das Modul als service.

### Die Datenbank erweitern

Als Nächstes muss die Statistik-Tabelle angelegt werden, so dass sie das TYPOlight-Installtool erkennt und bei der Aktualisierung berücksichtigt. Dazu müssen Sie nichts weiter tun, als den Unterordner config anzulegen und dort eine Datei namens database.sql mit folgendem Inhalt zu erstellen (Listing 17.23):

Listing 17.23: **Eine neue Tabelle anlegen**

```
CREATE TABLE `tl_service` (
  `id` int(10) unsigned NOT NULL auto_increment,
  `tstamp` int(10) unsigned NOT NULL default '0',
  `find` varchar(24) NOT NULL default '',
  PRIMARY KEY  (`id`)
) ENGINE=MyISAM DEFAULT CHARSET=utf8;
```

### Eine Callback-Funktion registrieren

Nachdem Sie das Installtool ausgeführt und die neue Tabelle angelegt haben, müssen Sie die Callback-Funktion registrieren, die beim Aufruf des Hook ausgeführt werden soll. Diese Information wird in der Datei config.php hinterlegt (Listing 17.24).

Listing 17.24: **Eine Callback-Funktion registrieren**

```
$GLOBALS['TL_HOOKS']['processFormData'][] = array('Service', 'processForm
    Data');
```

## Die Callback-Funktion erstellen

Nun fehlt nur noch die Klasse `Service` mit der Methode `processFormData()`, die beim Auslösen des Hook *processFormData* ausgeführt wird (Listing 17.25).

Listing 17.25: **Einfaches Beispiel für eine Callback-Funktion**

```
public function processFormData($arrPost, $arrForm, $arrFiles)
{
    // Das Service-Formular hat die ID 2
    if ($arrForm['id'] != 2)
    {
        return;
    }

    // E-Mail vorbereiten
    $objEmail = new Email();
    $objEmail->subject = „Neue Service-Anfrage";
    $objEmail->text = „Eine neue Service-Anfrage ist eingegangen.\n\n";

    // Formulardaten übernehmen
    foreach ($arrPost as $key=>$value)
    {
        $objEmail->text .= „$key: $value\n";
    }

    // E-Mail abhängig von der Kategorie versenden
    if ($arrForm['category'] == 'Webdesgin')
    {
        $objEmail->sendTo('webdesign@webconsulting.com');
    }
    elseif ($arrForm['category'] == 'Webhosting')
    {
        $objEmail->sendTo('webhosting@webconsulting.com');
    }
    else
    {
        $objEmail->sendTo('beratung@webconsulting.com');
    }

    // Statistik aktualisieren
    $this->Database->prepare(„INSERT INTO tl_service SET find=?")->
        execute($arrPost['find']);
}
```

Zunächst wird geprüft, ob es sich bei dem übermittelten Formular überhaupt um das Service-Formular mit der ID 2 handelt. Ist dies der Fall, wird eine entsprechende E-Mail vorbereitet und in Abhängigkeit von der Kategorie an verschiedene Empfänger versendet. Abschließend wird noch die Statistik-Tabelle aktualisiert.

Damit ist das Modul komplett und einsatzbereit. Beachten Sie, dass die Callback-Funktion nur ausgelöst wird, wenn TYPOlight die Formulareingaben erfolgreich geprüft hat. Sie müssen sich also in Ihren Callbacks keine Gedanken mehr über die Validierung der Benutzereingaben machen.

## 17.3.2 Benutzerverwaltung

Über die nachfolgenden Hooks können Sie die Benutzerverwaltung anpassen.

### createNewUser

Der *createNewUser*-Hook wird bei der Registrierung eines neuen Mitglieds ausgeführt und dient dazu, die Daten zu modifizieren oder eine Log-Datei zu befüllen. Er übergibt die ID des neuen Benutzers und das Datenarray als Argument und erwartet keinen Rückgabewert (Listing 17.26). Verfügbar ab TYPOlight 2.2.0.

Listing 17.26: **Der createNewUser-Hook**

```
// config.php
$GLOBALS['TL_HOOKS']['createNewUser'][] = array('MyClass', 'createNewUser');

// MyClass.php
public function createNewUser($intId, $arrData)
{
    // Den Datensatz modifizieren
}
```

### activateAccount

Der *activateAccount*-Hook wird bei der Aktivierung eines neuen Mitgliederkontos im Frontend ausgeführt. Er übergibt das Benutzer-Objekt als Argument und erwartet keinen Rückgabewert (Listing 17.27). Verfügbar ab TYPOlight 2.4.3.

Listing 17.27: **Der activateAccount-Hook**

```
// config.php
$GLOBALS['TL_HOOKS']['activateAccount'][] = array('MyClass', 'activateAc-
    count');

// MyClass.php
public function activateAccount(Database_Result $objUser)
{
    // Beliebiger Code
}
```

## checkCredentials

Der *checkCredentials*-Hook wird bei der Eingabe eines falschen Passworts bei der Anmeldung ausgeführt und dient dazu, weitere Passwortprüfungen hinzuzufügen. Er übergibt den Benutzernamen und das Passwort als Argument und erwartet einen booleschen Rückgabewert (Listing 17.28). Verfügbar ab TYPOlight 2.6.0.

Listing 17.28: **Der checkCredentials-Hook**

```php
// config.php
$GLOBALS['TL_HOOKS']['checkCredentials'][] = array('MyClass', 'checkCreden-
    tials');

// MyClass.php
public function checkCredentials($strUsername, $strPassword)
{
    // Eine globale Datenbank abfragen
    if ($this->checkGlobalDbFor($strUsername, $strPassword))
    {
        return true;
    }

    return false;
}
```

## importUser

Der *importUser*-Hook wird bei der Eingabe eines unbekannten Benutzernamens bei der Anmeldung ausgeführt und dient dazu, alternative Anmeldeverfahren (z.B. den Abgleich mit einer externen Datenbank) hinzuzufügen. Er übergibt den Benutzernamen, das Passwort und den Tabellennamen als Argument und erwartet einen booleschen Rückgabewert (Listing 17.29). Verfügbar ab TYPOlight 2.7.RC1.

Listing 17.29: **Der importUser-Hook**

```php
// config.php
$GLOBALS['TL_HOOKS']['importUser'][] = array('MyClass', 'importUser');

// MyClass.php
public function importUser($strUsername, $strPassword, $strTable)
{
    if ($strTable == 'tl_member')
    {
        // Benutzer von einem LDAP-Server importieren
        if ($this->importUserFromLdap($strUsername, $strPassword))
        {
            return true;
        }
    }

    return false;
}
```

## postLogin

Der *postLogin*-Hook wird nach der Anmeldung eines Benutzers im Frontend ausgeführt. Er übergibt das Benutzerobjekt als Argument und erwartet keinen Rückgabewert (Listing 17.30). Verfügbar ab TYPOlight 2.4.3.

Listing 17.30: **Der postLogin-Hook**

```
// config.php
$GLOBALS['TL_HOOKS']['postLogin'][] = array('MyClass', 'postLogin');

// MyClass.php
public function postLogin($objUser)
{
    // Beliebiger Code
}
```

## postLogout

Der *postLogout*-Hook wird nach der Abmeldung eines Benutzers im Frontend ausgeführt. Er übergibt das Benutzerobjekt als Argument und erwartet keinen Rückgabewert (Listing 17.31). Verfügbar ab TYPOlight 2.4.3.

Listing 17.31: **Der postLogout-Hook**

```
// config.php
$GLOBALS['TL_HOOKS']['postLogout'][] = array('MyClass', 'postLogout');

// MyClass.php
public function postLogout(Database_Result $objUser)
{
    // Beliebiger Code
}
```

## setNewPassword

Der *setNewPassword*-Hook wird nach dem Speichern eines neuen Passworts ausgeführt. Er übergibt das Benutzerobjekt und das verschlüsselte Passwort als Argument und erwartet keinen Rückgabewert (Listing 17.32). Verfügbar ab TYPOlight 2.2.3.

Listing 17.32: **Der setNewPassword-Hook**

```
// config.php
$GLOBALS['TL_HOOKS']['setNewPassword'][] = array('MyClass', 'setNewPass-
    word');

// MyClass.php
public function setNewPassword(User $objUser, $strPassword)
{
    // Beliebiger Code
}
```

## 17.3.3 Formulare

Über die nachfolgenden Hooks können Sie die Formularhandhabung anpassen.

### loadFormField

Der *loadFormField*-Hook wird beim Laden eines Formularfelds ausgeführt und dient dazu, das Widget-Objekt dynamisch zu modifizieren. Er übergibt das Widget-Objekt und die ID des Formulars als Argument und erwartet ein Widget-Objekt als Rückgabewert (Listing 17.33). Verfügbar ab TYPOlight 2.5.0.

Listing 17.33: **Der loadFormField-Hook**

```
// config.php
$GLOBALS['TL_HOOKS']['loadFormField'][] = array('MyClass', 'loadFormField');

// MyClass.php
public function loadFormField(Widget $objWidget, $intForm)
{
    $objWidget->class = 'myclass';
    return $objWidget;
}
```

### validateFormField

Der *validateFormField*-Hook wird beim Abschicken eines Formularfelds ausgeführt und dient dazu, individuelle Prüfungsregeln hinzuzufügen. Er übergibt das Widget-Objekt und die ID des Formulars als Argument und erwartet ein Widget-Objekt als Rückgabewert (Listing 17.34). Verfügbar ab TYPOlight 2.5.0.

Listing 17.34: **Der validateFormField-Hook**

```
// config.php
$GLOBALS['TL_HOOKS']['validateFormField'][] = array('MyClass', 'validate-
    FormField');

// MyClass.php
public function validateFormField(Widget $objWidget, $intId)
{
    if ($objWidget instanceof FormPassword)
    {
        // Beliebiger Code
    }

    return $objWidget;
}
```

## addCustomRegexp

Der *addCustomRegexp*-Hook wird beim Antreffen eines unbekannten regulären Ausdrucks[7] ausgeführt und dient dazu, eigene Validierungsregeln für Formularfelder hinzuzufügen. Er übergibt den Namen des Ausdrucks, den aktuellen Wert und das Widget-Objekt als Argument und erwartet einen booleschen Rückgabewert (Listing 17.35). Verfügbar ab TYPOlight 2.6.2.

Listing 17.35: **Der addCustomRegexp-Hook**

```
// config.php
$GLOBALS['TL_HOOKS']['addCustomRegexp'][] = array('MyClass', 'addCustom-
    Regexp');

// MyClass.php
public function addCustomRegexp($strRegexp, $varValue, Widget $objWidget)
{
    if ($strRegexp == 'postal')
    {
        if (!preg_match('/^0-9{4,6}$/', $varValue))
        {
            $objWidget->addError('Field ' . $objWidget->label . ' should be a
                postal code.');
        }

        return true;
    }

    return false;
}
```

## postUpload

Der *postUpload*-Hook wird nach dem Hochladen einer oder mehrerer Dateien in der Dateiverwaltung ausgeführt. Er übergibt ein Array mit Dateinamen als Argument und erwartet keinen Rückgabewert (Listing 17.36). Verfügbar ab TYPOlight 2.6.4.

Listing 17.36: **Der postUpload-Hook**

```
// config.php
$GLOBALS['TL_HOOKS']['postUpload'][] = array('MyClass', 'postUpload');

// MyClass.php
public function postUpload($arrFiles)
{
    // Beliebiger Code
}
```

---

7    http://de.wikipedia.org/wiki/Regulärer_Ausdruck

## processFormData

Der *processFormData*-Hook wird nach dem Abschicken eines Formulars ausgeführt und dient dazu, individuelle Programmlogik hinzuzufügen. Er übergibt das Datenarray, das Data Container Array und das Dateiarray als Argument und erwartet keinen Rückgabewert (Listing 17.37). Hinzugefügt in TYPOlight 2.4.4.

Listing 17.37: **Der processFormData-Hook**

```
// config.php
$GLOBALS['TL_HOOKS']['processFormData'][] = array('MyClass', 'processForm-
    Data');

// MyClass.php
public function processFormData($arrPost, $arrForm, $arrFiles)
{
    // Beliebiger Code
}
```

## 17.3.4 URL-Generierung

Über die nachfolgenden Hooks können Sie die URL-Generierung anpassen.

## getPageIdFromUrl

Der *getPageIdFromUrl*-Hook wird beim Auswerten der URL-Fragmente ausgeführt und dient dazu, eigene Programmlogik beim Übersetzen der URL-Bestandteile hinzuzufügen. Er übergibt das Fragmentarray als Argument und erwartet ein Datenarray als Rückgabewert (Listing 17.38). Verfügbar ab TYPOlight 2.5.4.

Listing 17.38: **Der getPageIdFromUrl-Hook**

```
// config.php
$GLOBALS['TL_HOOKS']['getPageIdFromUrl'][] = array('MyClass', 'getPageId-
    FromUrl');

// MyClass.php
public function getPageIdFromUrl($arrFragments)
{
    return array_unique($arrFragments);
}
```

## generateFrontendUrl

Der *generateFrontendUrl*-Hook wird bei der Erstellung einer Frontend-URL ausgeführt und dient dazu, eigene Programmlogik beim Generieren von URLs hinzuzufügen. Er übergibt die originale URL als Argument und erwartet eine Zeichenkette als Rückgabewert (Listing 17.39). Verfügbar ab TYPOlight 2.5.8.

Listing 17.39: **Der generateFrontend-Hook**

```
// config.php
$GLOBALS['TL_HOOKS']['generateFrontendUrl'][] = array('MyClass', 'generate-
    FrontendUrl');

// MyClass.php
public function generateFrontendUrl(Database_Result $objPage, $strParams,
    $strUrl)
{
    return str_replace('.html', '.xml', $strUrl);
}
```

## 17.3.5 Templates

Über die nachfolgenden Hooks können Sie die Templates-Handhabung anpassen.

### parseBackendTemplate

Der *parseBackendTemplate*-Hook wird bei der Aufbereitung eines Backend-Templates ausgeführt und dient dazu, dessen Inhalt zu ändern. Er übergibt Inhalt und Name des Templates als Argument und erwartet den geänderten Template-Inhalt als Rückgabewert (Listing 17.40). Verfügbar ab TYPOlight 2.6.0.

Listing 17.40: **Der parseBackendTemplate-Hook**

```
// config.php
$GLOBALS['TL_HOOKS']['parseBackendTemplate'][] = array('MyClass', 'parse-
    BackendTemplate');

// MyClass.php
public function parseBackendTemplate($strContent, $strTemplate)
{
    if ($strTemplate == 'be_main')
    {
        // Ausgabe modifizieren
    }

    return $strContent;
}
```

### outputBackendTemplate

Der *outputBackendTemplate*-Hook wird bei der Ausgabe eines Backend-Templates auf dem Bildschirm ausgeführt und dient dazu, dessen Inhalt zu ändern. Er übergibt Inhalt und Name des Templates als Argument und erwartet den geänderten Template-Inhalt als Rückgabewert (Listing 17.41). Verfügbar ab TYPOlight 2.6.0.

Listing 17.41: **Der outputBackendTemplate-Hook**

```php
// config.php
$GLOBALS['TL_HOOKS']['outputBackendTemplate'][] = array('MyClass', 'output-
    BackendTemplate');

// MyClass.php
public function outputBackendTemplate($strContent, $strTemplate)
{
    if ($strTemplate == 'be_main')
    {
        // Ausgabe modifizieren
    }

    return $strContent;
}
```

## parseFrontendTemplate

Der *parseFrontendTemplate*-Hook wird bei der Aufbereitung eines Frontend-Templates ausgeführt und dient dazu, dessen Inhalt zu ändern. Er übergibt Inhalt und Name des Templates als Argument und erwartet den geänderten Template-Inhalt als Rückgabewert (Listing 17.42). Verfügbar ab TYPOlight 2.6.0.

Listing 17.42: **Der parseFrontendTemplate-Hook**

```php
// config.php
$GLOBALS['TL_HOOKS']['parseFrontendTemplate'][] = array('MyClass', 'parse-
    FrontendTemplate');

// MyClass.php
public function parseFrontendTemplate($strContent, $strTemplate)
{
    if ($strTemplate == 'ce_text')
    {
        // Ausgabe modifizieren
    }

    return $strContent;
}
```

## outputFrontendTemplate

Der *outputFrontendTemplate*-Hook wird bei der Ausgabe eines Frontend-Templates auf dem Bildschirm ausgeführt und dient dazu, dessen Inhalt zu ändern. Er übergibt Inhalt und Name des Templates als Argument und erwartet den geänderten Template-Inhalt als Rückgabewert (Listing 17.43). Verfügbar ab TYPOlight 2.6.0.

Listing 17.43: **Der outputFrontendTemplate-Hook**

```php
// config.php
$GLOBALS['TL_HOOKS']['outputFrontendTemplate'][] = array('MyClass', 'output-
    FrontendTemplate');
```

```
// MyClass.php
public function outputFrontendTemplate($strContent, $strTemplate)
{
    if ($strTemplate == 'fe_page')
    {
        // Ausgabe modifizieren
    }

    return $strContent;
}
```

## 17.3.6 Verschiedenes

Über die nachfolgenden Hooks können Sie verschiedene Abläufe anpassen.

### getAllEvents

Der *getAllEvents*-Hook ermöglicht das Modifizieren von Terminen in Kalendern und Event-modulen. Er übergibt das originale Datenarray, die IDs der Elternelemente sowie Start- und Endzeit als Argument und erwartet ein Datenarray als Rückgabewert (Listing 17.44). Verfügbar ab TYPOlight 2.6.4.

Listing 17.44: **Der getAllEvents-Hook**

```
// config.php
$GLOBALS['TL_HOOKS']['getAllEvents'][] = array('MyClass', 'getAllEvents');

// MyClass.php
public function getAllEvents($arrEvents, $arrCalendars, $intStart, $intEnd)
{
    ksort($arrEvents);
    return $arrEvents;
}
```

### getSearchablePages

Der *getSearchablePages*-Hook wird beim Aufbau des Suchindex ausgeführt und dient dazu, weitere TYPOlight-Seiten zum Suchindex hinzuzufügen. Er übergibt das URL-Array und die ID der Wurzelseite als Argument und erwartet ein Array mit absoluten URLs als Rückgabewert (Listing 17.45). Verfügbar ab TYPOlight 2.2.0.

Listing 17.45: **Der getSearchablePages-Hook**

```
// config.php
$GLOBALS['TL_HOOKS']['getSearchablePages'][] = array('MyClass', 'getSearch-
    ablePages');

// MyClass.php
public function getSearchablePages($arrPages, $intRoot)
{
    return array_merge($arrPages, array('Additional pages'));
}
```

## postDownload

Der *postDownload*-Hook wird nach dem Herunterladen einer Datei mit Hilfe des Download(s)-Elements ausgeführt und dient beispielsweise der Erstellung einer Download-Statistik. Er übergibt den Dateinamen als Argument und erwartet keinen Rückgabewert (Listing 17.46). Verfügbar ab TYPOlight 2.4.6.

Listing 17.46: **Der postDownload-Hook**

```
// config.php
$GLOBALS['TL_HOOKS']['postDownload'][] = array('MyClass', 'postDownload');

// MyClass.php
public function postDownload($strFile)
{
    // Beliebiger Code
}
```

## replaceInsertTags

Der *replaceInsertTags*-Hook wird beim Antreffen eines unbekannten Insert-Tags ausgeführt und dient dazu, individuelle Insert-Tags hinzuzufügen. Er übergibt den Namen des Insert-Tags als Argument und erwartet die Ersetzung oder false als Rückgabewert (Listing 17.47). Verfügbar ab TYPOlight 2.6.0.

Listing 17.47: **Der replaceInsertTags-Hook**

```
// config.php
$GLOBALS['TL_HOOKS']['replaceInsertTags'][] = array('MyClass', 'replace-
    InsertTags');

// MyClass.php
public function replaceInsertTags($strTag)
{
    if ($strTag == 'mytag')
    {
        return 'mytag replacement';
    }


    return false;
}
```

## executePreActions

Der *executePreActions*-Hook wird bei unbekannten Ajax-Anfragen ausgeführt, die keine Ausgabe generieren, und dient dazu, eigene Ajax-Funktionen hinzuzufügen. Er übergibt den Namen der Aktion als Argument und erwartet keinen Rückgabewert (Listing 17.48). Verfügbar ab TYPOlight 2.6.1.

Listing 17.48: **Der executePreActions-Hook**

```
// config.php
$GLOBALS['TL_HOOKS']['executePreActions'][] = array('MyClass', 'executePre-
   Actions');

// MyClass.php
public function executePreActions($strAction)
{
   if ($strAction == 'update')
   {
      // Beliebiger Code
   }
}
```

## executePostActions

Der *executePostActions*-Hook wird bei unbekannten Ajax-Anfragen ausgegeben, die eine Ausgabe generieren, und dient dazu, eigene Ajax-Funktionen hinzuzufügen. Er übergibt den Namen der Aktion und das DataContainer-Objekt als Argument und erwartet keinen Rückgabewert (Listing 17.49). Verfügbar ab TYPOlight 2.6.1.

Listing 17.49: **Der executePostActions-Hook**

```
// config.php
$GLOBALS['TL_HOOKS']['executePostActions'][] = array('MyClass', 'execute-
   PostActions');

// MyClass.php
public function executePostActions($strAction, DataContainer $dc)
{
   if ($strAction == 'update')
   {
      // Beliebiger Code
   }
}
```

## removeOldFeeds

Der *removeOldFeeds*-Hook wird beim Entfernen alter XML-Dateien aus dem TYPOlight-Verzeichnis ausgeführt und dient dazu, bestimmte Dateien zu erhalten. Er übergibt nichts als Argument und erwartet ein Array mit zu erhaltenden Dateien als Rückgabewert (Listing 17.50). Verfügbar ab TYPOlight 2.5.8.

Listing 17.50: **Der removeOldFeeds-Hook**

```
// config.php
$GLOBALS['TL_HOOKS']['removeOldFeeds'][] = array('MyClass', 'removeOld-
   Feeds');
```

```
// MyClass.php
public function removeOldFeeds()
{
    return array('custom.xml');
}
```

## reviseTable

Der *reviseTable*-Hook wird beim Bereinigen verwaister Datensätze einer Tabelle ausgeführt. Er übergibt den Namen der Tabelle, die IDs aller neu angelegten Datensätze, den Namen der Elterntabelle und die Namen aller Kindtabellen als Argument und erwartet einen booleschen Rückgabewert (Listing 17.51). Geben Sie true zurück, um die Seite neu zu laden. Verfügbar ab TYPOlight 2.6.4.

Listing 17.51: **Der reviseTable-Hook**

```
// config.php
$GLOBALS['TL_HOOKS']['reviseTable'][] = array('MyClass', 'reviseTable');

// MyClass.php
public function reviseTable($table, $new_records, $parent_table, $child_
    tables)
{
    // Beliebiger Code
    return true;
}
```

# 18. Eigene Erweiterungen schreiben

In den bisherigen Kapiteln ging es hauptsächlich darum, vorhandene Module und Funktionen anzupassen bzw. zu ergänzen. In den folgenden Abschnitten erkläre ich Ihnen nun, wie Sie eigene Erweiterungen mit neuer Funktionalität programmieren und im Extension Repository veröffentlichen.

## 18.1 Der Extension-Creator

Alle TYPOlight-Erweiterungen sind nach einem ähnlichen Schema aufgebaut, das auf einer einheitlichen Verzeichnisstruktur und bestimmten Dateien beruht (Abbildung 18.1). So gibt es z.B. in jeder Erweiterung den Unterordner config mit der Datei config.php, in der die TYPOlight-Konfiguration angepasst werden kann.

| Name | Größe | Art | Version |
|---|---|---|---|
| config | -- | Ordner | -- |
| dca | -- | Ordner | -- |
| html | -- | Ordner | -- |
| languages | -- | Ordner | -- |
| ModuleNewsletterList.php | 4 KB | PHP Document | -- |
| ModuleNewsletterReader.php | 8 KB | PHP Document | -- |
| ModuleSubscribe.php | 8 KB | PHP Document | -- |
| ModuleUnsubscribe.php | 8 KB | PHP Document | -- |
| Newsletter.php | 20 KB | PHP Document | -- |
| templates | -- | Ordner | -- |

10 Objekte, 53,58 GB verfügbar

Abbildung 18.1: **Typische Verzeichnisstruktur einer Erweiterung**

## 18.1.1 Ein neues Modul anlegen

Damit Sie die Verzeichnisse und Dateien einer neuen Erweiterung nicht jedes Mal manuell anlegen müssen, gibt es den Extension-Creator, der das für Sie übernimmt. Der Extension-Creator ist Teil der *development*-Erweiterung[1], die speziell für Entwickler gedacht ist und neben diesem Modul auch ein Tool zum Auffinden fehlender Bezeichnungen in TYPOlight-Übersetzungen enthält.

Seit TYPOlight 2.7.0 ist die Erweiterung nicht mehr Teil der Core-Distribution und muss über das Extension Repository installiert werden (Abbildung 18.2).

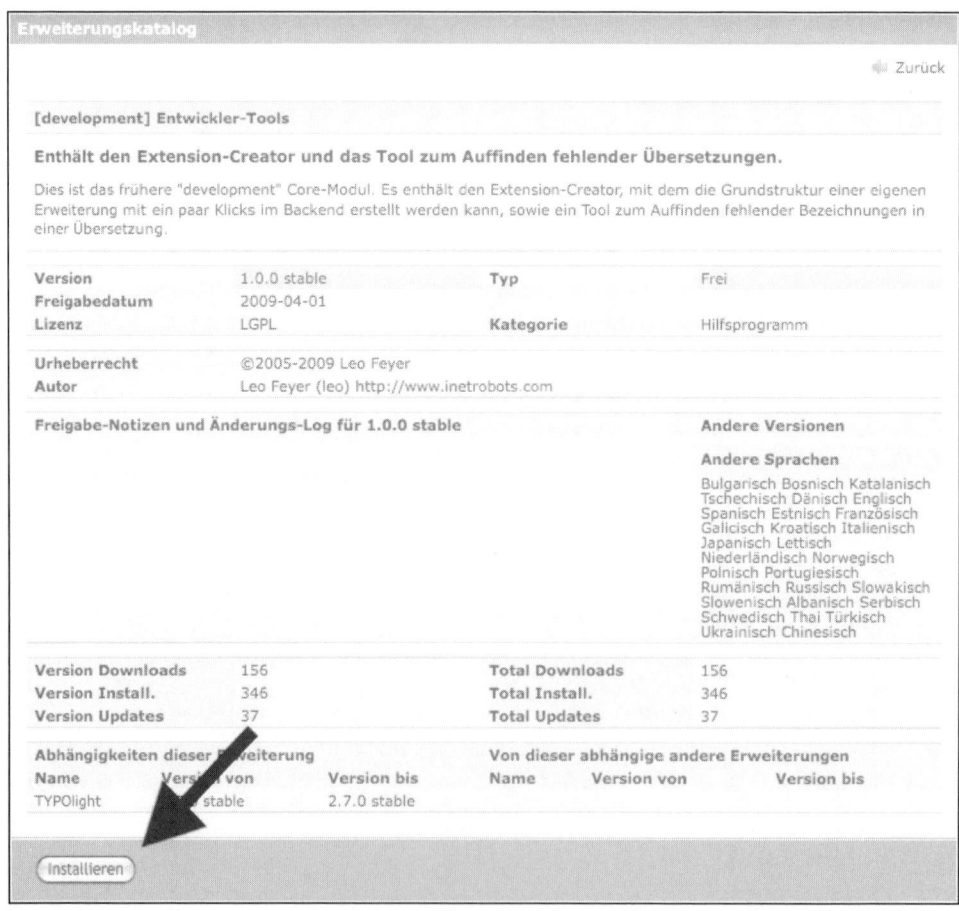

Abbildung 18.2: **Installation der development-Erweiterung**

---

1   http://www.typolight.org/erweiterungsliste/view/development.10000009. de.html

Danach finden Sie den Extension-Creator in der Backend-Navigation in der Gruppe *System*. Klicken Sie auf den Link Extension-Creator und anschließend auf den Link Neue Erweiterung, um eine neue Erweiterung zu erstellen (Abbildung 18.3).

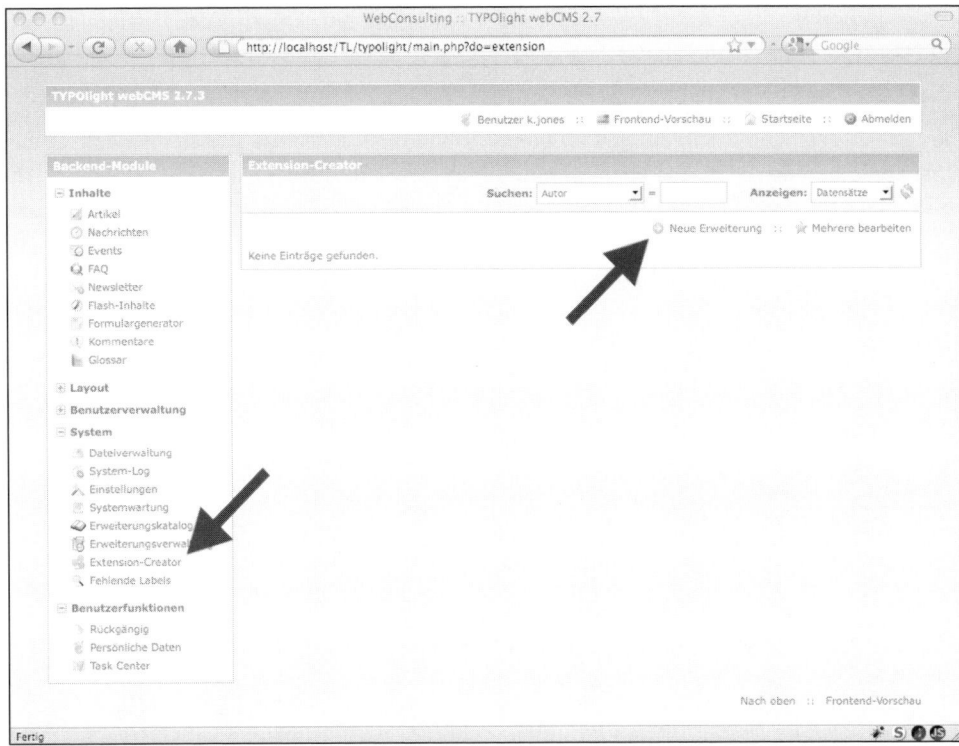

Abbildung 18.3: **Eine neue Erweiterung mit dem Extension-Creator erstellen**

Titel: Der Titel einer Erweiterung wird nur in der Backend-Übersicht verwendet.

Ordnername: Hier legen Sie den Namen des Verzeichnisses fest, in dem die Dateien der Erweiterung gespeichert werden. Die Erweiterung wird als Unterordner im Verzeichnis sys-tem/modules gespeichert, daher sollten Sie darauf achten, dass der gewählte Name möglichst eindeutig und noch nicht vergeben ist.

Bedenken Sie auch, dass Modulordner in alphabetischer Reihenfolge eingelesen werden und nur die Module überschrieben werden können, die bereits geladen wurden. Nennen Sie das Verzeichnis also nicht anpassungen, wenn Sie darin Einstellungen der news-Erweiterung modifizieren möchten.

Autor: Geben Sie hier Ihren Vor- und Nachnamen sowie Ihre E-Mail-Adresse ein.

Copyright: Geben Sie hier einen Copyright-Vermerk ein (z.B. *Ihr Name 2009*).

PAKET: Hier können Sie Ihre Erweiterung mit einem Paketnamen versehen, der später von Dokumentationsprogrammen wie dem *phpDocumentor*[2] ausgewertet werden kann. Der Paketname sollte aussagekräftig sein und keine Leerzeichen enthalten.

LIZENZ: Geben Sie hier den Namen der Lizenz ein, unter der Sie Ihr Modul veröffentlichen möchten (z.B. *GLP*, *LGPL* oder *MIT-License*).

Damit haben Sie den allgemeinen Teil der Erweiterung erfolgreich konfiguriert. Die folgenden Schritte hängen davon ab, was für eine Art von Erweiterung Sie schreiben möchten. Sie können sowohl Backend- als auch Frontend-Module hinzufügen.

EIN BACKEND-MODUL HINZUFÜGEN: Wählen Sie diese Option, wenn Sie Dateien für das Backend hinzufügen möchten (z.B. für ein neues Eingabefeld).

BACKEND-KLASSEN: Geben Sie eine kommagetrennte Liste der Backend-Klassen ein, die der Extension-Creator für Sie erstellen soll.

BACKEND-TABELLEN: Geben Sie eine kommagetrennte Liste von Tabellennamen an, die Sie für Ihre Erweiterung benötigen.

BACKEND-TEMPLATES: Geben Sie eine kommagetrennte Liste von Templates an, die Sie in Ihrer Erweiterung verwenden möchten.

EIN FRONTEND-MODUL HINZUFÜGEN: Wählen Sie diese Option, wenn Sie Dateien für das Frontend hinzufügen möchten (z.B. für ein neues Modul oder Inhaltselement).

FRONTEND-KLASSEN: Geben Sie eine kommagetrennte Liste der Frontend-Klassen ein, die der Extension-Creator für Sie erstellen soll.

FRONTEND-TABELLEN: Geben Sie eine kommagetrennte Liste von Tabellennamen an, die Sie für Ihre Erweiterung benötigen.

FRONTEND-TEMPLATES: Geben Sie eine kommagetrennte Liste von Templates an, die Sie in Ihrer Erweiterung verwenden möchten.

SPRACHPAKETE ERSTELLEN: Wählen Sie diese Option, wenn Sie zu Ihrer Erweiterung ein oder mehrere Sprachpakete erstellen möchten.

SPRACHEN: Geben Sie eine kommagetrennte Liste von Sprachen an. Sprachen werden über ihr primäres Subtag[3] nach ISO 639-1 erfasst, also z.B. de für deutsch.

## 18.1.2 Die Dateistruktur erstellen

Die nächsten Schritte zeige ich Ihnen anhand eines Beispielmoduls, mit dem Sie eigene Formulare erstellen und deren Eingaben in der Datenbank speichern können. Das Modul

---

2 http://www.phpdoc.org
3 http://www.sub.uni-goettingen.de/ssgfi/projekt/doku/sprachcode.html

finden Sie auch auf der Buch-CD. Die dazu benötigten Verzeichnisse und Dateien legt der Extension-Creator automatisch für Sie an (Abbildung 18.4).

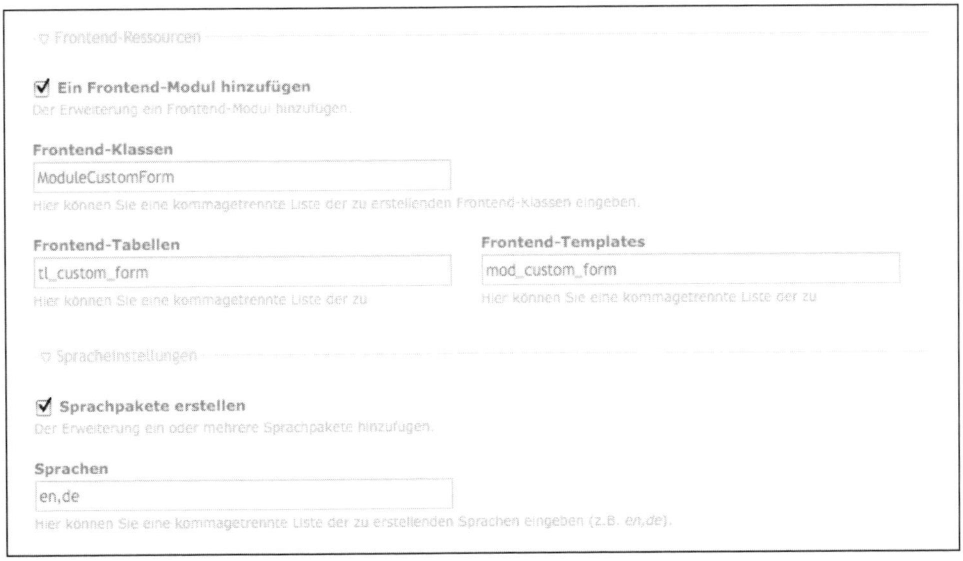

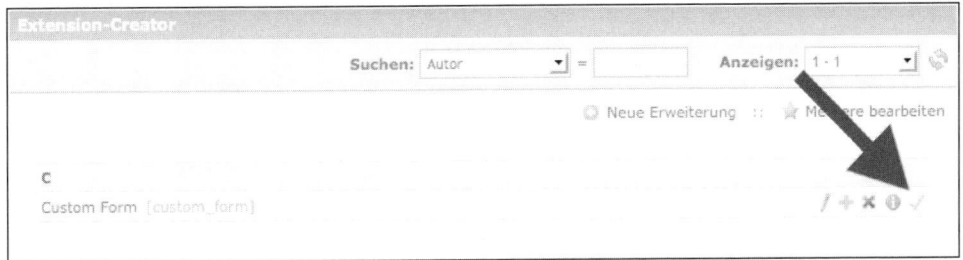

Abbildung 18.4: **Dateien für ein Frontend-Modul hinzufügen**

Nach dem Speichern der Änderungen gelangen Sie zurück zur Übersicht. Dort ist die Erweiterung nun gelistet, jedoch wurden noch keinerlei Dateien oder Ordner angelegt. Damit das geschieht, müssen Sie auf der Übersichtsseite des Extension-Creator auf das entsprechende Navigationsicon klicken (Abbildung 18.5).

Abbildung 18.5: **Die Dateien der Erweiterung erstellen**

Den nun folgenden Hinweis sollten Sie genau lesen. Er macht Sie darauf aufmerksam, dass eventuell vorhandene Dateien während des Erstellungsprozesses überschrieben werden. Sichern Sie daher die Modul-Dateien auf Ihrem lokalen Rechner! Wechseln Sie danach in das Verzeichnis `system/modules` und sehen Sie sich an, welche Ressourcen der Extension-Creator angelegt hat (Abbildung 18.6).

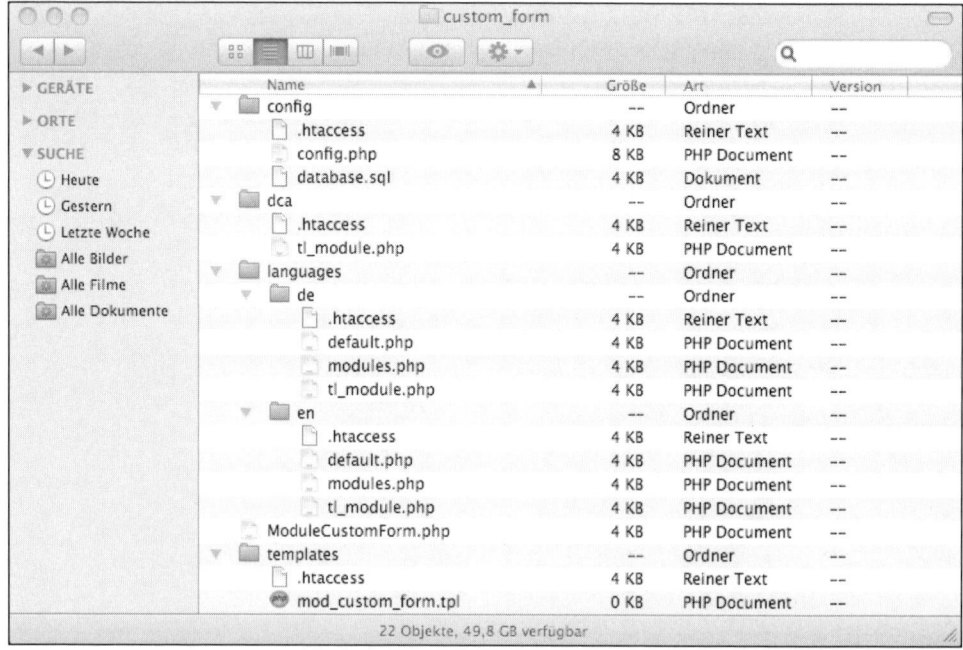

Abbildung 18.6: **Vom Extension-Creator angelegte Dateien und Ordner**

### 18.1.3 Das Modul konfigurieren

Öffnen Sie zunächst die Datei `config/config.php` und registrieren Sie das Modul, damit TYPOlight es finden kann (Listing 18.1):

Listing 18.1: **Das Frontend-Modul in der Konfiguration registrieren**

```
$GLOBALS['FE_MOD']['application']['custom_form'] = 'ModuleCustomForm';
```

Anschließend müssen Sie die neue Tabelle in der Datei `config/database.sql` definieren. Das Beispielmodul soll ein Formular enthalten, mit dem Mitglieder ihre Teilnahme an einer Veranstaltung bestätigen oder ablehnen können. Also benötigen wir ein Feld für den Namen, ein Feld für die E-Mail-Adresse, ein Feld für die Zu- oder Absage und ein optionales Kommentarfeld (Listing 18.2).

Listing 18.2: **Eine neue Tabelle in der database.sql definieren**

```
CREATE TABLE `tl_custom_form` (
    `id` int(10) unsigned NOT NULL auto_increment,
    `tstamp` int(10) unsigned NOT NULL default '0',
    `name` varchar(64) NOT NULL default '',
    `email` varchar(128) NOT NULL default '',
    `attending` char(1) NOT NULL default '',
    `comments` text NULL,
    PRIMARY KEY (`id`)
) ENGINE=MyISAM DEFAULT CHARSET=utf8;
```

Als Nächstes müssen Sie eine Palette hinzufügen, damit TYPOlight ein entsprechendes Formular zur Bearbeitung des Moduls generieren kann. Diese Information wird in der Datei `dca/tl_module.php` gespeichert (Listing 18.3).

Listing 18.3: **Eine Palette für die Modulkonfiguration definieren**

```
$GLOBALS['TL_DCA']['tl_module']['palettes']['custom_form'] = '{title_legend},
    name,headline,type;{protected_legend:hide},protected;{expert_legend:
    hide},guests,cssID,space';
```

Als Letztes sollten Sie in der Sprachdatei `languages/de/modules.php` einen Namen für das Modul festlegen, damit im Backend nicht nur `custom_form` angezeigt wird (Listing 18.4). Dasselbe gilt natürlich auch für die englische Übersetzung.

Listing 18.4: **Eine Übersetzung für das Modul hinzufügen**

```
$GLOBALS['TL_LANG']['FMD']['custom_form'] = array('Eigenes Formular', 'Ein
    eigenes Formular erstellen.');
```

Jetzt können Sie Ihr Modul in der Modulverwaltung anlegen (Abbildung 18.7).

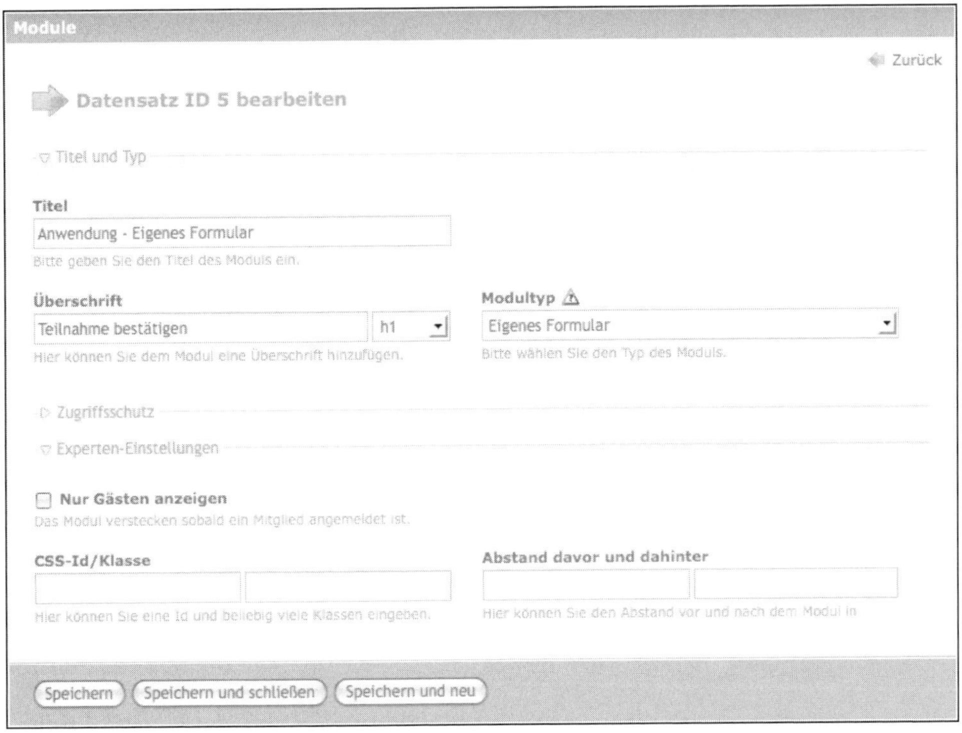

Abbildung 18.7: **Das Modul in der Modulverwaltung anlegen**

Natürlich enthält das Modul noch keine Ausgabe, weil Sie ja noch keine Programmlogik hinzugefügt haben. TYPOlight kapselt den Code in Klassen, die ebenfalls vom Extension-Creator angelegt werden. Öffnen Sie die Datei `ModuleCustomForm.php` und fügen Sie Ihren Code in die Methode `compile()` ein (Listing 18.5).

Listing 18.5: **Programmlogik hinzufügen**

```php
class ModuleCustomForm extends Module
{

    /**
     * Template
     * @var string
     */
    protected $strTemplate = 'mod_custom_form';


    /**
     * Generate module
     */
    protected function compile()
    {
        // Eingaben verarbeiten
        if ($this->Input->post('FORM_SUBMIT') == 'custom_form')
        {
            $this->Database->prepare
            (
                „INSERT INTO
                    tl_custom_form
                SET
                    name=?,
                    email=?,
                    attending=?,
                    comments=?,
                    tstamp=?"
            )
            ->execute
            (
                $this->Input->post('name'),
                $this->Input->post('email'),
                $this->Input->post('attending'),
                $this->Input->post('comments'),
                time()
            );

            $this->reload();
        }

        // Template-Variablen
        $this->Template->action = $this->Environment->request;
    }
}
```

Diese relativ einfache Methode nimmt die Benutzereingaben entgegen, speichert sie in der Datenbank und lädt dann die Seite neu, um ein doppeltes Abschicken zu verhindern. Ihre eigene Programmlogik wird sehr wahrscheinlich deutlich komplizierter ausfallen, weil Sie z.B. die E-Mail-Adresse prüfen oder bereits erhaltene Zu- oder Absagen bei einem erneuten Abschicken aktualisieren möchten.

Zu guter Letzt fehlt nur noch das Template, das den eigentlichen HTML-Code enthält. Sie finden es unter `templates/mod_custom_form.tpl` (Listing 18.6).

Listing 18.6: **Das Template definieren**

```
<!-- indexer::stop -->
<div class="<?php echo $this->class; ?> block"<?php echo $this->cssID; ?>
<?php if ($this->style): ?> style="<?php echo $this->style; ?>"<?php endif;
?>>
<?php if ($this->headline): ?>

<<?php echo $this->hl; ?>><?php echo $this->headline; ?></<?php echo $this->
hl; ?>>
<?php endif; ?>

<form action="<?php echo $this->action; ?>" method="post">
<div class="formbody">
<input type="hidden" name="FORM_SUBMIT" value="custom_form" />
<p>
    <label for="cf_name">Name</label><br />
    <input type="text" name="name" id="cf_name" class="text" value="" />
</p>
<p>
    <label for="cf_email">E-Mail-Adresse</label><br />
    <input type="text" name="email" id="cf_email" class="text" value="@" />
</p>
<p>
    <label for="cf_comments">Kommentar</label><br />
    <textarea name="comments" id="cf_comments" class="textarea" rows="6"
      cols="30"></textarea>
</p>
<p>
    <input type="radio" name="attending" id="cf_attending_1" class="radio"
      value="" />
    <label for="cf_attending_1">Ich nehme teil</label><br />
    <input type="radio" name="attending" id="cf_attending_0" class="radio"
      value="1" />
    <label for="cf_attending_0">Ich nehme nicht teil</label><br />
</p>
<p style="margin-top:1em">
    <input type="submit" class="submit" value="Abschicken" />
</p>
</div>
</form>

</div>
<!-- indexer::continue -->
```

Ihre Erweiterung ist nun vollständig und einsatzbereit (Abbildung 18.8).

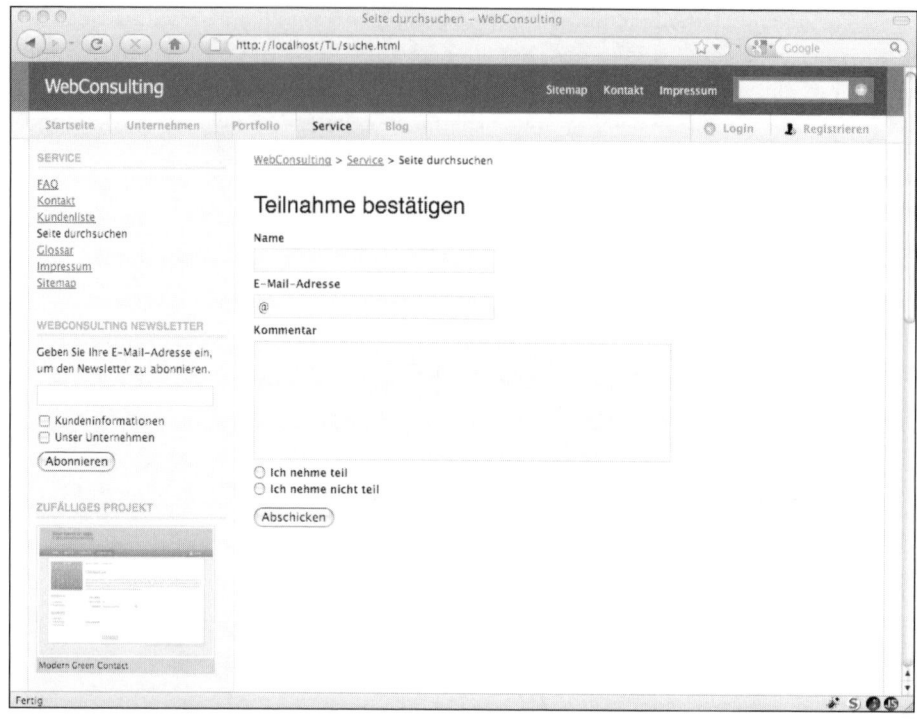

Abbildung 18.8: **Das neue Modul im Frontend**

## 18.2 Veröffentlichung im Extension Repository

Sofern Sie eine Erweiterung nicht nur für sich selbst oder im Kundenauftrag erstellt haben und diese der Allgemeinheit zur Verfügung stellen möchten, können Sie sie im Extension Repository veröffentlichen. Dazu benötigen Sie ein Benutzerkonto, für das Sie sich auf der Projektwebseite[4] registrieren können.

Sobald Sie sich angemeldet haben, können Sie über die beiden Links *Erweiterungen verwalten* und *Übersetzungen verwalten* in der Subnavigation des Extension Repository auf das Entwickler-Interface zugreifen (Abbildung 18.9).

### 18.2.1 Eine Erweiterung anlegen

Um eine neue Erweiterung anzulegen, folgen Sie dem Link *Erweiterungen verwalten* und klicken Sie auf die Schaltfläche ERWEITERUNG HINZUFÜGEN. Sie gelangen nun zu einem Formular, in das Sie die Daten der Erweiterung eingeben können (Abbildung 18.10). Der Kasten oberhalb des Formulars enthält wichtige Hinweise zur Namensgebung, die Sie unbedingt berücksichtigen sollten.

---

4   http://www.typolight.org/registrieren.html

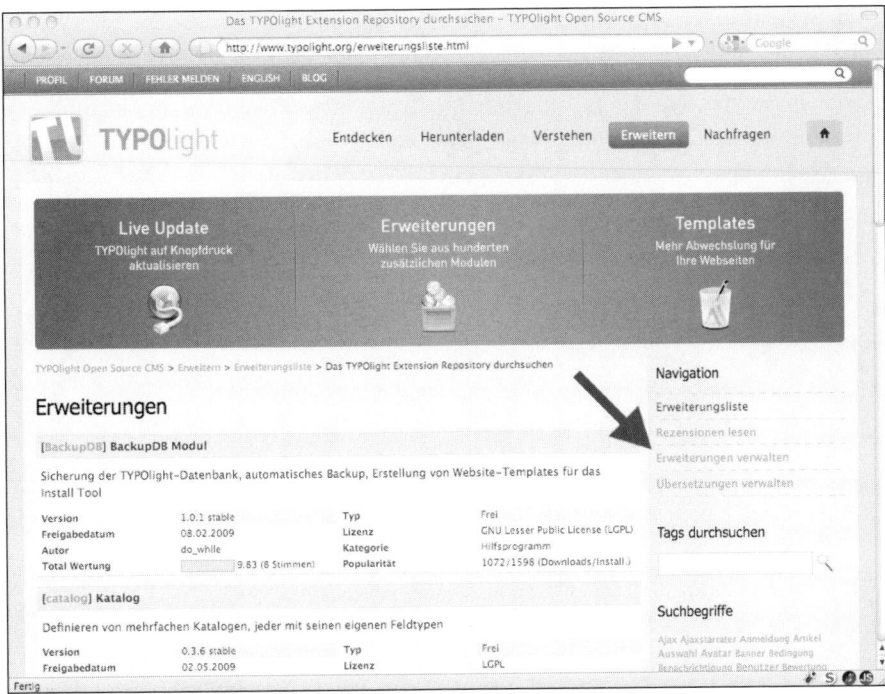

Abbildung 18.9: **Entwickler-Interface des Extension Repository**

Abbildung 18.10: **Eine neue Erweiterung erstellen**

NAME: Geben Sie hier den Namen des Modulordners ein und denken Sie daran, dass TYPO-light die Module nacheinander in alphabetischer Reihenfolge einliest.

TYP: Hier können Sie den Typ der Erweiterung festlegen. Freie Erweiterungen können von jedermann heruntergeladen werden, private Erweiterungen nur mit einem Download-Key und kommerziellen Erweiterungen nur mit einem Lizenzschlüssel.

DEMO VORHANDEN: Wählen Sie diese Option, wenn Ihre kommerzielle Erweiterung auch ohne Lizenzschlüssel als Demoversion installiert werden kann.

KATEGORIE: Hier legen Sie fest, in welcher Kategorie die Erweiterung veröffentlicht wird. Folgende Kategorien sind momentan verfügbar:

» *Anwendung*: Die Erweiterung ist eine eigenständige Anwendung.

» *Hilfsprogramm*: Die Erweiterung ist ein Hilfsprogramm für das Backend.

» *Vorlage*: Die Erweiterung ist ein Template.

» *Widget*: Die Erweiterung ist ein Eingabefeld (Widget) für Formulare.

» *Plugin*: Die Erweiterung ist eine PHP- oder JavaScript-Library.

» *Andere*: Die Erweiterung passt in keine der genannten Kategorien.

## 18.2.2  Eine Freigabe hinzufügen

Nachdem Sie die Erweiterung angelegt haben, können Sie ein erstes Release hinzufügen, das im Extension Repository als »Freigabe« bezeichnet wird (Abbildung 18.11). Jede neue Version der Erweiterung wird als eigene Freigabe gespeichert.

Wechseln Sie mit Hilfe des entsprechenden Navigationssymbols in die Freigabenverwaltung und klicken Sie auf die Schaltfläche FREIGABE HINZUFÜGEN. Füllen Sie danach das Formular zum Anlegen eines neuen Release aus (Abbildung 18.12).

VERSION: Geben Sie hier die Version der Freigabe (Release) ein. Eine Versionsnummer besteht immer aus drei Zahlen für die Major-, Minor- und Maintenance-Version (z.B. 1.0.0) sowie einer Angabe zum Entwicklungsstatus (z.B. beta1).

» *alpha1 – alpha3*: Es handelt sich um eine Alpha-Version.

» *beta1 – beta3*: Es handelt sich um eine Beta-Version.

» *rc1 – rc3*: Es handelt sich um ein Release Candidate.

» *stable*: Es handelt sich um ein stabiles Release für den produktiven Einsatz.

FREIGABEDATUM: Geben Sie hier das Datum ein, zu dem die Freigabe veröffentlicht wird. In der Regel ist das der aktuelle Tag, daher ist dieses Datum vorgegeben.

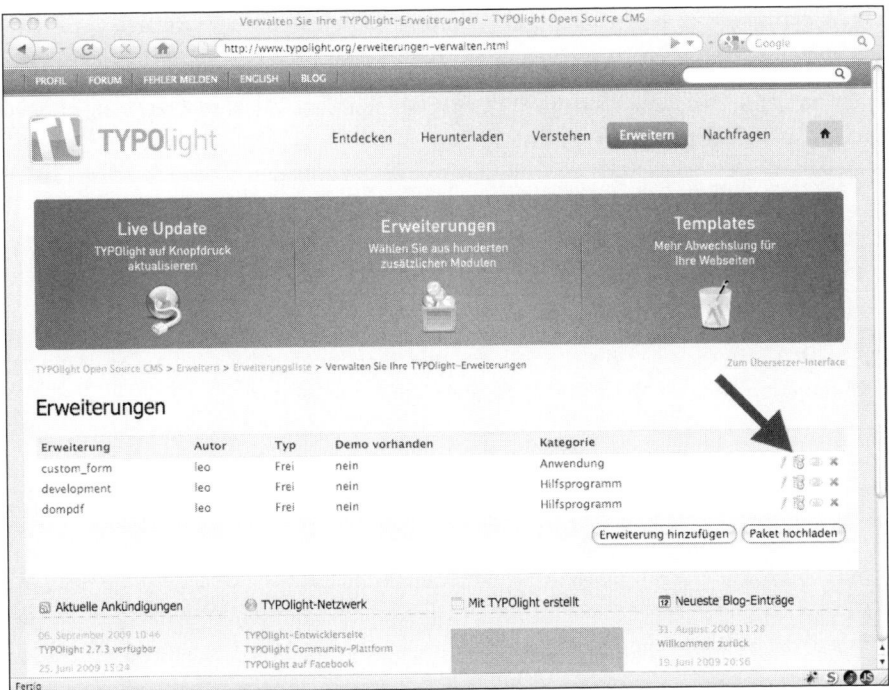

Abbildung 18.11: **Freigaben verwalten**

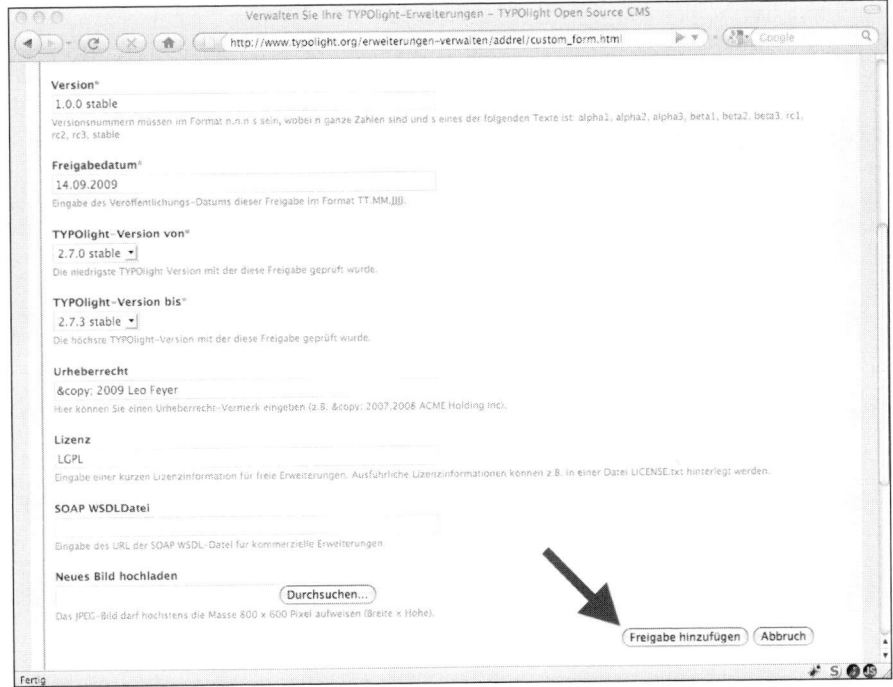

Abbildung 18.12: **Eine neue Freigabe hinzufügen**

TYPOLIGHT-VERSION VON: Hier legen Sie die TYPOlight-Version fest, die zum Betrieb der Erweiterung mindestens benötigt wird.

TYPOLIGHT-VERSION BIS: Hier legen Sie die TYPOlight-Version fest, die zum Betrieb der Erweiterung maximal eingesetzt werden kann.

URHEBERRECHT: Hier können Sie Hinweise zum Urheberrecht eingeben.

LIZENZ: Hier legen Sie die Lizenz fest, unter der die Erweiterung veröffentlicht wird. Ausführliche Lizenzinformationen können Sie bei Bedarf beispielsweise auch in einer Datei namens LICENSE.txt hinterlegen.

SOAP WSDL-DATEI: Hier können Sie die URL der WSDL-Datei eingeben, die zur Prüfung der Lizenzschlüssel von kommerziellen Erweiterungen benötigt wird.

BILD: Hier können Sie einen Screenshot der Erweiterung hochladen.

## 18.2.3 Die Dateien hochladen

Als Nächstes müssen Sie dem neuen Release Dateien hinzufügen. Wechseln Sie dazu mit Hilfe des entsprechenden Navigationssymbols in die Dateiverwaltung (Abbildung 18.13) und klicken Sie auf die Schaltfläche DATEIEN HINZUFÜGEN/AKTUALISIEREN.

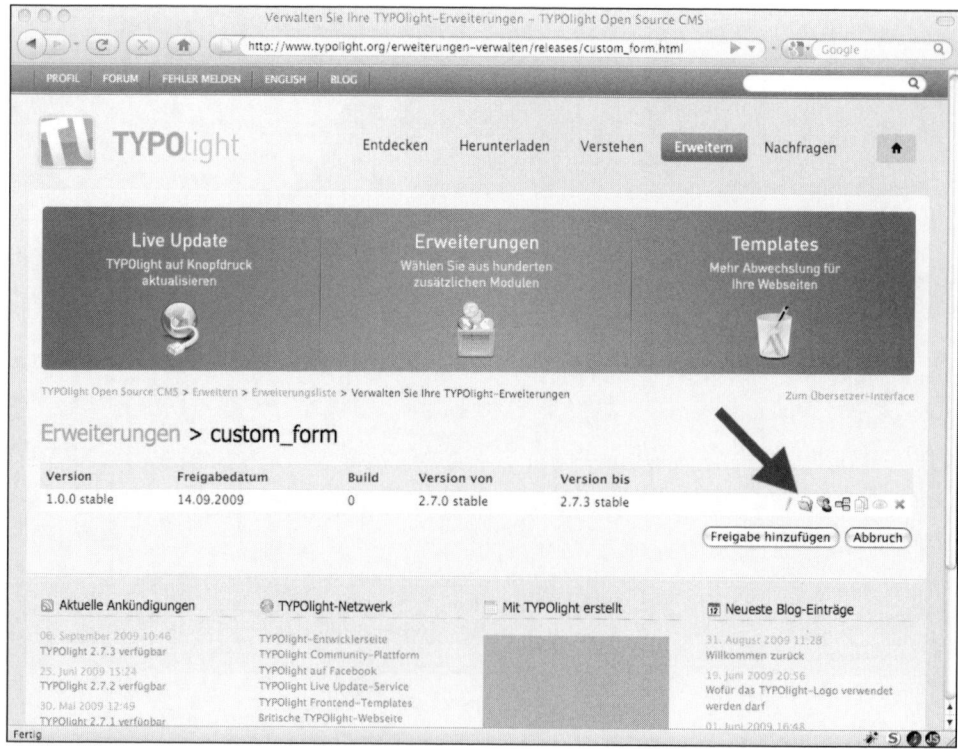

Abbildung 18.13: **Die Dateiverwaltung aufrufen**

Sie können nun einzelne Dateien oder ganze Zip-Archive auf den Server übertragen (Abbildung 18.14). Ich habe in diesem Fall das Zip-Archiv der Erweiterung genommen, das auch auf der Buch-CD zu finden ist. Achten Sie darauf, das richtige Zielverzeichnis auszuwählen, damit die Pfade nach dem Upload stimmen.

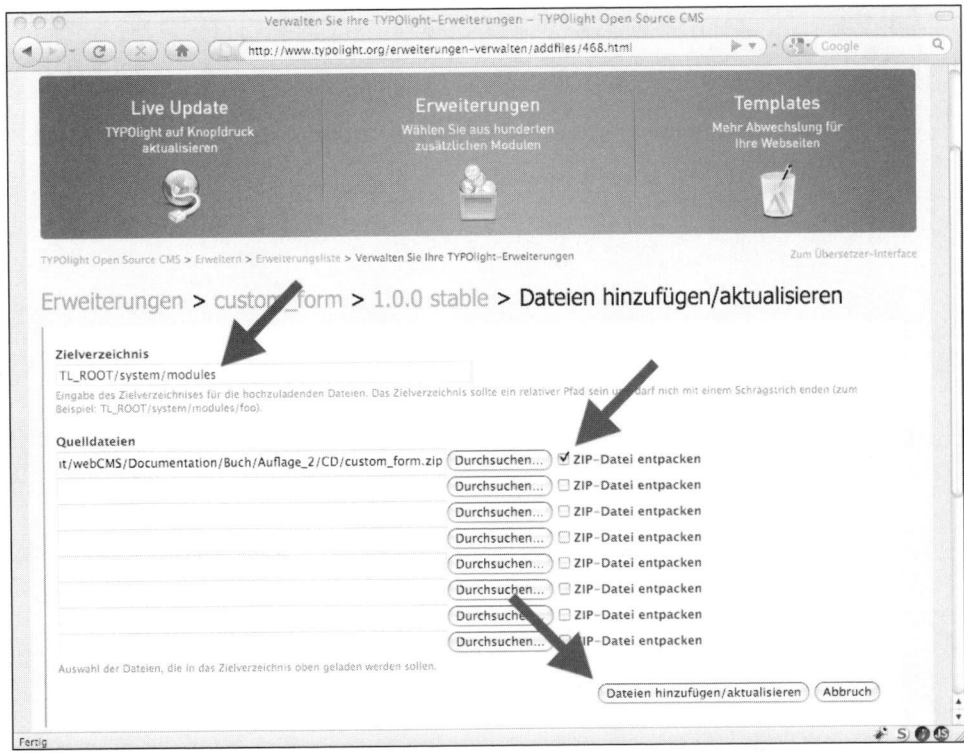

Abbildung 18.14: **Dateien auf den Server übertragen**

ZIELVERZEICHNIS: Hier legen Sie das Zielverzeichnis der Dateien fest. Wenn Ihr Zip-Archiv bereits den Ordner TL_ROOT enthält, können Sie das Feld leer lassen. In meinem Beispiel enthält das Zip-Archiv lediglich den Ordner custom_form, daher habe ich den Pfad TL_ROOT/system/modules eingetragen.

QUELLDATEIEN: Hier können Sie mehrere Dateien bzw. Zip-Archive hochladen. Aktivieren Sie dabei unbedingt die Option ZIP-DATEI ENTPACKEN, da das Zip-Archiv sonst unverändert als eine Datei gespeichert wird.

Nachdem alle Ressourcen auf den Server übertragen wurden, gelangen Sie zurück zur Übersicht und können dort die Dateien überprüfen. Über die Navigationssymbole können Sie einzelne Dateien aktualisieren oder sogar direkt auf dem Server bearbeiten. Ist alles zu Ihrer Zufriedenheit, verlassen Sie die Dateiverwaltung mit einem Klick auf die Schaltfläche ABBRUCH (Abbildung 18.15).

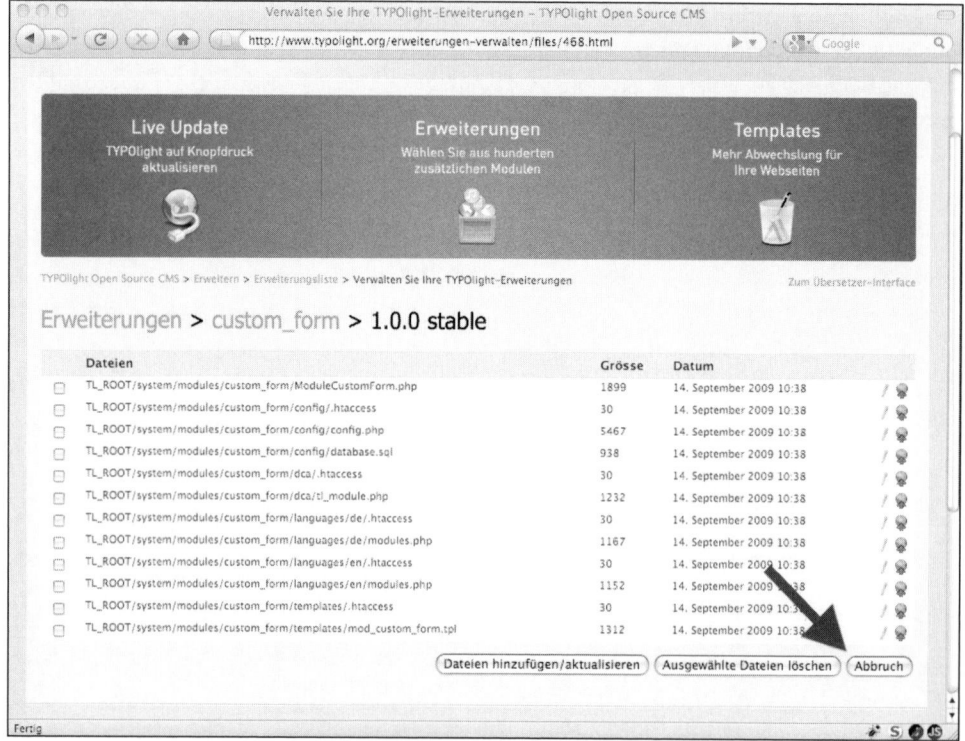

Abbildung 18.15: **Die hochgeladenen Dateien überprüfen**

## 18.2.4 Eine Übersetzung hinzufügen

Bevor Sie eine Erweiterung veröffentlichen können, muss mindestens eine Übersetzung angelegt worden sein. Wechseln Sie deshalb mit Hilfe des entsprechenden Navigationssymbols in die Sprachverwaltung (Abbildung 18.16) und klicken Sie dort auf die Schaltfläche Sprache hinzufügen.

Es empfiehlt sich, immer auch eine englische Übersetzung anzulegen, da die Benutzer im Backend grundsätzlich nur die Erweiterungen sehen, die in ihrer jeweiligen Sprache oder in Englisch verfügbar sind. Füllen Sie also das Formular zum Anlegen einer neuen Übersetzung aus (Abbildung 18.17) und bestätigen Sie Ihre Änderungen mit einem Klick auf die Schaltfläche Sprache hinzufügen.

Sprache: Hier wählen Sie die Sprache der Übersetzung aus.

Übersetzer: Hier können Sie festlegen, wer die Übersetzung bearbeiten darf.

Suchbegriffe: Hier lassen sich bis zu fünf kommagetrennte Suchbegriffe eingeben.

Titel: Geben Sie hier den Titel der Erweiterung in der gewählten Sprache ein.

Teaser: Geben Sie hier eine Kurzbeschreibung der Erweiterung ein.

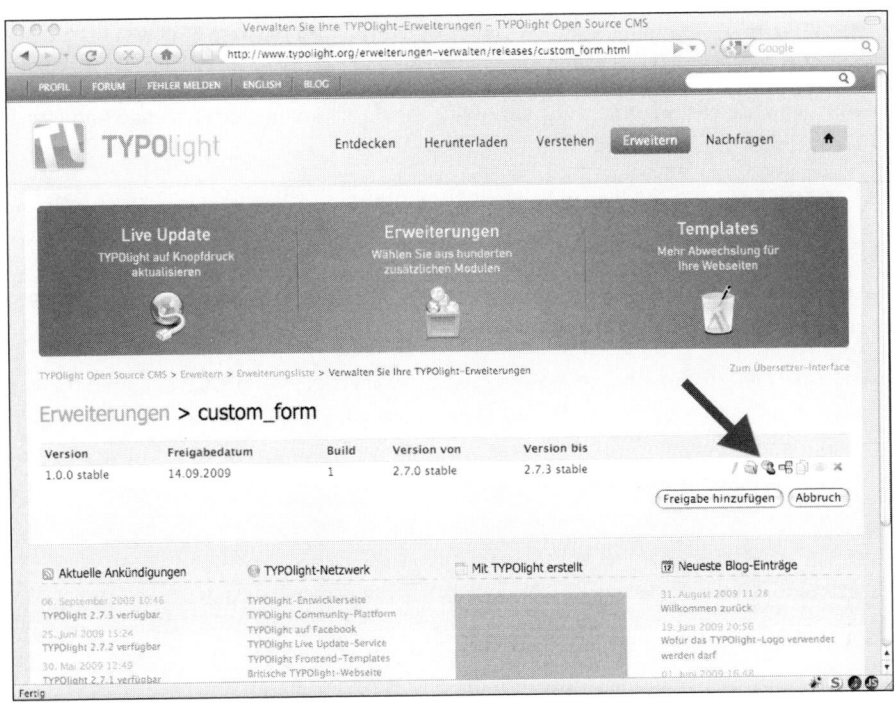

Abbildung 18.16: **Die Sprachverwaltung aufrufen**

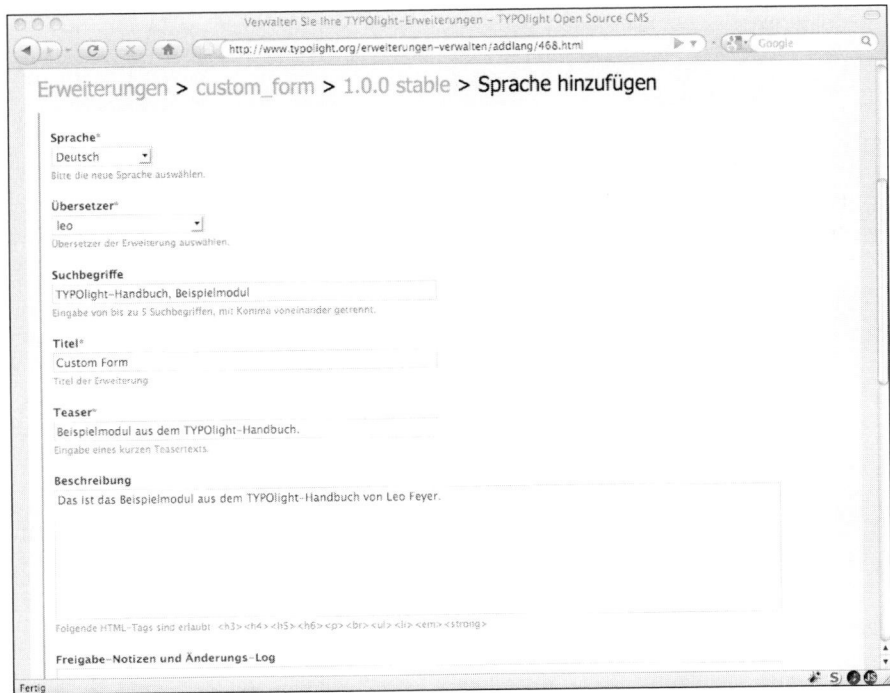

Abbildung 18.17: **Eine neue Übersetzung anlegen**

BESCHREIBUNG: Hier können Sie eine ausführliche Beschreibung der Erweiterung in der gewählten Sprache eingeben. HTML-Tags sind teilweise erlaubt.

FREIGABE-NOTIZEN UND ÄNDERUNGS-LOG: Hier können Sie Anmerkungen zum Release und gegebenenfalls ein Changelog erfassen.

HANDBUCH-LINK: Hier können Sie die URL der Dokumentationsseite eingeben.

FORUM-LINK: Hier können Sie die URL des Support-Forums eingeben.

SHOP- BZW. SPENDE-LINK: Hier können Sie einen Link zu einem Onlineshop (kommerzielle Erweiterung) oder zu einer Spendenseite eingeben.

Nachdem Sie die beiden Sprachen angelegt haben, können diese im Übersetzer-Interface bearbeitet werden (Abbildung 18.18). Genau genommen gilt das nur für die deutsche Übersetzung, da die englische als Standard vorausgesetzt wird, der direkt vom Entwickler mit dem Zip-Archiv hochgeladen wird.

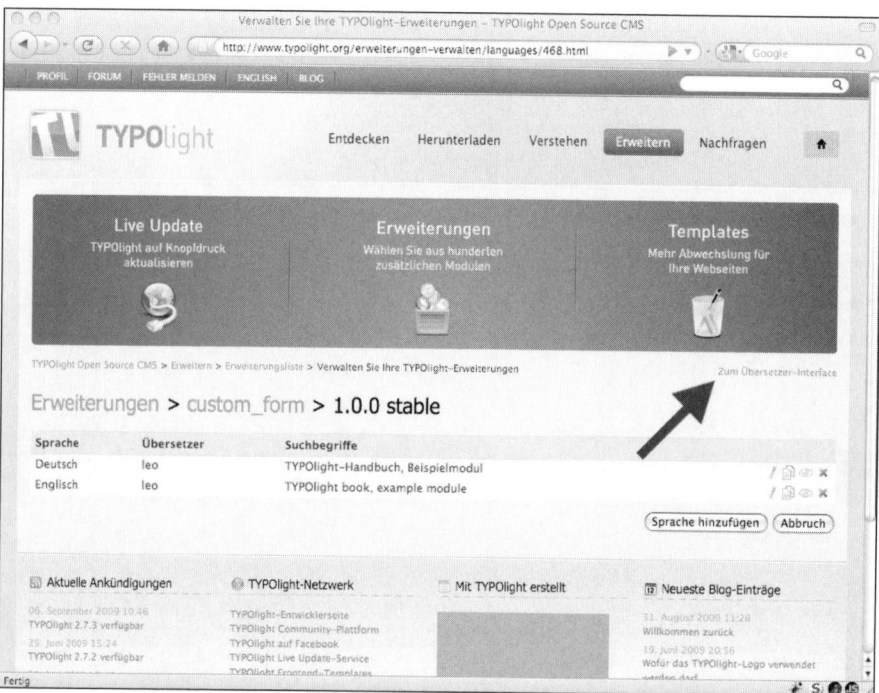

Abbildung 18.18: **Zum Übersetzer-Interface wechseln**

Das Extension Repository erkennt aber nicht nur die englischen, sondern auch die deutschen Sprachdateien, die bereits in der Dateiverwaltung hochgeladen wurden. In der Bearbeitungsansicht der deutschen Übersetzung sind daher schon alle Felder mit den jeweils korrekten Bezeichnungen ausgefüllt (Abbildung 18.19).

Bleibt also nur noch, die beiden Sprachen mit einem Klick auf das entsprechende Navigationssymbol zu veröffentlichen (Abbildung 18.20).

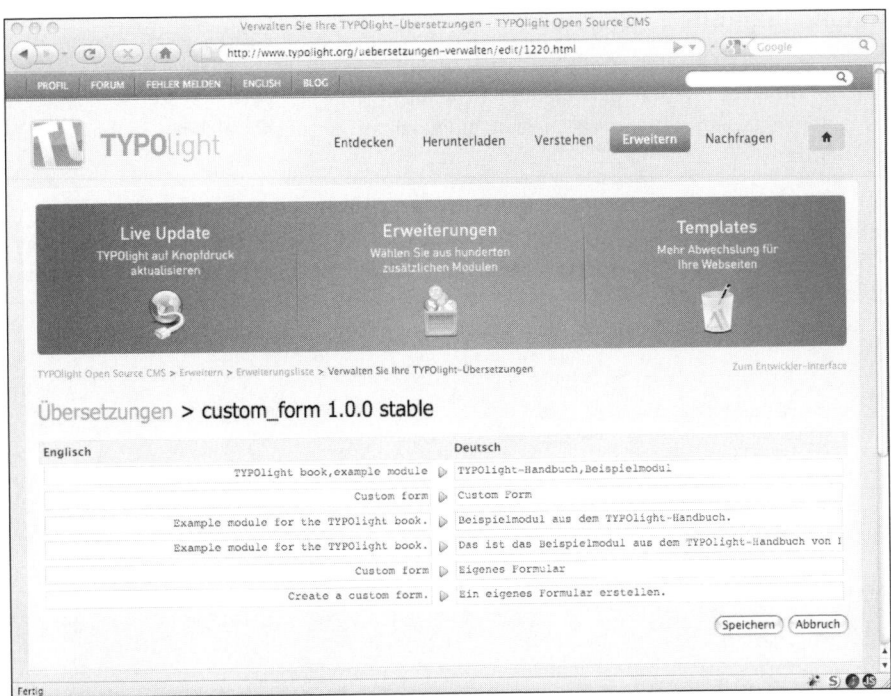

Abbildung 18.19: **Die deutsche Übersetzung bearbeiten**

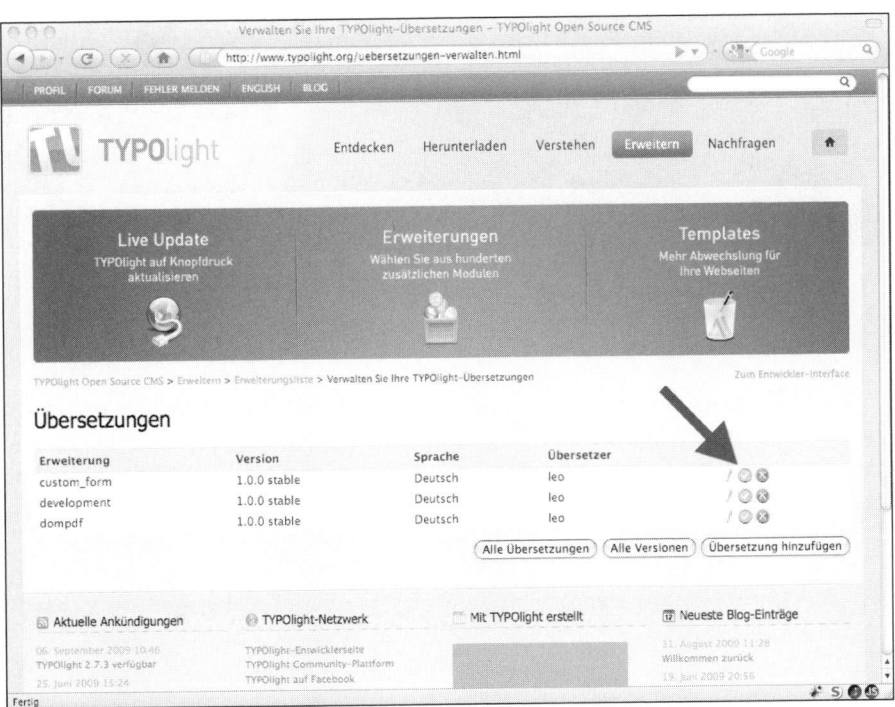

Abbildung 18.20: **Die Übersetzungen veröffentlichen**

## 18.2.5 Abhängigkeiten speichern

Unter Umständen nutzen Sie in einer Ihrer Erweiterungen die Funktionalität einer anderen Erweiterung wie z.B. Cronjobs. Für den Betrieb Ihrer Erweiterung ist es also zwingend notwendig, dass auch die Cron-Erweiterung installiert ist, was im allgemeinen Sprachgebrauch als »Abhängigkeit« bezeichnet wird.

Diese Abhängigkeiten können im Extension Repository gespeichert werden, so dass bei der Installation einer Erweiterung automatisch alle für deren Betrieb benötigten Module ebenfalls installiert werden. Öffnen Sie dazu die Abhängigkeitsverwaltung (Abbildung 18.21) und klicken Sie auf die Schaltfläche ABHÄNGIGKEIT HINZUFÜGEN.

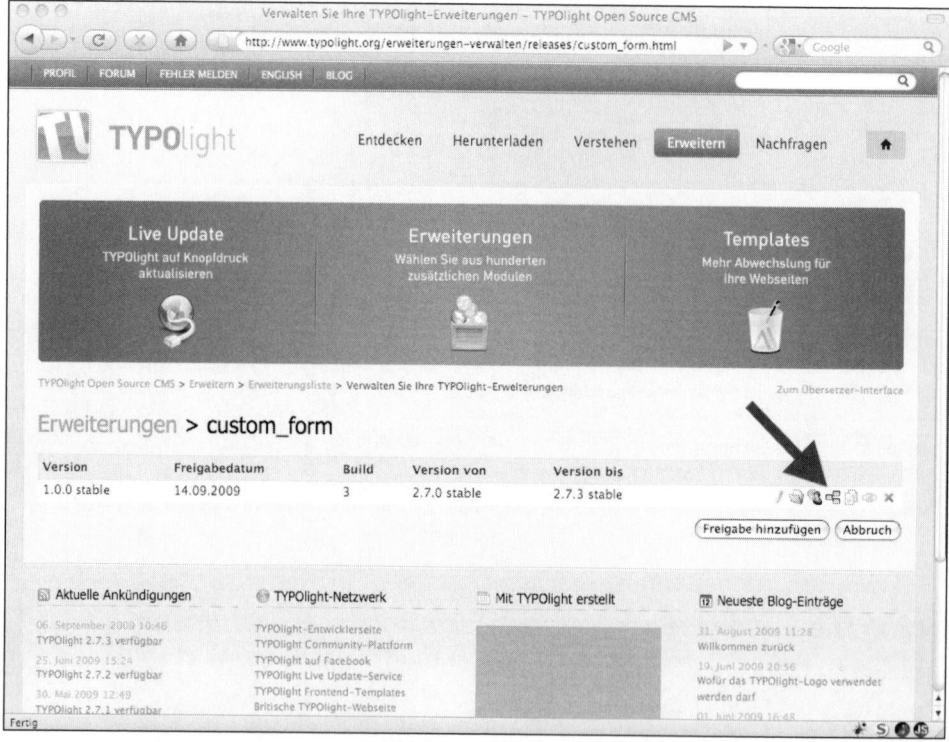

Abbildung 18.21: **Die Abhängigkeitsverwaltung öffnen**

Wählen Sie als Erstes die Erweiterung aus, die Sie als Abhängigkeit hinzufügen möchten (Abbildung 18.22), und bestätigen Sie Ihre Auswahl mit der Schaltfläche WEITER. Im nächsten Schritt können Sie die Versionen festlegen, die für den reibungslosen Betrieb mindestens und höchstens erforderlich sind.

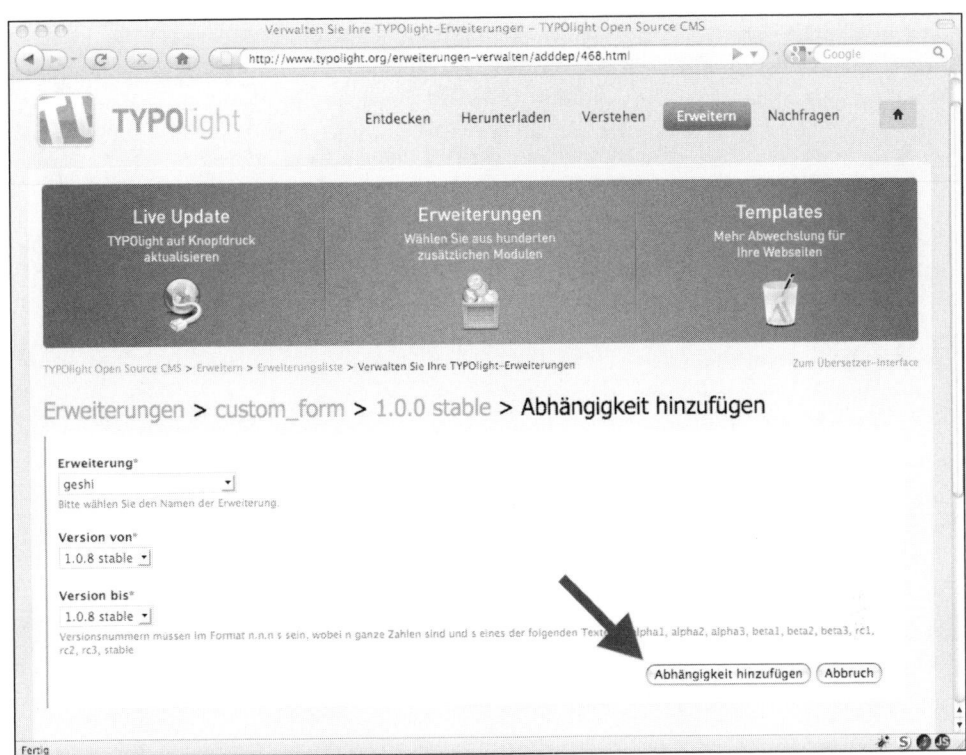

Abbildung 18.22: **Eine Abhängigkeit hinzufügen**

Beenden Sie den Vorgang mit der Schaltfläche Abhängigkeit hinzufügen und wiederholen Sie
das Prozedere so oft, bis alle Abhängigkeiten gespeichert sind.

## 18.2.6 Die Erweiterung veröffentlichen

Nachdem Sie mindestens eine Freigabe angelegt und mit Dateien befüllt, mindestens eine
(englische) Übersetzung veröffentlicht und eventuelle Abhängigkeiten hinterlegt haben,
können Sie die Erweiterung mit Hilfe des entsprechenden Navigationssymbols veröffentlichen (Abbildung 18.23).

Beachten Sie dabei, dass Sie eine veröffentlichte Erweiterung nicht wieder entfernen
können.

ACHTUNG

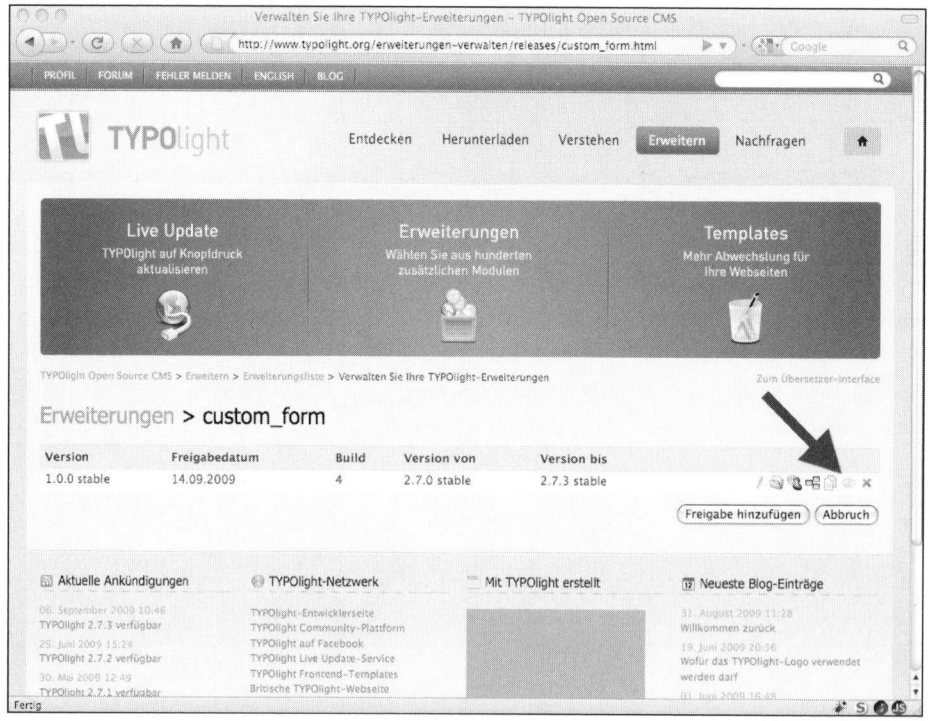

Abbildung 18.23: **Die Erweiterung veröffentlichen**

Um zu überprüfen, ob alles korrekt funktioniert, melden Sie sich im Backend an und rufen Sie das Modul *Erweiterungskatalog* auf (Abbildung 18.24). Suchen Sie dort nach der neuen Erweiterung und führen Sie eine Testinstallation durch.

*Beachten Sie, dass die Erweiterung nur während der Entstehung dieses Kapitels im Extension Repository verfügbar war und Sie sie deshalb dort nicht mehr finden können.*

## 18.2.7 SQL-Code bei der Installation ausführen

Das Anlegen neuer Tabellen und Felder in der Datenbank erfolgt durch die Erweiterungs-verwaltung im Zuge der Installation. In bestimmten Fällen ist es darüber hinaus jedoch erforderlich, dass auch bestimmte Daten in die neuen Tabellen geschrieben werden, was Sie auf zwei verschiedene Arten erreichen können.

### Anlegen einer runonce.php

TYPOlight prüft bei jedem Aufruf, ob die Datei system/runonce.php existiert. Ist dies der Fall, wird die Datei einmalig ausgeführt und danach gelöscht. Innerhalb dieser Datei kön-nen Sie beliebige Anweisungen ausführen, also z.B. Dateien manipulieren oder auch be-stimmte Tabellen mit Daten füllen.

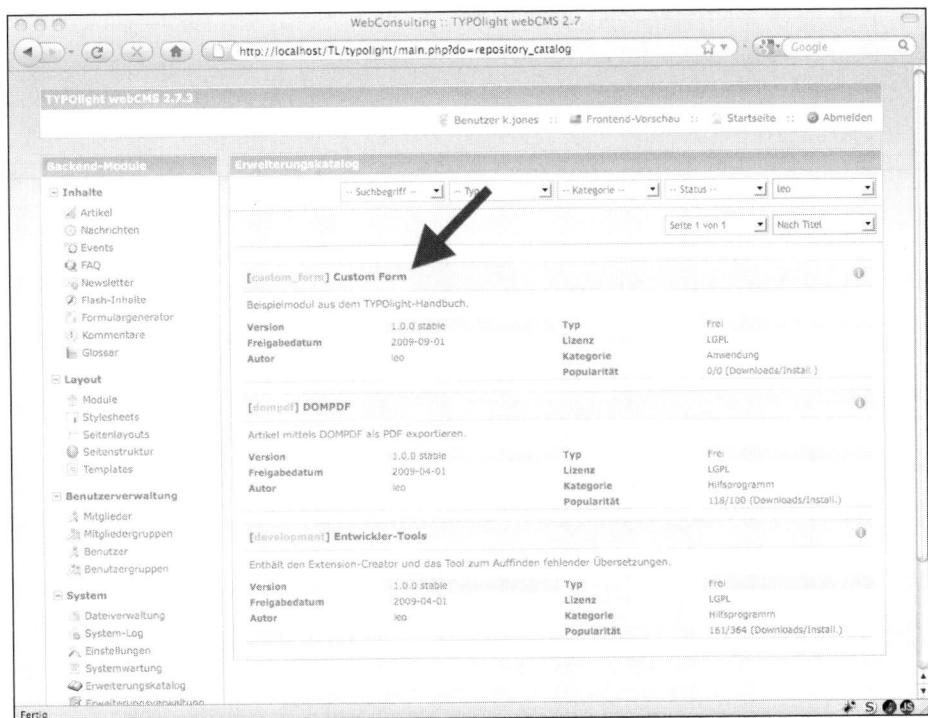

Abbildung 18.24: **Die neue Erweiterung im Backend aufrufen**

## Anlegen von SQL-Dateien

Das Extension Repository unterstützt nicht nur die Ausführung von SQL-Anweisungen bei der Installation und Deinstallation, sondern auch in Abhängigkeit von der jeweiligen Version. Die entsprechenden SQL-Dateien müssen dafür bei der Zusammenstellung des Zip-Archivs in dem Ordner INSTALL anstatt wie bisher in dem Ordner TL_ROOT gespeichert werden (Listing 18.7).

Listing 18.7: **SQL-Installationsdateien hinzufügen**

```
INSTALL/install.sql
INSTALL/uninstall.sql
INSTALL/010010009.sql
INSTALL/010010019.sql
TL_ROOT/system/modules/custom_form/ModuleCustomForm.php
TL_ROOT/system/modules/custom_form/config/.htaccess
TL_ROOT/system/modules/custom_form/config/config.php
...
```

Die Datei install.sql wird bei der Installation der Erweiterung ausgeführt, die Datei uninstall.sql bei der Deinstallation. Die anderen Dateien enthalten jeweils eine bestimmte Versionsnummer im Namen und werden nur ausgeführt, wenn die entsprechende Version neu oder im Rahmen eines Updates installiert wird.

Versionsnummern bestehen immer aus vier Teilen. Die ersten beiden Ziffern entsprechen der Major-Version, die jeweils nächsten drei Ziffern der Minor- und Maintenance-Version und die letzte Ziffer dem Status:

» 0: Status alpha1

» 1: Status alpha2

» 2: Status alpha3

» 3: Status beta1

» 4: Status beta2

» 5: Status beta3

» 6: Status rc1

» 7: Status rc2

» 8: Status rc3

» 9: Status stable

Die Zahl `010010009` ist also nur eine andere Schreibweise für die Version `1.1.0 stable`. Die beiden Dateien `010010009.sql` und `010010019.sql` werden demzufolge also beim Update auf die Version `1.1.0 stable` bzw. `1.1.1 stable` ausgeführt. Die vollständige Paket-Spezifikation[5] finden Sie online.

---

5   `http://contifex.com/wiki/repository:package`

# 19. Das TYPOlight-Framework

TYPOlight basiert auf einem PHP-Framework, das ich speziell für die Anforderungen des Systems programmiert habe. Kern des Frameworks sind verschiedene Bibliotheken (Libraries), die sich im Ordner `system/libraries` befinden und verschiedene Aufgaben wie z.B. das Erstellen von Dateien, das Verarbeiten von Benutzereingaben oder die Interaktion mit der Datenbank kapseln.

Die Verwendung des Frameworks erleichtert aber nicht nur den Zugriff auf bestimmte Ressourcen, sondern minimiert auch das Risiko möglicher Sicherheitslücken, die durch Cross-Site Scripting oder SQL-Injections ausgenutzt werden könnten. Daher sollten Sie auch Ihre eigenen Erweiterungen stets darauf aufbauen!

Die vollständige Dokumentation der API finden Sie auf der Projektwebseite[1].

## 19.1 TYPOlight und MVC

Das TYPOlight-Framework ist zwar an die klassische MVC-Architektur[2] angelehnt, weicht jedoch an etlichen Stellen zugunsten individueller Lösungen ab. Models werden beispielsweise nur für Benutzer verwendet, Driver sind eine Mischung aus Controller, Model und View mit erweiterter CRUD-Funktionalität (Create, Read, Update, Delete), Backend-Views werden dynamisch zur Laufzeit erstellt und das typische URI-Routing musste im Frontend einer suchmaschinenfreundlichen Lösung weichen.

### 19.1.1 Models

Models spielen in TYPOlight nur eine untergeordnete Rolle, da die erweiterten Controller einen Großteil ihrer Arbeit übernehmen. In TYPOlight sind lediglich die Benutzerklassen als Models implementiert (Listing 19.1).

---

1   http://api.typolight.org
2   http://de.wikipedia.org/wiki/Model_View_Controller

Listing 19.1: **Typische Verwendung von Models**

```
$this->import('BackendUser', 'User');

echo $this->User->isAdmin; // False
$this->User->admin = 1;
$this->User->save();
echo $this->User->isAdmin; // True;
```

Das Benutzer-Objekt entspricht dabei prinzipiell einem bestimmten Datensatz (Active Record), der durch einfaches Ändern der Eigenschaften angepasst und mit `save()` gespeichert werden kann. Im obigen Beispiel wird der Benutzer zum Administrator gemacht, indem das Feld `admin` auf 1 gesetzt wird.

## 19.1.2  Views

Im Abschnitt 16.1, *Templates*, haben Sie bereits gelernt, welche Arten von Views bzw. Templates es gibt, wie diese in TYPOlight geladen werden und wie Sie sie updatesicher anpassen können. In diesem Abschnitt geht es nun darum, wie Views im TYPOlight-Framework implementiert sind und wie genau sie funktionieren.

### Parsen vs. Ausgeben

Die beiden Funktionen, mit denen Sie einen TYPOlight-View verarbeiten können, heißen `parse()` und `output()`. Der Hauptunterschied ist, dass die Funktion `parse()` den Inhalt in einer Variablen zurückgibt, während `output()` ihn auf dem Bildschirm ausgibt und Sie ihn nicht mehr weiter bearbeiten können.

Die meisten Views werden in einer Variablen zurückgegeben, da sie jeweils nur einen kleinen Teil der HTML-Seite rendern. Lediglich die Seitenvorlage (z.B. `fe_page`), die das HTML-Grundgerüst enthält und in der alle Bestandteile letztlich zusammengeführt werden, wird direkt auf dem Bildschirm ausgegeben. Je nachdem, ob es sich um eine Backend- oder eine Frontend-Seite handelt, führt die Funktion `output()` noch weitere Aufgaben aus, wie z.B. das Senden der HTTP-Header.

### BackendTemplate::output()

Als Entwickler müssen Sie lediglich die Anweisung `$view->output();` verwenden, um einen View auszugeben. Die Template-Klasse führt dabei jedoch wesentlich mehr Aufgaben aus als die reine Ausgabe des Codes:

» Laden der Rich Text Editor-Konfiguration

» Einfügen der dynamischen JavaScript- und CSS-Dateien

» Ausführen des `outputBackendTemplate`-Hook

» Einfügen des Copyright-Hinweises

» Prüfen und Aktivieren der Gzip-Kompression

» Senden der HTTP-Header

» Ausgabe des XHTML-Codes

» Ausgabe der Debug-Informationen (falls aktiviert)

## FrontendTemplate::output()

Im Frontend werden zusätzlich zu den genannten Aufgaben noch der Cache und der Such-index geprüft sowie eventuell vorhandene Insert-Tags ersetzt.

» Generieren der Suchindex-URL

» Einlesen der Suchbegriffe aus den Artikeln

» Ausführen des `outputFrontendTemplate`-Hook

» Erstellen der Cache-Dateien und Senden der Cache-Header

» Ersetzen der Insert-Tags (falls aktiviert)

» Hinzufügen der Datei zum Suchindex (falls aktiviert)

» Einfügen des Copyright-Hinweises

» Prüfen und Aktivieren der Gzip-Kompression

» Senden der HTTP-Header

» Ausgabe des XHTML-Codes

» Ausgabe der Debug-Informationen (falls aktiviert)

## Dynamische Skripte

JavaScript- und CSS-Dateien werden normalerweise im Seitenlayout eingebunden. Diese statische Lösung hat jedoch den Nachteil, dass unter Umständen Skripte auf allen Seiten eingefügt werden, die nur auf einer einzigen Seite tatsächlich benötigt werden (z.B. das Skript für die Syntax-Hervorhebung). Aus diesem Grund gibt es in TYPOlight die Möglich-keit, Skripte dynamisch hinzuzufügen.

» `TL_CSS`: Ermöglicht das Hinzufügen von CSS-Dateien.

» `TL_JAVASCRIPT`: Ermöglicht das Hinzufügen von JavaScript-Dateien.

» `TL_HEAD`: Ermöglicht das Hinzufügen von beliebigem Code.

Jedes dieser globalen Arrays kann dynamisch z.B. in einer `compile()`-Funktion befüllt werden (Listing 19.2), so dass die Ressourcen nur dann geladen werden, wenn das dazu-gehörige Modul oder Inhaltselement auch wirklich auf der Seite vorkommt.

Listing 19.2: **Skripte dynamisch einbinden**

```
protected function compile()
{
    // Ein JavaScript hinzufügen
    $GLOBALS['TL_JAVASCRIPT'][] = 'tl_files/script.js';

    // Ein Stylesheet hinzufügen
    $GLOBALS['TL_CSS'][] = 'tl_files/style.css';

    // Beliebigen Code hinzufügen
    $GLOBALS['TL_HEAD'][] = '<!--[if lte IE 7]><script type="text/javascript"
        src="tl_files/ie.js"></script><![endif]-->';
}
```

Beachten Sie jedoch, dass das dynamische Hinzufügen von Skripten nicht funktioniert, wenn ein Modul oder Inhaltselement mittels Insert-Tag eingebunden wird. Wie Sie inzwischen wissen, ersetzt die Template-Klasse Insert-Tags erst kurz vor der Ausgabe auf dem Bildschirm und zu diesem Zeitpunkt ist das Layout bereits geparst.

## 19.1.3 Controller

Controller nehmen Benutzereingaben entgegen, werten diese aus, interagieren gegebenenfalls mit einem oder mehreren Models und bereiten die entsprechenden Views auf, die für die Rückmeldung an den Benutzer bzw. den nächsten Bearbeitungsschritt benötigt werden. Sie bieten klassischerweise sieben Funktionen zum Erstellen, Lesen, Aktualisieren und Löschen von Daten (CRUD-Funktionalität).

» list(): Auflistung aller Datensätze

» show(): Darstellung eines einzelnen Datensatzes

» create(): Formular zum Anlegen eines neuen Datensatzes

» save(): Speichern eines neues Datensatzes

» edit(): Formular zur Bearbeitung eines Datensatzes

» update(): Aktualisierung eines bestehenden Datensatzes

» delete(): Löschen eines Datensatzes

Die TYPOlight-Driver bieten darüber hinaus noch folgende Funktionen:

» cut(): Verschieben eines Datensatzes

» copy(): Duplizieren eines Datensatzes

» deleteAll(): Löschen mehrerer Datensätze auf einmal

» editAll(): Bearbeiten mehrerer Datensätze auf einmal

» `undo()`: Wiederherstellung eines gelöschten Datensatzes

» Wiederherstellung früherer Versionen eines Datensatzes

Aufgrund dieser zusätzlichen Funktionen und der Tatsache, dass die Backend-Driver eine Mischung aus Model, View und Controller sind, könnte man sie auch als »erweiterte Controller« bezeichnen, die zur Laufzeit anhand der DCA-Konfiguration einen virtuellen Controller erzeugen, der sich um das Bereitstellen der Formulare, das Prüfen der Eingaben und das Speichern der Daten kümmert.

Als ich das TYPOlight-Framework geschrieben habe, bin ich bewusst vom MVC-Weg abgewichen, weil die klassische MVC-Architektur und eine optimale Anpassbarkeit meiner Meinung nach konkurrierende Ziele sind. Sowohl Models als auch Views sind statische Implementierungen, die für jede Erweiterung einer Dateiänderung bedürfen. Genau das sollte aber nach Möglichkeit vermieden werden, damit andere Entwickler ihre Vorstellungen umsetzen können, ohne dafür den Core ändern zu müssen.

Hinzu kommt, dass auch die Views im Backend nicht statisch sind, sondern je nach Benutzerrechten, DCA-Konfiguration und Palette vollkommen unterschiedlich aussehen können. Allein für die Tabelle `tl_content` gibt es im Core weit über 20 verschiedene Paletten, die in einer klassischen MVC-Applikation als Views in separaten Dateien angelegt werden müssten. Die TYPOlight-Lösung ist diesbezüglich wesentlich übersichtlicher und deutlich einfacher anzupassen bzw. zu erweitern.

## 19.2 Libraries

Libraries sind Klassen, die bestimmte Aufgaben wie z.B. das Erstellen von Dateien, das Verarbeiten von Benutzereingaben oder die Interaktion mit der Datenbank kapseln. Anstatt direkt mit den entsprechenden PHP-Funktionen zu arbeiten, können Sie den jeweiligen Adapter aus dem TYPOlight-Framework verwenden, der automatisch alle Schritte ausführt, die für eine bestimmte Aktion notwendig sind.

Die einzelnen Klassen stehen in einer hierarchischen Beziehung zueinander (Abbildung 19.1). Ganz am Anfang steht die Klasse *System*, die nur die absolut grundlegendsten Funktionen bereitstellt. Untergeordnete Klassen erhalten zusätzlich je nach Einsatzbereich weitere, spezifischere Funktionen.

Im vorherigen Abschnitt haben Sie gelernt, dass die Template-Klasse bei der Ausgabe einer Seite bis zu elf verschiedene Aufgaben ausführt, obwohl Sie als Entwickler nur eine einzige Anweisung schreiben müssen. Insofern vereinfachen Libraries also nicht nur den Zugriff, sondern beschleunigen auch den Entwicklungsprozess.

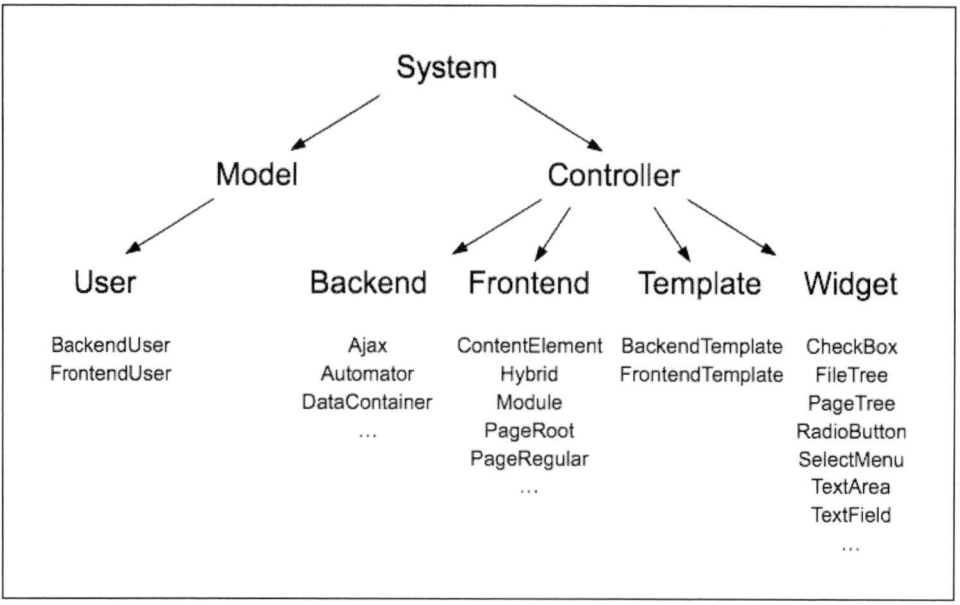

Abbildung 19.1: **Architektur des TYPOlight-Frameworks**

## 19.2.1  Die Basisklasse System

Die Basisklasse *System* stellt unter anderem die zentrale Methode import() bereit, mit der weitere Bibliotheken zur Laufzeit geladen werden können.

### Die Methode import()

Die Methode import() instantiiert ein Objekt einer Klasse, so dass es als $this->Objekt zur Verfügung steht. Dabei erkennt die Methode automatisch, ob es sich um eine normale Klasse oder eine Singleton[3]-Klasse handelt, von der nur eine Instanz erlaubt ist. Außerdem prüft sie, ob das angeforderte Objekt bereits existiert.

Listing 19.3: **Ein Objekt mittels import() laden**

```
// Session-Bibliothek laden
$this->import('Session');

// Einen Wert in der Session speichern
$this->Session->set('test', 'Das ist ein Test');
echo $this->Session->get('test');

// Ausgabe
Das ist ein Test
```

---

3    http://de.wikipedia.org/wiki/Singleton_(Entwurfsmuster)

Jede importierte Klasse wird als Eigenschaft des aktuellen Objekts gespeichert und ist dort als $this->Session oder $this->Database in allen Methoden verfügbar. Der Name der Eigenschaft entspricht dabei immer dem Namen der Bibliothek, sofern Sie keine abweichende Bezeichnung als zweites Argument übergeben.

Listing 19.4: **Bezeichnung der Eigenschaft frei bestimmen**

```
// Datenbank-Bibliothek laden
$this->import('Database');
$this->Database->execute(„ ... „);

// Datenbank-Bibliothek als „DB" laden
$this->import('Database', 'DB');
$this->DB->execute(„ ... „);
```

## Die Methode log()

Mit dieser Methode können Sie einen neuen Eintrag im System-Log erstellen. Neben der Log-Meldung erwartet die Methode die aufrufende Funktion und die Fehlerkategorie als Argument. Die Fehlerkategorie kann frei vergeben werden.

Listing 19.5: **Einen neuen Log-Eintrag mittels log() anlegen**

```
if ($error)
{
   $this->log('Fehler aufgetreten', __METHOD__, 'ERROR');
}
```

## Die Methode addToUrl()

Mit dieser Methode können Sie der aktuellen URL Parameter hinzufügen. Sie prüft, ob eine bestimmte Variable bereits definiert ist, und ersetzt sie gegebenenfalls.

Listing 19.6: **URL-Parameter mittels addToUrl() hinzufügen**

```
// URL: index.php?action=article&id=12
echo $this->addToUrl('action=page');

// Ausgabe
index.php?action=page&id=12
```

## Die Methode reload()

Diese Methode lädt die Seite erneut, damit z.B. POST-Daten nicht mehrfach verarbeitet werden. Ein Reload funktioniert nur, wenn noch keine Ausgabe erfolgt ist.

Listing 19.7: **Eine Seite mittels reload() neu laden**

```
// Formulardaten verarbeiten
if ($_POST)
{
    // Daten verarbeiten und Seite neu laden
    ...
    $this->reload();
}

// Formular ausgeben
echo '<form action=" ... „>';
```

## Die Methode redirect()

Mit dieser Methode können Sie einen Benutzer zu einer anderen Seite weiterleiten. Dabei wird automatisch der entsprechende HTTP-Header gesendet (temporäre oder permanente Weiterleitung), so dass Suchmaschinen korrekt reagieren können.

Listing 19.8: **Zu einer anderen Seite mittels redirect() weiterleiten**

```
// Permanente Weiterleitung
$this->redirect('new.html', 301);

// Temporäre Umleitung während Wartungsarbeiten
$this->redirect('maintenance.html', 302);
```

## Die Methode getReferer()

Mit dieser Methode können Sie die URL der zuletzt besuchten Seite, den sogenannten Referer, abfragen. TYPOlight speichert den Referer in der Benutzersitzung und schließt z.B. Seiten mit Eingabemasken automatisch aus. Bei Bedarf wandelt die Methode alle &-Zeichen in ihre entsprechende HTML-Entity (&amp;) um, so dass der Referer auf einer barrierefreien HTML-Seite verwendet werden kann.

Listing 19.9: **Die zuletzt besuchte Seite mittels getReferer() abfragen**

```
// Zur Referer-Seite weiterleiten
$this->redirect($this->getReferer());

// Den Referer in eine Seite einfügen
<a href="<?php echo $this->getReferer(true); ?>">Back</a>
```

## Die Methode loadLanguageFile()

Mit dieser Methode können Sie eine bestimmte Sprachdatei laden. Dabei wird immer zuerst die englische Version der Sprachdatei eingelesen, damit eventuell fehlende Bezeichnungen durch ihr englisches Pendant ersetzt werden.

Listing 19.10: **Eine Sprachdatei mittels loadLanguageFile() laden**

```
// Sprachdatei laden
$this->loadLanguageFile('tl_content');

// Bezeichnungen verwenden
echo $GLOBALS['TL_LANG']['tl_content']['headline'][0];
echo $GLOBALS['TL_LANG']['tl_content']['text'][0];
```

## Die Methode parseDate()

Mit dieser Methode können Sie einen Zeitstempel in ein beliebiges Datumsformat umwandeln. Im Gegensatz zu der PHP-Funktion date() berücksichtigt die Funktion die Spracheinstellungen und übersetzt Tages- und Monatsnamen automatisch.

Listing 19.11: **Einen Zeitstempel in ein Datumsformat umwandeln**

```
// Zeitstempel formatieren
echo $this->parseDate('l, d. F Y, H:i') . ' Uhr';

// Ausgabe
Mittwoch, 26. August 2009, 13:11 Uhr
```

## Die Methode getMessages()

Diese Methode überprüft, ob irgendwelche Systemmeldungen vorliegen, und gibt diese gegebenenfalls als HTML-Code zurück.

Listing 19.12: **Systemmeldungen mittels getMessage() ausgeben**

```
// Template-Code
<div id="main">
<?php echo $this->getMessage(); ?>
<p>Bitte geben Sie Benutzername und Passwort ein.</p>
<!-- ANMELDEFORMULAR -->
</div>

// HTML-Ausgabe vor Anmeldung
<div id="main">
<p>Bitte geben Sie Benutzername und Passwort ein.</p>
<!-- ANMELDEFORMULAR -->
</div>


// HTML-Ausgabe bei missglückter Anmeldung
<div id="main">
<div class="tl_message">
<p class="tl_error">Anmeldung fehlgeschlagen</p>
</div>
<p>Bitte geben Sie Benutzername und Passwort ein.</p>
<!-- ANMELDEFORMULAR -->
</div>
```

## Die Methode urlEncode()

Diese Methode macht prinzipiell dasselbe wie die PHP-Funktion `urlencode()`, nur dass sie eventuelle Schrägstriche (/) in Pfadangaben erhält. Auf diese Weise ist es möglich, Dateinamen mitsamt des Pfads zu kodieren.

Listing 19.13: **Einen Dateinamen samt Pfad mittels urlEncode() kodieren**

```
$file = 'tl_files/schönes bild.jpg';

// PHP-Funktion
echo urlencode($file);

// Ausgabe
tl_files%2Fsch%C3%B6nes+bild.jpg

// TYPOlight-Funktion
echo $this->urlEncode($file);

// Ausgabe
tl_files/sch%C3%B6nes+bild.jpg
```

## Die Methode setCookie()

Diese Methode ist lediglich ein Adapter für die PHP-Funktion `setcookie()`.

Listing 19.14: **Ein Cookie für eine Stunde setzen**

```
$this->setCookie('name', 'Leo Feyer', time() + 3600);
```

## 19.2.2 Datenbankabstraktion

Die Klasse *Database* dient dazu, die Interaktion mit der Datenbank zu kapseln. Aufgaben wie das Herstellen und Schließen der Datenbankverbindung oder das richtige Quotieren der einzufügenden Werte laufen dabei komplett im Hintergrund, so dass Sie sich auf die eigentliche Abfrage konzentrieren können.

Die Bibliothek enthält drei verschiedene Klassen, die jeweils unterschiedliche Aufgaben übernehmen. Die Klasse `Database` stellt die Verbindung zum Datenbankserver her und kann Statements als `Database_Statement`-Objekte instantiieren. Wird ein solches Statement ausgeführt, wird automatisch ein Result mit den einzelnen Ergebniszeilen der Abfrage als `Database_Result`-Objekt zurückgegeben.

## Grundprinzip

Alle in TYPOlight unterstützten Datenbanksysteme basieren auf dem *SQL92-Standard*[4], ergänzt um proprietäre Anweisungen wie z.B. LIMIT in MySQL. Für diese spezifischen Funktionen bietet die Datenbankabstraktion eigene Methoden, die pro Adapter definiert werden (Listing 19.15).

Listing 19.15: **Spezifische Anweisungen werden gekapselt.**

```
$this->import('Database');

$user = $this->Database->prepare('SELECT * FROM tl_user WHERE name=?');
                        ->limit(1); // Nicht SQL92-konform
                        ->execute('Leo Feyer');

while ($user->next())
{
   echo $user->name;
}
```

Dadurch bleibt die Schnittstelle einerseits unkompliziert und flexibel und ermöglicht andererseits den einfachen Zugriff auf die einzelnen Felder des Result-Sets.

## Vorteile der Implementierung

» Beliebig komplexe Queries (Joins, Subqueries) möglich

» Automatische Quotierung verhindert SQL-Injections

» »Lazy Initialization[5]« der Result-Sets

» Einheitliche und vom DB-System unabhängige Schnittstelle

## Nachteile der Implementierung

» Keine Abstraktion zur Änderung von Tabellen vorhanden

» Spezielle Handhabung von BLOB/CLOB-Feldern in Oracle wird von der Abstraktionsschicht nicht berücksichtigt

» Vollständige Funktionalität de facto nur für MySQL

» Keine Kontrolle, ob ein Programmierer sich tatsächlich an den SQL92-Standard hält (spezifische Queries sind möglich)

---

4  http://de.wikipedia.org/wiki/SQL
5  http://en.wikipedia.org/wiki/Lazy_initialization

## Die Methode listTables()

Diese Methode gibt ein Array aller in der Datenbank vorhandenen Tabellen zurück.

Listing 19.16: **Tabellen einer Datenbank mittels listTable() abfragen**

```
$this->import('Database');
$tables = $this->Database->listTables();

// Tabellen auflisten
foreach ($tables as $table)
{
    echo $table . „\n";
}

// Ausgabe
tl_article
tl_cache
tl_calendar
...
```

## Die Methode tableExists()

Mit dieser Methode können Sie prüfen, ob eine bestimmte Tabelle existiert.

Listing 19.17: **Die Existenz einer bestimmten Tabelle mittels tableExists() prüfen**

```
$this->import('Database');

if ($this->Database->tableExists('tl_log'))
{
    // Log-Einträge abfragen
}
```

## Die Methode listFields()

Diese Methode gibt ein auf allen Datenbanksystemen einheitliches Array mit Informationen über die einzelnen Felder einer Tabelle zurück.

Listing 19.18: **Feldinformationen mittels listFields() abfragen**

```
$this->import('Database');
print_r($this->Database->listFields('tl_log'));

// Ausgabe
Array
(
    [0] => Array
    (
        [name] => id
        [type] => int
        [length] => 10
        [attributes] => unsigned
        [index] => PRIMARY
        [null] => NOT NULL
```

```
        [default] =>
        [extra] => auto_increment
    )
    [1] => Array
    (
        [name] => action
        [type] => varchar
        [length] => 16
        [null] => NOT NULL
        [default] =>
        [extra] =>
    )
    ...
```

## Die Methode fieldExists()

Mit dieser Methode können Sie prüfen, ob ein bestimmtes Feld existiert.

Listing 19.19: **Die Existenz eines bestimmten Felds mittels fieldExists() prüfen**

```
$this->import('Database');

if ($this->Database->fieldExists('sorting', 'tl_log'))
{
    // Reihenfolge bearbeiten
}
```

## Die Methode setDatabase()

Mit dieser Methode können Sie zu einer anderen Datenbank wechseln, jedoch nur, wenn diese über dieselbe Datenbankverbindung erreichbar ist.

Listing 19.20: **Die Datenbank mittels setDatabase() wechseln**

```
// Verbindung zur Standard-Datenbank
$this->import('Database');

// Wechsel in die Datenbank 'alternativ'
$this->Database->setDatabase('alternativ');
```

## Die Methode beginTransaction()

Mit dieser Methode können Sie eine Transaktion[6] starten. Alle nachfolgenden Datenbank-anweisungen werden nicht direkt in die Datenbank geschrieben, sondern so lange im Cache zwischengespeichert, bis die Transaktion entweder bestätigt (Commit) oder abgebrochen (Rollback) wird. Beachten Sie, dass nicht alle Tabellentypen Transaktionen unterstützen. In MySQL ist das z.B. nur beim Tabellentyp *InnoDB* der Fall.

---

6    http://de.wikipedia.org/wiki/Datenbank#Transaktionen

## Die Methode commitTransaction()

Diese Methode bestätigt eine Transaktion und veranlasst die Datenbank, alle temporär gespeicherten Änderungen zu übernehmen. Die Datenbank wird verändert.

Listing 19.21: **Transaktionen mittels commitTransaction() bestätigen**

```
$this->import('Database');

// Transaktion starten
$this->Database->beginTransaction();

// Beliebige Abfragen ausführen
...

// Änderungen übernehmen
$this->Database->commitTransaction();
```

## Die Methode rollbackTransaction()

Diese Methode bricht eine Transaktion ab und veranlasst die Datenbank, alle temporär gespeicherten Änderungen zu verwerfen. Die Datenbank wird nicht verändert.

Listing 19.22: **Transaktionen mittels rollbackTransaction() abbrechen**

```
$this->import('Database');

// Transaktion starten
$this->Database->beginTransaction();

// Beliebige Abfragen ausführen
...

// Änderungen verwerfen
if ($error)
{
    $this->Database->rollbackTransaction();
}
```

## Die Methode prepare()

Diese Methode übergibt einen Query-String an ein automatisch erstelltes Objekt der Klasse Database_Statement und gibt das neue Objekt zurück.

Listing 19.23: **Ein Statement mittels prepare() erstellen**

```
$this->import('Database');
$stmt = $this->Database->prepare("SELECT * FROM tl_log");
```

## Die Methode execute()

Diese Methode führt ein mittels `prepare()` erstelltes Statement aus und gibt ein Objekt der Klasse `Database_Result` zurück. Sie können in Ihren Statements Platzhalter (?) verwenden, die bei der Ausführung mittels `execute()` durch die übergebenen Werte ersetzt und automatisch korrekt quotiert werden.

Listing 19.24: **Eine Datenbankabfrage mittels execute() ausführen**

```
$this->import('Database');

// Einfache Abfrage
$result = $this->Database->execute(„SELECT * FROM tl_log");

// Abfrage mit übergebenen Werten
$result = $this->Database->prepare(„SELECT * FROM tl_log WHERE id=?")
                         ->execute(12);
```

## Die Methode set()

Mit dieser Methode können Sie ein Array mit Werten in eine INSERT-Abfrage einfügen. Die korrekte Quotierung der Werte erfolgt dabei automatisch.

Listing 19.25: **Ein Array mit Werten mittels set() einfügen**

```
$this->import('Database');

// Werte-Array
$set = array
(
    'firstname' => 'Leo',
    'lastname' => 'Feyer'
);

// Werte in die Datenbank schreiben
$this->Database->prepare(„INSERT INTO tl_member %s")
               ->set($set)
               ->execute();

// Automatisch erstelltes Statement
INSERT INTO tl_member SET firstname='Leo', lastname='Feyer'
```

## Die Methode limit()

Mit dieser Methode können Sie die Anzahl der Datensätze limitieren.

Listing 19.26: **Die Anzahl der zurückgegebenen Datensätze mittels limit() limitieren**

```
$this->import('Database');

// Alle Log-Einträge abfragen
$result = $this->Database->prepare(„SELECT * FROM tl_log")
                         ->execute();
```

```
// Datensätze 1 bis 30 abrufen
$result = $this->Database->prepare(„SELECT * FROM tl_log")
                         ->limit(30);
                         ->execute();

// Datensätze 61 bis 90 abrufen
$result = $this->Database->prepare(„SELECT * FROM tl_log")
                         ->limit(30, 60);
                         ->execute();
```

## Die Methoden fetchRow() und fetchAssoc()

Mit diesen Methoden können Sie die jeweils nächste Ergebniszeile als numerisches oder assoziatives Array abfragen.

Listing 19.27: **Eine Ergebniszeile mittels fetchAssoc() abrufen**

```
$this->import('Database');

// Den Benutzer Nr. 2 abfragen
$result = $this->Database->prepare(„SELECT * FROM tl_user WHERE id=?")
                         ->limit(1)
                         ->execute(2);

// Ergebnis als assoziatives Array abrufen
if ($result->numRows)
{
   $row = $result->fetchAssoc();
   echo $row->username;
}

// Ausgabe
h.lewis
```

## Die Methode fetchAllAssoc()

Mit dieser Methode können Sie alle Ergebniszeilen einer Abfrage als multidimensionales assoziatives Array abrufen.

Listing 19.28: **Alle Ergebniszeilen mittels fetchAllAssoc() abrufen**

```
$this->import('Database');

// Alle Benutzer abfragen
$result = $this->Database->execute(„SELECT * FROM tl_user");

// Ergebnis als multidimensionales Array abrufen
if ($result->numRows)
{
   $rows = $result->fetchAllAssoc();

   foreach ($rows as $row)
   {
      echo $row['username'] . „\n";
```

```
    }
}

// Ausgabe
k.jones
j.wilson
h.lewis
```

## Die Methode fetchEach()

Diese Methode gibt Ihnen ein bestimmtes Feld aller Ergebniszeilen als Array zurück.

Listing 19.29: **Ein bestimmtes Feld jeder Ergebniszeile mittels fetchEach() abrufen**

```
$this->import('Database');

// Alle Benutzer abfragen
$result = $this->Database->execute(„SELECT * FROM tl_user");

// Alle Benutzernamen als Array abfragen
if ($result->numRows)
{
    print_r($result->fetchEach('username'));
}

// Ausgabe
Array
(
    [0] => k.jones
    [1] => j.wilson
    [2] => h.lewis
)
```

## Die Methode fetchField()

Diese Methode liefert ein Array mit Informationen über ein Feld zurück.

Listing 19.30: **Feldinformationen mittels fetchField() abrufen**

```
$this->import('Database');

// Einen Log-Eintrag abrufen
$result = $this->Database->prepare(„SELECT * FROM tl_log")
                         ->limit(1)
                         ->execute();

// Feldinformationen abrufen
if ($result->numRows)
{
    $field_info = $result->fetchField();
}

// Maximale Eingabelänge abfragen
echo $field_info['max_length'];
```

## Die Methoden first(), prev(), next() und last()

Mit diesen Methoden können Sie ein Result-Set durchlaufen.

Listing 19.31: **Ein Result-Set mittels next() durchlaufen**

```
$this->import('Database');

// Alle Log-Einträge abfragen
$result = $this->Database->execute(„SELECT * FROM tl_log");

// Ergebnis durchlaufen
while ($result->next())
{
    echo $result->text . „<br />";
}
```

## Die Methode row()

Diese Methode gibt Ihnen die aktuelle Ergebniszeile als Array zurück.

Listing 19.32: **Die aktuelle Ergebniszeile mittels row() als Array zurückgeben**

```
$this->import('Database');

// Alle Log-Einträge abrufen
$result = $this->Database->execute(„SELECT * FROM tl_log");

// Ergebnis durchlaufen
while ($result->next())
{
    $row = $result->row();
}
```

## Die Methode reset()

Diese Methode setzt ein Result-Set zurück auf Anfang.

Listing 19.33: **Ein Ergebnis-Set mittels reset() zurücksetzen**

```
$this->import('Database');

// Log-Einträge abrufen
$result = $this->Database->execute(„SELECT * FROM tl_log");

// Ergebnis durchlaufen
while ($result->next())
{
    // Einträge verarbeiten
}

// Ergebnis zurücksetzen
$result->reset();

// Ergebnis erneut durchlaufen
```

```
while ($result->next())
{
    // Einträge verarbeiten
}
```

## 19.2.3 Dateizugriff und Safe Mode Hack

Wie Sie bereits aus Abschnitt 2.4.3, *Der Safe Mode Hack*, wissen, kann es in bestimmten Konstellationen Probleme mit dem Dateizugriff geben. In der Regel ist das der Fall, wenn PHP als Modul installiert ist und nicht unter demselben Benutzer ausgeführt wird, dem auch die hochgeladenen Dateien gehören.

Für dieses Problem gibt es drei mehr oder weniger praktikable Lösungen:

» PHP als CGI mit suPHP[7] betreiben

» Den PHP-Prozess unter dem Benutzer starten, dem die Dateien gehören

» Dateizugriff per FTP (Safe Mode Hack)

Beide zuerst genannten Lösungen sind dem Safe Mode Hack in jedem Fall vorzuziehen, da die zusätzliche FTP-Verbindung, die für den Dateizugriff geöffnet werden muss, das System verlangsamt – obgleich diese Beeinträchtigung erst bei sehr vielen gleichzeitigen Zugriffen wirklich spürbar wird.

### Die Klasse Files

Die Klasse *Files* beinhaltet eine einheitliche Schnittstelle für Dateioperationen, die sehr stark an die Originalfunktionen von PHP angelehnt ist (Listing 19.34). Je nach Systemkonfiguration wird automatisch ein FTP- bzw. PHP-Adapter geladen, der die Anweisungen letztendlich direkt oder über den »Umweg« FTP ausführt.

Listing 19.34: **Eine neue Datei anlegen**

```
$this->import('Files');

$fh = $this->Files->fopen('system/tmp/test.txt', 'wb');
$this->Files->fputs($fh, 'Dies ist ein Test.');
$this->Files->fclose($fh);
```

Folgende Methoden werden von der *Files*-Klasse unterstützt:

» `mkdir()`: erstellt ein neues Verzeichnis.

» `rmdir()`: entfernt ein Verzeichnis.

» `fopen()`: öffnet eine neue Datei.

---

7   http://www.suphp.org

» `fputs()`: schreibt in eine Datei.

» `fclose()`: schließt eine Datei.

» `rename()`: benennt eine Datei oder ein Verzeichnis um.

» `copy()`: kopiert eine Datei oder ein Verzeichnis.

» `delete()`: löscht eine Datei.

» `chmod()`: ändert die Zugriffsrechte einer Datei oder eines Ordners.

» `is_writeable()`: prüft, ob eine Datei bzw. ein Ordner beschreibbar ist.

» `move_uploaded_file()`: verschiebt eine hochgeladene Datei.

Der Unterschied zu den nativen PHP-Funktionen ist, dass die Dateipfade immer relativ sein müssen, da der FTP-Adapter absolute Pfade nicht verarbeiten kann.

## Die Klasse File

Die Klasse *File* ist ein Adapter für das Anlegen, Bearbeiten und Löschen von Dateien. Im Gegensatz zu den bisher vorgestellten Bibliotheken werden Objekte dieser Klasse wie gewohnt über den `new`-Operator instantiiert.

## Die Methode __construct()

Beim Instantiieren eines neuen *File*-Objekts überprüft TYPOlight, ob die jeweilige Datei bzw. deren Pfad existiert, und legt diese gegebenenfalls an.

Listing 19.35: **Ein neues File-Objekt erstellen**

```
// Die vorhandene Datei index.php wird eingelesen
$file = new File('index.php');

// Die Datei index.php wird im Ordner test neu erstellt
$file = new File('test/index.php');
```

## Die Methoden write(), append() und close()

Mit den Methoden `write()` und `append()` können Sie einer Datei Inhalte hinzufügen, wobei `append()` diese an vorhandene Inhalte anhängt und `write()` vorhandene Inhalte überschreibt. Damit die Änderungen gespeichert werden, müssen Sie abschließend die Methode `close()` aufrufen.

Listing 19.36: **Dateiinhalte mittels write() und append() hinzufügen**

```
// Neue Datei erstellen
$file = new File('test.txt');
```

```
// Datei befüllen
$file->write('Das ist die erste Zeile.');
$file->append('Und das ist die zweite.');

// Datei schließen
$file->close();
```

## Die Methode delete()

Mit dieser Methode können Sie eine Datei löschen.

Listing 19.37: **Eine Datei mittels delete() löschen**

```
$file = new File('test.txt');
$file->delete();
```

## Die Methode getContent()

Diese Methode gibt den Inhalt einer Datei als String zurück.

Listing 19.38: **Den Inhalt einer Datei mittels getContent() ausgeben**

```
$file = new File('test.txt');
echo $file->getContent();

// Ausgabe
Das ist die erste Zeile.
Und das ist die zweite.
```

## Die Methode getContentAsArray()

Diese Methode gibt den Inhalt einer Datei als Array zurück.

Listing 19.39: **Den Inhalt einer Datei mittels getContentAsArray() ausgeben**

```
$file = new File('test.txt');
print_r($file->getContentAsArray());

// Ausgabe
Array
(
    [0] => Das ist die erste Zeile.
    [1] => Und das ist die zweite.
)
```

### Die Methode getMimeType()

Diese Methode gibt den Mime-Type[8] einer Datei zurück.

Listing 19.40: **Den Mime-Type einer Datei mittels getMimeType() ausgeben**

```
$file = new File('test.pdf');
echo $file->getMimeType();

// Ausgabe
application/pdf
```

### Die Methode getIcon()

Diese Methode gibt je nach Dateityp ein entsprechendes Symbol zurück.

Listing 19.41: **Ein passendes Dateisymbol mittels getIcon() ausgeben**

```
$file = new File('test.pdf');
echo 'system/themes/default/images/'. $file->getIcon();

// Ausgabe
system/themes/default/images/iconPDF.gif
```

### Die Klasse Folder

Die Klasse *Folder* ist ein Adapter für das Anlegen, Bearbeiten und Löschen von Verzeichnissen. Im Gegensatz zu den bisher vorgestellten Bibliotheken werden Objekte dieser Klasse wie gewohnt über den new-Operator instantiiert.

### Die Methode __construct()

Beim Instantiieren eines neuen *Folder*-Objekts überprüft TYPOlight, ob der jeweilige Ordner bzw. dessen Pfad existiert, und legt diesen gegebenenfalls an.

Listing 19.42: **Ein neues Folder-Objekt erstellen**

```
// Der vorhandene Ordner tl_files wird eingelesen
$folder = new Folder('tl_files');

// Der Ordner tl_files/test wird neu erstellt
$folder = new Folder('tl_files/test');
```

---

8   http://de.wikipedia.org/wiki/Internet_Media_Type

## Die Methode isEmpty()

Diese Methode prüft, ob ein Verzeichnis leer ist oder nicht.

Listing 19.43: **Einen Ordner mittels isEmpty() auf Inhalt prüfen**

```
$folder = new Folder('tl_files/test');
echo $folder->isEmpty();

// Ausgabe
true
```

## Die Methode clear()

Diese Methode leert ein Verzeichnis rekursiv, ohne es selbst zu löschen.

Listing 19.44: **Einen Ordner mittels clear() leeren**

```
$folder = new Folder('tl_files');
echo $folder->clear(); // Alle Inhalte werden entfernt
```

## Die Methoden delete() und rmdir()

Diese Methoden löschen ein Verzeichnis. Im Gegensatz zu den nativen PHP-Funktionen muss dieses nicht leer sein. Die Löschung erfolgt rekursiv und beinhaltet sämtliche Dateien und Unterordner! Nutzen Sie die Funktionen daher sorgfältig.

Listing 19.45: **Einen Ordner mittels rmdir() löschen**

```
$folder = new Folder('tl_files');
echo $folder->rmdir(); // Der Ordner wird entfernt
```

## 19.2.4 Sicherheit in TYPOlight

Das TYPOlight-Framework enthält mehrere Sicherheitsmechanismen, die einen guten Schutz gegen die gängigen Angriffe bieten. Trotzdem sollten Sie sich bewusst sein, dass es keine vollkommene Sicherheit bei Webapplikationen gibt! Allein das Erlauben von JavaScript ist an sich schon ein Risiko, daher sollte man es am besten komplett deaktivieren. Dummerweise funktioniert das Internet dann nicht mehr, da heutzutage kaum eine Webseite ohne JavaScript auskommt.

Sicherheit und Benutzbarkeit einer Webanwendung sind konkurrierende Ziele, daher befinden Sie sich als Entwickler auf einer ständigen Gratwanderung. Ich habe die Benutzerauthentifizierung in TYPOlight beispielsweise sehr restriktiv angelegt, so dass weder Backend- noch Frontend-Benutzer dauerhaft angemeldet bleiben können. In der Praxis hat sich jedoch gezeigt, dass viele Anwender diese Funktion zumindest im Frontend gerne hätten. Dieses Mehr an Benutzerfreundlichkeit ist jedoch nicht ohne ein Weniger an Sicherheit zu erreichen.

## Prüfung von Benutzereingaben

Die Eingabeprüfung erfolgt in fünf Schritten. Zuerst werden alle Entitys dekodiert und unerwünschte JavaScript-Anweisungen entfernt, anschließend werden die HTML-Tags bereinigt und potenziell gefährliche Sonderzeichen kodiert.

» Schritt 1: HTML-Entitys werden dekodiert.

» Schritt 2: Unicode-Entitys werden dekodiert (XSS-Schutz).

» Schritt 3: JavaScript-Anweisungen werden entfernt (im »Strict Mode« werden zusätzlich alle Event-Attribute entfernt).

» Schritt 4: Nicht erlaubte HTML-Tags werden entfernt.

» Schritt 5: Potenziell gefährliche Sonderzeichen werden kodiert.

Wer seine Installation zusätzlich gegen XSS-Angriffe schützen möchte, sollte darauf achten, dass das `<script>`-Tag nicht in der Liste der erlaubten HTML-Tags steht. Andernfalls ist die Verwendung von (gutem wie auch bösem) JavaScript-Code in allen Feldern möglich, in denen HTML-Eingaben erlaubt sind.

## Absicherung von Formularen

Formulare sind in TYPOlight doppelt geschützt. Zum einen kann jedes Formular mit einer Sicherheitsfrage (CAPTCHA) versehen werden, die den automatisierten Missbrauch verhindern soll. Zum anderen prüft TYPOlight bei POST-Anfragen standardmäßig die Referer-Adresse, um sicherzugehen, dass das Formular auch tatsächlich abgeschickt wurde und es sich nicht um einen direkten Request handelt.

» Bei POST-Anfragen wird die verweisende URL geprüft (Referer-Prüfung).

» Einige Anonymizer und Security-Tools unterdrücken die Referer- Adresse, was zu einer Fehlermeldung in TYPOlight führt.

» Bei deaktivierter Referer-Prüfung (keinesfalls empfohlen) sollten alle Formulare mit einer Sicherheitsfrage ausgestattet werden.

» Die Sicherheitsfrage bietet zusätzlich Schutz gegen Spam.

## Anmeldung und Authentifizierung

Wie schon eingangs erwähnt, ist die Benutzerauthentifizierung in TYPOlight sehr restriktiv angelegt. Jede Sitzung ist an die PHP-Session und die IP-Adresse des Benutzers gebunden und verfällt nach der in den Backend-Einstellungen festgelegten Zeitspanne. Persistente Anmeldungen sind nicht vorgesehen, können aber mit Hilfe der *Recall*[9]-Erweiterung von Peter Koch im Frontend nachgerüstet werden.

---

9   http://www.typolight.org/erweiterungsliste/view/recall.10000009.de.html

» Eine TYPOlight-Benutzersitzung ist sowohl an die PHP-Session als auch an die IP-Adresse des Benutzers gebunden.

» Die IP-Bindung kann ab TYPOlight 2.7 deaktiviert werden (nicht empfohlen).

» Jede aktive Sitzung wird in der Datenbank gespeichert.

» Das Cookie enthält nur eine Prüfsumme, aber keine relevanten Daten wie z.B. Verfallszeiten, IDs oder Benutzerinformationen.

» Die *Recall*-Erweiterung ermöglicht persistente Logins im Frontend.

## Daten verschlüsselt speichern

Obgleich die Funktion im TYPOlight-Core momentan nicht genutzt wird, können Sie jedes beliebige Feld in TYPOlight verschlüsselt speichern. Sie müssen dazu lediglich die DCA-Konfiguration anpassen. Notieren Sie sich in diesem Fall unbedingt den Encryption-Key, den Sie bei der Installation festgelegt haben, denn einmal verschlüsselte Daten können nur mit diesem Key wiederhergestellt werden!

» Jedes Tabellenfeld kann verschlüsselt gespeichert werden.

» Die Konfiguration erfolgt im Data Container Array:

```
$GLOBALS['TL_DCA']…['eval']['encrypt'] = true;
```

» Der Encryption Key wird zur Verschlüsselung der Daten verwendet.

» Das PHP-Modul »mcrypt« muss verfügbar sein.

## Die Klasse Input

Die Klasse *Input* dient dazu, Benutzereingaben entgegenzunehmen, zu prüfen und gegebenenfalls zu bereinigen. Durch die Verwendung der Klasse in Ihrer eigenen Erweiterung können Sie das Risiko möglicher XSS-Angriffe reduzieren.

## Die Methode get()

Mit dieser Methode können Sie GET-Variablen abfragen. HTML-Tags werden dabei grundsätzlich entfernt und alle HTML-Entitys dekodiert. Das optionale zweite Argument legt fest, ob sicherheitsrelevante Sonderzeichen ebenfalls dekodiert werden.

Listing 19.46: **GET-Variablen mittels get() abfragen**

```
$_GET['test'] = '(Drücken Sie die #-Taste)';

// Abfrage mit kodierten Sonderzeichen
echo $this->Input->get('test');

// Ausgabe
&#40;Drücken Sie die &#35;-Taste&#41;
```

```
// Abfrage ohne kodierte Sonderzeichen
echo $this->Input->get('test', true);

// Ausgabe
(Drücken Sie die #-Taste)
```

## Die Methode post()

Mit dieser Methode können Sie POST-Variablen abfragen. HTML-Tags werden dabei entfernt und alle HTML-Entitys werden dekodiert. Das optionale zweite Argument legt fest, ob sicherheitsrelevante Sonderzeichen ebenfalls dekodiert werden.

Listing 19.47: **POST-Variablen mittels post() abfragen**

```
$_POST['test'] = '<strong>Willkommen</strong>';

// Alle HTML-Tags werden entfernt
echo $this->Input->post('test');

// Ausgabe
Willkommen
```

## Die Methode postHtml()

Diese Methode macht dasselbe wie die Methode post(), nur dass bestimmte HTML-Tags, die Sie in den *Backend-Einstellungen* festlegen können, erhalten bleiben.

Listing 19.48: **POST-Variablen mittels postHtml() abfragen**

```
$_POST['test'] = '<strong>Willkommen</strong>';

// Erlaubte HTML-Tags werden erhalten
echo $this->Input->postHtml('test');

// Ausgabe
&#60;strong&#62;Willkommen&#60;/strong&#62;

// Sonderzeichen werden dekodiert
echo $this->Input->postHtml('test', true);

// Ausgabe
<strong>Willkommen</strong>
```

## Die Methode postRaw()

Diese Methode macht dasselbe wie die Methode post(), nur dass alle HTML-Tags erhalten bleiben und alle Sonderzeichen automatisch dekodiert werden.

Listing 19.49: **POST-Variablen mittels postRaw() abfragen**

```
$_POST['test'] = '<strong>Willkommen</strong>';

// Alle HTML-Tags und Sonderzeichen bleiben erhalten
echo $this->Input->postRaw('test');

// Ausgabe
<strong>Willkommen</strong>
```

## Die Methode cookie()

Mit dieser Methode können Sie Cookies abfragen. HTML-Tags werden dabei entfernt und alle HTML-Entitys werden dekodiert. Das optionale zweite Argument legt fest, ob sicherheitsrelevante Sonderzeichen ebenfalls dekodiert werden.

Listing 19.50: **COOKIE-Variablen mittels cookie() abfragen**

```
$_COOKIE['test'] = 'secret_key';

// Sonderzeichen werden kodiert
echo $this->Input->cookie('test');

// Ausgabe
secret_key
```

## Die Methoden setGet(), setPost() und setCookie()

Ist eine bestimmte Variable einmal abgefragt, kann diese aufgrund des internen Cache-Mechanismus nicht mehr geändert werden. Folgender Code funktioniert daher nicht:

Listing 19.51: **Interner Cache der Input-Klasse**

```
$_POST['test'] = 'Erster Satz';

// Wert wird im Cache gespeichert
echo $this->Input->post('test');

// Ausgabe
Erster Satz

// Neuen Wert setzen
$_POST['test'] = 'Zweiter Satz';

// Der Wert aus dem Cache wird zurückgegeben
echo $this->Input->post('test');

// Ausgabe
Erster Satz
```

Mit Hilfe der Setter-Methoden können Sie Variablen überschreiben:

Listing 19.52: **Einen Wert mittels setPost() überschreiben**

```
$_POST['test'] = 'Erster Satz';

// Wert wird im Cache gespeichert
echo $this->Input->post('test');

// Ausgabe
Erster Satz

// Neuen Wert setzen
$this->Input->setPost('test', 'Zweiter Satz');

// Der neue Wert wird im Cache gespeichert
echo $this->Input->post('test');

// Ausgabe
Zweiter Satz
```

## 19.2.5 Formular-Widgets nutzen

Ein Widget ist eine Klasse, die ein bestimmtes Eingabefeld eines Formulars erzeugt. Widgets gibt es sowohl für die Standard-Formularfelder wie z.B. TextField, CheckBox oder SelectMenu, als auch für TYPOlight-spezifische Felder wie z.B. PageTree, FileTree oder die verschiedenen Assistenten (z.B. TableWizard).

### Die Klasse Widget

Die Klasse *Widget* stellt die Basisfunktionalität bereit, die von allen Unterklassen benötigt wird. Dazu gehören sowohl das Erzeugen des HTML-Codes inklusive des Label-Tags und aller Attribute als auch das Validieren der Benutzereingaben und die damit verbundene Fehlerbehandlung.

### Eigenschaften und Attribute

Die Objekteinstellungen und alle Attribute, die in den entsprechenden HTML-Tags erlaubt sind, können Sie als Eigenschaften speichern (Listing 19.53).

Listing 19.53: **Ein Formularfeld konfigurieren**

```
$widget = new FormTextField();

$widget->name      = 'textfeld';      // Name
$widget->id        = 'ctrl_textfeld'; // ID
$widget->label     = 'Ihr Name';      // Bezeichnung
$widget->mandatory = true;            // Pflichtfeld

// Ausgabe
<label for="ctrl_textfeld">Ihr Name</label>
<input type="text" name="textfeld" id="ctrl_textfeld" />
```

Folgende Eigenschaften werden von der Klasse *Widget* unterstützt:

» `name`: Name (name-Attribut)

» `id`: ID (id-Attribut)

» `label`: Bezeichnung

» `value`: Standardwert

» `class`: CSS-Klasse

» `template`: zugehöriger View

» `wizard`: Eingabeassistent

» `alt`: alternativer Text (alt-Attribut)

» `style`: Formatierung (style-Attribut)

» `onclick`: Eventhandler (onclick-Attribut)

» `onchange`: Eventhandler (onchange-Attribut)

» `accesskey`: Tastaturkürzel (accesskey-Attribut)

» `disabled`: Deaktiviert das Eingabefeld (disabled-Attribut).

» `mandatory`: Macht das Eingabefeld zum Pflichtfeld.

» `minlength`: Legt die Anzahl der mindestens einzugebenden Zeichen fest.

» `maxlength`: Legt die Anzahl der maximal erlaubten Zeichen fest.

» `nospace`: Erlaubt keine Leerzeichen.

» `allowHtml`: Erlaubt HTML-Eingaben.

» `addSubmit`: Fügt eine Absendeschaltfläche hinzu.

» `storeFile`: Speichert hochgeladene Dateien auf dem Server.

» `useHomeDir`: Speichert hochgeladene Dateien im Benutzerverzeichnis.

» `trailingSlash`: Ergänzt bzw. entfernt einen Schrägstrich am Ende.

» `spaceToUnderscore`: Wandelt alle Leerzeichen in Unterstriche um.

» `rgxp`: Prüfung der Benutzereingaben anhand eines regulären Ausdrucks

Nachfolgend finden Sie eine Übersicht über die regulären Ausdrücke, die Sie standardmäßig zur Eingabeprüfung verwenden können. Weitere Ausdrücke lassen sich mit Hilfe des Hook `addCustomRegexp` hinzufügen.

» `digit`: Erlaubt nur Zahlen.

» `alpha`: Erlaubt nur Buchstaben.

» alnum: Erlaubt Zahlen und Buchstaben.

» prcnt: Erlaubt Zahlen zwischen 0 und 100 (Prozent).

» extnd: Erlaubt alle Zeichen außer #&()/<=>.

» date: Erlaubt nur Datumsformate.

» time: Erlaubt nur Zeitformate.

» datim: Erlaubt nur Datums- und Zeitformate.

» email: Erlaubt nur gültige E-Mail-Adressen.

» phone: Erlaubt nur Telefonnummern.

» URL: Erlaubt nur gültige URLs und Domains.

### Die Methode addError()

Mit dieser Methode können Sie eine beliebige Fehlermeldung einfügen, die dann je nach View oberhalb oder unterhalb des Eingabefelds ausgegeben wird.

Listing 19.54: **Eine Fehlermeldung hinzufügen**

```
$widget = new FormTextField();
$widget->addError('Bitte füllen Sie das Feld aus');
```

### Die Methode hasError()

Mit dieser Methode können Sie prüfen, ob ein Fehler aufgetreten ist.

Listing 19.55: **Prüfen, ob ein Fehler aufgetreten ist**

```
$widget = new FormTextField();
$widget->validate();

if ($widget->hasError())
{
    // Beliebiger Code
}
```

### Die Methode getErrors()

Diese Methode gibt alle Fehlermeldungen als Array zurück.

Listing 19.56: **Alle Fehlermeldungen als Array abfragen.**

```
$widget = new FormTextField();
$widget->validate();
print_r($widget->getErrors());
```

```
// Ausgabe
Array
(
    [0] => Bitte füllen Sie das Feld aus.
    [1] => Bitte geben Sie nur Zahlen ein.
)
```

## Die Methode getErrorAsString()

Diese Methode gibt eine bestimmte Fehlermeldung als String zurück.

Listing 19.57: **Eine bestimmte Fehlermeldung als String ausgeben**

```
$widget = new FormTextField();
$widget->validate();

// Die erste Fehlermeldung abfragen
echo $widget->getErrorAsString();

// Ausgabe
Bitte füllen Sie das Feld aus.

// Die zweite Fehlermeldung abfragen
echo $widget->getErrorAsString(1);

// Ausgabe
Bitte geben Sie nur Zahlen ein.
```

## Die Methode getErrorsAsString()

Diese Methode gibt alle Fehlermeldungen als String zurück. Das Trennzeichen zwischen den Meldungen kann dabei frei gewählt werden (Standard: <br />\n).

Listing 19.58: **Alle Fehlermeldungen als String ausgeben**

```
$widget = new FormTextField();
$widget->validate();

// Standard-Trennzeichen
echo $widget->getErrorsAsString();

// Ausgabe
Bitte füllen Sie das Feld aus.<br />
Bitte geben Sie nur Zahlen ein.

// Individuelles Trennzeichen
echo $widget->getErrorsAsString(' / ');

// Ausgabe
Bitte füllen Sie das Feld aus. / Bitte geben Sie nur Zahlen ein.
```

## Die Methode getErrorAsHTML()

Diese Methode gibt eine bestimmte Fehlermeldung als HTML-Code zurück.

Listing 19.59: **Eine bestimmte Fehlermeldung als HTML ausgeben**

```
$widget = new FormTextField();
$widget->validate();

// Erste Fehlermeldung abfragen
echo $widget->getErrorAsHTML();

// Ausgabe
<p class="error">Bitte füllen Sie das Feld aus.</p>

// Zweite Fehlermeldung abfragen
echo $widget->getErrorAsHTML(1);

// Ausgabe
<p class="error">Bitte geben Sie nur Zahlen ein.</p>
```

## Die Methode generateLabel()

Diese Methode erzeugt die Bezeichnung des Eingabefelds als Label-Tag.

Listing 19.60: **Die Bezeichnung eines Eingabefelds ausgeben**

```
$widget = new FormTextField();
$widget->id = 'ctrl_name';
$widget->label = 'Ihr Name';

echo $widget->generateLabel();

// Ausgabe
<label for="ctrl_name">Ihr Name</label>
```

## Die Methode generate()

Diese Methode erzeugt das eigentliche Eingabefeld.

Listing 19.61: **Das Eingabefeld ausgeben**

```
$widget = new FormTextField();
$widget->name = 'email';
$widget->value = '@';

echo $widget->generate();

// Ausgabe
<input type="text" name="email" value="@" />
```

## Die Methode generateWithError()

Diese Methode erzeugt das Eingabefeld mitsamt eventueller Fehlermeldung.

Listing 19.62: **Das Eingabefeld mitsamt Fehlermeldung ausgeben**

```
$widget = new FormTextField();
$widget->name = 'email';
$widget->mandatory = true;

// Standard: Fehlermeldung oberhalb des Felds
echo $widget->generateWithError();

// Ausgabe
<p class="error">Bitte füllen Sie das Feld aus.</p>
<input type="text" name="email" />

// Reihenfolge umdrehen
echo $widget->generateWithError(true);

// Ausgabe
<input type="text" name="email" />
<p class="error">Bitte füllen Sie das Feld aus.</p>
```

## Die Methode validate()

Diese Methode validiert ein Feld und prüft die Benutzereingaben.

Listing 19.63: **Das Eingabefeld validieren**

```
$widget = new FormTextField();
$widget->name = 'email';
$widget->mandatory = true;
$widget->rgxp = 'email';

if ($_POST && !$widget->validate())
{
    // Fehlerbehandlung
}
```

## Widget-Views anpassen

Alle Formular-Widgets basieren auf Views, die Sie wie gewohnt über den Template-Editor anpassen können. Widget-Vorlagen beginnen mit form_. Listing 19.64 zeigt die Ausgabe der Standard-Templates im tabellenlosen Layout.

Listing 19.64: **Ausgabe der Standard-Templates im tabellenlosen Layout**

```
// View bzw. Partial
<?php echo $this->generateLabel(); ?>
<?php echo $this->generateWithError(); ?>

// Ausgabe mit generate()
<label for="ctrl_name">Ihr Name</label>
```

```
<input type="text" id="ctrl_name" name="name" />

// Ausgabe mit generateWithError()
<label for="ctrl_name">Ihr Name</label>
<p class="error">Bitte füllen Sie das Feld aus.</p>
<input type="text" id="ctrl_name" name="name" />

// Ausgabe mit generateWithError(true)
<label for="ctrl_name">Ihr Name</label>
<input type="text" id="ctrl_name" name="name" />
<p class="error">Bitte füllen Sie das Feld aus.</p>
```

Die Methode generateWithError() übernimmt sowohl die Erzeugung des Eingabefelds als auch die Fehlerbehandlung. Listing 19.65 zeigt, wie Sie beide Aufgaben getrennt voneinander handhaben und Felder individuell gestalten können.

Listing 19.65: **Eingabefelder durch Anpassung der Views gestalten**

```
// View bzw. Partial
<fieldset>
<?php if ($this->hasErrors()): ?>
<p class="flash"><?php echo $this->getErrorAsString(); ?></p>
<?php endif; ?>
<div>
    <?php echo $this->generateLabel(); ?><br />
    <?php echo $this->generate(); ?>
</div>
</fieldset>

// Ausgabe
<fieldset>
<p class="flash">Bitte füllen Sie das Feld aus.</p>
<div>
    <label for="ctl_name">Ihr Name</label><br />
    <input type="text" id="ctrl_name" name="name" />
</div>
</fieldset>
```

## 19.2.6  RSS- und Atom-Feeds erstellen

RSS- bzw. Atom-Feeds[10] sind ein wichtiges Instrument, um Inhalte zu exportieren und in anderen Applikationen wiederzuverwenden. Das TYPOlight-Framework enthält eine einheitliche Schnittstelle zur Erzeugung von Feeds, ohne dass Sie die spezifische Syntax von RSS bzw. Atom kennen müssen (Listing 19.66).

Listing 19.66: **Einheitliche Schnittstelle für Feeds**

```
$feed = new Feed();
$feed->title = 'Mein Feed';
```

---

10  http://de.wikipedia.org/wiki/RSS

```
$item = new Item();
$item->title = 'Mein erster Beitrag';

$feed->addItem($item);

// Ausgabe als RSS
echo $feed->generateRss();

// Ausgabe als Atom
echo $feed->generateAtom();
```

## Die Klasse Feed

Die Klasse *Feed* erzeugt je nach Bedarf einen RSS- oder Atom-Feed. Die Parameter des Feeds können als Eigenschaften des Objekts gespeichert werden, die einzelnen Beiträge (Items) werden als eigene Objekte angelegt.

Folgende Eigenschaften werden von der Klasse *Feed* unterstützt:

» `title`: Titel des Feeds

» `description`: Beschreibung des Feeds

» `link`: URL des Feeds

» `language`: Sprache des Feeds

» `published`: Datum der Veröffentlichung

## Die Methode addItem()

Diese Methode fügt dem Feed-Objekt einen Beitrag (Item-Objekt) hinzu.

Listing 19.67: **Einen Beitrag zu einem Feed hinzufügen**

```
$feed = new Feed();
$feed->title = 'Mein Feed';

$item = new Item();
$item->title = 'Mein erster Beitrag';

$feed->addItem($item);
```

## Die Methoden generateRss() und generateAtom()

Diese Methoden geben einen Feed in einem bestimmten Format aus.

Listing 19.68: **Einen Feed in einem bestimmten Format ausgeben**

```
$feed = new Feed();

$file = new File('rss.xml');
$file->write($feed->generateRss());
$file->close();
```

## Die Klasse FeedItem

Die Klasse *FeedItem* erzeugt einen einzelnen Beitrag eines Feeds. Folgende Eigenschaften werden von der Klasse *FeedItem* unterstützt:

» `title`: Titel des Beitrags

» `description`: Text des Beitrags

» `link`: URL des Beitrags

» `published`: Datum der Veröffentlichung

» `guid`: eindeutige ID des Beitrags

## Die Methode addEnclosure()

Diese Methode fügt einem Beitrag einen oder mehrere Dateianhänge an.

Listing 19.69: **Dateien an einen Beitrag anhängen**

```
$item = new FeedItem();
$item->addEnclosure('tl_files/image.jpg');
$item->addEnclosure('tl_files/info.pdf');
```

## Ein ausführliches Beispiel

Nachfolgend finden Sie ein ausführliches Beispiel für einen RSS-Feed, der alle Pflichtfelder und mehrere Beiträge enthält (Listing 19.70).

Listing 19.70: **Ausführliches Beispiel für einen Feed**

```
$feed = new Feed();
$feed->title = 'TYPOlight-Bücher';
$feed->description = 'Bücher zu TYPOlight';
$feed->link = 'http://…';
$feed->language = 'de_DE';
$feed->published = time();

$item = new FeedItem();
$item->title = 'Das offizielle TYPOlight-Handbuch';
$item->description = 'Geschrieben von Leo Feyer';
$item->link = 'http://…';
$item->published = strtotime('28.08.2008');

$feed->addItem($item);

$item = new FeedItem();
$item->title = 'TYPOlight für Redakteure';
$item->description = 'Geschrieben von Nina Gerling';
$item->link = 'http://…';
$item->published = strtotime('07.04.2010');

$feed->addItem($item);
```

```
$item = new FeedItem();
$item->title = 'Mit TYPOlight erfolgreich Webseiten gestalten';
$item->description = 'Geschrieben von Thomas Weitzel';
$item->link = 'http://…';
$item->published = strtotime('24.02.2010');

$feed->addItem($item);
$feed->generateRss();
```

Listing 19.71 zeigt die Ausgabe des obigen Beispiels im RSS-Format.

Listing 19.71: **Ausgabe des Beispielfeeds im RSS-Format**

```
<xml version="1.0" encoding="UTF-8"?>
<rss version="2.0">
<channel>
    <title>TYPOlight-Bücher</title>
    <description>Bücher zu TYPOlight</description>
    <link>http://…</link>
    <language>de_DE</language>
    <pubDate>Sat, 29 Aug 2009 14:18:07 +0200</pubDate>
    <item>
        <title>Das offizielle TYPOlight-Handbuch</title>
        <description><![CDATA[Geschrieben von Leo Feyer]]></description>
        <link>http://…</link>
        <pubDate>Thu, 28 Aug 2008, 00:00:00 +0200</pubDate>
        <guid>http://…</guid>
    </item>
    <item>
        <title>TYPOlight für Redakteure</title>
        <description><![CDATA[Geschrieben von Nina Gerling]]></description>
        <link>http://…</link>
        <pubDate>Wed, 07 Apr 2010, 00:00:00 +0200</pubDate>
        <guid>http://…</guid>
    </item>
    <item>
        <title>Mit TYPOlight erfolgreich Webseiten gestalten</title>
        <description><![CDATA[Geschrieben von Thomas Weitzel]]></description>
        <link>http://…</link>
        <pubDate>Wed, 24 Feb 2010, 00:00:00 +0200</pubDate>
        <guid>http://…</guid>
    </item>
</channel>
</rss>
```

## 19.2.7 Die Serverumgebung auslesen

Die Klasse *Environment* dient dazu, Variablen der Serverumgebung wie z.B. den absoluten Pfad zu einem Skript oder die IP-Adresse eines Besuchers auszulesen. Spezifische Eigenheiten des verwendeten Betriebssystems (Unix oder Windows) werden dabei berücksichtigt und automatisch ausgeglichen.

Die verschiedenen Server-Variablen heißen genauso wie in PHPs $_SERVER-Array, nur ist die Schreibweise in TYPOlight ein wenig anders. Der relative Pfad zu einem Skript heißt in PHP beispielsweise SCRIPT_NAME, wird in der Environment-Klasse aber als scriptName geschrieben ($this->Environment->scriptName).

## Die Eigenschaft scriptFilename

Diese Eigenschaft gibt den absoluten Pfad zu einem Skript zurück.

Listing 19.72: **Den absoluten Pfad mittels scriptFilename ausgeben**

```
echo $this->Environment->scriptFilename;

// Ausgabe
/home/www/web12/html/typolight/index.php
```

## Die Eigenschaften scriptName und phpSelf

Diese Eigenschaften geben den relativen Pfad zu einem Skript zurück.

Listing 19.73: **Den relativen Pfad mittels scriptName ausgeben**

```
echo $this->Environment->scriptName;

// Ausgabe
/typolight/index.php
```

## Die Eigenschaft documentRoot

Diese Eigenschaft gibt den absoluten Pfad zum Wurzelverzeichnis zurück.

Listing 19.74: **Den Pfad zum Wurzelverzeichnis mittels documentRoot ausgeben**

```
echo $this->Environment->documentRoot;

// Ausgabe
/home/www/web12/
```

## Die Eigenschaft requestUri

Diese Eigenschaft gibt den aktuellen Request-String zurück.

Listing 19.75: **Den Request-String mittels scriptName ausgeben**

```
echo $this->Environment->requestUri;

// Ausgabe
/typolight/index.php?action=login
```

## Die Eigenschaft httpAcceptLanguage

Diese Eigenschaft gibt die im Browser festgelegten Sprachen als Array zurück.

Listing 19.76: **Die Browsersprache mittels httpAcceptLanguage ausgeben**

```
print_($this->Environment->httpAcceptLanguage);

// Ausgabe
Array
(
    [0] => de
    [1] => en
)
```

## Die Eigenschaft httpUserAgent

Diese Eigenschaft gibt Informationen über den Browser eines Besuchers zurück.

Listing 19.77: **Den Browsertyp mittels httpUserAgent ausgeben**

```
echo $this->Environment->httpUserAgent;

// Ausgabe
Mozilla/5.0 (Macintosh; U; Intel Mac OS X ...
```

## Die Eigenschaft ssl

Diese Eigenschaft gibt true zurück, wenn ein Besucher die Webseite über eine SSL-Verbindung aufgerufen hat.

Listing 19.78: **Den SSL-Status mittels ssl prüfen**

```
echo $this->Environment->ssl;

// Ausgabe
false
```

## Die Eigenschaft url

Diese Eigenschaft gibt die aktuelle URL ohne Pfad und Query-String zurück.

Listing 19.79: **Die aktuelle URL mittels url ausgeben**

```
echo $this->Environment->url;

// Ausgabe
http://www.domain.de
```

## Die Eigenschaft ip

Diese Eigenschaft gibt die IP-Adresse eines Besuchers zurück.

Listing 19.80: **Die Besucher-IP-Adresse mittels ip ausgeben**

```
echo $this->Environment->ip;

// Ausgabe
79.207.220.46
```

## Die Eigenschaft server

Diese Eigenschaft gibt die IP-Adresse des Servers zurück.

Listing 19.81: **Die Server-IP-Adresse mittels server ausgeben**

```
echo $this->Environment->ip;

// Ausgabe
88.198.36.142
```

## Die Eigenschaft path

Diese Eigenschaft gibt den Pfad zum TYPOlight-Verzeichnis zurück.

Listing 19.82: **Den Pfad zum TYPOlight-Verzeichnis mittels path ausgeben**

```
echo $this->Environment->path;

// Ausgabe
/typolight
```

## Die Eigenschaft script

Diese Eigenschaft gibt den relativen Pfad zu einem Skript zurück. Der Unterschied zu scriptName ist, dass hier der relative Pfad ausgehend vom TYPOlight-Verzeichnis und nicht vom Wurzelverzeichnis zurückgegeben wird.

Listing 19.83: **Den relativen Pfad zu einem Skript mittels script ausgeben**

```
echo $this->Environment->script;

// Ausgabe
index.php
```

### Die Eigenschaft request

Diese Eigenschaft gibt den relativen Request-String zurück.

Listing 19.84: **Den Request-String mittels request ausgeben**

```
echo $this->Environment->request;

// Ausgabe
index.php?action=login
```

### Die Eigenschaft base

Diese Eigenschaft gibt die Basis-URL zum TYPOlight-Verzeichnis zurück.

Listing 19.85: **Die Basis-URL mittels base ausgeben**

```
echo $this->Environment->base;

// Ausgabe
http://www.domain.de/typolight/
```

### Die Eigenschaft host

Diese Eigenschaft gibt den aktuellen Hostnamen zurück.

Listing 19.86: **Den Hostnamen mittels host ausgeben**

```
echo $this->Environment->host;

// Ausgabe
domain.de
```

## 19.2.8  Zeichenketten bearbeiten

Die Klasse *String* dient dazu, Zeichenketten zu bearbeiten und sie beispielsweise zu kürzen oder darin enthaltene E-Mail-Adressen zu verschlüsseln, so dass sie nicht mehr zu Spam-Zwecken missbraucht werden können.

### Die Methode substr()

Diese Methode gibt eine bestimmte Anzahl von Zeichen eines Strings zurück und bewahrt dabei das letzte Wort. Der zurückgegebene String kann daher ein paar Zeichen kürzer oder länger sein als vorgegeben. HTML-Tags werden entfernt.

Listing 19.87: **Einen String mittels substr() kürzen und das letzte Wort erhalten**

```
$this->import('String');
$string = '<p>Test der <em>String</em> Klasse.</p>';
```

```
// String auf 10 Zeichen kürzen
echo $this->String->substr($string, 10);

// Ausgabe
Test der String
```

## Die Methode substrHtml()

Diese Methode macht prinzipiell dasselbe wie die Methode `substr()`, behält jedoch die HTML-Formatierung bei. Eine weitere Besonderheit der Methode ist, dass HTML-Tags bei der Berechnung der Länge nicht berücksichtigt werden.

Listing 19.88: **Einen String mittels substrHtml() kürzen und das letzte Wort erhalten**

```
$this->import('String');
$string = '<p>Test der <em>String</em> Klasse.</p>';

// String auf 10 Zeichen kürzen
echo $this->String->substrHtml($string, 10);

// Ausgabe
<p>Test der <em>String</em></p>
```

## Die Methode decodeEntities()

Diese Methode dekodiert sämtliche HTML- und Unicode-Entitys.

Listing 19.89: **HTML- und Unicode-Entitys mittels decodeEntities() dekodieren**

```
$this->import('String');
$string = 'S&auml;mtliche &#39;Entitys&#39; dekodieren';

// Entitys dekodieren
echo $this->String->decodeEntities($string);

// Ausgabe
Sämtliche 'Entitys' decodieren
```

## Die Methode censor()

Diese Methode zensiert eines oder mehrere Wörter.

Listing 19.90: **Bestimmte Wörter mittels censor() ersetzen**

```
$this->import('String');
$string = 'Spielen Sie Poker online!';

// Das Wort „Poker" zensieren
echo $this->String->censor($string, 'poker', '***');

// Ausgabe
Spielen Sie *** online!
```

## Die Methode encodeEmail()

Diese Methode ersetzt die einzelnen Zeichen einer E-Mail-Adresse durch HTML-Entitys, so dass die Adresse nicht mehr von Spam-Bots ausgelesen werden kann.

Listing 19.91: **E-Mail-Adressen mittels encodeEmail() verschlüsseln**

```
$this->import('String');
$string = 'Schreiben Sie an leo@typolight.org.';

// E-Mail-Adresse kodieren
echo $this->String->encodeEmail($string);

// Ausgabe
Schreiben Sie an &#108;&#101;&#111;&#64;&#116;&#121;&#112;&#111;&#108;&#105;
&#103;&#104;&#116;&#46;&#111;&#114;&#103;
```

## Die Methode highlight()

Diese Methode hebt bestimmte Wörter durch umschließende HTML-Tags hervor.

Listing 19.92: **Einen Suchbegriff mittels highlight() hervorheben**

```
$this->import('String');
$string = 'Den Suchbegriff hervorheben';

// Das Wort „Suchbegriff" hervorheben
echo $this->String->highlight($string, 'Suchbegriff');

// Ausgabe
Den <strong>Suchbegriff</strong> hervorheben
```

## 19.2.9 E-Mails versenden

Die Klasse *Email* dient dazu, E-Mails an einen oder mehrere Empfänger zu versenden. Je nach Konfiguration verwendet die *Email*-Klasse dazu entweder die PHP-Funktion mail() oder einen SMTP-Server. Eventuell in der E-Mail enthaltene Bilder werden automatisch eingebettet und als Inline-Content mitgesendet.

Listing 19.93: **Eine E-Mail mit der Email-Klasse versenden**

```
$email = new Email();

// Absender und Betreff
$email->from = 'absender@domain.de';
$email->replyTo('absender@domain.de');
$email->subject = 'Testmail';

// Nachricht
$email->text = 'Das ist eine Testmail.';
$email->html = 'Das ist eine Testmail.';
```

```
// Kopie der Nachricht
$email->sendCc('nebenempfaenger@domain.de');

// Attachment hinzufügen
$email->attachFile('tl_files/info.pdf');

// E-Mail versenden
$email->sendTo('empfaenger@domain.de');
```

## Die Eigenschaft subject

Diese Eigenschaft speichert den Betreff der E-Mail.

Listing 19.94: **Den Betreff der E-Mail eingeben**

```
$email = new Email();
$email->subject = 'Dies ist die Betreffzeile';
```

## Die Eigenschaft from

Diese Eigenschaft speichert die Absenderadresse.

Listing 19.95: **Den Absender der E-Mail eingeben**

```
$email = new Email();
$email->from = 'leo@typolight.org';
```

## Die Eigenschaft fromName

Diese Eigenschaft speichert den Namen des Absenders.

Listing 19.96: **Den Namen des Absenders eingeben**

```
$email = new Email();
$email->from = 'leo@typolight.org';
$email->fromName = 'Leo Feyer';
```

## Die Eigenschaft priority

Diese Eigenschaft speichert die Dringlichkeit der E-Mail.

Listing 19.97: **Die Dringlichkeit der E-Mail festlegen**

```
$email = new Email();
$email->priority = 'high';
```

## Die Eigenschaft charset

Diese Eigenschaft speichert den Zeichensatz der E-Mail.

Listing 19.98: **Den Zeichensatz der E-Mail eingeben**

```
$email = new Email();
$email->charset = 'UTF-8';
```

## Die Eigenschaft text

Diese Eigenschaft speichert den Textinhalt der E-Mail. Der Textinhalt wird angezeigt, wenn es keinen HTML-Inhalt gibt oder er nicht dargestellt werden kann.

Listing 19.99: **Den Textinhalt der E-Mail eingeben**

```
$email = new Email();
$email->text = 'Vielen Dank für Ihre Nachricht.';
```

## Die Eigenschaft html

Diese Eigenschaft speichert den HTML-Inhalt der E-Mail.

Listing 19.100: **Den HTML-Inhalt der E-Mail eingeben**

```
$email = new Email();
$email->html = '<p>Vielen Dank für Ihre Nachricht.</p>';
```

## Die Methode sendCc()

Diese Methode fügt der E-Mail einen Nebenempfänger hinzu, der die E-Mail zur Kenntnis erhält. Der eigentliche Empfänger sieht in seinem Mail-Programm, dass die E-Mail auch an weitere Empfänger verschickt wurde.

Listing 19.101: **Eine E-Mail an einen Nebenempfänger versenden**

```
$email = new Email();
$email->sendCc('nina@typolight.org');
$email->sendTo('leo@typolight.org');
```

## Die Methode sendBcc()

Diese Methode fügt der E-Mail einen Nebenempfänger hinzu, der die E-Mail zur Kenntnis erhält. Der eigentliche Empfänger sieht in seinem Mail-Programm jedoch nicht, dass die E-Mail auch an weitere Empfänger verschickt wurde.

Listing 19.102: **Eine E-Mail an einen Nebenempfänger versenden**

```
$email = new Email();
$email->sendBcc('nina@typolight.org');
$email->sendTo('leo@typolight.org');
```

### Die Methode replyTo()

Diese Methode fügt der E-Mail eine Antwortadresse hinzu. Die Antwortadresse muss dabei nicht mit der Absenderadresse übereinstimmen.

Listing 19.103: **Eine Antwortadresse festlegen**

```
$email = new Email();
$email->from = 'leo@typolight.org';
$email->replyTo('nina@typolight.org');
```

### Die Methode attachFile()

Diese Methode fügt der E-Mail einen Dateianhang hinzu. Die Datei muss auf dem Server vorhanden sein und wird als Argument übergeben.

Listing 19.104: **Eine Datei auf dem Server anhängen**

```
$email = new Email();
$email->attachFile('tl_files/image.jpg');
```

### Die Methode attachFileFromString()

Diese Methode fügt der E-Mail einen Dateianhang hinzu. Die Datei wird als String übergeben und muss nicht zwangsläufig auf dem Server liegen.

Listing 19.105: **Einen String als Datei anhängen**

```
$email = new Email();
$email->attachFileFromString('Test', 'test.txt');
```

### Die Methode sentTo()

Diese Methode verschickt die E-Mail an beliebig viele Empfänger.

Listing 19.106: **Eine E-Mail versenden**

```
$email = new Email();
$email->sentTo('leo@typolight.org', 'nina@typolight.org');
```

# Stichwortverzeichnis

# THE SIGN OF EXCELLENCE

Michael Kofler beschreibt Ubuntu Server von der Installation (samt LVM und RAID) über die entfernte Verwaltung via Kommandozeile bis hin zu Absicherung, Überwachung und Backup. Ausführliche Szenarien zu einem Büro-Server und einem Root-Server zeigen den konkreten Einsatz von Ubuntu Server und sorgen für großen Praxisbezug.

*Michael Kofler*
ISBN 978-3-8273-2774-1
39.95 EUR [D]

# THE SIGN OF EXCELLENCE

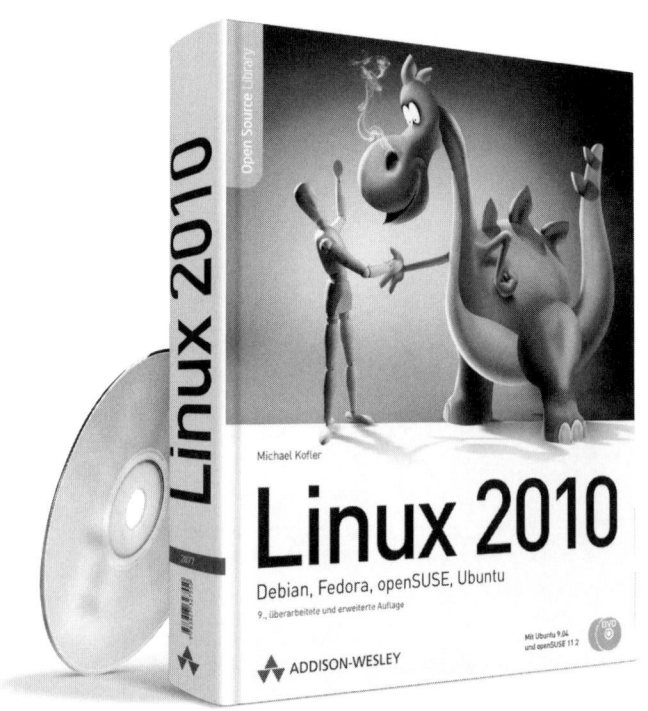